先进高强度钢应用指南

Advanced High-Strength Steels Application Guidelines

世 界 钢 铁 协 会
世界汽车用钢联盟 著

宝山钢铁股份有限公司 译

北 京

冶 金 工 业 出 版 社

2018

内 容 提 要

本书是由世界钢铁协会、世界汽车用钢联盟技术专家联合世界各地会员企业的专家团队共同撰写的，并由世界钢铁协会会员企业——宝山钢铁股份有限公司翻译。本书汇集了全球最新开发先进高强度钢成形与连接的最优应用方法，着重介绍了采用先进高强度钢的车身覆盖件、结构件、外覆盖件的冲压成形、加工和连接技术。

本书可供从事高强度钢产品开发、成形技术和连接技术的工程师使用，也可供相关的教学科研人员参考。

图书在版编目(CIP)数据

先进高强度钢应用指南/世界钢铁协会，世界汽车用钢联盟著．宝山钢铁股份有限公司译．—北京：冶金工业出版社，2018.10

ISBN 978-7-5024-7907-7

Ⅰ.①先… Ⅱ.①世… ②世… ③宝… Ⅲ.①汽车—车体—高强度钢—指南 Ⅳ.①U463.8-62

中国版本图书馆 CIP 数据核字（2018）第 217249 号

出 版 人　谭学余
地　　址　北京市东城区嵩祝院北巷 39 号　邮编　100009　电话　(010)64027926
网　　址　www.cnmip.com.cn　电子信箱　yjcbs@cnmip.com.cn
责任编辑　杜婷婷　美术编辑　彭子赫　版式设计　孙跃红
责任校对　李　娜　责任印制　牛晓波
ISBN 978-7-5024-7907-7
冶金工业出版社出版发行；各地新华书店经销；北京博海升彩色印刷有限公司印刷
2018 年 10 月第 1 版，2018 年 10 月第 1 次印刷
787mm×1092mm　1/16；17.25 印张；415 千字；264 页
135.00 元
冶金工业出版社　投稿电话　(010)64027932　投稿信箱　tougao@cnmip.com.cn
冶金工业出版社营销中心　电话　(010)64044283　传真　(010)64027893
冶金书店　地址　北京市东四西大街 46 号(100010)　电话　(010)65289081(兼传真)
冶金工业出版社天猫旗舰店　yjgycbs.tmall.com

中文版序

随着人们对人类活动带来的温室气体排放的担忧不断加剧，全球立法机构在为未来十年设定雄心勃勃的减排目标的同时，也通过了更为严格的机动车排放法规，并将于2020年实施。汽车制造商正在寻找先进的设计和材料，帮助他们满足这些严格的法规，同时仍然要具备可制造性。当今的车辆方案必须平衡性能、安全性、燃油效率、经济性和环境，同时保持吸引客户的设计。创新的钢铁产品设计必须实现强度的显著提高，同时提供更薄的厚度以减少车身重量。

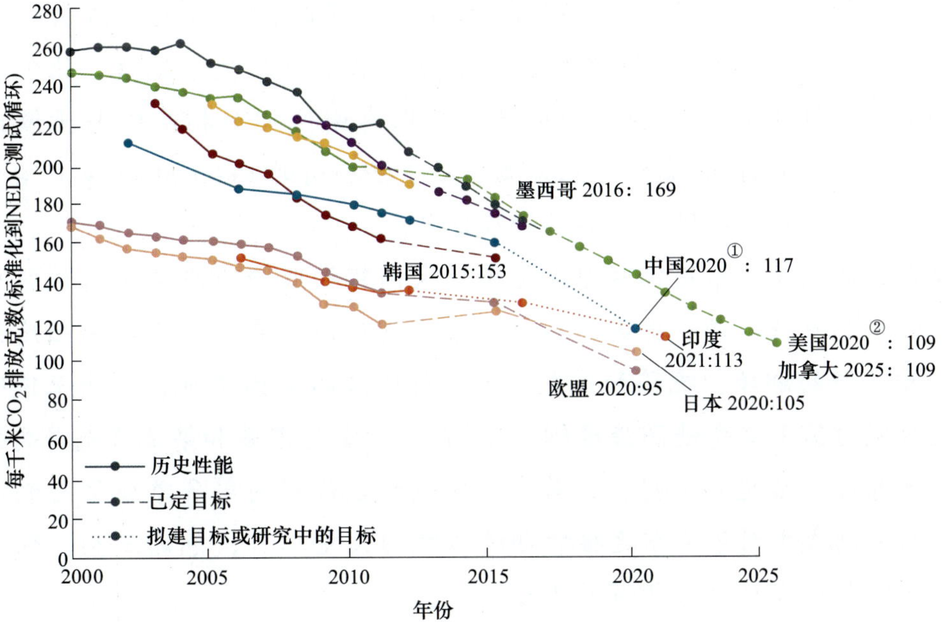

图　全球排放法规

图中：① 中国的目标只反映汽油车辆，若考虑新型能源车辆，目标可能更高。

② 美国、加拿大和墨西哥轻型车辆包括轻型商务型车辆。

辅助数据请见网站 http：//www. theicct. org/info-tools/global-passenger-vehicle-standards。

资料来源：国际清洁运输委员会。

未来十年，先进高强度钢（AHSS）在汽车主机制造商和供应商工厂中的应用将不断扩大，AHSS 的用户需要快速积累使用知识。近年来，更多的研究和冲压车间经验使我们对于这些独特钢材有了更深入的理解，为了囊括全球最好的应用实践案例，我们更新并发布了《先进高强度钢应用指南（第 6.0 版）》。其中的准则是工程师和冲压车间人员获取 AHSS 信息的主要来源。此前，由来自世界汽车用钢联盟、世界钢铁协会汽车分会及合作伙伴的专家编写了先进高强度钢应用指南之前的版本，内容涉及冶金技术、成形和连接。第 6.0 版展现了许多新的内容，突出了更广泛的材料组合、先进制造技术和优化的连接工艺。

此外，世界汽车用钢联盟和美国汽车钢铁联盟（A/SP）共同努力创建了一个涵盖 AHSS 整个领域的常用术语表。其他数据和技术信息的相互交流也在持续进行中。十分感谢全球各钢铁公司的专家对于新版本和以往《先进高强度钢应用指南》版本编写所做出的贡献。

世界汽车用钢联盟感谢 Keeler 技术有限责任公司的 Stuart Keeler 博士，他多年来一直担任冶金和成形章节的技术编辑。同时，感谢俄亥俄州立大学的 Menachem Kimchi 教授，他将继续担任连接技术章节的技术编辑。他们在各自杰出的职业生涯中取得了杰出的成就，我们感谢他们对指南编写所做出的贡献。最后，感谢来自 3S 高级冲压方案有限责任公司的 Peter Mooney 在冶金和成形性方面为第 6.0 版提供了重要的细节信息。

特别鸣谢世界汽车用钢联盟成员单位宝山钢铁股份有限公司将该版本翻译成中文的卓越贡献。衷心感谢连昌伟、徐栋恺和孙中渠对《先进高强度钢应用指南》中文版的翻译、统稿和正式出版发行所做的突出贡献，感谢王俊峰、谢爽和纪登鹏对第 1 章先进高强度钢（AHSS）开发与进展和第 2 章先进高强度钢的冶金学原理，吕超、牛超、逯若东、胡晓和袁静玺对第 3 章成形与制造，雷鸣、吴岳和刘成杰对第 4 章连接的翻译所做的大量工作，感谢王利、陈新平和潘华在各章节内容校对上所做的工作。

不同版本的指南及世界汽车用钢联盟的其他信息可登陆 www. worldautosteel. org 进行查询。指南所有内容的完成都离不开世界汽车用钢联盟 22 家成员单位的资助和专家的审阅。世界汽车用钢联盟成员单位如下：

- AK 钢铁公司
- 鞍山钢铁集团有限公司
- 安赛乐米塔尔钢铁集团
- 宝山钢铁股份有限公司
- 新日铁住金株式会社
- 纽柯钢铁公司
- 浦项制铁公司
- 俄罗斯谢韦尔钢铁公司

- 台湾中钢集团
- 土耳其埃雷利钢铁公司
- 河钢集团有限公司
- 现代制铁公司
- 日本 JFE 钢铁株式会社
- JSW 钢铁有限公司
- 日本神户钢铁有限公司
- 瑞典 SSAB 钢铁公司
- 塔塔钢铁公司
- 特尔尼翁钢铁公司
- 蒂森克虏伯钢铁公司
- 美国钢铁公司
- 巴西米纳斯吉拉斯冶金公司
- 奥钢联钢铁股份有限公司

世界钢铁协会
世界汽车用钢联盟 塞斯·坦恩·布鲁克
2018 年 8 月 9 日

目　　录

1 先进高强度钢（AHSS）开发与进展

随着对由人类活动排放的温室气体的日益关注，全球立法委员们通过了2020年之前更为严格的车辆排放法规，同时进一步考虑在接下来十年设立更具挑战性的目标。汽车制造商正在探寻新材料和工程能力来满足往往相互冲突的要求。比如说，通过增加材料厚度来满足结构件对强度和刚度的需求，但燃油经济性的提高和排放的降低又希望零部件具有较小的厚度。新的车型通过极为美观的复杂结构设计（但是难以成形和连接）和材料厚度的降低达到进一步减重的目的。全球钢铁行业不断开发具有更高强度和成形能力的钢种，不断重塑这类多样化的材料来满足这些相互冲突的需求。这些先进高强度钢（AHSS）具有独特的显微组织和冶金特性，使原始设备制造厂能够满足当今车辆的多样化功能需求。

世界汽车用钢联盟下的全球工作组制定了AHSS应用指南来解释先进高强度钢和传统高强钢用于汽车底盘、结构件、高强度车身面板时，在冲压成形、装配和连接方面存在差异的原因。该6.0版本指南详细提供了有关这些钢的成功应用的最新信息。

1.1 发展历史

1994年，35个钢铁制造商共同启动了超轻钢车身（ULSAB）项目，目标是设计出一个能够满足广泛的安全和性能需求的轻型钢车身结构。1998年面世的白车身（BIW）验证了该项目的设计理念——重量轻、结构合理、安全性高、可制造且具有成本优势。ULSAB成功的主要因素之一是一组新的钢种和强度级别的先进高强度钢（AHSS）的应用。AHSS系列钢种具有独特的显微组织，利用复杂的变形和相变过程来实现之前从未实现的强度和塑性的结合。更重要的是，这些材料适用于现有的冲压和组装制造设备和生产方法。

随后，更多的项目通过各种车辆结构件的轻量化展现出钢铁材料具备满足安全性和燃油效率要求的能力，如图1-1所示。例如，超轻钢汽车覆盖件（ULSAC）项目利用AHSS开发了高效引擎盖、车门和行李箱盖。超轻钢汽车车身先进汽车概念（ULSAB-AVC）项目结合这些新材料进一步完善了制造方法，利用先进高强度钢更大幅度地减轻车重。2008年，世界汽车用钢联盟开始了另一个名为未来钢质汽车的项目，其钢铁制造商成员加速开发新型AHSS钢，进一步提高钢铁的强塑性水平。未来钢质汽车（FSV）项目考虑汽车钢板应用达到GPa强度的AHSS和增加设计的维度来降低生命周期排放量。通过工程优化，FSV实现车身结构减重39%。该项目的工程报告可在世界汽车用钢联盟网站www.worldautosteel.org上获取，目前仍被世界各地的工程师下载以用于指导钢铁技术的选择和应用。

A/SP通过多个项目的合作研究，展示了先进高强度钢的价值。其中，轻量级前端结构项目采用整体方法在保证汽车撞击性能的同时，实现减重20%以上的目标。

整个项目特别强调并全面检查了可制造性。另一个关键点项目——新一代车厢项目重点考察了质量复合的效果。自启动ULSAB项目以来，AHSS的成功推动了钢铁公司继续研究新的种类和强度级别的先进高强度钢，并随后将这些新型钢铁材料种类生产出来。

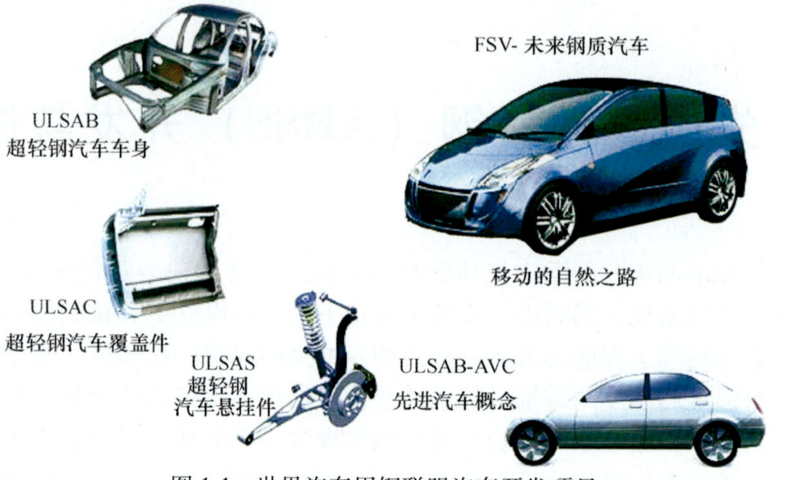

图 1-1　世界汽车用钢联盟汽车开发项目

AHSS 的广泛适用同时促进了生产和成形这些材料的新工艺和新设备的发展。在本书的后续章节中描述了其中一些加工工艺。

1.2　发展现状

AHSS 是由多种化学成分复合，且通过精确控制加热和冷却工艺产生具有精细多相组织的材料，采用了各种强化机制来实现一系列的强度、塑性、韧性和疲劳特性。

AHSS 系列钢铁包括双相（DP）钢、复相（CP）钢、铁素体—贝氏体（FB）钢、马氏体（MS）钢、相变诱导塑性（TRIP）钢、热成形（HF）钢和孪晶诱导塑性（TWIP）钢。这些第一代和第二代先进高强度钢是唯一可以满足某些部件功能性能要求的钢种。例如，DP 和 TRIP 钢因其较高的能量吸收，用在汽车的碰撞区域是最佳的。用于车厢的结构部件，如马氏体钢和硼基的热成形钢（PHS）等超高强钢可提高安全性能。最近，正加大资金研发第三代 AHSS。与现有的钢种相比，这类钢通过特殊成分设计和机械热处理，可以实现更好的强塑性，且具有更高效的连接性和更低的成本。例如，由美国能源部赞助的使强度 1200MPa 级钢种塑性提高 3 倍的计划。其力学性能分布可在著名的钢铁强度塑性香蕉图中显示，如图 1-2 所示。

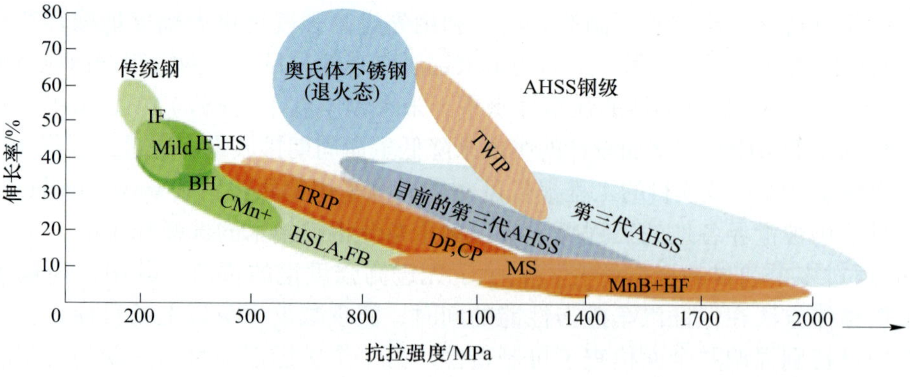

图 1-2　钢铁强度塑性图，列举了目前可供的先进高强度钢的性能范围

先进高强度钢（AHSS）含有重要的合金元素及两种以上组成相。复相钢与高强度低合金（HSLA）钢这样的单相钢相比具有更好的强塑性。HSLA 钢通过合金化和固溶强化实现高强度，而 AHSS 通过使用特定的合金和精密的热机械加工工艺来生产。

过去，抗拉强度（UTS）大于等于 550MPa 的钢通常被称为 AHSS，其中抗拉强度超过 780MPa 的钢也被称为“超高强度钢”。然而，如今有的复相 AHSS 的抗拉强度低至 440MPa，因此使用强度判断钢材是否是 AHSS 已经不合适了。

抗拉强度至少为 1000MPa 的 AHSS 通常称为“吉帕钢”（1000MPa = 1GPa）。请注意另一类钢，其在图 1-2 中以一个气泡表示，即奥氏体不锈钢。这类材料具有优异的强塑性，因此能够满足许多车辆功能要求。第三代 AHSS 旨在以更低的成本获得相似的性能。

因为钢铁材料在世界各地命名不同，所以这一报告采用通用分类“XXaaa/bbb”，其中：

XX——钢种（见表 1-1 中的缩写）。

aaa——最小屈服强度（YS），单位为兆帕（MPa）。

bbb——最小抗拉强度（UTS），单位为兆帕（MPa）。

这些不同的钢铁产品系列按照这一命名法列在表 1-1 中。

表 1-1　钢种名称

XX	钢　种	XX	钢　种
HSLA	高强低合金钢	TRIP	相变诱导塑性钢
DP	双相钢	MS	马氏体钢（MART）
CP	复相钢	TWIP	孪晶诱导塑性钢
FB	铁素体—贝氏体钢	HF	热成形（和淬火）钢
Q&P	淬火—配分钢	TPN	三相纳米沉淀钢

之前的 AHSS 应用指南展示了由 FSV 项目推动的材料组合，到 2015~2020 年，将有 20 多个新型 AHSS 钢种可用于商业化生产。随着钢铁行业对高强度轻质钢的投入，AHSS 材料种类将会继续增加。因此，表 1-2 反映的是当前已有的 AHSS 钢种。本书的后续章节将提供关于这些钢种及其应用的更多细节。

表 1-2　AHSS6.0 版本材料组合（包括 HSLA）

编号	钢种	最小屈服强度/MPa	最小抗拉强度/MPa
1	DP 210/440	210	440
2	DP 300/500	300	500
3	FB 330/450	330	450
4	HSLA 350/450	350	450
5	DP 350/600	350	600
6	TRIP 350/600	350	600
7	TRIP 400/700	400	700
8	HSLA 420/500	420	500
9	FB 450/600	450	600

续表 1-2

编号	钢种	最小屈服强度/MPa	最小抗拉强度/MPa
10	TRIP 450/800	450	800
11	HSLA 490/600	490	600
12	CP 500/800	500	800
13	DP 500/800	500	800
14	TWIP 500/900	500	900
15	TWIP 500/980	500	980
16	HSLA 550/650	550	650
17	CP 600/900	600	900
18	TWIP 600/900	600	900
19	DP 600/980	600	980
20	TRIP 600/980	600	980
21	Q&P 650/980	650	980
22	CP 680/780	680	780
23	TPN 680/780	680	780
24	HSLA 700/780	700	780
25	DP 700/1000	700	1000
26	CP 750/900	750	900
27	TPN 750/900	750	900
28	DP 750/980	750	980
29	TRIP 750/980	750	980
30	TWIP 750/1000	750	1000
31	CP 800/1000	800	1000
32	DP 800/1180	800	1180
33	CP 850/1180	850	1180
34	MS 950/1200	950	1200
35	TWIP 950/1200	950	1200
36	CP 1000/1200	1000	1200
37	MS 1050/1470	1050	1470
38	CP1050/1470	1050	1470
39	HF 1050/1500	1050	1500
40	DP 1150/1270	1150	1270
41	MS 1150/1400	1150	1400
42	HF 1200/1900	1200	1900
43	MS 1250/1500	1250	1500

在考虑 AHSS 对车辆的应用优势时，钢铁行业采用 SAFE 来表示，其中 SAFE 为碰撞保护（安全，Safety），可购性（Affordability）和成本，燃油效率（Fuel efficiency）和环境（Environment）的首字母缩写。以下总结了汽车钢的性能优势的研究亮点。

这一点很重要，因为制定了环境政策是为了实现排放总量的净减少，包括温室气体（以 CO_2 当量或 CO_2e 为单位）。若适当应用，生命周期评估（LCA）可使汽车制造商确保在一个阶段的改进不会被另一阶段的性能下降所抵消。对潜在权衡的评估对环境改善至关重要。例如，如果生产轻质材料的排放量的增加大于使用阶段排放量的减少，则车辆轻量化实际上会增加总排放量，这是一个预期之外的后果。

生命周期评估（LCA）揭示了钢铁重要的环境性能优势：在生命周期的所有阶段温室气体排放较低，钢铁是唯一一种具有这一优势的材料。另一个优点是钢铁100%可回收利用。事实上，伴随着汽车行业长期存在的成熟的汽车收集和回收系统，钢铁已经成为地球上回收利用最多的材料。

还需要特别注意的是，注意生命周期评估（LCA）可用于评估超过全球变暖潜能值的一系列环境影响。其他被认为有重要影响的还包括酸化、生态毒性和臭氧层破坏。虽然当今的重点是全球变暖和减少温室气体，但随着时间的推移，将更加重视理解和减轻其他的环境影响。

随着汽车行业不断发展，只依靠对排气管的管理变得日益不足，有限的设计选择和提高 OEM 厂商的生产成本都无法解释汽车行业的温室气体排放。只有充分考虑车辆全生命周期的排放量，才能真实地体现其对环境的影响。

1.4 先进高强度钢使用中的应用与要求

几个关键因素推动了车用材料的选择，包括安全性、燃油经济性、环保性能、可制造性、耐用性和质量。对于外覆盖件来说，美观（与油漆光洁度和抗凹陷性有关）也很重要。这些因素在车辆的每个部件中都以不同的方式表现出来，应以最合理的方式选择与性能需求相匹配的材料。

1.4.1 碰撞性能

承受所需静态和动态载荷的能力，特别是在碰撞情况下，是车辆结构需要考虑的关键设计之一。选材策略和尺寸设计在确定最终载荷路径和零件细节方面起着重要作用。汽车两个区域的安全要求大不相同，如图 1-10 和表 1-3 所示。被坚硬的“安全笼”包围的车厢是为在发生低速或高速碰撞时保护乘客而设计；该结构应防止任何会损害笼式结构完整性并侵占乘客周围空间的变形或入侵。位于车辆前部和后部的所谓“溃缩区”设计用于在前部或后部碰撞的情况下吸收尽可能多的能量。通过在一定距离内吸收能量，溃缩区将缓冲撞击力并有助于保持车厢的结构。

表 1-3 车辆结构的不同安全要求

碰撞区域	性能要求	所需的材料性能	性能证据	可选钢铁
溃缩区	在碰撞情况下在一定距离内高能量吸收	高加工硬化、强度和延展性	应力—应变曲线下面积大	双相钢，复相钢，相变诱导塑性钢
乘客舱	在碰撞期间没有变形或侵入	高屈服强度	σ-ε 曲线的极限抗拉强度	马氏体钢，热成形钢，双相钢（>980MPa）

显然，如图 1-11 所示的钢材特性的选择可以指导用于特定应用的钢种选择。零件的

设计是为了使它们组合在一起可以形成满足所有要求的结构，尤其是各种碰撞的情况，不论是由区域监管机构执行的还是由汽车公司内部制定的。

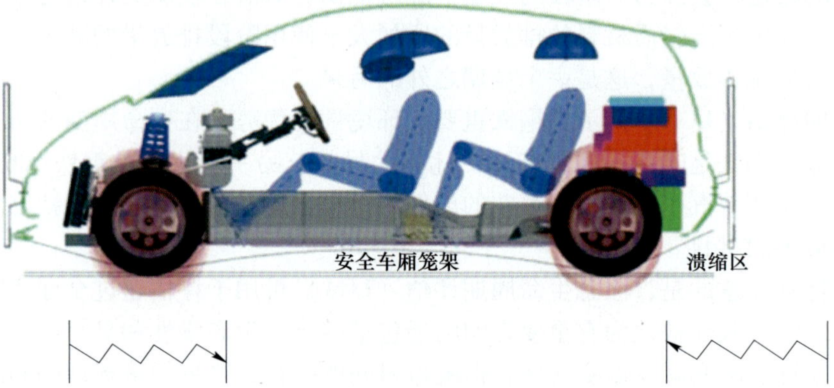

图 1-10　车辆的主要碰撞管理区域

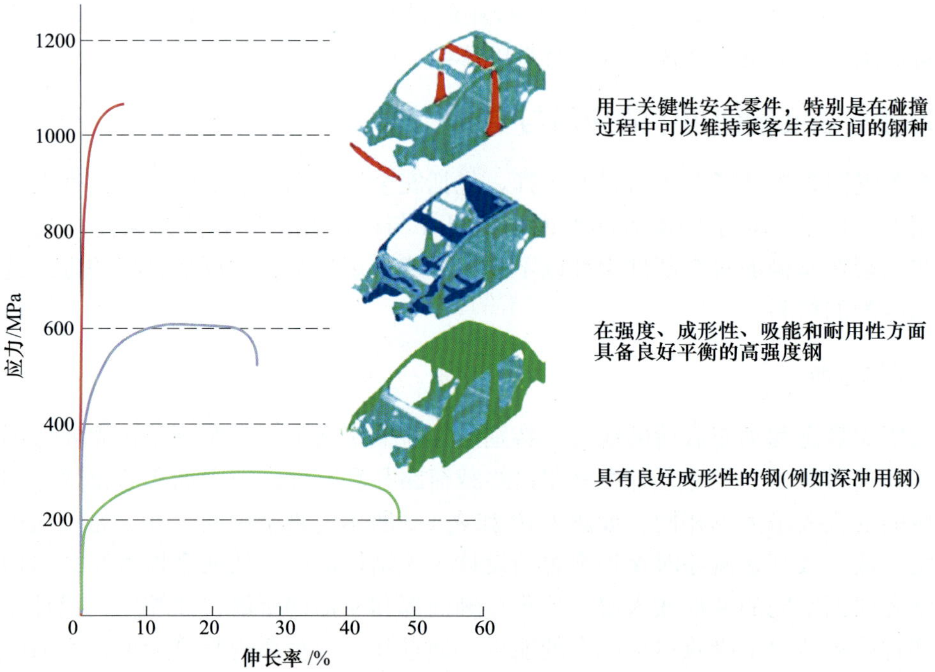

图 1-11　不同类型钢种的应力—伸长率曲线以及在车身结构上的应用

资料来源：塔塔钢铁公司。

1.4.2　刚度

刚度是零件几何形状和弹性模量（不是 YS 或 UTS）的函数，它关系到操控、安全性、噪声、震动以及平顺性。尽管使用先进高强度钢（AHSS）有助于提高强度，并通过降低材料厚度而得以减重，但刚度可能会受到影响。几何形状，特别是关于主负载轴的截面惯性矩在确定刚度方面起着重要的作用。调整横截面和整体几何形状的灵活性可以使结构设计方案更为有效地承受车辆载荷。AHSS 的使用在此过程中具有许多优点，因为高加工硬化率提高了成形性，允许为获得最佳效率改进形状。另外，AHSS 通常具有较高的烘烤硬化性，这会在成形和烤漆处理后提高零件的最终强度。

1.4.3 成形与可制造性

研发先进高强度钢（AHSS）在一定程度上解决了传统钢材随着强度提高而成形性降低的问题。随着钢铁强度越来越高，在制造成汽车零件时也变得越来越困难。虽然先进高强度钢（AHSS）比传统低强钢和高强钢的强度高很多，但是它们也具有高加工硬化性和高烘烤硬化性，这有利于提高成形性和零件几何形状的优化。

伸长率特性对于成形性很重要；对于一些难以成形的零部件，剪切边具备高翻边性能就非常重要了（见第 2 章中的复相钢和铁素体—贝氏体钢相关讨论）。

1.4.4 当前车辆实例

制造商持续利用先进高强度钢（AHSS）作为可满足功能和法规要求的低成本材料。下面是一些汽车制造商由于使用了这些先进高强度钢提高了车辆性能和使车身轻量化的一些实例。

1.4.4.1 2016~2017 雪佛兰科鲁兹

新一代 2016 款雪佛兰科鲁兹代表了通用汽车公司在中小型汽车领域的最新进展。其由通用全球研发团队自主研发，该研发团队为科鲁兹提供了全新设计和崭新架构。该团队的目标是在燃油经济性、操控能力和智能技术领域设定新的标杆。新的设计已经应用于 2017 款车型，包括新款掀背车。

根据 Michael Kupper 和 Klaus-Peter Eckhardt 在 2014 年亚琛汽车工程日上的介绍，设计团队的目标是尽可能多地使用高强度钢，如图 1-12 所示。新款科鲁兹车体的 72%由 AHSS 组成，提高了燃油经济性的同时不影响安全性能。这些努力以及整个结构的全新设计使 BIW 汽车重量减少了 52 公斤。根据 Kupper 介绍，即使采取了这些积极的措施，团队也并没有充分挖掘通过 AHSS 减轻车身重量的潜能。

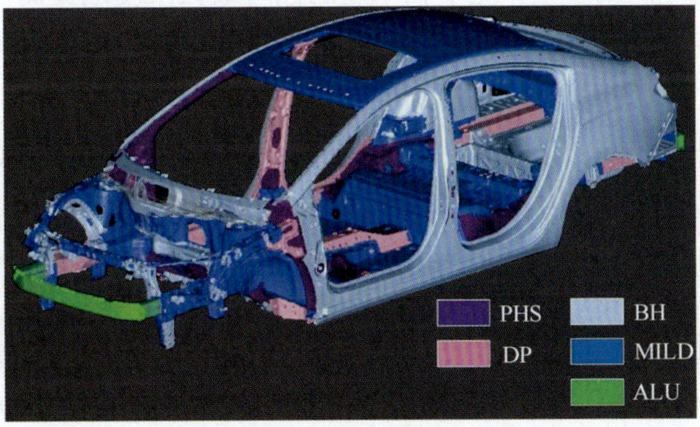

图 1-12 科鲁兹材料细分

1.4.4.2 2017 起亚狮跑

起亚汽车宣称，2017 款起亚狮跑（见图 1-13）的结构由于广泛使用 AHSS 得到显著改善。相比于即将退出市场的车型 AHSS 使用只占 18%，新款狮跑白车身的 AHSS 使用达到 51%，且抗扭刚度提高了 39%。此外，配备正面碰撞预防系统之后，新款狮跑获得美国高速公路安全保险协会（IIHS）授予的最高级别安全大奖——顶级安全之选+（TSP+）。该评级反映了五项耐撞性测试中的最高分，以及整合驾驶员辅助技术以帮助防止碰撞。

图 1-13 起亚狮跑车身结构 51% 为 AHSS
资料来源：起亚汽车。

1.4.4.3 2017 克莱斯勒太平洋

相比老款，2017 款克莱斯勒太平洋（见图 1-14）大约轻了 250 磅（约 113.4 公斤）（模型），更加坚固且空气动力更强劲，同时它声称可以显著降低车身起伏，增强了路面信号的吸收和分配。新车在北美国际汽车展上被公认为 2017 年年度最佳多功能汽车。菲亚特-克莱斯勒汽车公司（FCA）积极鼓励广泛使用先进的热冲压/高强度钢，必要时应用结构黏合剂以及主要聚焦于质量优化。克莱斯勒太平洋使用的高强度钢比其前款大约多出 22%，其中 48%是先进高强度钢，用于在减重的同时最大限度地提高刚度和强度，是 FCA 第一个主动在这种程度上混合 AHSS 和材料质量优化的拉门。用于轻量悬挂系统的特定钢构件包括：

图 1-14 2017 克莱斯勒太平洋“年度最佳多功能汽车”
资料来源：FCA 北美公司。

（1）所有型号的带有“减轻孔”（例如，除去“无用”材料）的由 HSS 制成的轻型前悬架，以及可实现重量减轻的液压成形的前支架纵梁。

（2）后悬架上的薄型钢纵臂通过“刀片式”设计实现，确保了强度和耐用性且不会增加质量。

1.4.4.4 世界汽车用钢联盟未来钢质汽车计划——自然的移动方式

未来钢铁汽车（FSV）项目（见图 1-15）自 2008 年开始，是全球钢铁行业最新的技术示范项目。这个为期 3 年的项目以 13 年的开拓性工作为基础，旨在寻求减少车辆质量，降低成本和满足全面的碰撞安全标准的方法，所有这些都是为了减小对环境的影响。FSV 是一个推动汽车车身先进技术并以此降低车辆排放量的全球钢铁行业投资项目。该项目使 AHSS、新颖的设计和制造技术从广泛的研究进入实际使用，并为电动车辆提供了具体的范例。

图 1-15 未来钢质汽车电动汽车概念

FSV 使用了种类多样的钢种，其强度范围从软钢到 GPa 级别，采用了许多制造工艺。凭借先进的优化算法和计算能力，FSV 在设计过程中纳入了数百个变量，以找出广泛的解决方案。这种 FSV 方法将车辆设计、动力总成设计和包装、乘客空间、乘客入口/出口、驾驶员视角、振动噪声与声振粗糙度和空气动力学相结合，以实现满足所有车辆要求的车身结构。这种更具活力的工艺模拟自然，产生超越以往的非直观结果。FSV 显示了电动动力系统更高效的全方位的用钢设计方式，如图 1-16 所示。一个重要的结论是，这些相同的设计属性也可以应用于传统的传统内燃机（ICE）动力车辆。

FSV 项目旨在帮助汽车制造商有效应对更加严格的排放和燃油效率法规，在满足其他绝对要求（例如安全（碰撞）标准和购买能力）的同时，减少温室气体的影响。它包含新的电动驱动动力系统，其使用正引发对车辆减重和选材更大的关注。该项目包括电动车（BEV）、插电式混合动力（PHEV-20 和 PHEV-40）和燃料电池（FCEV）动力传动系统的结构变体。

FSV 依赖于强度更高且更易成形的先进高强度钢的新发展。它采用整体设计方法，应用最新的计算机辅助优化技术以充分利用钢材出色的设计灵活性。此外，FSV 首次使用 LCA 来选择产生最低总碳排放量的钢材和制造技术，超越仅在使用阶段的碳排放核算。

A 更低的重量

不同牌号先进高强度钢（AHSS）的大量组合使用，加上工程设计优化使实现坚固的车身结构是可行的，该车身具有生产制造的切实可行性，并且针对全球所有碰撞标准都能达到 5 星级碰撞性能，同时也超越了减重目标。轻量高效的车身为缩小子系统（包括动力总成系统）创造了机会，并促进了车辆整体质量的降低。比如说，包括蓄电池座盘（BEV 产品独有）在内，FSVBEV 变体型的车身结构质量达到 177kg。这与 231kg 的 2010 大众保罗相比很具优势，2010 大众保罗由于其设计高效且携带较轻的 ICE 汽油动力系统而被评为欧洲年度汽车。请注意表 1-4 进行基准比较。

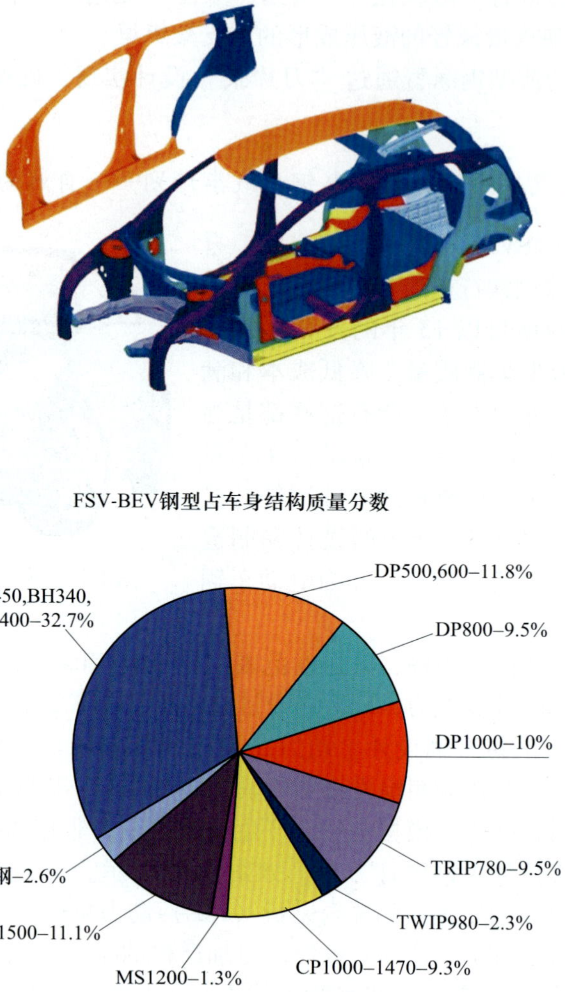

图 1-16　未来钢质汽车材料使用

表 1-4　FSV 基准

车辆	类别	动力系统	整备质量/kg	车身质量/kg	燃油消耗量（NEDC）/L · $100km^{-1}$
FSV-BEV	B+	BEV	958	177	2.42
ULSAB-AVC	C	ICE-G	933	202	4.40
大众 Polo	B	ICE-G	1067	231	5.70

数据来源：世界汽车用钢联盟。

B　较低的成本

钢铁是汽车车身最具成本竞争力的材料。利用钢铁制造部件和子系统并组装成整个车身结构经济实惠。生产和组装完整的 FSV 车身产生的成本估计为 1115 美元，它验证了这一命题而且与现在的车辆相比没有成本劣势。

C 最低全生命周期排放量

FSV 论证了 LCA 作为车辆设计过程中不可或缺的一部分的重要性。与优化质量设计、成本和功能性相结合，FSV 融合所有的分析对其完整的环境足迹（以 CO_2e 衡量）进行核算。更为恰当的是，其包含了车辆整个生命周期的碳足迹，而不仅仅是使用阶段。这不仅包括整个燃料生产周期（从矿井到加油机）和燃料使用周期（从加油机到车轮），而且包括原材料的生产和处理/回收。

FSV 充分证明，与具有传统汽油 ICE 的同等尺寸的车辆相比，轻量先进高强度钢车身结构与电池电动动力系统的结合使全生命周期排放量减少了 50%~70%。此外，基于新钢的轻量化能力，钢铁是实现全生命周期排放量降低的唯一材料。表 1-5 总结了生命周期阶段车辆总碳足迹和排放性能。

表 1-5 美国和欧洲能源网的 FSV 比较

汽车/动力系统	材料与回收 /kg CO_2e	使用阶段 /kg CO_2e	总生命周期 /kg CO_2e
Polo V 传统燃油车	1479	32655	34134
FSV BEV 美国能源网	1328	13844	15172
FSV BEV 欧洲能源网	1328	9670	10998
FSV 与 Polo V—美国能源网		减少 56%CO_2e	
FSV 与 Polo V—欧洲能源网		减少 68%CO_2e	

D 安全

FSV 设计预期未来十年碰撞安全标准将会愈加严格，并符合欧洲和美国的五星级碰撞安全性能要求。它应用最新的整体设计，并且更加强大的计算能力使材料优化成为可能。采用这种方式，通过钢铁材料无与伦比的设计能力的最优使用及其制造高效性，最终 FSV 的设计由最佳的、质量高效的形状所构成，可以达到或超过全球碰撞安全要求。

1.5 使用指南

世界汽车用钢联盟会员中的全球工作组制定了 AHSS 应用指南，解释先进高强度钢与传统高强度钢在冲压成形、制造以及为先进高强度钢设计的汽车底盘护板、结构板和车体外板连接等方面的不同及其原因。本书提供了有关各个主题的深入的最新信息。

要注意，世界各地的不同汽车公司都采用不同的规格标准，而且钢铁公司具有不同的生产能力和商业应用。因此，本书中提供的典型机械特性简单地说明了全球范围内各种广泛的 AHSS 钢。此外，区域性的试验方法会导致同样的试样所测得的一些性能发生系统变化。伸长率就是一个例子，按照全球范围内的不同区域采用的测试方法，测量的长度标距可能是 50mm 或 80mm，宽度标距也不同。此外，可以相对于辊轧方向或横向方向限定最小值。因此，与具体钢铁企业进行沟通是必要的，以确定钢种的可用性，以及具体的测试方法、相关参数和性能。

2 先进高强度钢的冶金学原理

2.1 钢种定义

汽车用钢可以采用几种不同的方法进行分类：

（1）第一种是基于冶金设计中的一些工艺信息。常见的钢种名称包括：低强度钢（IF钢和软钢）；传统高强度钢，例如烘烤硬化钢和高强度低合金钢（HSLA）；先进高强度钢或称 AHSS（例如双相钢和相变诱导塑性钢）。为了进一步提高钢种强度，汽车用钢领域还开发了热冲压用钢、成形后热处理钢以及为了专门用途特殊（包括优化了拉伸翻边性能和拉伸弯曲性能）设计的钢种。

（2）第二种分类方法对零件设计人员来说很重要，这就是钢的强度。因此，本文档将使用高强低合金钢（HSLA）和先进高强度钢（AHSS）的一般特性区分所有的高强度钢。然而，这种分类体系遇到了一个问题，就是每一种高强度钢不断有新的钢级出现。因此，DP 钢和 TRIP 钢的强度等级，将包括两个或两个以上的强度范围。

（3）第三种分类方法依据的是不同钢种的各种力学性能和成形参数，比如总伸长率、加工硬化指数（n）或扩孔率（λ）。举例来说，图 2-1 比较了总伸长率（与成形性有关）和不同类型钢种的抗拉强度之间的关系。这些性能对于冲压车间的实际操作和仿真分析十分重要。

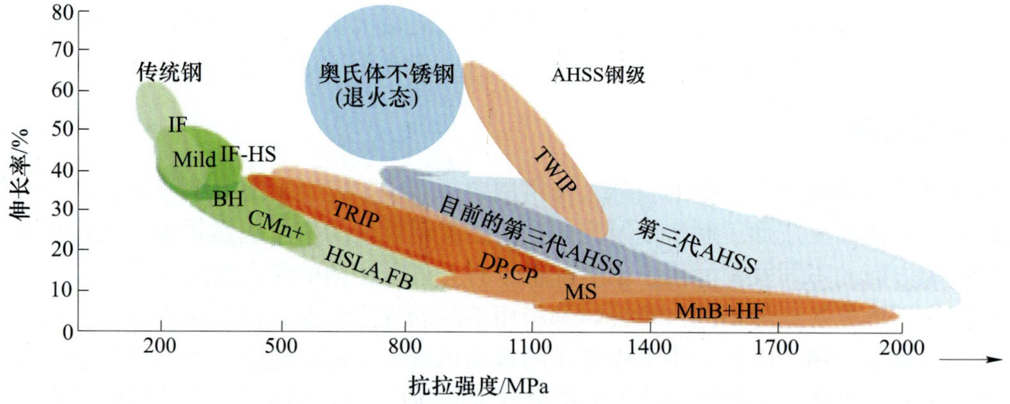

图 2-1 目前先进高强度钢的成形性能图

（包括对传统低强度钢和高强度钢的比较）

传统高强度低合金钢（HSLA）和先进高强度钢（AHSS）的主要区别是它们的显微组织。传统的高强度低合金钢是单相铁素体钢，在 C-Mn 钢中也可能出现一些珠光体。AHSS 的组织含有一种或多种铁素体、珠光体、渗碳体以外的相，如相当比例的马氏体、贝氏体、奥氏体和/或残余奥氏体，因此足以产生独特的力学性能。某些类型的先进高强度钢具有较高的加工硬化能力，其强塑性显著优于传统钢。其他类型的钢拥有超高的屈服和抗拉强度，并拥有烘烤硬化行为。

由于用于分类钢铁产品的术语在世界各地有很大的不同，本节使用国际钢铁协会（World Auto Steel）定义的钢种名称。每个钢级由冶金类型、最小屈服强度（单位 MPa）和最小的抗拉强度（单位 MPa）组成。比如，DP 500/800 表示最小屈服强度为 500MPa 和最小抗拉强度为 800MPa 的双相钢。ULSAB-AVC 项目（UltraLight Steel Auto Body-Advanced Vehicle Technology，超轻钢质汽车车身—先进汽车技术项目）首次使用这个分类系统。

2.2 各种先进高强度钢的冶金学原理

钢铁产品的生产商和使用者普遍了解常规低强度和高强度钢的基本冶金学原理。本节简单描述了这些常见的钢种类型。由于先进高强度钢的冶金学原理和加工参量和传统钢不同，该部分描述了先进高强度钢独特的加工工艺和组织结构对其优异力学性能的作用机理。所有的钢都通过控制其化学成分和从奥氏体或奥氏体+铁素体两相区的冷却速率获得，包括热轧层流冷却（热轧产品）或在连续退火炉冷却段（连续退火或热浸镀产品）。研究工作通过提供不同的化学成分与生产工艺组合，对每个类型的先进高强度钢都创造了许多额外的钢级和改进的性能。

2.2.1 双相钢（DP 钢）

DP 钢由铁素体基体和由岛状的硬质马氏体第二相组成。

增加硬质相的体积分数通常可以提高强度。DP 钢（铁素体+马氏体）通过控制从奥氏体相的冷却（热轧产品）或铁素体+奥氏体两相区的冷却（冷轧连续退火和热浸镀产品），将一些奥氏体转变为铁素体，随后通过快速冷却使剩余的奥氏体转变为马氏体。由于生产工艺的原因，少量的其他相（贝氏体和残余奥氏体）也可能生成。

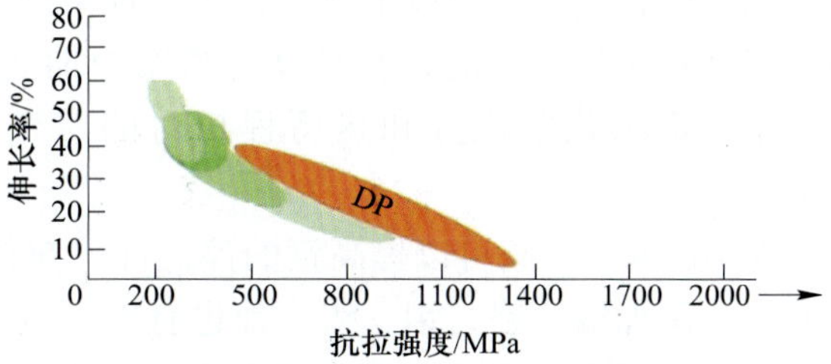

根据不同的成分和工艺路线，如果需要增强抵抗翻边开裂的能力（如通过扩孔率评价），可以设计一种含有大量贝氏体的微观组织。

图 2-2 显示了一个 DP 钢的显微组织示意图，其中包含铁素体加马氏体岛。连续的软相铁素体使这些钢具有出色的塑性。当这些钢变形的时候，应变集中在马氏体岛周围强度较低的铁素体相中，实现了高的初始加工硬化率（n）。图 2-3 是一个实际的显微照片，显示出铁素体和马氏体相组成。

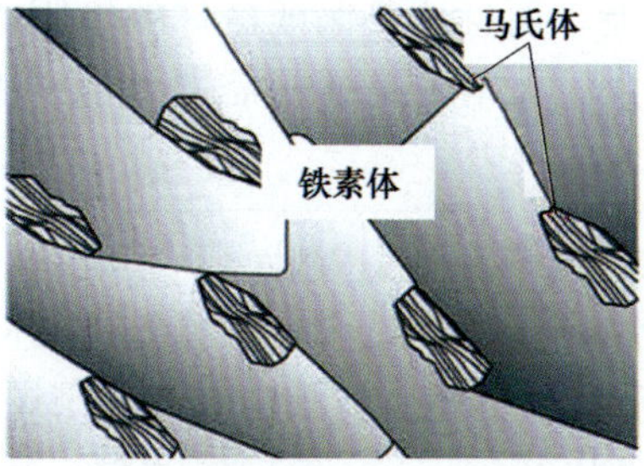

图 2-2 双相钢铁素体基体（Ferrite）中包含马氏体岛（Martensite）示意图

与具有相似屈服强度的传统钢相比，加工硬化率和优良的伸长率造就了具有更高抗拉强度的 DP 钢。图 2-4 比较了具有相似屈服强度的低合金高强度钢和 DP 钢的工程应力—应变曲线。与具有相似屈服强度的传统钢相比，DP 钢具有较高的初始加工硬化率，更高的抗拉强度及更低的 YS/TS 比。DP 钢的工程应力—应变曲线和真实应力—应变曲线如图 2-5 所示。

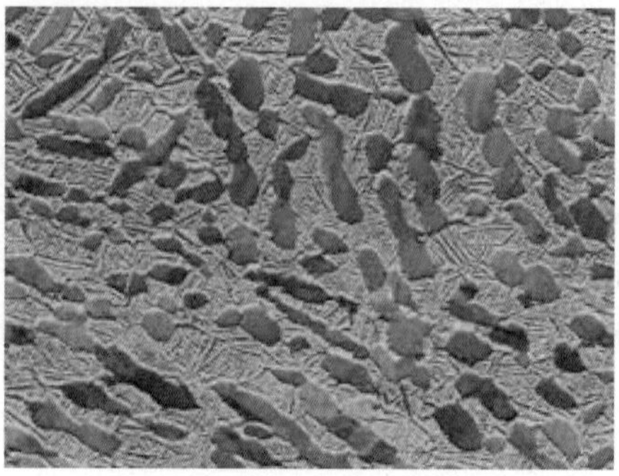

图 2-3　双相钢的显微组织

相比传统高强度钢，DP 钢和其他先进高强度钢还有一个重要的好处，即烘烤硬化效应。

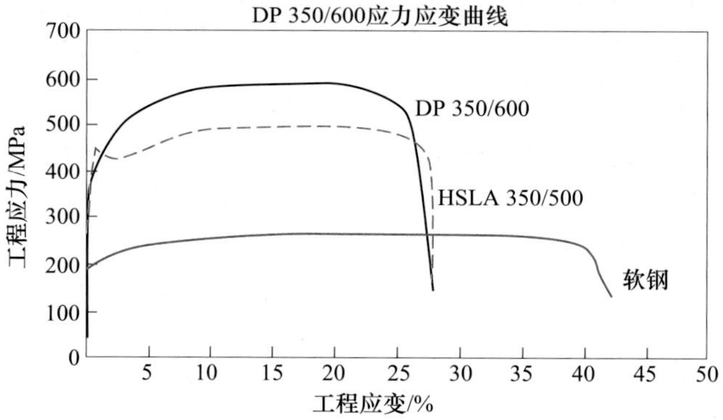

图 2-4　DP 350/600 比 HSLA 350/450 具有更高的抗拉强度

资料来源：美国钢铁协会。

烘烤硬化效应增加屈服强度，这一现象经由预变形（冲压或其他制造过程的变形产生的加工硬化所致）后的高温时效（烤漆炉加热）而产生。先进高强度钢的烘烤硬化效果取决于与钢种化学成分和热历程相对的应变量大小。与烘烤硬化相关的信息见 2. 4. 8 一节。

在 DP 钢中，碳可以提高钢的淬透性，在相对容易实现的冷却速度下形成马氏体。单独或组合添加锰、铬、钼、钒、镍也有助于提高淬透性。如硅和磷作用一样，碳作为铁素体固溶强化元素，也可以强化马氏体。这些元素的添加量需要进行平衡，不仅要产生优良的力学性能，而且还要保证良好的电阻点焊能力。然而，焊接高强度等级钢时（DP 700/1000 以上），电焊性能可能需要调整焊接工艺。目前 DP 钢的产品级别和汽车应用实例如下：

DP 300/500	顶盖、门外板、侧围外板、后窗台板、地板
DP 350/600	地板、发动机罩外板、侧围外板、前围板、翼子板、地板加强件
DP 500/800	侧围内板、后侧围内板、后纵梁、后减震器加强板
DP 600/980	安全件（B 柱、地板通道、副车架、前副车架支撑件、上纵梁、座椅）
DP 700/1000	上边梁
DP 800/1180	B 柱上段

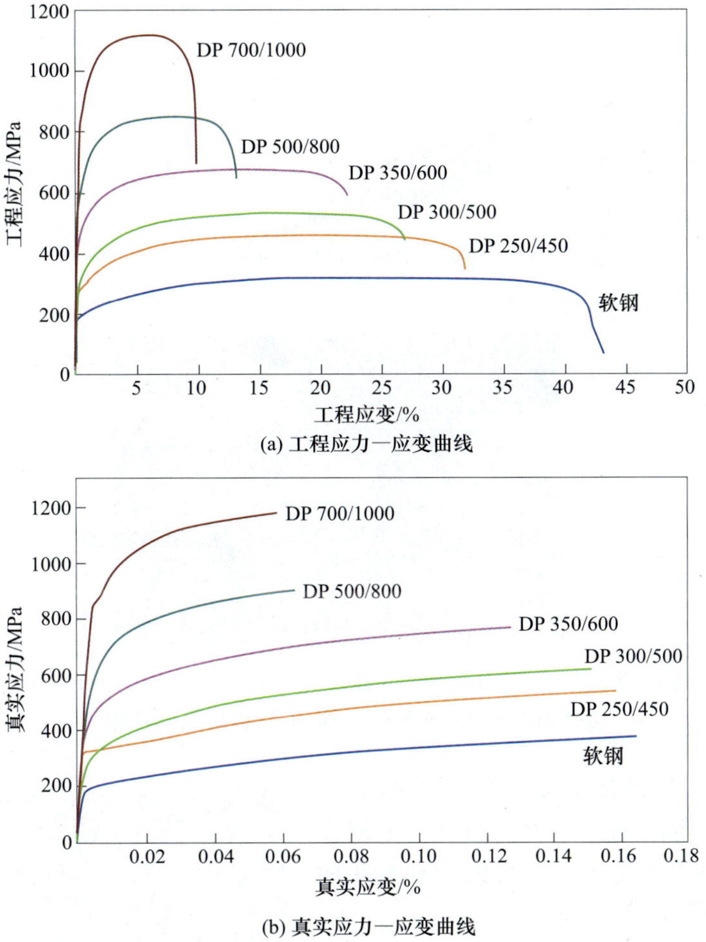

图 2-5 DP 钢系列工程应力—应变曲线（a）和真实应力—应变曲线（b）

钢板厚度：DP 250/450、DP 500/800 为 1.0mm，其他钢为 1.8~2.0mm

资料来源：瑞典 SSAB 钢铁公司、奥钢联钢铁股份有限公司。

2.2.2 相变诱导塑性钢（TRIP 钢）

TRIP 钢的显微组织是在铁素体的基体中含有一定量的残余奥氏体。除了含有 5%以上的残余奥氏体外，还有不同含量的硬质相，如马氏体和贝氏体。TRIP 钢一般要求在一个中温区保温，从而产生一定量的贝氏体。钢中的高硅和碳的含量也导致在最终的显微组织中存在相当数量的残余奥氏体。图 2-6 显示了 TRIP 钢的显微组织示意图。图 2-7 是 TRIP690 的显微组织图。图 2-8 比较了 HSLA 钢的工程应力—应变曲线与具有类似屈服强度的 DP 钢曲线。

在变形过程中，软的铁素体中弥散分布的硬质第二相产生很高的加工硬化率，如在 DP 钢中观察的那样。然而，TRIP 钢中残余奥氏体随着应变增加逐步转变为马氏体，从而在更高的应变水平下提高加工硬化率。如图 2-9 所示，相似屈服强度下的 HSLA，DP 和 TRIP 钢具有不同的工程应力—应变行为。TRIP 钢比 DP 钢具有较低的初始加工硬化率，但

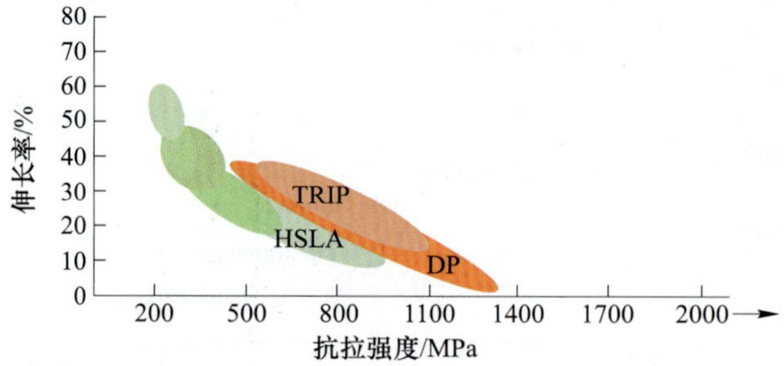

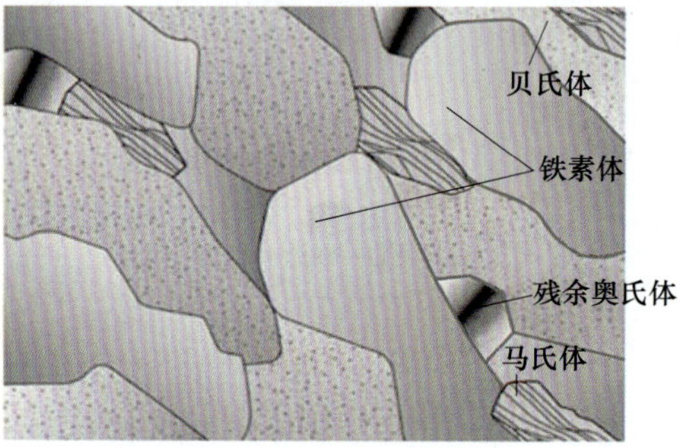

图 2-6　贝氏体（Bainite）和残余奥氏体（Retained Austenite）
是 TRIP 钢中除铁素体（Ferrite）以外的其他相

在较高的应变下 DP 钢加工硬化率开始减弱时 TRIP 钢仍具有一定的加工硬化。另外，不同强度等级的 TRIP 钢工程应力—应变曲线和真实应力—应变曲线如图 2-10 所示。

TRIP 钢的加工硬化率大大高于传统的高强度钢，因此具有显著的拉伸成形性能。当设计人员利用高加工硬化率（和增强的烘烤硬化效应）作为成形后的力学性能来设计一个零件，这种特性就变得非常有用。TRIP 钢在高应变下存留的高加工硬化率使其比 DP 钢在严重的拉伸成形中略有优势。

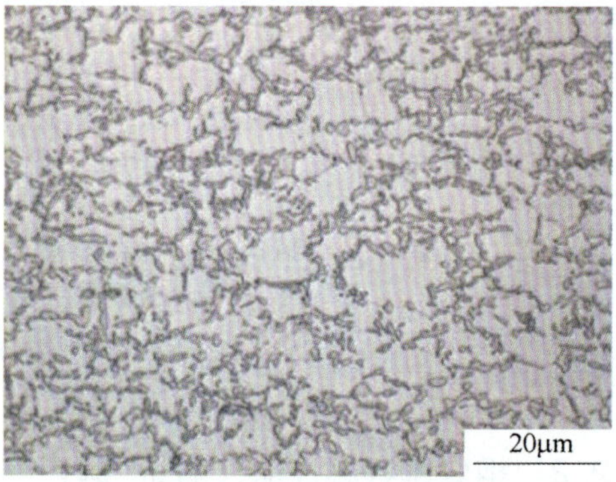

图 2-7　TRIP690 的显微组织

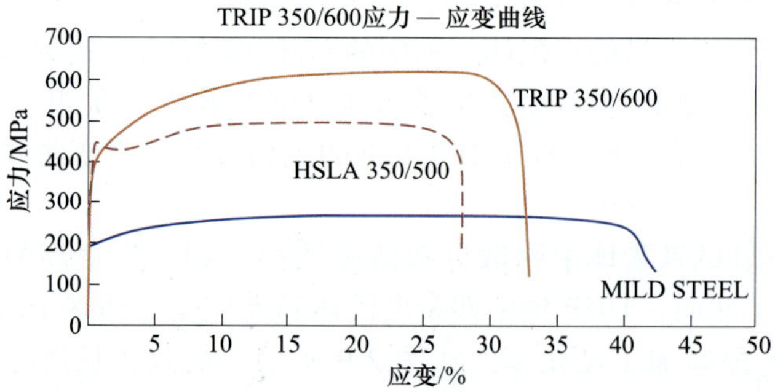

图 2-8　TRIP 350/600 与具有类似屈服强度的 HSLA 钢的比较

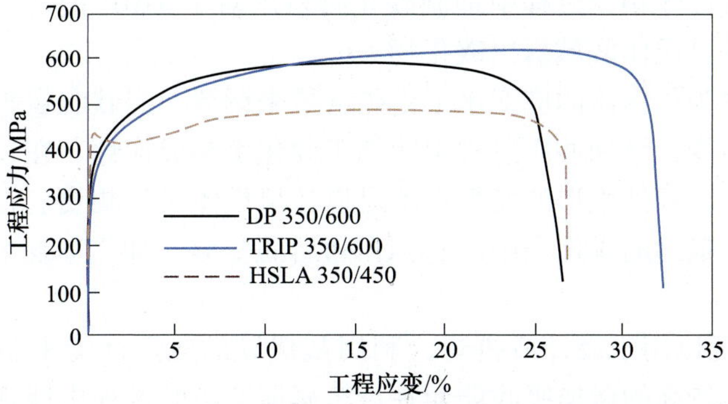

图 2-9 TRIP 350/600 比 DP 350/600 和 HSLA 350/450 具有更大的总伸长率

资料来源：美国钢铁协会。

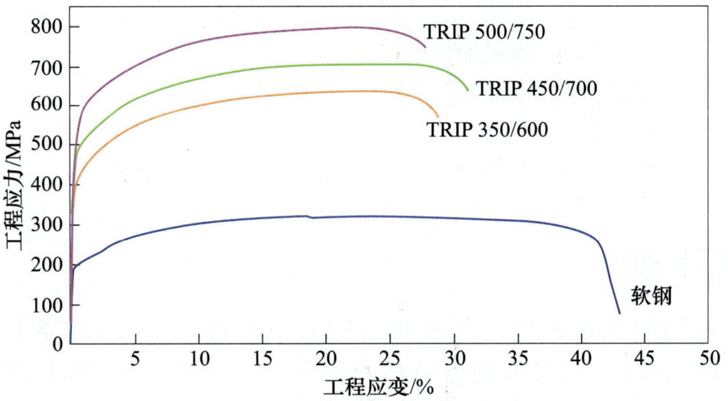

(a) 工程应力—应变曲线

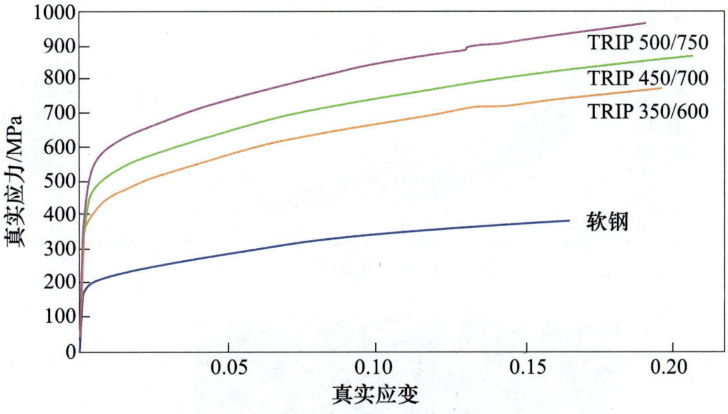

(b) 真实应力—应变曲线

图 2-10 不同强度级别 TRIP 钢工程应力—应变曲线（a）和真实应力—应变曲线（b）

钢板厚度：TRIP 350/600 1.2mm，TRIP 450/700 1.5mm，TRIP 500/750 2.0mm，软钢 1.9mm

资料来源：奥钢联钢铁股份有限公司。

与 DP 钢相比，TRIP 钢采用了更多的碳元素来稳定残余奥氏体，使其保留至室温。增加硅或铝的含量可以加速铁素体/贝氏体的形成。这些合金元素有助于保持残余奥氏体中必要的碳含量。在贝氏体相变过程中抑制碳化物析出对于 TRIP 钢是至关重要的。硅和铝元素可以用来避免在贝氏体区域析出碳化物。

残余奥氏体转变为马氏体的应变水平由碳含量来调节。当碳含量较低时，残余奥氏体在变形初期就开始转变，增加冲压过程中的加工硬化率和成形性。在较高的碳含量时，残余奥氏体则更加稳定，零件成形的变形量不足以让奥氏体发生相变。在这些碳含量下，残余奥氏体就会保留在最终的零件当中。它会在随后的变形（如汽车发生碰撞）时发生马氏体转变。

因此，TRIP 钢可以用于设计或拼焊，利用其优异的成形性能来制造复杂的先进高强度钢零件，或者因其较高的碰撞吸收能而在汽车碰撞变形的过程中展现出较高的加工硬化能力。这些添加的合金元素将降低其电阻点焊性能。这可以通过修改所使用的焊接周期来解决（例如脉冲焊接或稀释焊接）。

目前 TRIP 钢的产品级别和汽车应用实例：

TRIP 350/600	车架纵梁、纵梁加强板
TRIP 400/700	边梁、碰撞吸能盒
TRIP 450/800	前围板、上边梁
TRIP 600/980	B 柱上段、上边梁、副车架、前后纵梁、座椅骨架

2.2.3　复相钢（CP 钢）

CP 钢具有非常高的抗拉强度，其微观组织是铁素体/贝氏体基体上含有少量的马氏体、残余奥氏体和珠光体，通过抑制再结晶或微合金元素（Ti 和 Nb）的析出使晶粒尺寸显著细化。图 2-11 是 CP 钢的显微结构示意图。图 2-12 显示了热轧 CP 800/1000 的晶粒结构。图 2-13 将 HSLA 钢的工程应力—应变曲线与 CP 钢 1000/1200 的曲线进行了比较。

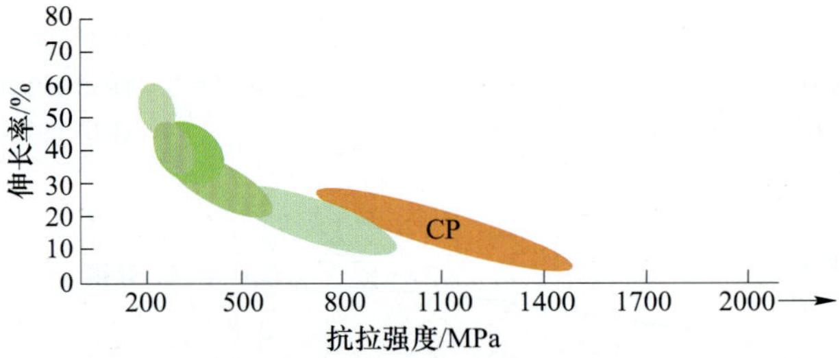

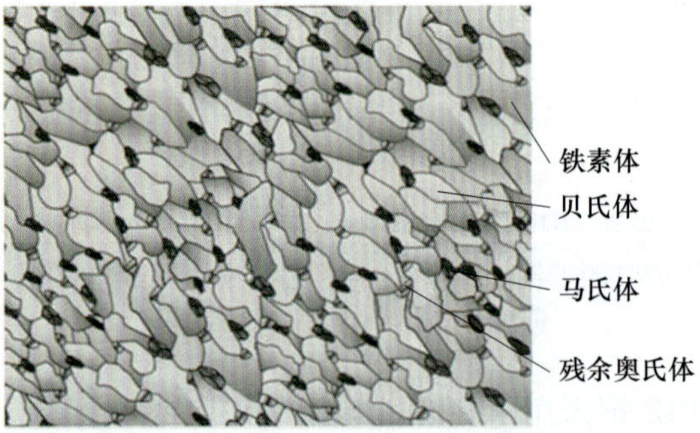

图 2-11　CP 钢显微组织示意图

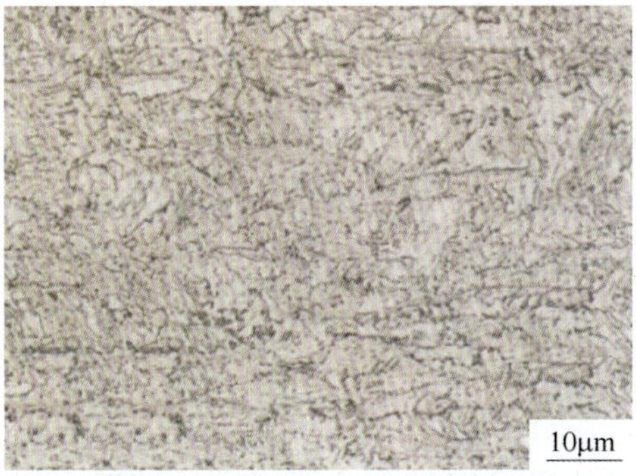

图 2-12 CP 800/1000 的显微组织

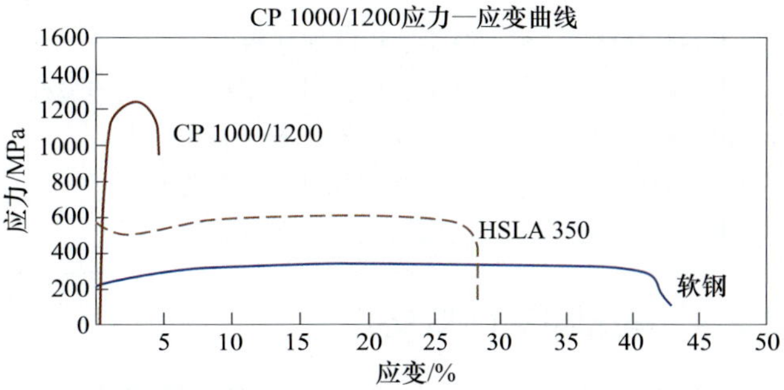

图 2-13 CP 1000/1200 与 HSLA 比较

与 DP 钢相比，相同抗拉强度级别的 CP 钢（800MPa 或者更高抗拉强度）具有更高的屈服强度。CP 钢的特性是具有高的碰撞吸收能、高残余变形能力和高扩孔性能。CP 钢的真实应力—应变曲线如图 2-14 所示。

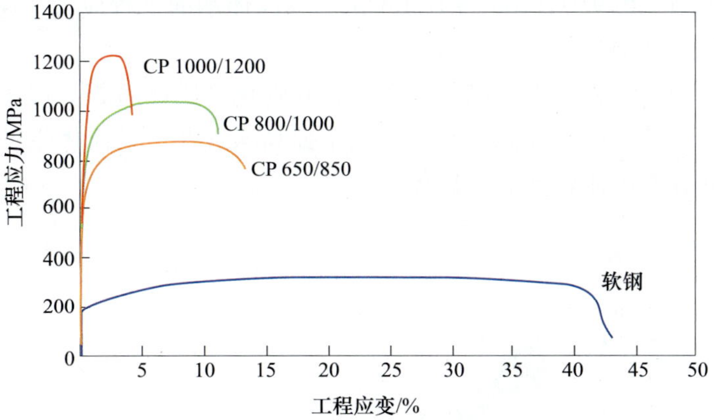

(a) 工程应力—应变曲线

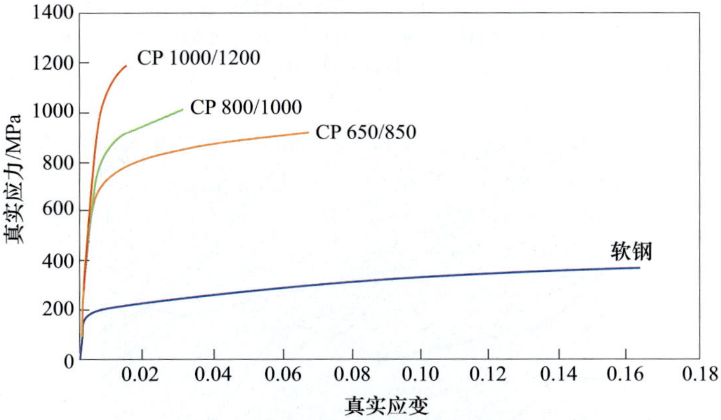

(b) 真实应力—应变曲线

图 2-14 CP 钢系列工程应力—应变曲线（a）和真实应力—应变曲线（b）

板厚：CP 650/850 1.5mm，CP 800/1000 0.8mm，CP 1000/1200 1.0mm，软钢 1.9mm

资料来源：奥钢联钢铁股份有限公司。

目前 CP 钢的产品级别和汽车应用实例：

CP 600/900	纵梁、B 柱加强板
CP 680/780	纵梁、底盘件、横梁、B 柱加强板、中通道加强板
CP 800/1000	后悬挂支架、翼子板梁
CP 1000/1200	后纵梁加强件、门槛外板
CP 1050/1470	门槛加强件、防撞梁

2.2.4　马氏体钢（MS 钢）

生产马氏体钢时，在热轧或者退火阶段存在的奥氏体通过辊道水冷或者在连续退火线冷却阶段几乎全部转变为马氏体。马氏体钢的组织特点是在马氏体基体上含有少量的铁素体和（或）贝氏体，如图 2-15 和图 2-16 所示。在多相钢中，马氏体钢具有最高的抗拉强度。马氏体钢的微观组织也可以在预成形后通过热处理得到。马氏体钢的最高抗拉强度可以达到 1700MPa，并经过淬火后回火处理来提高延展性，从而具有适中的成形性和极高的强度。图 2-17 比较了 MS 950/1200 与 HSLA 钢。马氏体钢的工程应力—应变曲线和真实应力—应变曲线如图 2-18 所示。

马氏体钢中添加碳元素可以提高其淬透性，并强化马氏体组织。以不同的组合方式添加锰、硅、铬、钼、硼、钒和镍元素也可以用于提高淬透性。马氏体钢的生产是通过奥氏体快冷，促使大部分奥氏体转变成马氏体。

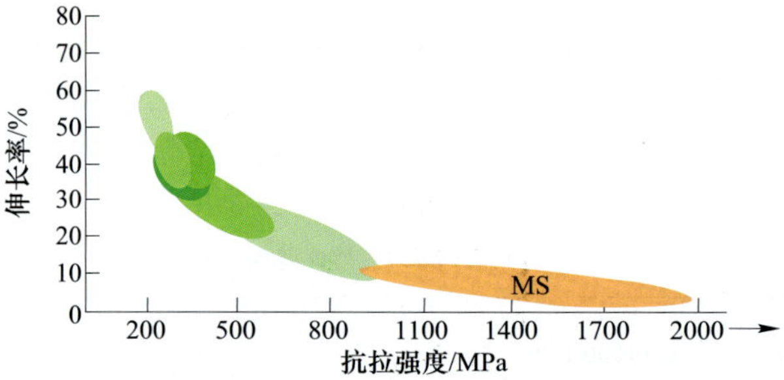

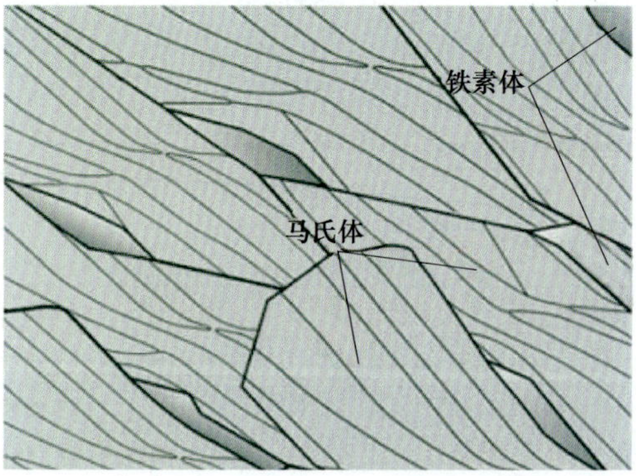

图 2-15　马氏体钢显微组织示意图

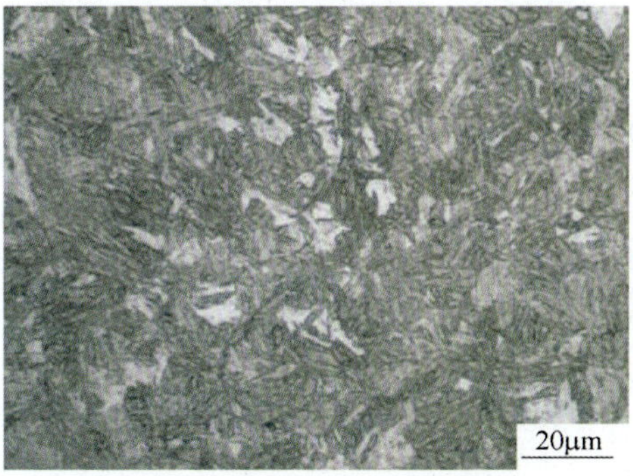

图 2-16 MS 950/1200 的显微组织

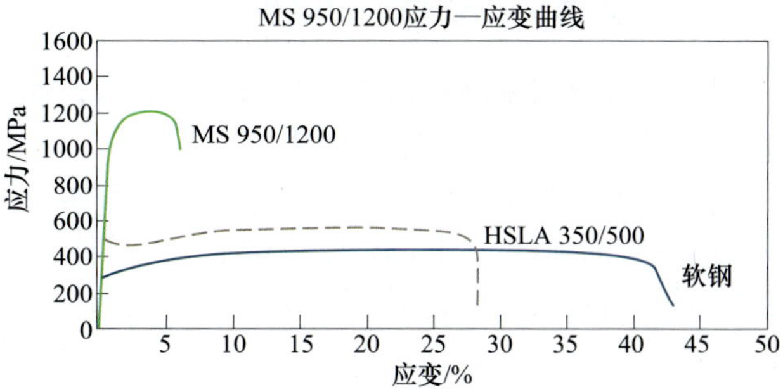

图 2-17 MS 950/1200 与 HSLA 比较

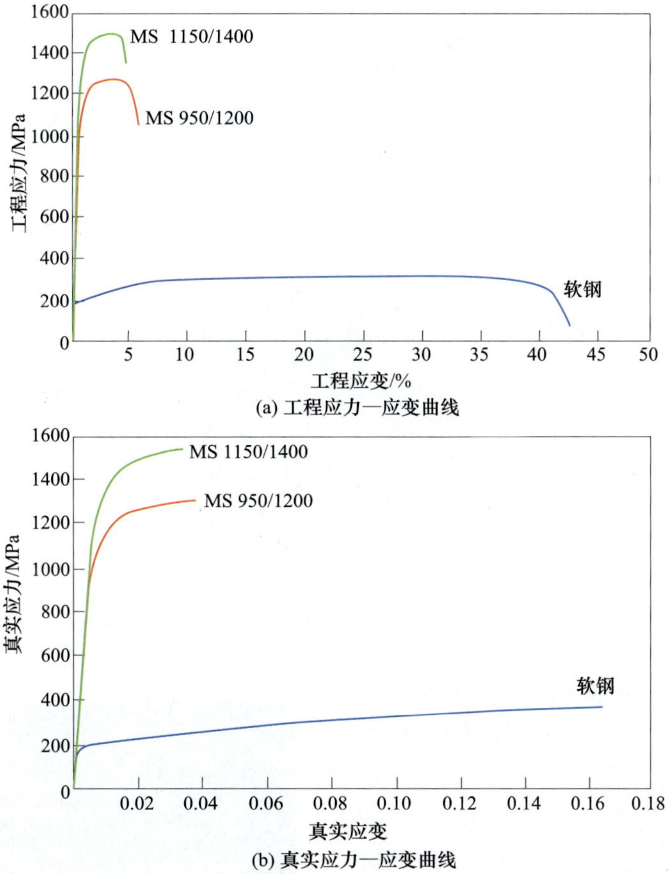

图 2-18 MS 钢的工程应力—应变曲线（a）和真实应力—应变曲线（b）

所有的钢板厚度为 1.8~2.0mm

资料来源：瑞典 SSAB 钢铁公司。

目前 MS 钢的产品级别和汽车应用实例：

MS 950/1200	横梁、边部防撞梁、保险杠、保险杠加强件
MS 1150/1400	门槛外板、边部防撞梁、保险杠、保险杠加强件
MS 1250/1500	边部防撞梁、保险杠、保险杠加强件

2.2.5 铁素体—贝氏体钢（FB 钢）

FB 钢可以用来满足用户的特殊应用需求，如为提高边部拉延能力所需的高拉伸翻边性能（SF）或高扩孔性能（HHE）。

FB 钢的微观组织是细小的铁素体和贝氏体，晶粒细化和第二相（贝氏体）强化都可以提高材料的强度。图 2-19 是铁素体—贝氏体钢显微组织示意图。图 2-20 FB 450/600 的显微组织。目前已经有热轧 FB 钢的生产。

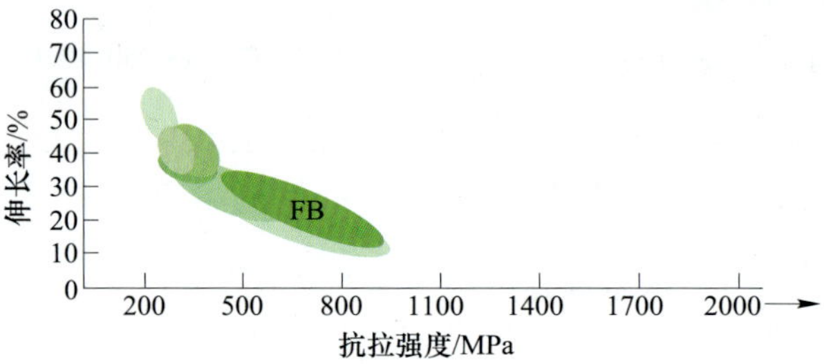

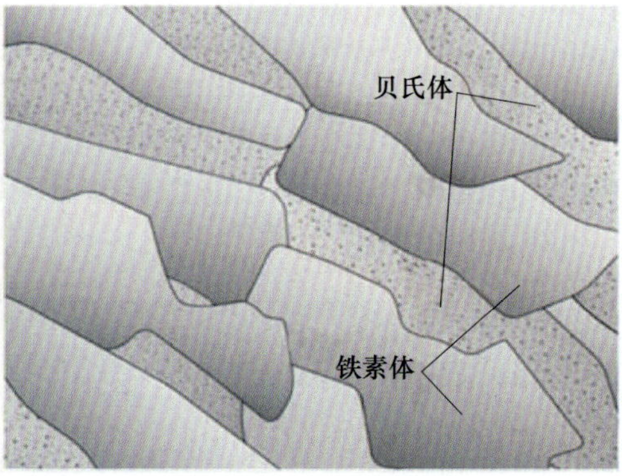

图 2-19 铁素体—贝氏体钢显微组织示意图

与 DP 钢和 HSLA 钢相比，FB 钢主要优点是具有更高的剪切边部延展能力（这可以通过测试扩孔率（λ）来进行衡量）。和同强度级别的 HSLA 钢相比，FB 钢有更高的应变硬化指数（n 值）和更好的伸长率。图 2-21 比较了 FB 450/600 与 HSLA 350/500 钢。FB 钢的工程应力—应变曲线和真实应力—应变曲线如图 2-22 所示。

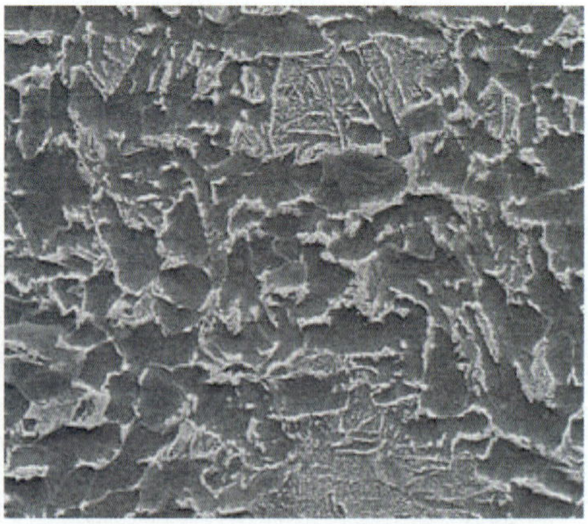

图 2-20 FB 450/600 的显微组织

由于具有良好的焊接性，FB 钢已应用到激光拼焊板领域。FB 钢还具有良好的碰撞吸能性和抗疲劳性能。

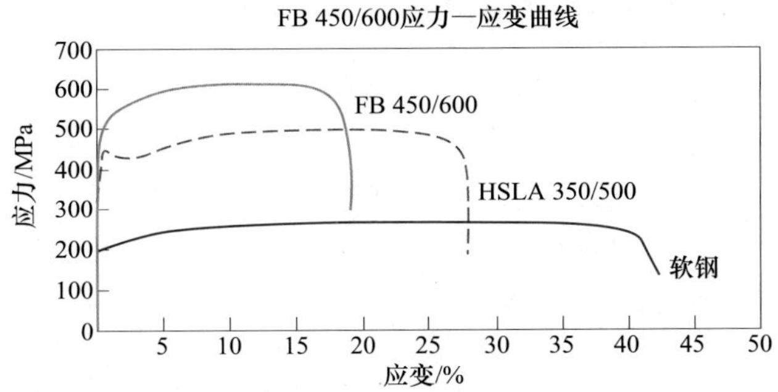

图 2-21 FB 450/600 与 HSLA 350/500 钢比较

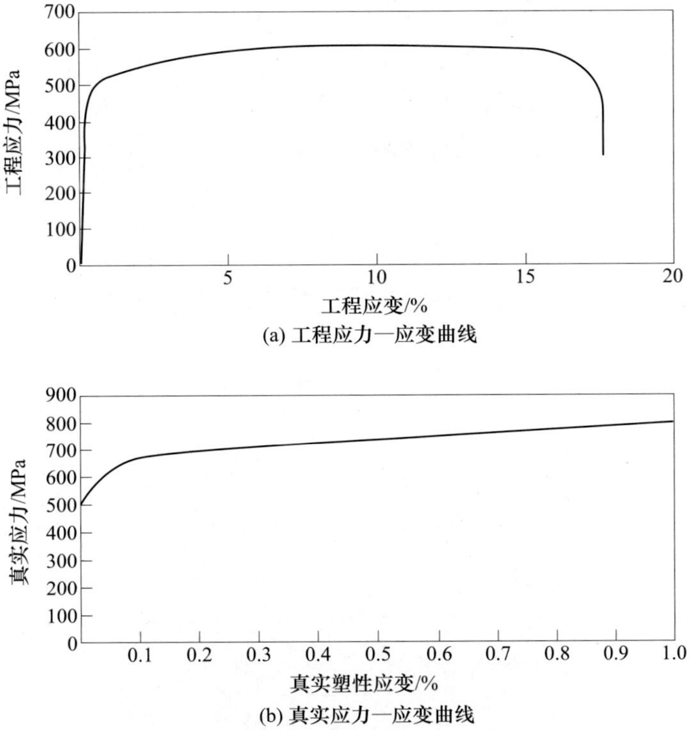

图 2-22 FB 450/600 的工程应力—应变曲线（a）和真实应力—应变曲线（b）

目前 FB 钢的产品级别和汽车应用实例：

FB 330/450	轮辋、刹车踏板臂、座椅横梁、悬挂臂
FB 450/600	下控制臂、轮辋、保险杠、底盘件、后扭力梁

2.2.6 孪晶诱导塑性钢（TWIP 钢）

TWIP 钢有高的锰质量分数（17%~24%），这使其室温为完全奥氏体组织。形变孪晶的形成使其具有大的变形量，这类钢也是由此变形机制命名。孪晶引起高的瞬间硬化速率（n 值）使晶粒变得越来越细小，产生的孪晶界具有类似晶界的作用使材料强化。

图 2-23 提供了 TWIP 钢的组织示意图。图 2-24 显示了 TWIP 钢的退火组织。

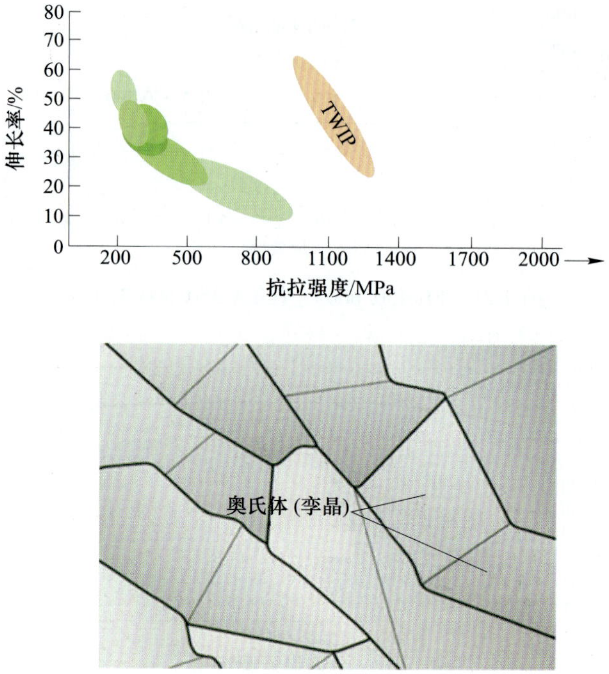

图 2-23　TWIP 钢示意图

图 2-24　退火态 TWIP 钢显微组织

TWIP 钢同时具有极高的强度和很高的延展性。在 30% 的工程应变下，n 值可以达到 0.4，而且 n 值可以保持基本不变直到均匀和断裂伸长率达到 50%。其抗拉强度可以超过 1000MPa。

图 2-25 比较了 TWIP 750/1000 与 HSLA 钢。图 2-26 所示为不同强度级别 TWIP 钢的工程应力—应变曲线。

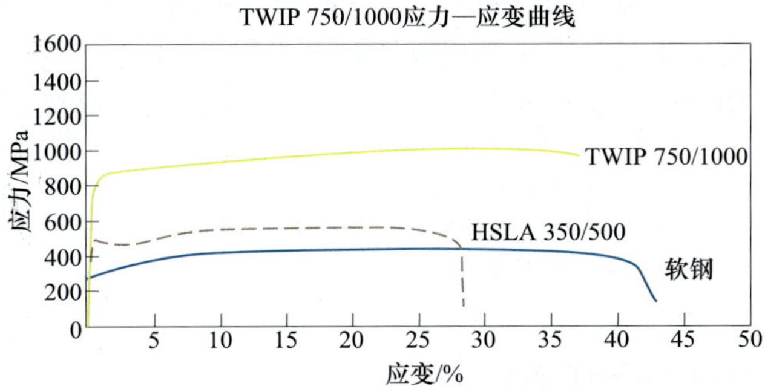

图 2-25 TWIP 750/1000 与 HSLA 钢比较

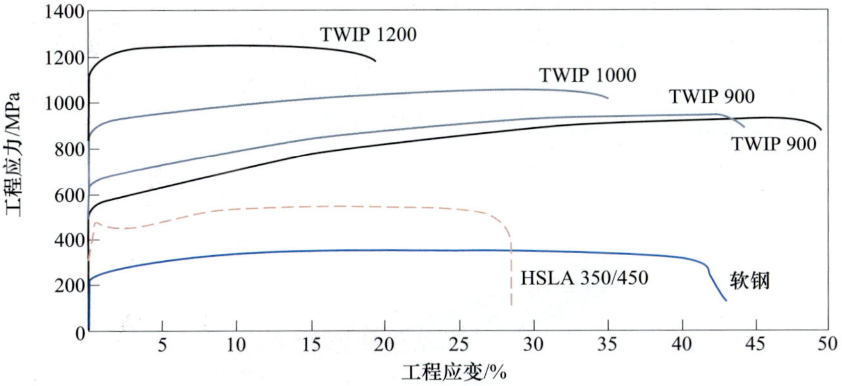

图 2-26 TWIP 工程应力—应变曲线

资料来源：浦项制铁公司。

目前 TWIP 钢的产品级别和汽车应用实例：

TWIP 500/900	A 柱、轮罩、前纵梁
TWIP 500/980	车轮、下控制臂、前后防撞梁、B 柱、轮辋
TWIP 600/900	座椅横梁、轮罩
TWIP 750/1000	车门防撞梁
TWIP 950/1200	车门防撞梁

2.2.7 热冲压用钢（HF 钢）

热冲压成形和热冲压用钢由于可以成形复杂几何形状的零件并且没有回弹问题，因此具有非常大的应用前景。含硼热成形钢（含 B 质量分数为 0.001%~0.005%）从 20 世纪 90 年代就开始用于汽车白车身结构上。为确保获得需要的力学性能，成形过程中温度需保持大于 850℃，并且冷却速率需大于 50℃/s。

目前，可行的模压淬火或热冲压成形方法有两种：

（1）直接热成形。

（2）间接热成形。

直接热成形是坯料在高温奥氏体区变形，然后淬火完成的。间接热成形是在室温完成绝大部分变形，随后再进行高温变形和淬火。热冲压用钢的最终组织与马氏体类似。其模压淬火后的应力—应变曲线与马氏体钢相似，如图 2-27 所示。

更多关于热冲压用钢的信息见 3. 2. 5 一节。目前 HF 钢的产品级别和汽车应用实例：

HF 340/480	热冲压前的原始钢种
HF 1050/1500	成形后热处理钢种，A 柱、B 柱、横梁
HF 1200/1900	成形后热处理钢种

2. 2. 8　成形后热处理钢（PFHT 钢）

成形后热处理是开发较高强度钢的一种常规方法。阻碍高强度钢广泛应用的主要难题是在热处理前后维持零件的尺寸精度。

为了解决变形问题，需要固定零件后加热（用炉子或感应加热），然后立即淬火。这对于生产应用来说是一个更有效的解决方案，因为在低强度下（见图 2-27 中椭圆 1）冲压成形，然后经热处理增加到更高强度（见图 2-27 中椭圆 2）。

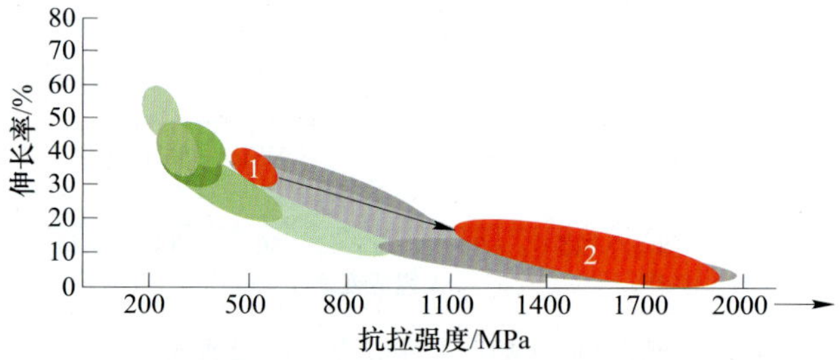

图 2-27　先进高强度钢成形性能图：成形后热处理钢

另一个加工方法是合金化回火钢的空冷硬化，其特点是在软态具有优良的成形性能（深冲性能），而热处理后可获得高强度（空冷）。空冷淬火钢除了应用于板材，还适用于焊管。这类钢管非常适用于液压成形。

第三个方法就是模压淬火。间接热成形在室温下完成零件的所有变形，然后加热到 850～900℃，接着用水冷模具将零件淬火到马氏体组织。这个过程叫做成形硬化。

目前 PFHT 钢的产品级别和汽车应用实例：

PFHT 340/480	室温下原始钢种
PFHT 1050/1500	成形后热处理钢种
PFHT 1200/1900	成形后热处理钢种

2. 2. 9　特殊工艺钢种

DP 钢、TRIP 钢和其他先进高强度钢（AHSS），显微组织中有岛状或颗粒状的不同相，比如马氏体。当成形的时候，这些颗粒就会在边缘拉伸、小角度拉弯或其他能够生产高峰应变值的变形模式下，引起应变集中。这些钢种就会在小于性能预测值的变形量下发生失效。钢铁企业进行了很多研究，并针对这种成形特性开发了一些特殊钢种，从而减小这些相或颗粒的负面影响。更多信息请见 3.2.3 一节。

2.2.10 发展中的先进高强度钢

为了应对汽车行业对先进高强度钢性能的额外需求，钢铁企业研发中心和学术机构还在探索新的钢种或者改良已经存在的钢种。主要研究目标（强化多相钢产品）是在特定强度范围内，改善高奥氏体含量钢的成形性，同时降低成本及焊接问题。这类研发中的钢种还包括超细晶粒钢（纳米钢）、低密度钢及高模量钢。

例如，图 2-28 显示了具有不同 AHSS 钢级的多种路径，改良钢种以大大增加塑性。

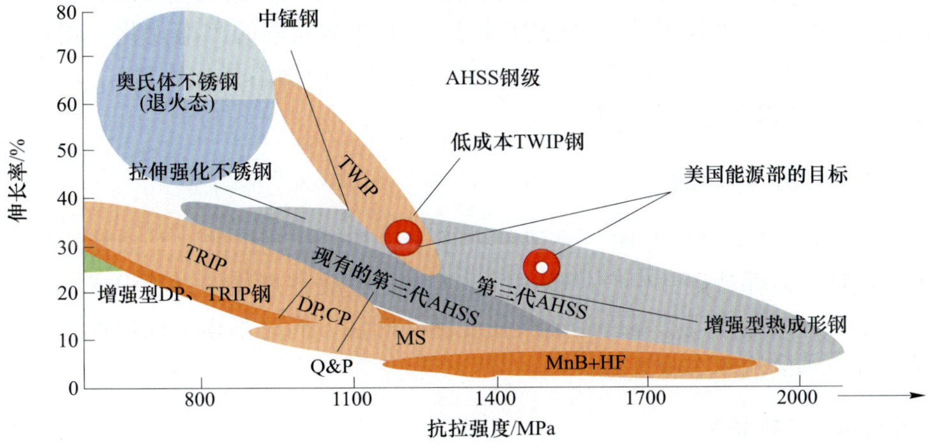

图 2-28 有多种途径可以提高第三代钢的延展性

（实验室伸长数据接近 DP 钢常见记录值的 2~3 倍）

2.2.10.1 TPN——三相纳米析出强化钢

一种新型高性能的冷成形钢以铁素体为基体，同时含有残余奥氏体、贝氏体和纳米析出相。在成形过程中，大量残余奥氏体转变为马氏体。这种形变诱导相变对材料的硬化行为有积极的影响，获得了高成形性和高强度。与其他相同强度级的高强度钢相比，由于它的抗局部减薄能力强，可以满足其他钢种难以完成的复杂几何形状零件的制备。以下为纳米析出强化钢在汽车领域的应用。

TPN 680/780：HR660Y760T-TP	B 柱、横梁、纵梁、侧板加强件
TPN 750/900：HR730Y880T-TP	B 柱、横梁、纵梁、保险杠、侧板加强件

2.2.10.2 QP 钢——淬火延性钢

Q&P 钢是由 C-Si-Mn 系、C-Si-Mn-Al 系和其他相似的成分体系的钢种，通过淬火再分配热处理工艺（QP 工艺）获得。因其最终组织为铁素体（在两相区退火中产生），马氏体和残余奥氏体，QP 钢具有非常优异的强塑性，可以用于新一代汽车用先进高强度钢。QP 钢适用于形状相对复杂的结构件或安全件的冷成形，这些复杂形状的零件使油耗降低的同时提高了乘员安全性。

2.3　传统的低强度和高强度汽车用钢板

2.3.1　软钢

软钢本质上来讲是铁素体的微观结构，例如深冲钢（DQ）和铝镇静钢（AKDQ）等。由于软钢的生产应用广泛，在过去的几十年里常常被作为其他产品的基板。

2.3.2　无间隙原子钢（IF 钢）（低强度和高强度 IF 钢）

IF 钢成分设计基于超低碳含量，从而获得低的屈服强度和高的加工硬化指数（n 值）。此类钢比软钢有更好的可延展性。高强 IF 钢集合了合金元素的固溶强化、碳氮化物析出强化及细晶强化。另一种常见的强化元素是磷（也是一种固溶强化元素）。较高强度级别的 IF 钢广泛用于结构件与闭合件中。

2.3.3　烘烤硬化钢（BH 钢）

BH 钢以铁素体作为基体组织，采用固溶强化原理。这些钢的一个独特的特点是通过成分和工艺设计，以保持碳在生产过程中固溶，然后使碳在烤漆的过程中或室温下在几周的时间里析出。这增加了成形零件的屈服强度和抗凹性，同时不损害成形性。常见的应用是对抗凹性有要求的汽车车身外板。

2.3.4　碳锰钢（CM 钢）

CM 钢利用固溶强化提高强度。

2.3.5　高强度低合金钢（HSLA 钢）

高强低合金钢的强度增加主要是通过微合金化元素产生的细碳化物析出，置换和间隙元素固溶强化，以及晶粒细化。高强度低合金钢在许多白车身和车底结构件（需要通过强度提高车身负载能力）中使用。

2.4　力学性能

几十年来，单相铁素体软钢和高强度低合金钢通常用屈服强度、抗拉强度和断裂伸长率表征其性能，通常在相对于轧制方向纵向（0°）、横向（90°）和 45°位置进行试验而得，如图 2-29 所示。通常硬度读数也包括在内，但硬度读数无法用于评估钢的成形性要求，最适用于量化用于轧制、冲压和修整钢板所用模具的耐久性。有时加工硬化指数（n 值）和各向异性比值（r 值）是特定的，以获得改进的和一致的成形性。不同等级的软钢和 HSLA 钢的成形性极限是通过将接收状态下的力学性能与冲压性能相互关联来获知的。

目前，先进高强度钢变得更加复杂，其冲压性能表现可随着化学成分、温度、变形量、时间，甚至变形路径的变化而进行调整。通过开发新的微观结构，这些钢可成为具有特定性能的“设计钢”，不仅可以满足冲压件的初始成形性要求，同时也可满足诸如耐冲击性、能量吸收、疲劳寿命和其他需求的服役性能要求。开模前进行的虚拟成形仿真需要对材料进行一系列性能评估，以确保得到订单所需要的钢，同时也确保在问题发生时能够

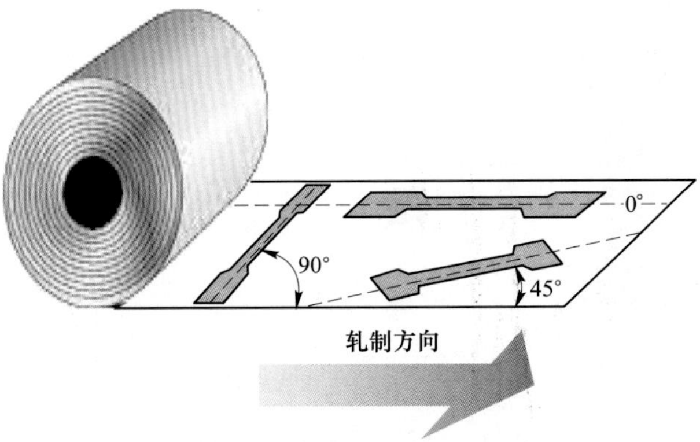

图 2-29 取自钢卷的典型抗拉试验试样取向

成功解决问题。

成形性能参数在主机厂和一级供应商之间得到了广泛的应用。因此，各级供应商和用户了解如何测量参数以及这些参数是如何影响成形过程就变得更加重要。本节对这些成形参数进行了简短的介绍。其中多个参数在拉伸试验中进行测量，拉伸实验通常可提供工程应力—应变曲线，如图 2-30 所示。第 3 章将解释拉伸试验中的各个参数。

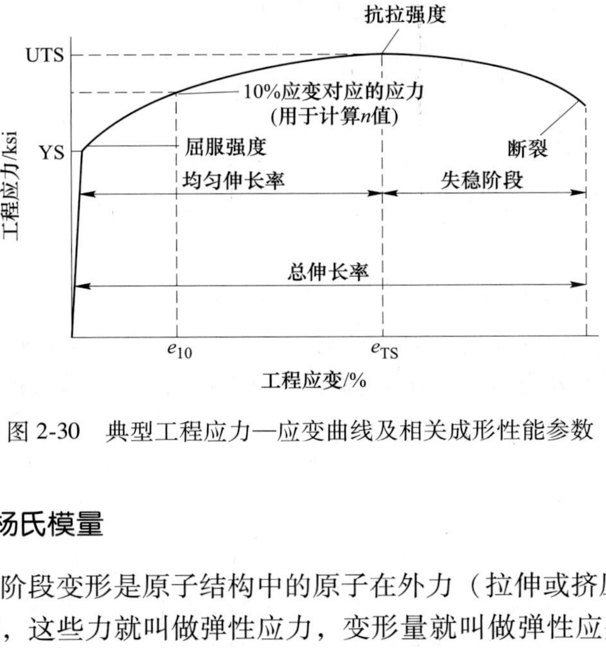

图 2-30 典型工程应力—应变曲线及相关成形性能参数

2.4.1 弹性应力—杨氏模量

冲压过程的第一阶段变形是原子结构中的原子在外力（拉伸或挤压）作用下远离其中性状态。在原子层面，这些力就叫做弹性应力，变形量就叫做弹性应变，如图 2-31 所示。由于原子间的相互吸引比较强，因此高弹性应力只能产生较小的弹性应变值。弹性应力对应弹性应变曲线称为杨氏模量或弹性模量。对于钢铁材料，这条曲线的大部分长度上是陡峭的直线，通常被称为比例应变。随着塑性变形（永久变形）的开始，弹性应变变成非线性增加。

模量曲线的斜率大小取决于金属的原子结构。大多数钢是以 9 个铁原子组成的胞状结构——立方体的每一个角以及立方体中心都有一个铁原子，这就是 BCC（体心立方）结

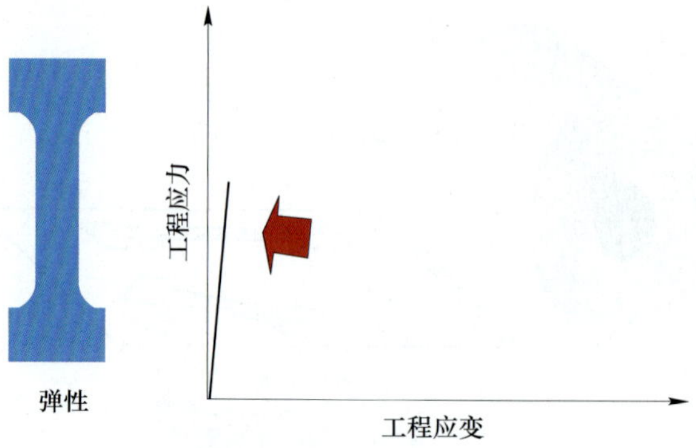

图 2-31　材料变形的阶段：弹性段

构。钢的斜率普遍值一般是 210GPa(3×10^7psi)。相对应的，铝和其他有色金属的原子结构有 14 个原子——立方体的每一个角以及每个面中心都有一个原子。这就是 FCC（面心立方）结构。铝的斜率一般为 70GPa(1×10^7psi)。将成形力减小为零会使原子返回其初始的位置，相应的弹性应力和应变都变成零。这种回归到初始位置的过程叫做回弹——影响冲压获得所需外形和尺寸的一个重要因素。回弹量的大小一般与弹性模量成反比。因此，在相同屈服应力条件下，钢的弹性模量是铝的 3 倍，回弹仅有铝的 1/3。

由于塑性变形，回弹变形通常不能返回到冲压件的零弹性应力状态。残留在冲压件中的弹性应力称为残余应力。任何额外的冲压条件（板料冲裁、冲孔、支架焊接、重建造型或其他塑性变形）改变将改变残余应力的大小，从而可能改变冲压件的形状和尺寸。

2.4.2　屈服强度与屈服应力

弹性变形后继续延伸，金属变形将会进入塑性（永久）变形阶段。从弹性到塑性变形并不会发生大幅改变，而是逐渐发生转变。两种测量技术可用于测定屈服强度，如图 2-32 和图 2-33 所示。第一种是从初始应变 0.2%处画条平行于模量线的直线，该线和应力应变曲线交点的应力值力为屈服强度。第二种方法是在 0.5%的应变处画一条垂直线，穿过应力—应变曲线，其交点处应力值为屈服强度。两种测定方法所测得屈服强度值几乎相等。

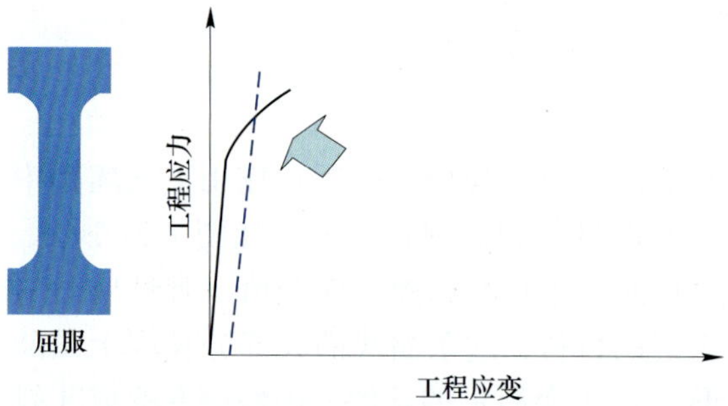

图 2-32　材料变形的阶段：屈服

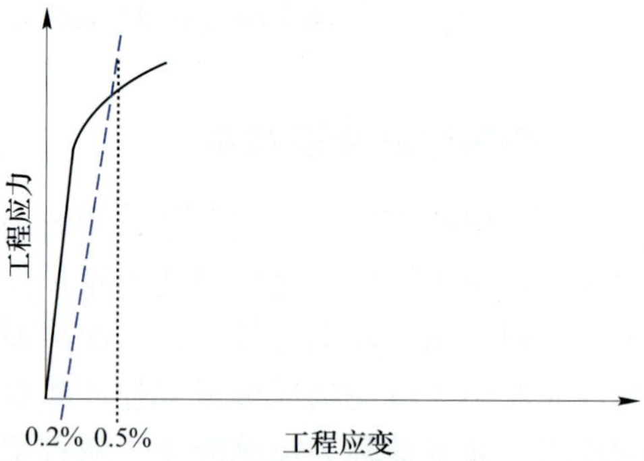

图 2-33　测定屈服强度的两种方法

一些金属有屈服平台（YPE）或吕德斯（Lüder′s）带。当变形带挣脱了间隙碳原子和其他限制性的微观结构特性的限制时就会发生该现象。达到屈服点后应力立即下降，该屈服点称为上屈服应力，如图 2-34 所示。应力降至较低的屈服应力，变形在一定的应力值下持续进行，直到整个拉伸试样进入屈服状态并开始出现加工硬化。

由于回弹量大小与钢的屈服强度成正比，因此已知屈服强度可以对相对回弹进行一些评估，如图 2-35 所示，与软钢相比，随着屈服强度的提高，HSLA 钢可以达到 4 倍回弹量，马氏体钢可达到 8 倍回弹量。

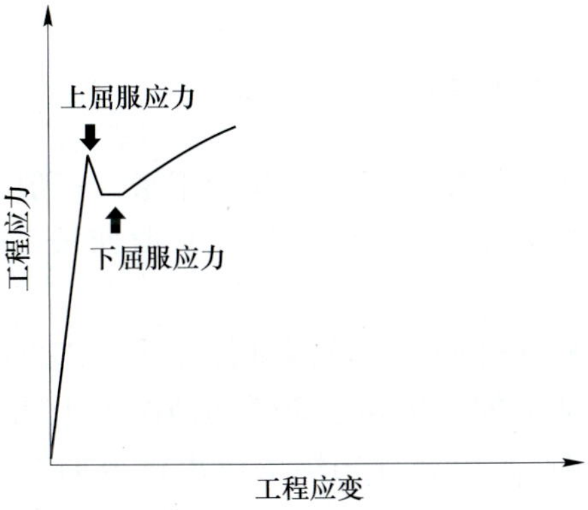

图 2-34 定义上、下屈服点

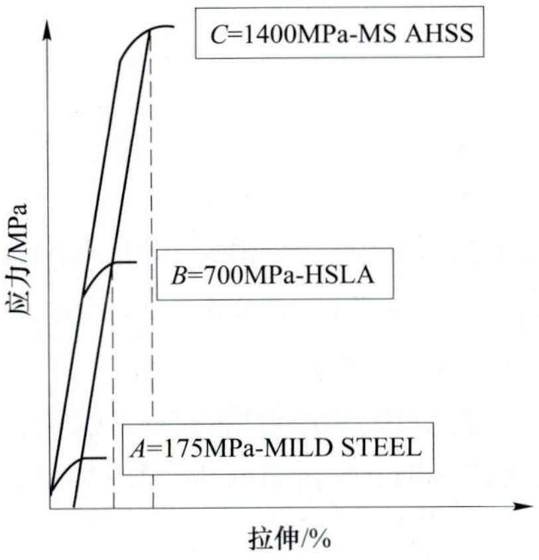

图 2-35 回弹量与屈服强度成正比

2.4.3 加工硬化 n 值

塑性变形导致变形区域金属发生加工硬化（见图 2-36），这种现象有利有弊。通过加工硬化来增强变形较大区域中的金属，变形较大区域金属由于加工硬化导致应变梯度（应变的局部化，见图 2-37）的减少。假设模具设计使冲压件局部区域相对于其他区域发生大变形，如果没有加工硬化，当金属拉伸时这个变形区厚度会变薄以获得更大的表面积。减薄会导致该区域局部表面应力增大，从而进一步导致减薄直到材料达到其成形极限。而有了加工硬化，以上情况将发生改变。大变形区域的金属强度变得更高并降低了局部变薄的趋势，表面变形分布也更均匀。

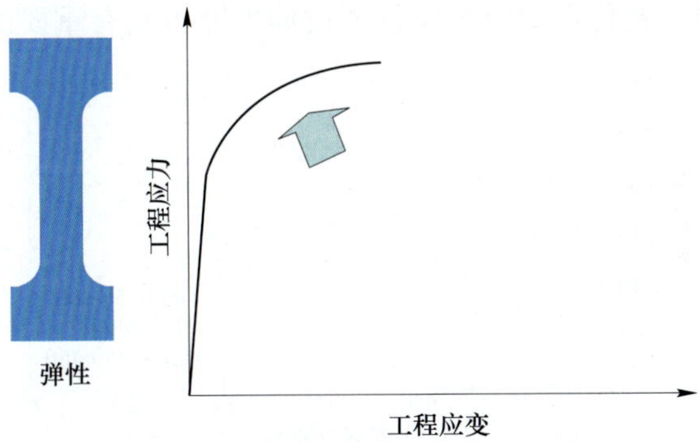

图 2-36 材料的变形阶段：加工硬化

对于板料成形，加工硬化过程通常可使用幂指数方程定义：

$$\sigma_{\mathrm{T}} = K\epsilon^{n}$$

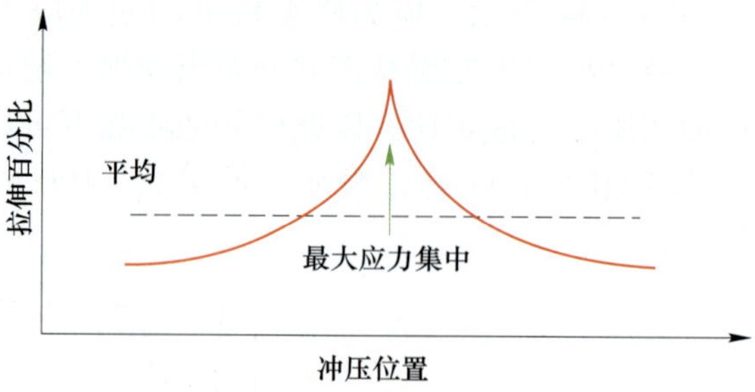

图 2-37　高应力区域的应变梯度增加

加工硬化指数（n 值）的大小可衡量不同金属的拉伸变形能力。几十年来，一般认为传统钢（低碳软钢、HSLA 钢等）的 n 值在变形过程中是恒定的。n 值通常取伸长 10%～20%拉伸段进行测量。

另一种更稳健的测量方法是取伸长 10%至最大载荷处伸长值曲线进行计算。该方法可避免试验在伸长不到 20%时出现颈缩以及最大载荷对应伸长率超过 20%的情况下出现的测量误差。虽然屈服强度、抗拉强度、屈服/抗拉比和伸长率在评估钢的成形性方面有所帮助，然而，n 值与钢材厚度一起决定了成形极限曲线（FLC）在成形极限图上的位置（FLD）（将在第 3. 2. 3 一节进一步讨论）。因此，只要存在整体成形问题，就应分析 n 值这一力学性能。这也是 n 值是虚拟成形模拟中使用的一个关键材料相关输入值的原因。

如今许多高强度钢钢级在变形（或工程应变）过程中 n 值发生变化。例如，图 2-38 将 DP 350/600 与传统 HSLA 350/450 钢种的瞬时 n 值进行比较，其中 DP 钢在较低应变水平下具有相对较高的 n 值，然后在约 7%～8%的应变之后，下降到与传统的 HSLA 钢种非常相似的范围。由于双相钢具有更高的初始加工硬化率，两种钢的实际应变梯度将非常不同。由于某些 AHSS 钢种在 n 值方面具有独特特性，许多原始设备制造厂和一级供应商为这些钢创建了技术参数：在典型的 4%～6%应变范围内有 1 个最低的 n 值，在 10%至均匀延伸结束应变范围内还有 1 个更低的 n 值。因此，采用 n 值（瞬时 n 值）—应变曲线表征这些新钢种的微观结构的拉延性能。评定金属整体拉伸性能需要进行不同变形极限测定（参见 3. 2. 3 一节），加工硬化在测定金属整体拉伸性能也具有重要的作用。

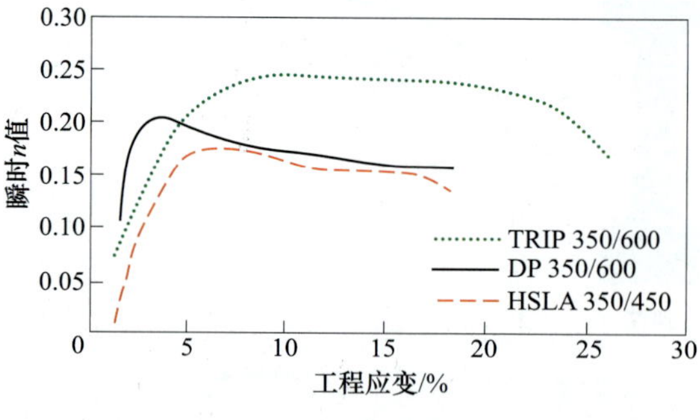

图 2-38　DP 350/600、TRIP 350/600 和 HSLA 350/450 钢的瞬时 n 值

在可用的 AHSS 钢种中，DP 在低于 8%的应变下具有最大的初始加工硬化率。DP 钢在整体成形条件下表现良好，TRIP 钢具有独特的多相显微组织（DP 显微组织中添加残余

奥氏体和贝氏体），因而具有其他的优点。在变形过程中，残余奥氏体转变为马氏体使强度提高，同时，这种相变使钢在整个变形过程中保持非常高的 n 值，如图 2-38 所示。该特征允许有更为复杂的几何形状和/或更小的厚度以减轻质量。在部件成形之后，通常在显微组织中存在残留奥氏体，随后在碰撞情况下将转变为马氏体，这使 TRIP 钢成为车辆挤压区域中零件的理想选择。

图 2-35 显示了回弹量和原材料屈服强度之间的关系。然而，冲压变形使金属变硬，从而增加了流动应力（屈服强度加上由于加工硬化而增加应力）。图 2-39 显示了新的流动应力在冲压过程中作为一个新的位置 B 出现在应力应变曲线上。应力的增加也增加了该变形位置的弹性应力和回弹量。冲压件其他位置具有不同的流动应力和回弹量。冲压件最终形状以得到最小化的总残余应力为目标。

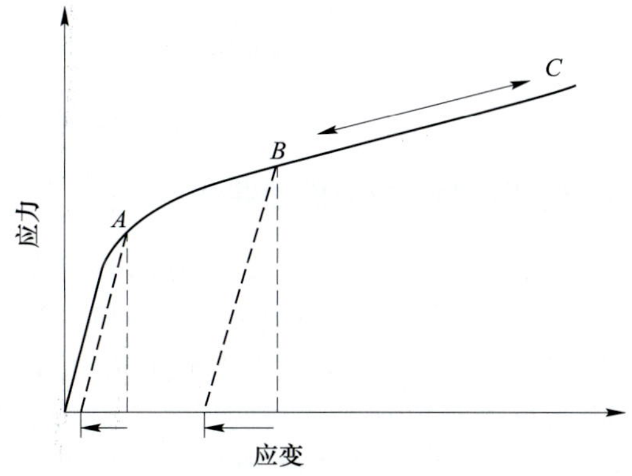

图 2-39 变形导致冲压件不同位置加工硬化不同，应力值不同，最终应力值称为流动应力值

加工方式变化、产品调整、不受控制的润滑剂数量以及许多其他变量会导致在此位置上的流动应力从 B 变化到 C（通常是随机的），如图 2-39 所示。在这一个位置上的变化与所有其他冲压位置上的变化相互作用后生成协同最终输出结果，生产出与预想规格不符的冲压件。

2.4.4 分散性失稳—抗拉强度

拉伸试样的伸长过程主要包含两种变形模式。一种是由于试样横截面积减少导致的几何软化。横截面减少遵循体积不变原则。另一种是加工硬化。初始加工硬化强于几何软化从而引起成形载荷和应力的增加。当真实应力—应变曲线以 log 形式进行绘制时，加工硬化率（n 值）是一个常数，而当采用工程应力—应变进行绘制时加工硬化是一个抛物曲线形式。在应变达到一定程度时，横截面的几何软化变得强于加工硬化，此时加载力达到最大值（极限抗拉强度），同时拉伸试样会出现颈缩现象——通常出现在试样的中部。开始出现颈缩时引伸计标距的伸长率即为均匀伸长率。随着颈缩进一步发展，加载力下降。试样颈缩部分的上方和下方区域都停止变形，如图 2-40 和图 2-41 所示。

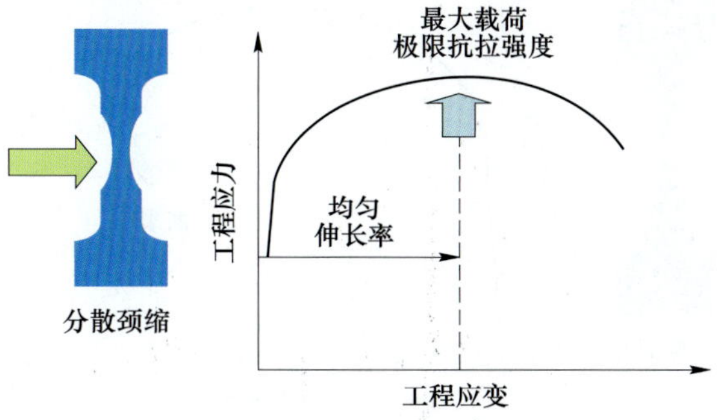

图 2-40 材料的变形阶段：分散颈缩

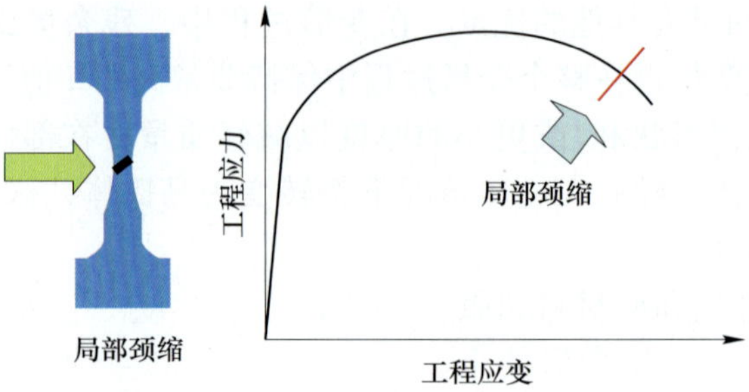

图 2-41　材料的变形阶段：局部颈缩

2.4.5　局部颈缩—成形极限曲线

拉延成形过程中一个非常重要的参数是板料内最大可允许应变组合。拉伸实验中最大应力出现在局部颈缩时——通常可在与试样中心轴线呈大约 54°方向上观察到一条窄变形带。试样宽度方向不会发生变形，只有长度伸长和厚度变薄，如图 2-42 所示。这个拉伸极限并不是均匀伸长率或拉伸试验中观察到的总伸长率。这个局部、厚度方向的颈缩发生在试样发生传统破裂之前。在开始发生局部颈缩时，冲压件其余区域停止发生变形。尽管颈缩部分可以产生较大的应变，冲压件已经跨越了“变形悬崖”。局部颈缩也会破坏 *A* 级表面精度。局部颈缩是成形极限图和成形极限曲线的源头（详见 3. 2. 3 节）。

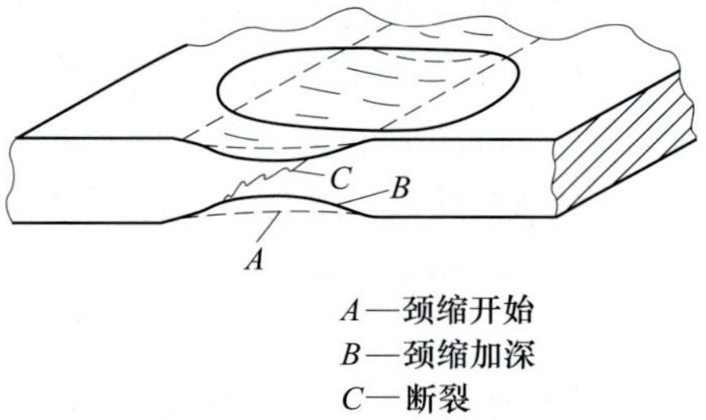

图 2-42　开始发生局部颈缩时冲压件的有效变形结束

2.4.6　断裂—总伸长率

变形仍会在颈缩位置进行直到发生破裂。颈缩后应变的增加量取决于微观结构。夹杂物、粒子和晶界开裂可以加速早期断裂。总伸长率的测量是从变形开始到断裂开始。常用的两个引伸计标距为 A50(50mm 或 2in）和 A80(80mm 或 3in)。过去的测量流程是把破裂的两部分重新拼接后手工测量试样上标距标记的变化量从而获得伸长率，现在计算机数据采集系统能够自动识别 1/2 最大成形力时的数据点并记录前面的数据点的伸长率，如图 2-43 所示。

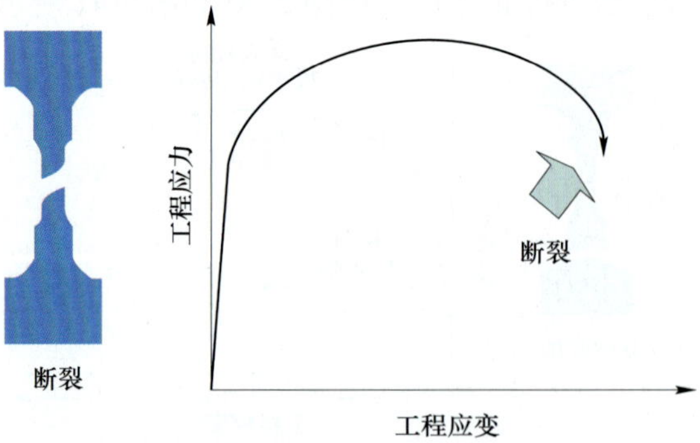

图 2-43　材料的变形阶段：断裂

2.4.7 性能方向性（各向异性比）r 值

各向异性比（r_m）定义了金属在厚度方向相对于板面方向的变形能力。r_m 值大于 1 时，金属板抗减薄能力强。r_m 值大于 1 可提高杯突、扩孔以及其他成形方式的性能，板厚减薄对这些成形方式是有害的。

UTS 大于 450MPa 的高强度钢和热轧钢的 r_m 值近似为 1。因此，相近屈服强度的传统 HSLA 和 AHSS 在受 r_m 值影响的成形方面相似。但是，因为更高强度的级别的 AHSS（800MPa 或更高）r 值可能低于 1，所以受 r 值影响的任何性能都没有相近强度的 HSLA 好。例如，AHSS 钢种可能难以形成需要深拉延的零件几何形状，包括钢铁在周向压缩下黏合剂上的拐角。这就是更高强度的 AHSS 钢种应该具有零件设计和“开口式”拉延模的原因之一（将在第 3.3.3 一节中详细讨论）。

2.4.8 烘烤硬化与时效

应变时效用自动涂漆/烘烤周期（预变形 2%后，在 170℃烘烤 30min）的典型值进行测量。图 2-44 定义了加工硬化的测量（*B* 减 *A*），卸载到 *C* 点进行烘烤，再加载到屈服点 *D* 用于测量烘烤硬化值（*D* 减 *B*）。

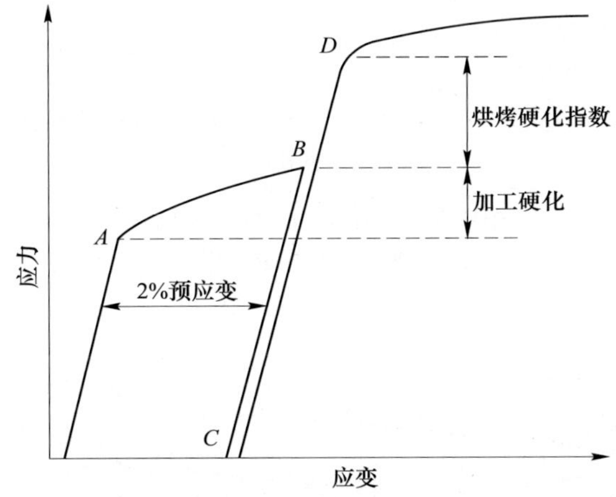

图 2-44 加工硬化和烘烤硬化指数的测量

图 2-45 显示了拉伸样经 2%预应变和烘烤硬化后加工硬化和烘烤硬化的增加。HSLA 钢有很少或没有烘烤硬化，而像 DP 钢和 TRIP 钢的 AHSS 钢呈现了大的正烘烤硬化指数。由于 DP 钢在低应变时有较高应变硬化，故 DP 钢比 HSLA 钢和 TRIP 钢有更显著的加工硬化。验收完的 AHSS 钢卷或钢板在正常室温条件下经过相当长时间的存储，没有观察到时效行为。因此，AHSS 钢在普通存储条件下进行船运时力学性能发生显著变化是不可能的。

2.4.9 应变率效应

为表征应变率敏感性，中等的应变率测试在 10^{-3}（通常为单向拉伸试验速度）~10^3/s 范围内进行。比如，10/s 近似于典型冲压中的应变率。正如预期，结果显示屈服强度 YS（见图 2-46）和抗拉强度 UTS（见图 2-47）随着应变率的增加而增加。

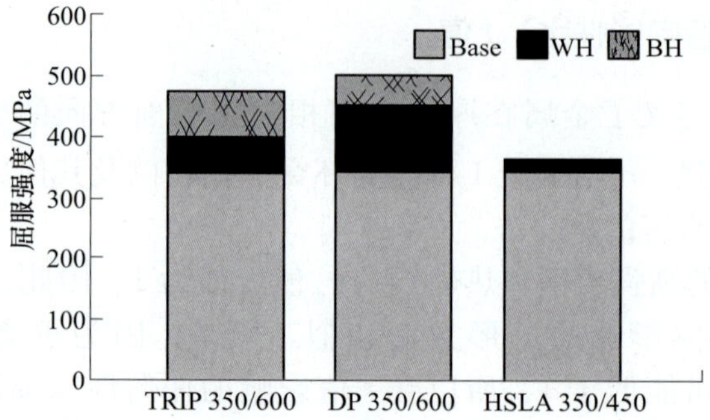

图 2-45　2%预变形时，TRIP 钢、DP 钢和 HSLA 钢的加工硬化（WH）和烘烤硬化（BH）的比较

资料来源：美国汽车工程学会。

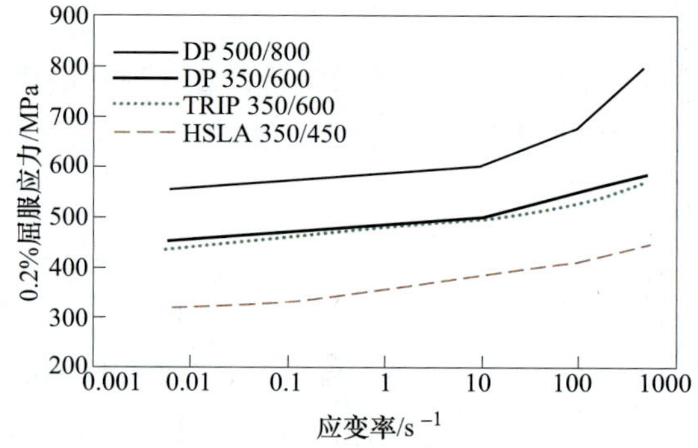

图 2-46　屈服应力—应变率曲线

资料来源：美国钢铁协会。

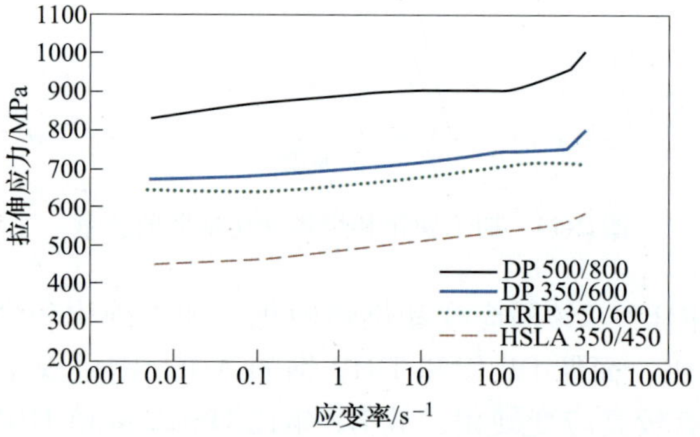

图 2-47　拉伸应力—应变率曲线

但是，到 10/s 的应变率时，应变率每增加一个数量级，YS 和 UTS 都只增加 16～20MPa，增加的幅度比低强度钢小。就是说金属板的 YS 和 UTS 值比传统报道的准静态值要高。由每分钟的压力冲程的小变化引起的 YS 和 UTS 值的变化是非常小的，而且低于不同卷之间的变化。n 值随应变率的变化如图 2-48 所示。YS 大于 300MPa 的钢在全部应变率范围内有恒定的 n 值，虽然应变率变化的影响是可能存在的。

图 2-49 显示的是 HF 钢在热处理和淬火后在不同应变速率下的真实应力—真实应变曲线。应变率增加一个数量级，屈服强度增加约 5MPa。还应该注意的是，在非常高的应变率模式（例如汽车碰撞）中，应变率效应对于不同的材料可能非常不同。有关详细信息，请参阅 3. 7. 1 一节。

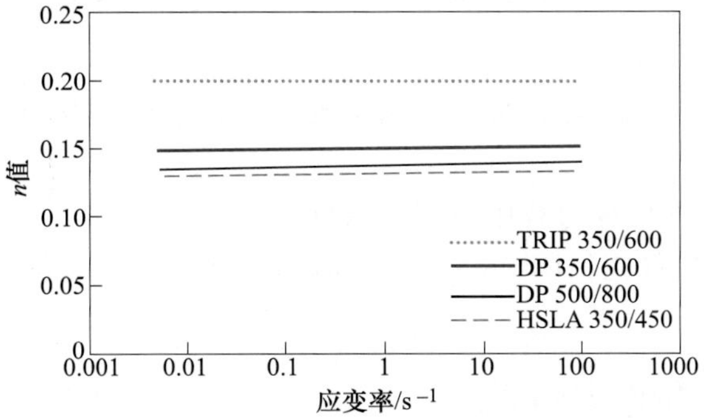

图 2-48 n 值和应变率的关系不是全程增加的

资料来源：美国钢铁协会。

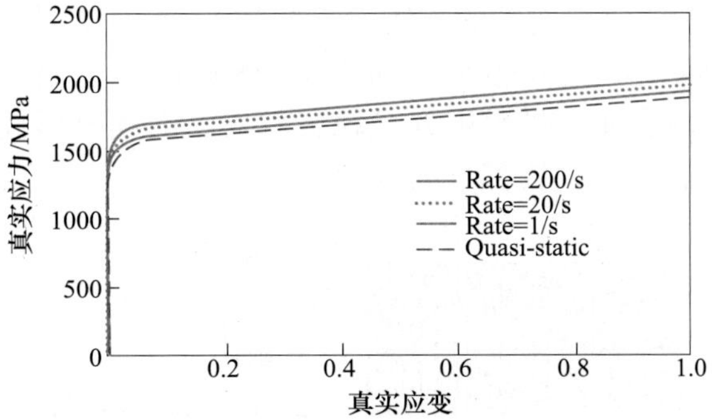

图 2-49 不同应变率的真实应力应变曲线

（热处理和淬火后钢的厚度为 1. 0mm）

资料来源：奥钢联钢铁股份有限公司。

2. 4. 10 关键点

关键点如下：

（1）在 AHSS 钢成形时内部多相微观结构发生变化会改变钢材属性。要合理地利用这些钢，必须对成形性进行深入了解。进行正确的材料选择要求供应商和用户之间进行密切沟通。

（2）拉伸试验数据对于评估钢铁在整体（抗拉）成形性方面的能力非常有用。

（3）与传统 HSLA 相比，DP 钢在变形初期 n 值有所增加。高的 n 值有助于在有应力梯度时让变形得到更均一的分布，从而减少局部减薄。

（4）某些 AHSS 钢（如 DP 钢）的 n 值会发生变化，在 0～8%应变中具有非常高的 n 值，然后随着应变增加 n 值降低。

（5）TRIP 钢初始 n 值增加比 DP 钢低，但在整个变形过程中会持续增加，这使其实现更为复杂的几何形状或进一步减小厚度以减轻重量。

（6）TRIP 钢在成形后组织中含有残留奥氏体，残留的奥氏体将在碰撞期间转化为马氏体，从而提高碰撞性能。

（7）大部分抗拉强度大于 450MPa 的冷轧及镀锌 AHSS、传统 HSLA 钢及所有热轧钢的各向异性比（r_m）约为 1。

（8）AHSS 随着应变率的增加而产生加工硬化，但比软钢增加的少。应变率增加 10^5 以后，n 值变化很小。

（9）公认的 AHSS 在储存过程中没有时效硬化。

（10）由于烘烤硬化效应，DP 钢和 TRIP 钢的屈服强度有大的增加，而传统 HSLA 钢几乎没有增加。

2.5　先进高强度钢的耐腐蚀镀层

2.5.1　热浸镀锌和电镀锌涂层

汽车上一些暴露件或者非暴露件都需要进行防腐蚀的保护。当今的 AHSS 产品主要用于未暴露的结构部件。最常见防腐蚀的方法是通过热浸镀锌工艺给钢材镀锌。

热浸镀锌工艺会使钢先通过锌熔池（约 460℃/860℉），并将钢预热到与熔炉相同的近似温度以方便黏合。钢在加工过程中处于拉紧状态，因此成形性能可能会受到轻微影响。图 2-50 显示了典型的热浸镀锌部分的示意图。

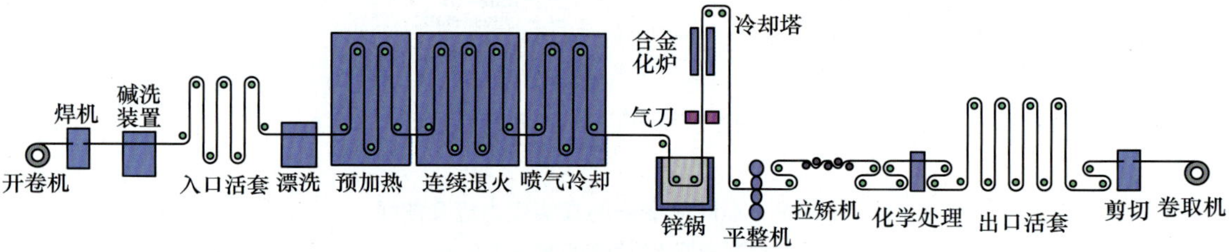

图 2-50　典型热浸镀锌生产线示意图

不同钢铁公司的热镀锌生产线具工艺类似，就摩擦系数而言，产品的表面较为相似。表面光洁度和纹理（以及由此产生的摩擦特性）主要是由于客户规格的轧辊材质所决定。对于摩擦系数和成形性来说，同一规格的产品从一个涂装生产线转换到另一个涂装生产线通常影响不大。

有几种用于汽车用钢的热浸涂层，由于其独特的特性，将会影响产品的防腐保护、成形润滑性、可焊性和涂覆性能。其中主要的热浸镀锌涂层工艺是纯锌涂层（HDGI），有时称为游离锌离子镀层。该涂层在锌熔池中具有少量铝的痕迹，可以改善其他材料之间的附着力。成品具有非常光滑的表面以及较低的摩擦系数，图 2-51 显示了典型热浸镀锌钢的横截面示意图。

另一种用于防腐蚀的主要热浸涂层是热浸镀锌合金化镀层（HDGA）。这种钢经过与游离热浸镀锌钢相同的工艺，但是在离开镀锌锅之后，钢带通过合金化炉使锌镀层在再加

图 2-51 游离锌离子热镀锌钢材横截面

热的同时仍然熔融。基体中的铁扩散到锌涂层中，产生含有 8%～12%铁质量分数的铁锌合金。镀层中的铁提高了焊接性，这是热浸镀锌合金化镀层的关键属性。铁质量分数可能不均匀地分布在整个涂层中（见图 2-52），表面为 5%（涂层与模具接触的位置），钢铁/涂层界面处的铁质量分数高达 25%。表面处铁质量分数较低会形成较软的表面，导致摩擦系数增加以及可能对成形性造成影响。HDGA 难以成形零件，因而大多数汽车制造商都加入冲压用润滑剂。例如，镀锌工艺之后，在钢卷上涂上干膜润滑剂磷酸盐以提高成形性。

图 2-52 合金化镀层横截面，界面处铁含量较高

热浸镀锌是需要腐蚀保护的结构钢的理想涂层，原因是钢可以在一个操作中进行退火和镀层，因而它的成本相对较低。然而，这种涂层工艺的热循环会抑制生产一些具有更高强度的 AHSS 钢种的能力，其需要快速冷却以达到非常高的强度（980MPa 及以上）。大多数热浸镀锌线限于镀层抗拉强度为 780MPa 的钢。

在热浸镀锌或镀锌退火生产线中，位于镀锌锅之前的熔炉需将钢材至少加热到熔融锌液的温度（460℃/860℉），并且能够连退冷轧钢并产生再结晶组织，这显著改善了成形特性。炉内的温度也可以调节，以在最终产品中产生所需的显微组织。例如，可以设置炉温以防止显微组织或特性产生较大变化。因此，全硬高强度钢可以进行回复退火，并且热轧 HSLA 钢可以进行涂层而力学性能仅会轻微变化。对于双相钢而言，锌池可用作时效处理，使钢在高温下保持足够长时间以实现双相显微组织。

马氏体钢和一些强度高于 980MPa 的先进高强度钢不能通过热浸镀锌生产线的温控技术（具有有限的快速淬火能力）获得理想的显微组织，并且许多 AHSS 级别的钢种具有产生表面氧化物的成分，会使锌不能较好地黏附到表面。这些钢种必须在连续退火线或连退生产线（CAL）上生产。CAL 线具有进行可变的和快速淬火操作的熔炉，可以为实现非常高的强度水平提供所需的热处理。如果需要防腐蚀，在连退线上加工之后，可以在电镀锌作业线（EG）上对这些钢种进行另外的涂镀处理。

2.5.2　电镀锌涂层

电镀锌是另外一种锌的沉积工艺，其中锌与钢电解结合以防止腐蚀，如图 2-53 所示。该过程涉及电镀过程是将电流通过具有锌阳极的盐水/锌溶液和钢导体。由于电镀工艺不能显著提高钢铁基体的温度，在连退生产线（CAL）上实现的 AHSS 产品的显微组织和物理性能在电镀锌工艺后基本不变。因此，与热镀锌相比，电镀锌有 3 个主要优点：

（1）较低的加工温度。

（2）较薄的防腐性能优异的涂层。

（3）涂层更亮更美观。

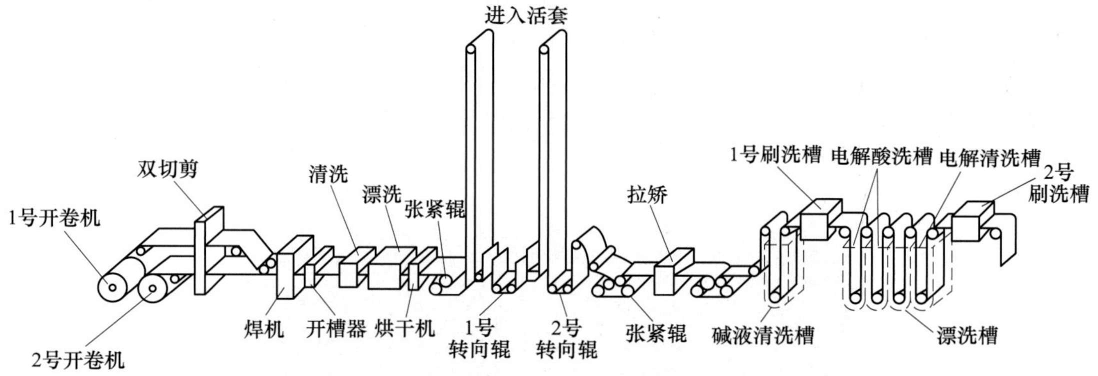

图 2-53　具有垂直电镀电池的典型电镀锌作业线示意图

绝大多数电镀锌作业线只能使用纯（游离）锌涂层。没有关于合金化热镀锌镀层相的问题，而且涂层上没有铝，这提高了钢材的可焊性。电镀流水线的最大问题是摩擦系数。图 2-54 是比较各种涂层的大概的摩擦系数的图表。可以看出，电镀锌（EG）涂层具有仅次于 HDGA 的第二高的摩擦系数。使用电镀锌时，一些汽车制造商会采用通常称为预润滑的更高黏度的黏性油，这与通常用作防锈剂的典型研磨油相比可以提高成形性。

不同的电镀锌作业线使用锌时可以使用不同的技术。这些不同的工艺过程可能导致不同的表面形貌，并且随后在以不同的方式沉积锌时，会产生不同的摩擦系数。在干燥条件下，摩擦系数可能会相当高，但是，比起热浸镀锌涂层的平滑表面，“片层状堆叠表面形态”可以使这些涂层更好地保持润滑。因此，汽车制造商应根据成形需求咨询钢铁供应商以选取具体的润滑剂。

2.5.3　关键点

关键点如下：

（1）许多 AHSS 零件的防腐蚀需要通过应用某种镀锌层实现。镀锌的主要方法是通过热浸镀锌生产线，或通过电镀锌工艺。

（2）大多数热浸镀锌生产线对于给定的钢种会产生非常相似的摩擦系数。电镀锌生产线具有多种不同的表面形态，这可能导致非常不同的成形性能。

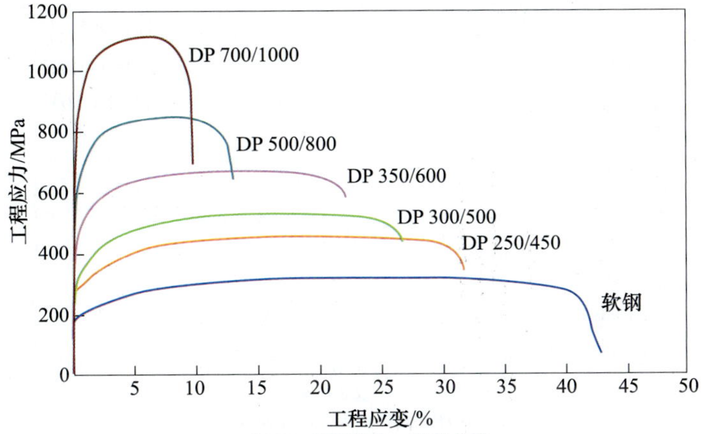

(a) DP工程应力—应变曲线

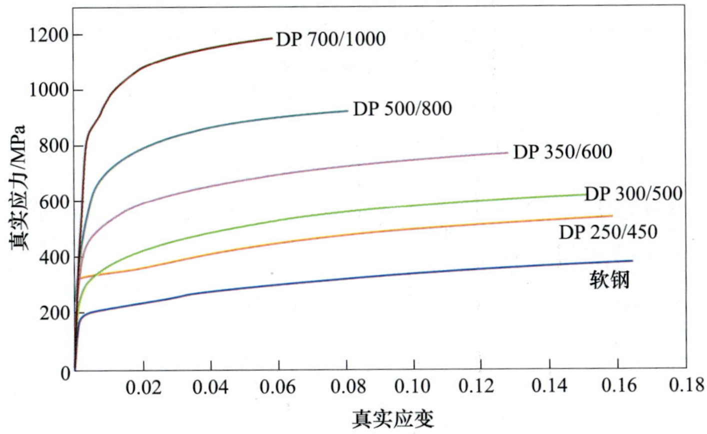

(b) DP真实应力—应变曲线

图 3-2 一系列 DP 钢的工程应力—应变曲线（a）和真实应力—应变曲线（b）

钢的厚度：DP 250/450 和 DP 500/800 = 1.0mm，其他钢是 1.8~2.0mm

资料来源：瑞典 SSAB 钢铁公司、奥钢联钢铁股份有限公司。

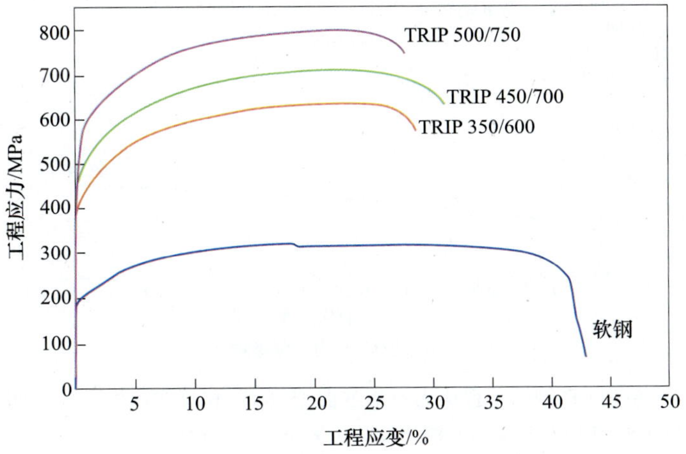

(a) TRIP工程应力—应变曲线

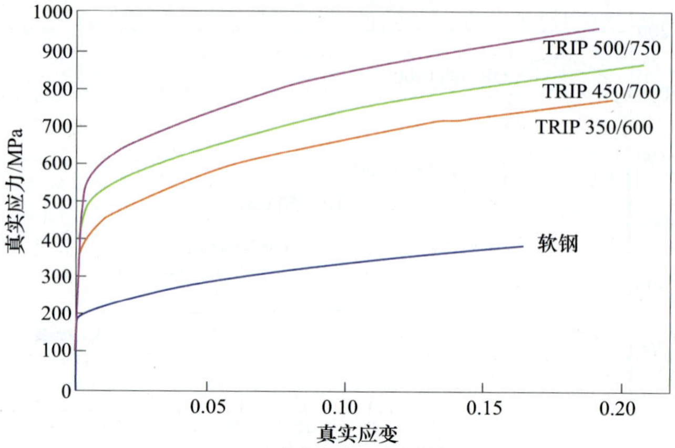

(b) TRIP真实应力—应变曲线

图 3-3　一系列 TRIP 钢的工程应力—应变曲线（a）和真实应力—应变曲线（b）

钢的厚度：TRIP 350/600 = 1. 2mm，TRIP 450/700 = 1. 5mm，TRIP 500/750 = 2. 0mm，软钢约 1. 9mm

资料来源：奥钢联钢铁股份有限公司。

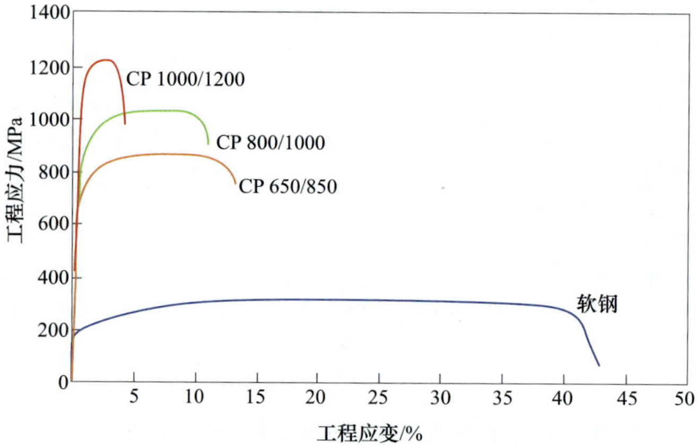

(a) CP工程应力—应变曲线

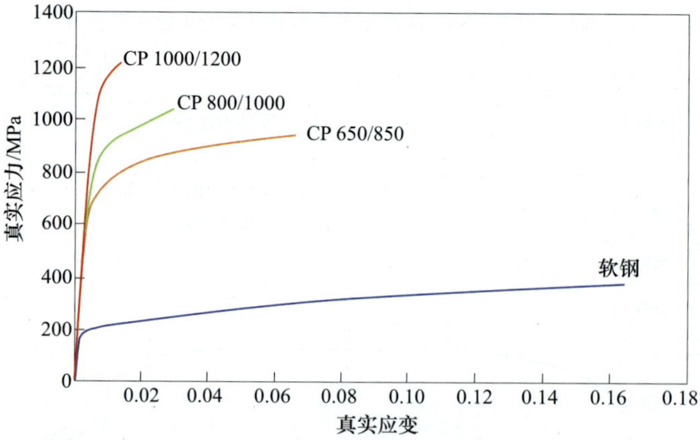

(b) CP真实应力—应变曲线

图 3-4　一系列 CP 钢的工程应力—应变曲线（a）和真实应力—应变曲线（b）

钢的厚度：CP 650/850 = 1. 5mm，CP 800/1000 = 0. 8mm，CP 1000/1200 = 1. 0mm，软钢约 1. 9mm

资料来源：奥钢联钢铁股份有限公司。

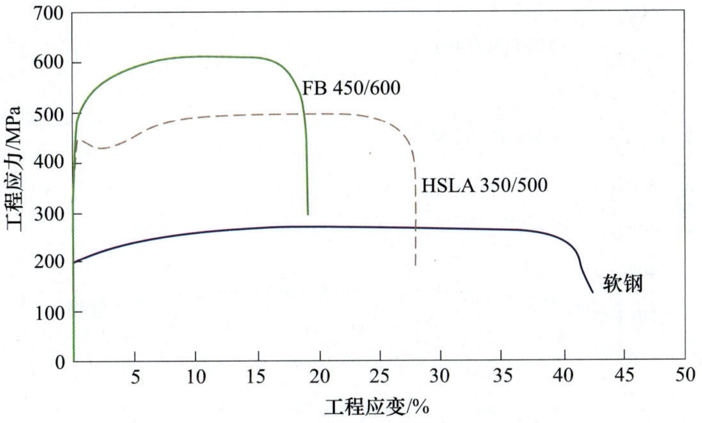

(a) FB 450/600工程应力—应变曲线

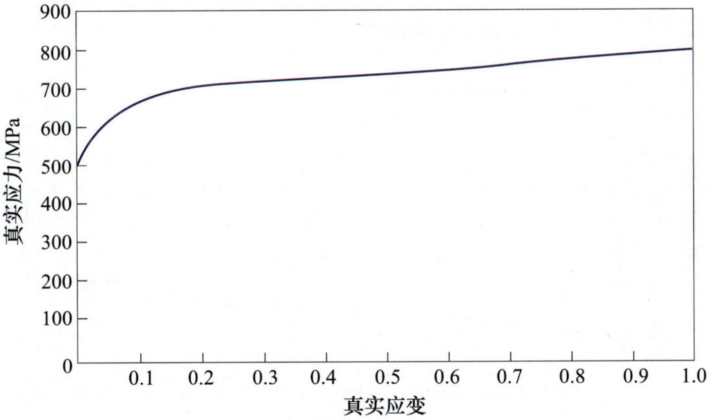

(b) FB真实应力—应变曲线

图 3-5 FB 450/600 的工程应力—应变曲线（a）和真实应力—应变曲线（b）

资料来源：塔塔钢铁公司。

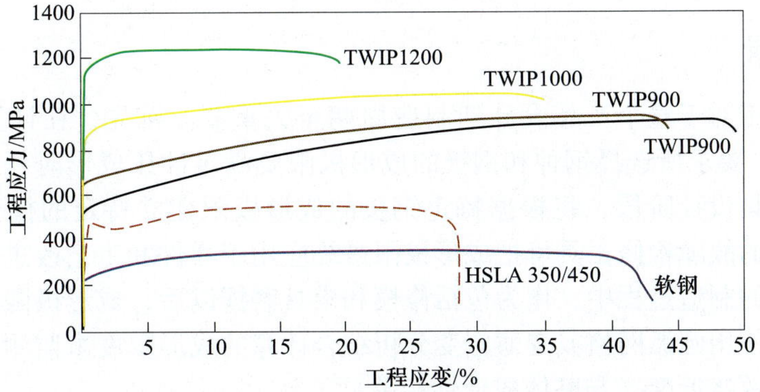

图 3-6 一系列 TWIP 钢的工程应力—应变曲线

资料来源：浦项制铁公司。

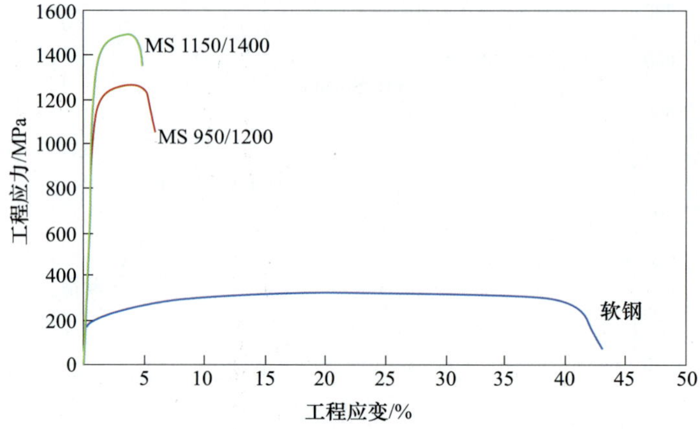

(a) MS工程应力—应变曲线

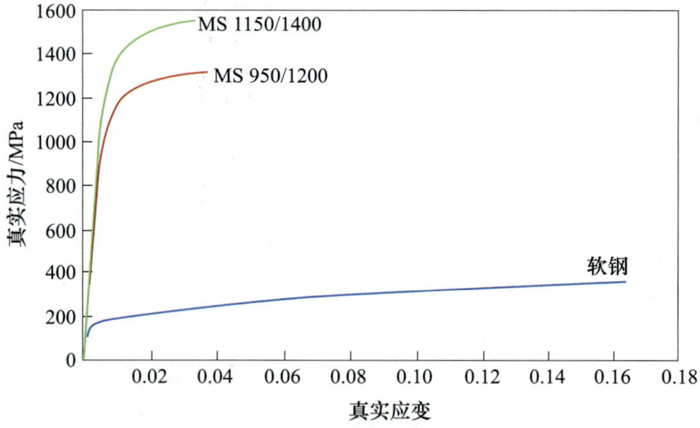

(b) MS真实应力—应变曲线

图 3-7　一系列 MS 钢的工程应力—应变曲线（a）和真实应力—应变曲线（b）
（所有钢的厚度为 1.8~2.0mm）

3.2.3　成形极限

成形极限理论对于整个产品设计到制造周期至关重要。首先，在计算成形工艺过程（模拟冲压）中，要求所选择钢种和钢级的成形极限要满足冲压成形时任意点的裕度；其次，在工艺和模具设计阶段，将根据特定钢板的成形极限建立特定的模具和可重复计算性，冲压厂冲压的故障检修工具可把成形极限最终应用于零件和工艺改进和跟踪过程；最后，在整个零件的制造过程中，作为包括修模和模具磨损以后，成形极限可用于跟踪零件成形裕度。通常使用圆弧网格或变薄应变分析结合计算的成形限度来监测部件生产寿命内的部件性能和失效接近度（与整体成形性相关）。

本节中将阐明三种不同的成形极限类型。第一种是传统的成形极限曲线，可用于所有的薄板成形模式，即整体成形性。第二种是剪切边的拉伸极限，用于薄板切边后的拉伸（扩孔、拉延和边部拉伸）问题，即局部成形性。第三种是在 DP 钢和 TRIP 钢的小弯曲半径弯曲试验时出现的剪切裂纹，也是局部成形性。

3.2.3.1 成形极限曲线（FLC）—整体成形性

成形极限曲线在世界上众多领域中得到大量应用，例如冲压中的设计、成形和制造等阶段。成形极限图是展示主应变和次应变的应变图，给出了材料发生缩颈的极限应变，如图 3-8 所示。其关键应变点不仅是变形的极限，而且可计算应变点下的安全裕度。

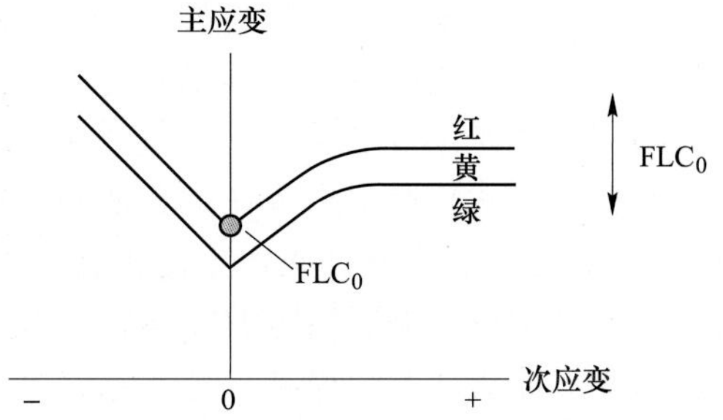

图 3-8 成形极限曲线的通用图形形式

试验确定的成形极限图 FLC 包括不同宽度成形样板产生的不同应变途径并测量不同关键应变点，如图 3-9 所示。

将 FLC 最小值表达为力学性能函数，已开展大量研究工作。原始 FLC 高度是根据板厚和 n 值。在欧洲新的研究还发现总伸长率、抗拉强度和板厚三个属性具有相关性。

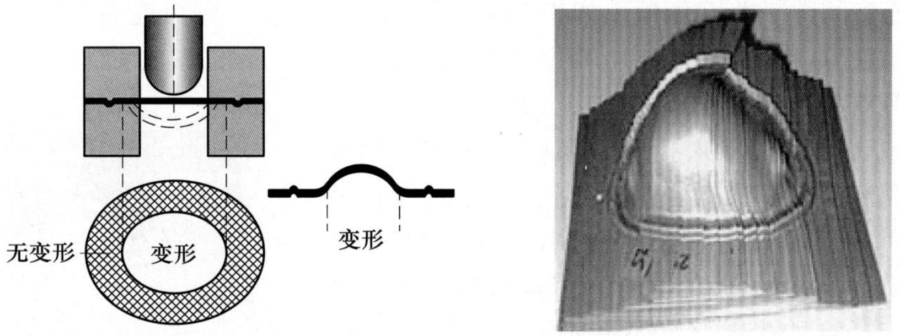

图 3-9 有限的圆顶高度试样显示样品宽度变化，影响变形模式，并容许形成成形限制曲线
资料来源：凤凰集团。

不同区域之间的区别在生产、成形和 FLC 的应用上会体现出来。一些曲线由方程确定。ISO12004 适用于其他成形极限图。

上述是基于圆形网格应变的 FLC，它方便地应用于冲压车间。新开发基于应力的程序，适用于虚拟成形。基于应力的 FLC 也适用于之前的冲压成形时非线性应变路径的修正。

对于软钢、HSLA、DP 钢和 TRIP 钢的具体 FLC 比较见 3.2.4.1 节。

3.2.3.2 剪切边的拉伸极限—局部成形性

世界各地已广泛开展研究，研究 AHSS 在有或无张力的情况下承受剪切边（边缘断裂）拉伸的能力以及半径弯曲（剪切断裂）的能力。剪切边可在钢板生产厂到零件装配线过程中的不同时间产生，包括分卷、冲裁、翻边、冲孔以及其他可以改变边缘状况的工序。拉伸在多数扩孔、翻边和坯料延伸中很普遍。目前，没有可靠的边缘拉伸失效标准可用于成形模拟，以预测 AHSS 的局部形成性失效。基于纯净原材料绘制的成形极限曲线不再适合于预测由于与落料和修整工艺相关的边缘损伤而造成的边缘失效。本章节可以使我们更好地了解成形过程中影响边缘拉伸性能的诸多变量及其相互作用。

A　扩孔试验

扩孔试验（HET）是量化 AHSS 局部成形性相关边缘断裂失效模式最常见的测试之一。HET 还可用于相对比较各种 AHSS 产品局部成形性能。然后将结果用于使钢材性能配合预期的应用，通过修改化学成分、轧制工艺和热处理来达到所需的边缘拉伸性能。

HET 有两个主要方法：一个使用平底冲头，另一个使用圆锥或半球形冲头。由于自由边，平底冲头试验通常导致在试验期间出现早期应变集中。因此，锥形冲头产生的扩孔率（HER）始终高于平底冲头产生的扩孔率（HER），因此，当公司针对各种传统钢和 AHSS 钢级进行测试时，需要指定 HET 测试方法。任何一个都可以用于比较不同金属的边缘延伸。圆锥形冲头试验变得越来越普遍，因为它与拉伸凸缘操作更为相似。HET 广泛使用的标准包括 ISO/TS 16630—2003 和 JFST 1001—1996。在两种标准中，剪切方形钢坯，并在样品中穿孔。若想要获得一致的数据，穿孔的质量至关重要。需要付出特别的努力来保持工具在实验室测试环境中锐利且无损，以保持边缘条件的一致性。强烈推荐使用坚固耐磨的工具，优选涂层粉末冶金等级。应当监测间隙，特别是如果改变测试材料厚度，则在使用 AHSS 时修整间隙是关键变量。如果测试不同的钢材厚度，则可能要使用不同直径的冲压模具来保持在穿孔过程中不同板材厚度的间隙相一致。

然后将具有穿孔的样板夹在扩孔试验装置中，并将平底冲头或锥形冲头推入孔中。在检查孔边时继续测试，直到观察到贯穿厚度的边缘裂缝，此时停止冲头。可以通过视觉观察或更常见的方式检测边缘断裂发生位置，可使用放大相机以获得试验期间样品的特写镜头。然后计算扩孔率（HER）或扩孔百分比。最终/初始孔径比率的增加通常由符号 λ 表示，并且是观察到边缘断裂之前孔径尺寸的增长百分率。材料的扩孔率越大，材料具有的局部成形性特性可能越好。图 3-10 显示了经过锥形冲头扩孔测试之后的 HET 样品。图 3-11 显示了典型的 HET 锥形冲头/成套冲模的示意图。

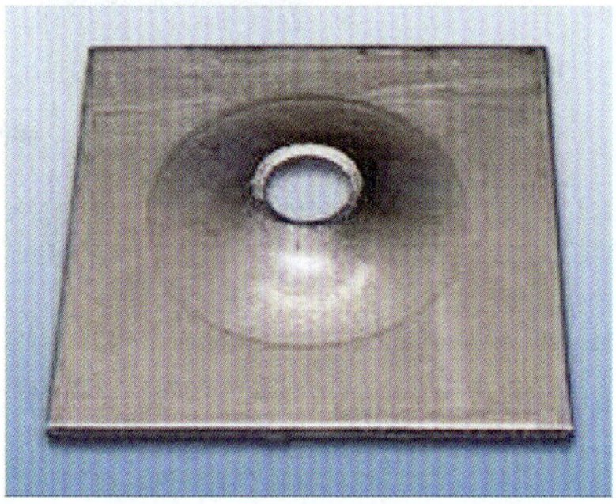

图 3-10　经过锥形冲头扩孔测试之后的 AHSS 样品

资料来源：P. Mooney 提供。

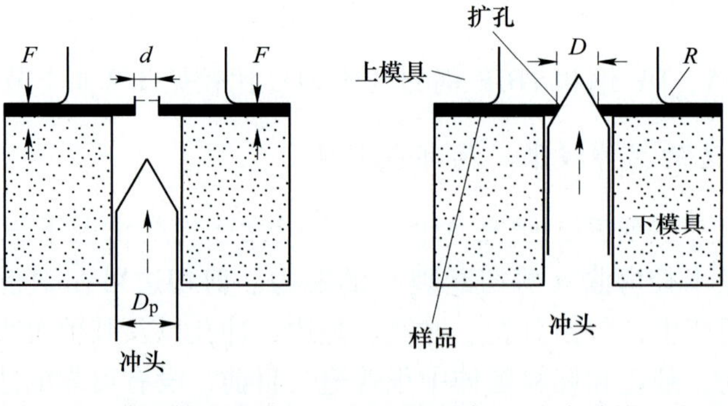

图 3-11　典型扩孔试验（HET）锥形冲头/成套冲模示意图

资料来源：P. Mooney 提供。

HET研究已在不同的切边条件下进行，如铣边、激光切割、喷水切割、毛刺、无毛刺、不同的切边间隙等。扩孔试验边缘模拟了具有缩小相似宽度和厚度的循环拉伸试验试样。

图3-12可以解释为由于在切边操作期间产生的损坏严重程度的差异，边缘损伤对钢的边缘拉伸性能的程度减小。通过激光切割、EDM切割、水射流切割或精密下料工艺可以改善边缘质量并减少边缘的机械加工硬化，以提高扩孔率（HER）。切边模具间隙、剪切角度和工具钢类型和锐度也影响HET结果，并且由于AHSS的多相显微组织，对其具有更大的意义。在边缘剪切期间产生这种严重的加工硬化，因而不能使用基于钢材预期特性的传统FLC来确定剪切边缘拉伸性能。

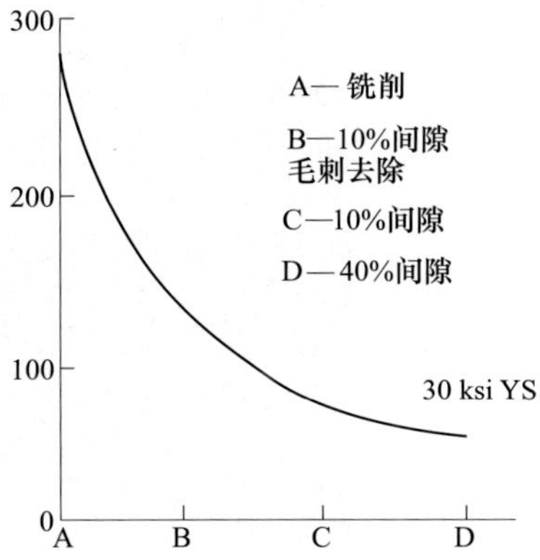

图3-12 30ksi钢种不同冲裁工艺下的扩孔率

类似于图3-12，图3-13对AHSS和传统HSLA进行研究，表明冲孔的扩孔率远低于机加工孔，原因可能是因为多相钢局部的伸长率的降低，使塑性良好的铁素体基体和硬化相产生界面剪切。

研究发现DP钢和TRIP钢具有相同的边部拉伸时效模式，较早出现边部失效是由于拉伸时的边部收缩。这些局部成形性失效是边缘断裂的典型例子，其特征在于在边缘拉伸期间没有局部颈缩。研究表明，多相显微组织，特别是被较软铁素体基体包围的非常硬的马氏体岛可沿着铁素体—马氏体界面裂开，如图3-14所示。起始的破坏部位（由于边缘剪切）的尺寸越大，裂纹扩展所需的临界应力就越小。

发生局部颈缩之后没有出现整体变薄，在选择解决方案之前，清楚地界定实际的失效模式非常重要。检查发生失效部件的边缘是完成此项工作的最佳方式。图3-15是边缘断裂的一个特写，没有显示可观察到的变薄或颈缩。

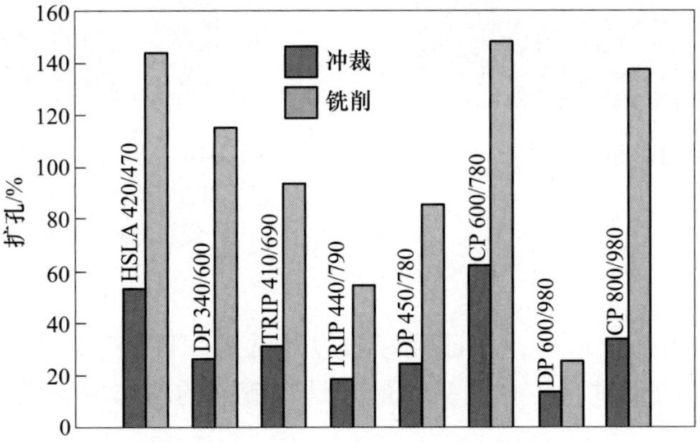

图3-13 不同钢种冲裁边和铣削边部质量对扩孔率的影响

资料来源：奥钢联钢铁股份有限公司。

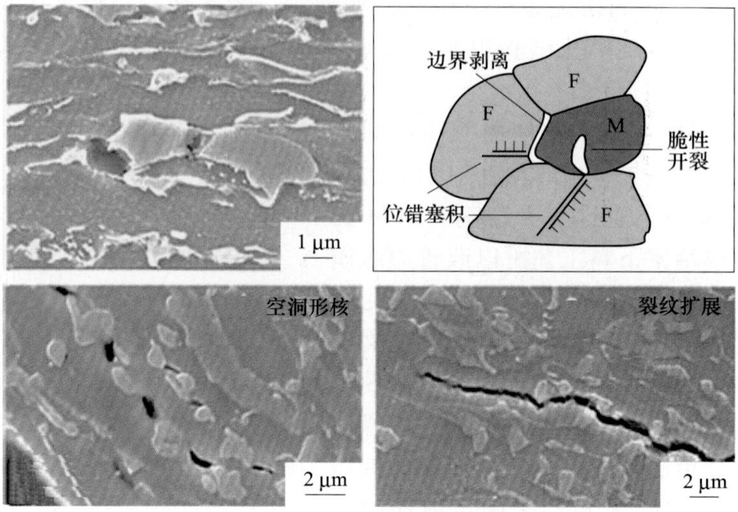

图 3-14　DP 钢中损坏开始和扩散的特点和机理

一项研究评估了冲孔工具在生产过程中磨损时所产生的扩孔率。无镀层的粉末冶金模具硬度达 60HRC。图 3-16 展示了新开模具，间隙为 0. 1mm，钢板仅涂防锈油，采用 Aral Ropa 油扩孔的扩孔率。模具磨损和摩擦导致劣质的边部条件，清理难以起作用。但是钢承受冷加工，极大地影响其扩孔结果。

图 3-15　相同边缘断裂的特写

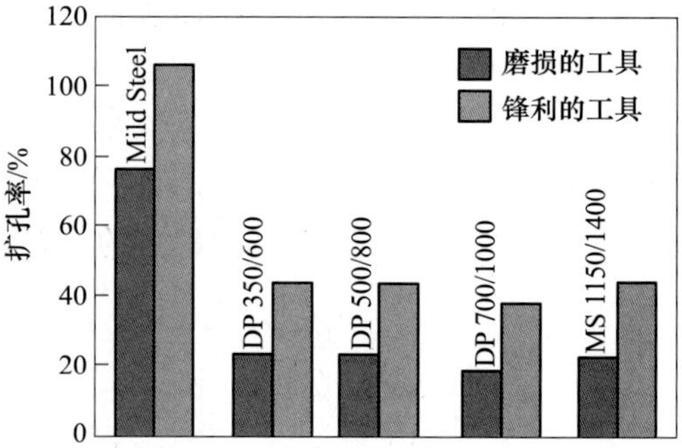

图 3-16　不同模具状态下的扩孔率对比
（以直径为 50mm 的锥形冲头进行试验）
资料来源：瑞典 SSAB 钢铁公司。

本节结论：

（1）研究 DP 钢边部成形时，保证最好的边部质量，且使毛刺朝向面内。

（2）使用坚硬的凸模进行扩孔试验，最好是有镀层的粉末冶金模具。其他模具材料信息见 3. 3. 2 节。

提高剪切边拉伸性能的关键是有均匀的微观结构，所以钢铁供应商定制了诸如复相钢的产品，实现了大量的晶粒细化（减小铁素体和马氏体晶粒的尺寸）。因此，剪切造成的早期损坏的尺寸减小，将裂纹扩展的临界应力提高到更高的水平，并降低裂纹扩展的可能性。此外，降低软铁素体相和硬马氏体相之间的硬度差提高了扩孔率。改变化学成分、热轧工艺和临界退火温度可用于实现这一点。如图 3-17 所示，在冶金趋势方面要有单一的贝氏体相或者包括贝氏体相在内的多相结构，而且要去除大的马氏体颗粒。

图 3-18 显示了传统 DP780 钢级和改进的 DP780 钢级的 SEM 图像，改进 DP780 钢级用于提高扩孔率，以提高对于诸如边缘断裂和剪切断裂等局部成形性失效的抵抗力。需注意，改进的 DP 钢级具有较均匀的较小铁素体晶粒的马氏体分布。

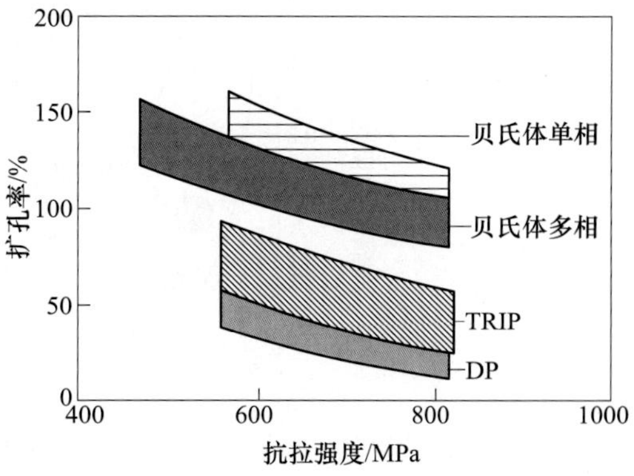

图 3-17 通过微观组织改进提高扩孔率

资料来源：新日铁住金株式会社。

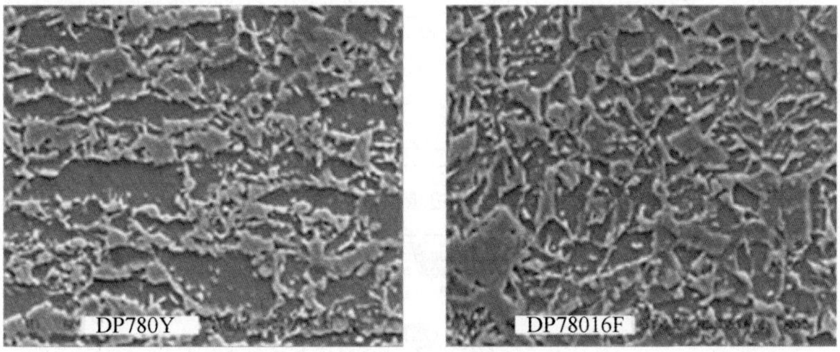

图 3-18 传统的 DP780（左）和改进的 DP780 钢级（右）的显微组织的 SEM 图像，改进 DP780 以提高扩孔率，从而提高局部成形性能

资料来源：P. Mooney 提供。

还需注意，增强局部成形性特征的显微组织差异也可能不利于整体成形性特征，反之亦然。图 3-19 显示了一种用于对先进高强度钢的成形性进行分类和评级的系统。成形性分类基于局部/整体应变比，而成形性评级基于整体成形性指数。这些参数定义如下。

真断裂应变（TFS）和真均匀应变（ε_u）之间的比值对于理解相对固有成形性特征有所帮助；该图表示抗断裂性比。在局部成形性条件下，包括凸缘、边缘拉伸和半径弯曲，自然而然地预估具有较高 TFS 值的材料表现更好。若条件符合整体成形性要求，则具有较高均匀应变值（即较高的末端 n 值）的材料更适合于拉伸成形，并且能够更均匀地分布应变。

图 3-20 显示了传统 HSLA 和针对特定成形性问题的各种 AHSS“由设计师专门设计的钢”的总伸长率和扩孔率之间的一般比较。

HET 研究还表明，多相 AHSS 的边缘断裂也易受轧制方向的影响。当测试样品时，边缘断裂通常最先沿着轧制方向出现在孔边处。

测试一贯证实横向性能更差。图 3-21 显示了生产中随着轧制方向边缘断裂的实际部分的照片。在这种情况下，当设计和开发零件及模具工艺时，在可能的情况下定位垂直于轧制方向的拉伸凸缘将增加对边缘断裂的抵抗力。如果不能做到这一点，应研究确定可以

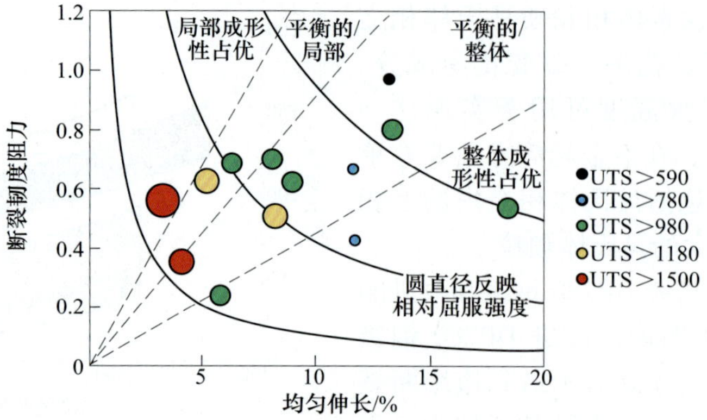

图 3-19　与 AHSS 的整体和局部成形性有关的
拉伸伸长率和抗断裂性之间的关系

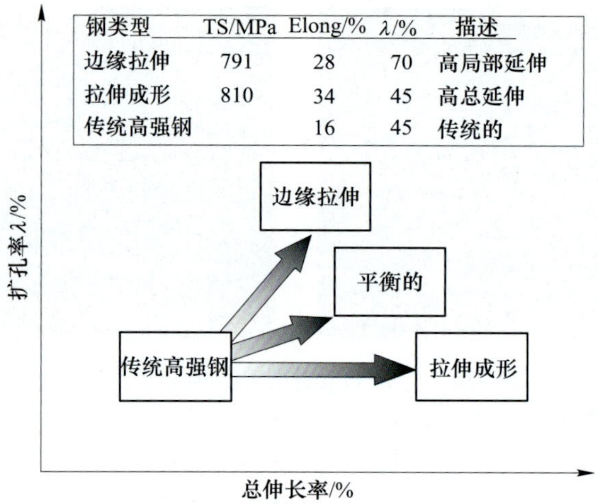

图 3-20　AHSS 试样边部状态导致的总伸长率和
局部伸长率的影响

资料来源：新日铁住金株式会社。

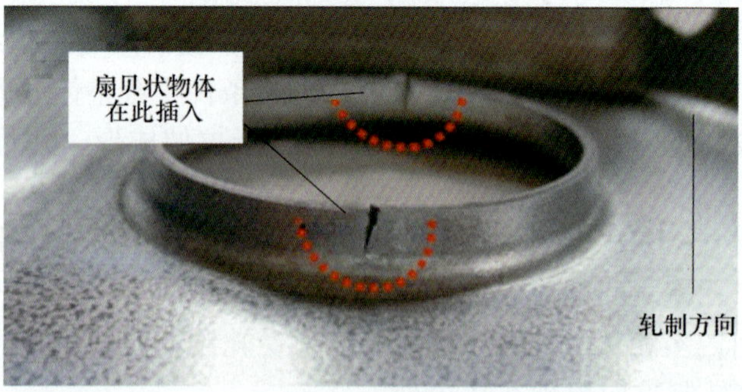

图 3-21　沿着轧制方向边缘断裂的实际部分。在这种情况下，由于在孔的
整个周边不需要凸缘，因此扇贝状物体被插入到裂缝的位置

资料来源：P. Mooney 提供。

在不对零件结构、装置或模具加工产生负面影响的情况下将扇形/凹口嵌入拉伸法兰中的位置。

在早期模具开发和模具调试过程中，重要的是选择合适的 AHSS 钢级并加工试件坯料，同时，轧制方向符合生产意图。当尚未确定最终的坯料尺寸并且冲模尚未加工好，通过激光、EDM、水射流或甚至手工匀称地切割原型坯料。在试验期间使用不正确的辊轧方向可能会对于工艺稳健性产生误导性的结论。

之前的章节比较了冲孔和机加工孔使用锋利与磨损的工具得到的 HET 结果，结果证实钢铁在制造零件过程中，工艺变量具有重要意义，需要更好地理解研究结果以优化整个过程。

许多研究人员已经使用 HET 来改变冲压材料、间隙和剪切角度，以更清楚地确定最佳条件以使 HET 结果和相关的局部成形性能最大化（λ）。改变某些过程变量可能会对 HET 中 AHSS 的表现产生重大影响。对于传统钢而言，冲压和修边模具间隙为板厚的 10% 已经用作经验法则，并且，在某种程度上，由于易于磨快，在许多情况下使用平面冲压。用于长剪切刀片的切边模可能具有 2°~3°的角度以最小化峰值吨位，并将金属厚度的 10% 定为标准间隙。

在处理传统钢时，间隙规则同样适用于分条机上的分条圆刀。然而，HET 研究表明，这些传统经验法则不适用于具有多相显微组织的 AHSS。多相 AHSS 的最佳间隙似乎是金属厚度的 13%~15%，根据金属厚度，倾斜高达 6°的冲头似乎产生最高的 HER。这适用于 HET 中使用的冲孔，但是 HET 在模拟方面有一些限制。激光 EDM 和水射流切割边缘基本上没有间隙或斜角，而且侧面修整边缘是直的。试图在长剪切刀片或切割刀上达到 6°的剪切角也是不切实际的。

B 二维（2-D）边缘拉伸试验

已经研发了另外的测试来进一步研究工艺参数，并更清楚地了解和优化非钢相关变量。用于评估边缘拉伸性的测试之一是二维（2-D）边缘拉伸试验。这种类型的测试有多个方法，但都是基于相同的概念。

2-D 边缘拉伸试验类似于标准拉伸试验，因为钢材试样在张力下拉伸直到失效。与将拉伸试样的两侧铣削成“狗骨”的标准拉伸试验不同，2-D 拉伸试验仅铣削样品的一个边缘，而在预定的一系列条件下切割另一个边缘。这可能涉及各种切边间隙、剪切角度、刀具前角或不同的模具材料的激光切割、电火花线切割、水射流切割、铣削、切割或机械切割，也可以明显地比较替代的 AHSS 钢级。测量的输出数据通常作为总伸长率，还可以比较使用相同材料的不同工艺参数以更好地定义最佳工艺参数。图 3-22 展示了一个

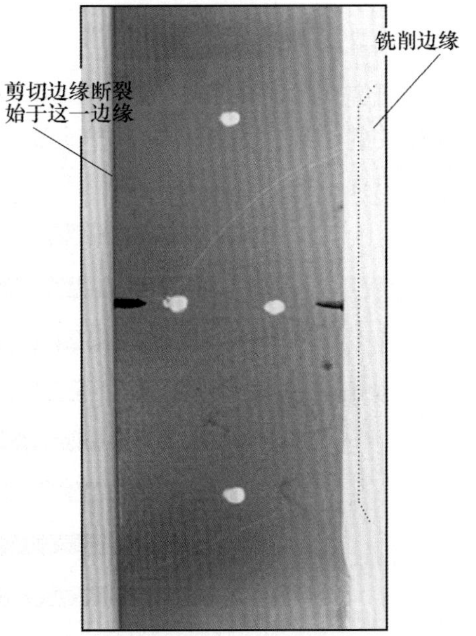

图 3-22 2-D 边缘拉伸试验样品有时称为“半狗骨”，因为仅铣削一侧

2-D 边缘拉伸测试样品，一侧为铣削边缘，另一边为修整边缘，边缘断裂通常会在这边开始出现。

一项研究使用 2-D 拉伸试验来评估：

（1）轧制方向及其如何影响诸如 DP 和 TRIP 等多相 AHSS 的失效。

（2）基于机械微调条件件的剪切角如何影响总伸长率。

该材料为 DP600，并且相对于钢卷的轧制方向在纵向和横向上使用了 5 种不同的剪切微调角度。图 3-23 显示了本研究的结果，证实纵向（轧制方向）总是优于横向（钢卷宽度），剪切过程的剪切角和间隙也导致总伸长率产生差异。另一项研究研究了 5 种不同的剪切角度，并且还比较了铣削、激光切割和水射流切割工艺。

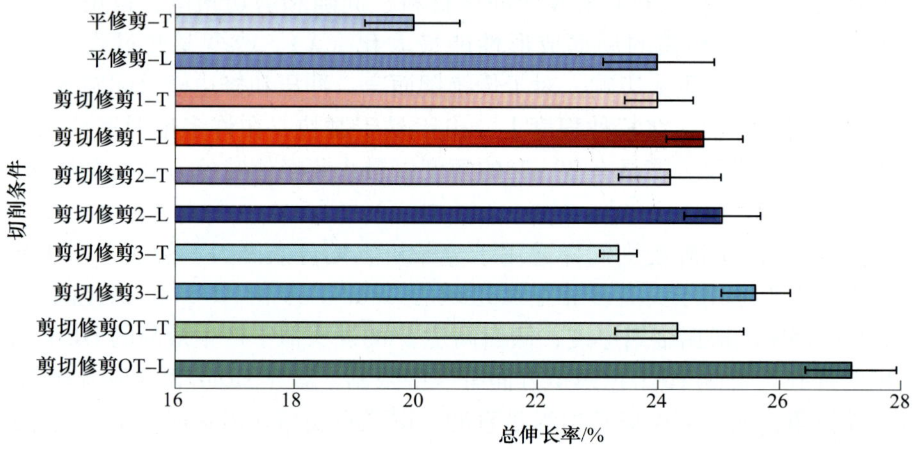

图 3-23　纵向总是具有比横向更大的总伸长率，切割条件显著影响总伸长率

资料来源：美国汽车工程学会。

本研究实验对象为 DP600 和 DP980 钢级。图 3-24 和图 3-25 显示了与相同主题的 HET 研究相关的结果，如图所示，非冷加工边缘（激光切割、水射流切割和铣削）总是优于机械剪切边缘。

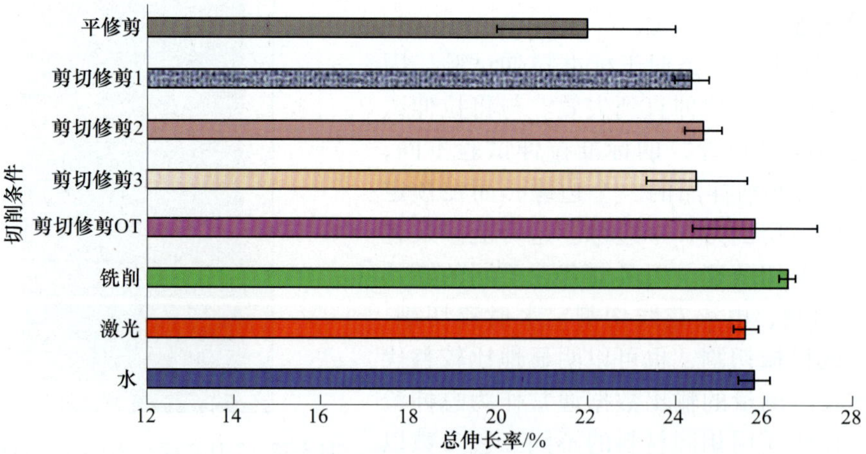

图 3-24　基于各种修整条件的 DP600 的边缘可拉伸性

资料来源：美国汽车工程学会。

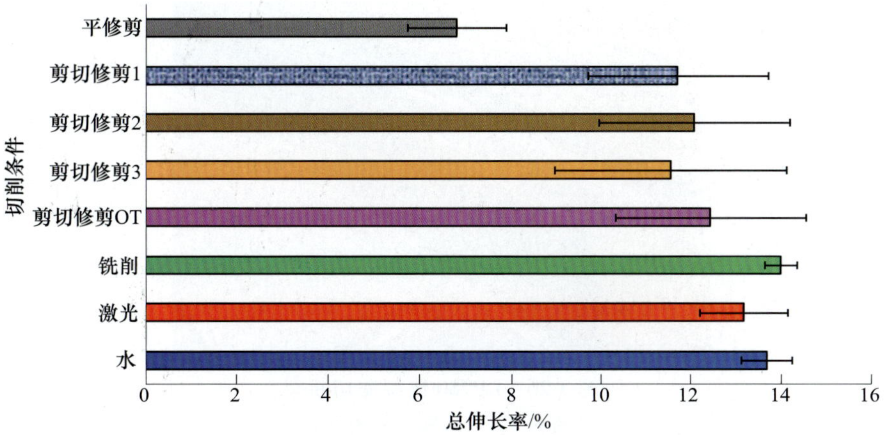

图 3-25 基于各种修整条件的 DP980 的边缘可拉伸性

资料来源：美国汽车工程学会。

如前所述，机械剪切边缘冷作钢材，减少加工硬化指数（n 值），导致较小的边缘可拉伸性。然而，这些研究表明诸如间隙、剪切角和前角等剪切参数也在改善边缘拉伸中起很大的作用。由于局部成形性失效之前，钢材不会明显变薄和颈缩，并且当使用成形极限作为失效标准时，无法通过成形模拟来预测，并详细探讨了边缘条件。请参阅第 3.3.7 节。

3.2.3.3 拉弯极限—局部成形性

汽车制造设计者通过减小半径来控制回弹、截面刚度和设计形状等。随着变形程度的增加，AHSS 小的相对弯曲半径 R/t 会导致剪切破坏（无剪切边）。而传统的成形极限曲线或者成形仿真不能进行预测。常规模拟成形，如计算机成形过程分析未能描述，然而剪切破坏在冲压中时有发生。这些剪切断裂是与诸如 DP 和 TRIP 等多相 AHSS 相关的局部成形性失效的另一种主要形式。

大量的有关开发一种或是更多种的能够预测剪切失效开始的研究正在进行中。有相关研究详细描述了金属板带拉伸弯曲实验结果和通过圆角的张力。大部分研究结果表明，对于不同级别的 DP 钢和 TRIP 钢其变形时的剪切破坏明显降低。研究集中在预测剪切开裂的极限应变值，这类问题将引入零件设计的计算机成形过程的分析。

由于剪切断裂是受局部成形性影响的另一种失效机制，AHSS 用户需要加深理解。AHSS 上的剪切断裂可能与边缘断裂有相似之处，即失效前没有颈缩（与整体成形性失效所观察到的一样）。图 3-26 显示了 DP780 典型剪切断裂的照片。图 3-27 从不同角度展示了同一部件，可以看到冲头开口处的实际半径。剪切断裂发生在左边的小半径上，而右侧的大半径没有发生失效。拉深面板的两侧的拉深深度和拉延筋的构型相同，压边两侧的约束力也相似。重要的变量是模具半径。

众所周知，较小的模具半径可能导致成形性失效。当模具半径与板材厚度的比值大于剪切断裂极限时，失效发生在半径之外。在这种情况下，传统的成形极限曲线可用于评估部件的稳定性并预测失效。当模具半径与板材厚度的比值在剪切断裂极限以内但高于简单

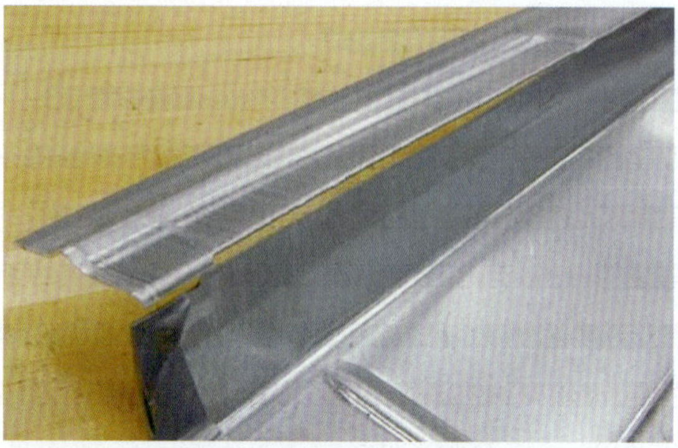

图 3-26　DP780 典型剪切断裂

资料来源：P. Mooney 提供。

弯曲极限（弯曲时无拉伸）时，根据在成形期间施加的张力水平，失效可能发生于半径内或半径外。如果失效发生在半径内，则应使用剪切断裂试验得出的失效极限作为预测失效的标准。最后，当模具半径与薄板厚度的比值小于简单弯曲试验的极限时，在半径内发生失效。

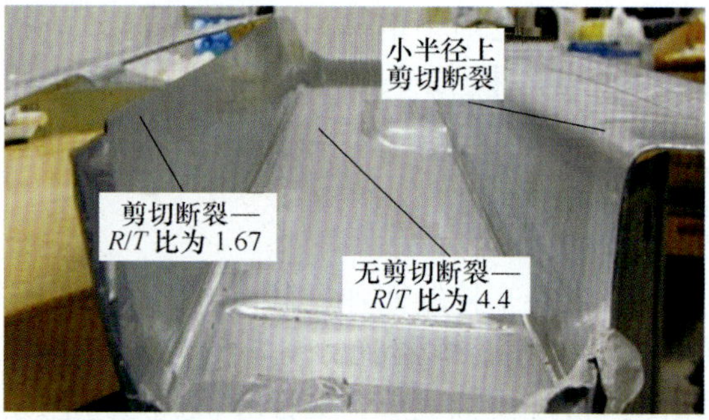

图 3-27　相同部件的侧视图，该部件在 *R/T* 比为 1.67 的左侧显示剪切断裂具有相同拉深深度、拉延筋构型和约束力的同一部分的右侧没有剪切断裂，且 *R/T* 比为 4.4

资料来源：P. Mooney 提供。

因此，对于给定的 AHSS 产品和用于制造零件的成形条件/工艺，零件设计人员设计合适的模具半径是很重要的。计算机模拟是为指定零件和成形过程得出适当模具半径的一个很好的工具，认识到剪切断裂试验得出的失效极限应该用作模拟中的失效标准。

图 3-28 显示了在零件侧壁上的圆弧切线处发生的典型整体可成形性失效。至于剪切断裂，失效发生在与半径切线相对的半径上，如图 3-29 所示。在断裂部位没有观察到变薄或局部颈缩。

许多研究表明，半径与厚度比（*R/T*）是 AHSS 剪切断裂性能的重要指标，因此创建了 *R/T* 比指南。用于更好地表征各种钢种及其抗剪切断裂性的一项试验称为弯曲试验。弯曲试验的结果通常为半径与厚度的比（*R/T*=1、2、3 等）。样品以不同的半径弯曲，直到观察到剪切断裂。然后将测试结果用于分类产品抵抗剪切断裂的能力。许多钢铁公司报告了各种钢种的最小弯曲试验极限，某些汽车制造商还将最小弯曲试验要求包含在其规格中。不同的钢铁公司和汽车制造商可能会有不同的弯曲试验方法和/或要求。因此，了解这些要求和程序，以更好地将材料特性与客户的设计和过程期望相匹配，这一点非常重要。测试方法可能涉及 60°、90°、180°的弯曲以及各种半径、模具材料、速度等。

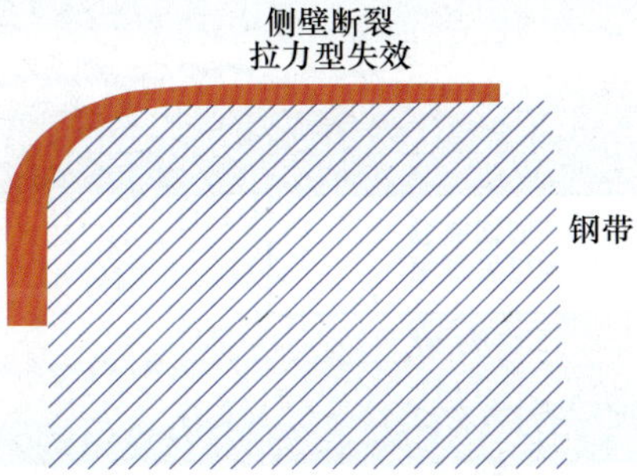

图 3-28 位于半径切线处的典型整体成形性失效的位置示意图

资料来源：P. Mooney 提供。

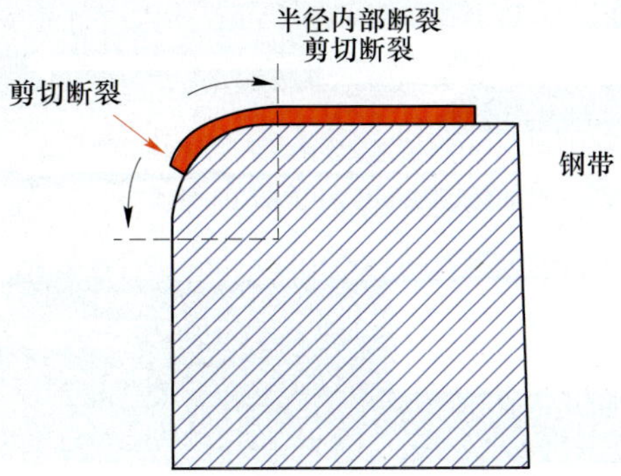

图 3-29 位于实际模具半径上的典型局部成形性剪切断裂的位置示意图

资料来源：P. Mooney 提供。

图 3-30 显示了 180°弯曲测试样品的蚀刻横截面，具有两个不同的半径用于参考。

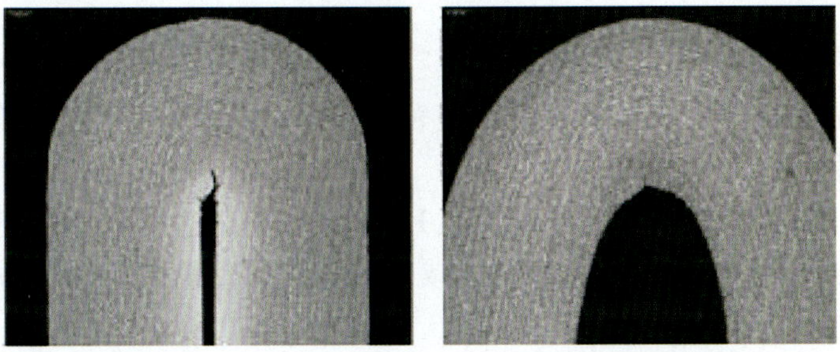

图 3-30 在经过弯曲试验模具具有不同半径的 180°弯曲试验后的两个样品的横截面

资料来源：P. Mooney 提供。

随着强度水平提高，需要增加 *R/T* 比以避免剪切断裂。与边缘断裂一样，也可以定制 AHSS 的“设计人员专门设计的钢级”以在断裂之前改变 *R/T* 比。已经基于弯曲试验结果和现实世界案例研究制定了最小 *R/T* 比指南。对于 DP600 及以上钢材，产品特征（例如模压）的 *R/T* 比应至少为 3。在 DP600 及以上的钢材上，模具半径拉过冲头半径或受拉伸的拉延筋，*R/T* 比应至少为 5。汽车/钢铁合营公司 7 号学习案例中有一个剪切断裂的具体实例，其中 DP980 中柱外部上部钢筋的半径为 1*T* 而不是 3*T*，导致半径上出现剪切断裂。

与边缘断裂一样，剪切断裂也对轧制方向敏感。如果半径在轧制方向上运行，弯曲将垂直于轧制方向，这是在试图避免剪切断裂时出现的最坏情况。不幸的是，许多 DP 和 TRIP 部件是非常长的横杆、摇杆、底框梁、横梁等，其具有宽的主钢卷，然后分切成多个较窄的钢卷（多个）以用于深加工。在许多情况下，部件在一个方向上太长，因而不能利用这些 AHSS 钢级对于轧制方向敏感的这一事实，并且不能利用最佳的轧制方向。因此，在设计零件以避免剪切断裂时，了解最小 R/T 比是特别关键的。图 3-31 展示了 DP 60 摇臂上的剪切断裂，其中弯曲半径处于非最佳轧制方向。

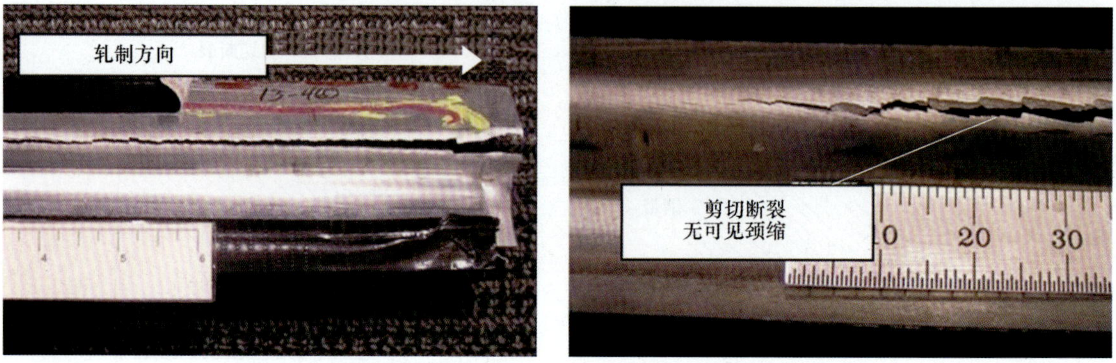

图 3-31　轧制方向上剪切断裂（左），相同剪切断裂（右）特写，
断裂处于半径上，而不是半径的切线上
（还要注意，在断裂处没有变薄或颈缩的迹象）
资料来源：P. Mooney 提供。

3.2.3.4　关键点

A　成形极限曲线（FLC）

（1）不同的成形极限曲线在世界上众多领域中得到广泛的应用。这些应用指南根据厚度 t 和 n 值确定最低点 FLC_0。

（2）通常用于低强度和传统 HSLA 钢的 FLCs 系统普遍适用于 DP 钢整体成形性。

（3）FLCs 曲线的左侧作为应变时厚度减薄区域，DP 钢和 TRIP 钢试验数据有很好的吻合。

（4）TRIP 钢、MS 钢、TWIP 钢及其他特殊钢种的 FLC 曲线需要更深入的研究。

B　剪切边的拉伸极限

（1）剪切边的拉伸极限研究对扩孔和翻边十分重要，所有钢种在剪切边附近存在冷加工硬化和 n 值降低时均会产生扩孔性能的下降。

（2）DP 钢和 TRIP 钢剪切时，由于边部界面的冲击使马氏体含量的增高，从而使其强度提高，导致其扩孔性能的降低。

（3）许多研究中心已经开发了 2-D 拉力测试，以研究各种工艺参数下的替代性剪切边缘条件。研究表明，边缘条件是独立于毛刺高度的重要变量。

（4）AHSS 微观组织的调整可提高钢的整体或者局部的剪切拉伸极限，而同样的微观组织不能同时得到两种性能的提高。

C　拉弯极限

（1）较早的无剪切边时由于过小的相对弯曲半径导致剪切破坏已引起关注。因此，在确定 R/T 比时，使用多年来研发制定的指南作为基准很重要。

（2）传统的成形极限曲线或者成形仿真不能对剪切破坏进行预测。

图 3-46 传统 HSLA 拉伸失效之前可见颈缩的特写

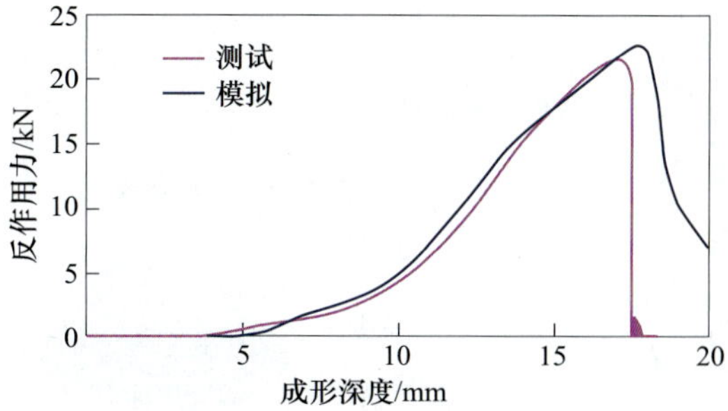

图 3-47 传统 HSLA 的虚拟成形模拟与实际测试具有很强的相关性

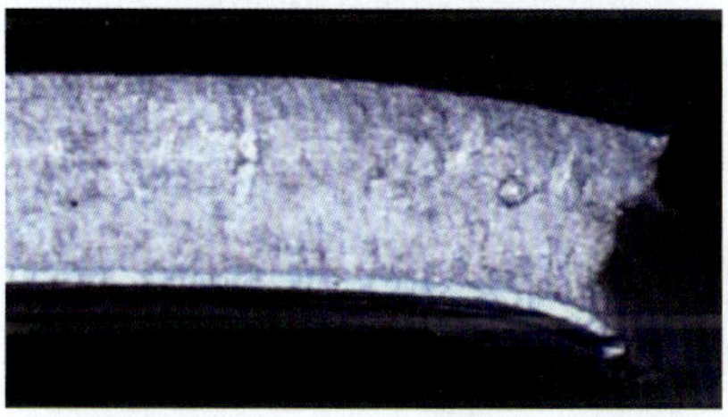

图 3-48 DP780 的局部成形性失效特写，在失效之前无可见颈缩

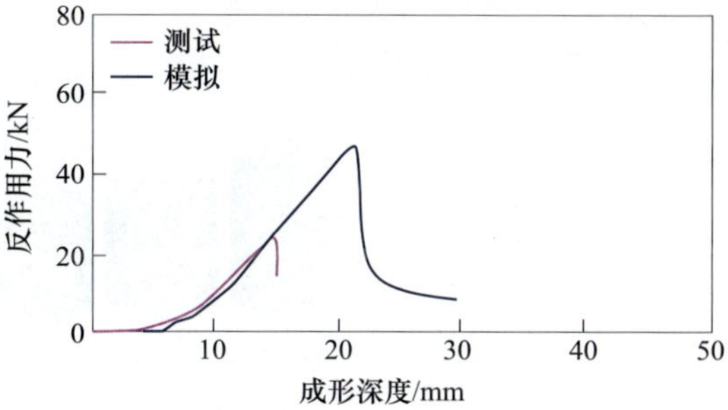

图 3-49 DP780 的虚拟成形模拟与实际测试的比较，显示两者之间无相关性

各向异性参数 r_m 值影响圆筒拉深性能。当 r_m>1 时，能够提高极限拉深比 LDR（板料直径与允许的最大凸模直径的比值）。LDR 值与钢的强度和 n 值相关度不大。强度大于 450MPa 的高强度钢和热轧板的 r_m 值约为 1，LDR 值约为 2。因此，DP 钢与 HSS 钢的 LDR 相近。TRIP 钢对深冲略有改进。由于冲压变形诱发残余奥氏体向马氏体转变（见图 3-51），在法兰位置发生转变的数量小于在筒体转变的数量。这种残余奥氏体转变马氏体的差异导致筒壁强度高于法兰强度，因此也就增大 LDR。

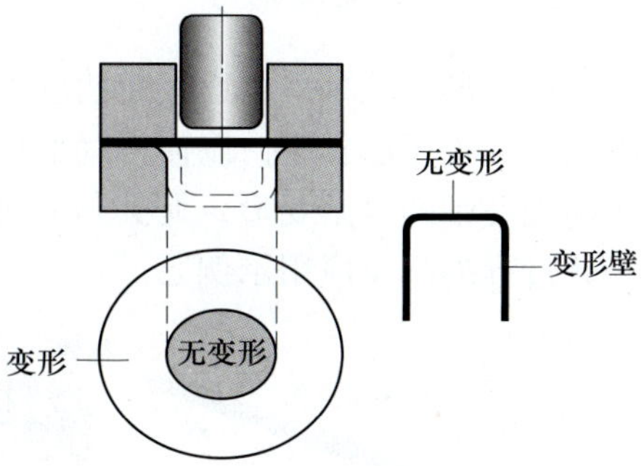

图 3-50 圆筒拉深或径向拉深形成的圆筒

除去 TRIP 钢的深拉延特征，在实验室中进行的圆筒拉深试验中，所用 DP 钢的 LDR 值约为 2，如图 3-52 所示。需注意，屈服强度加倍对 LDR 没有影响。软钢 r_m 值增加导致 LDR 略有增加。

MS（马氏体）钢经过模具半径弯曲度降低。

图 3-51 中圆筒成形的图片如图 3-53 所示。

然而，LDR 绝对值还取决于润滑、压边力、模具圆角半径以及其他系统输入。

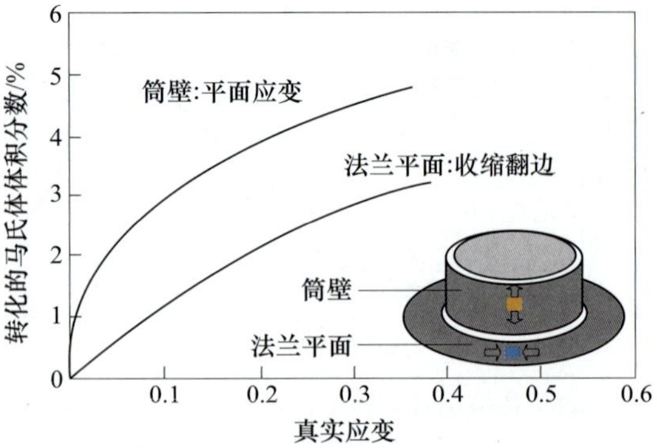

图 3-51　TRIP 钢中马氏体转变导致筒壁强度大于法兰平面处强度

资料来源：新日铁住金株式会社。

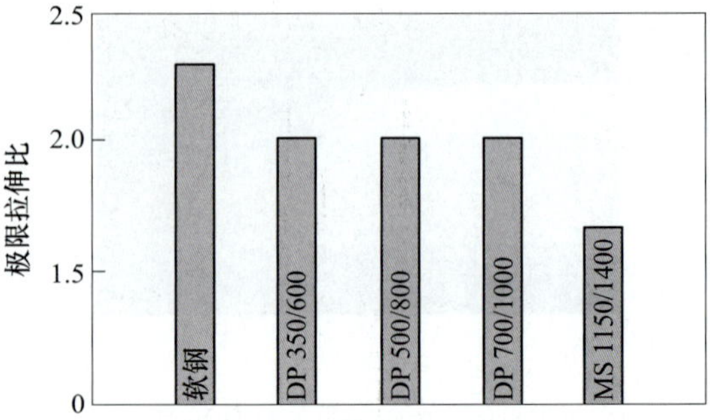

图 3-52　低碳钢、DP 钢、MS 钢 LDR 分析

资料来源：瑞典 SSAB 钢铁公司。

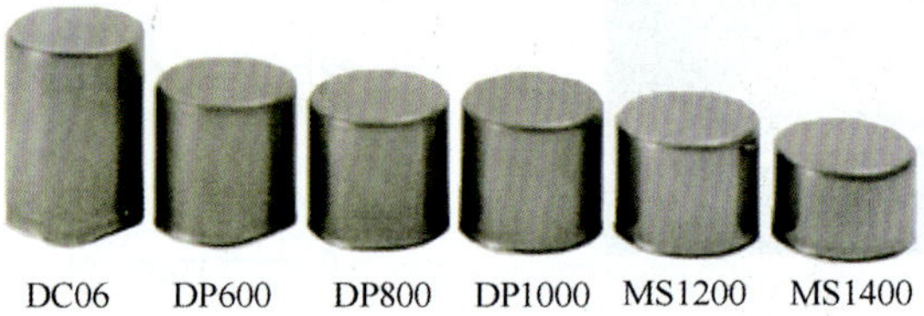

图 3-53　图 3-52 所对应的杯形件的照片

资料来源：FCA 北美公司。

3.2.4.4　辊压成形

辊压成形工艺是采用连续弯曲的方式将平的带钢加工成想要的形状。每次弯曲操作被分解到多套辊压模具中，以使得局部应变最小化，并补偿回弹。因此，辊压成形比较适合先进高强度钢的复杂变形，尤其是总伸长率较低的钢种，如马氏体钢。图 3-54 显示了适用于此过程的汽车应用示例。

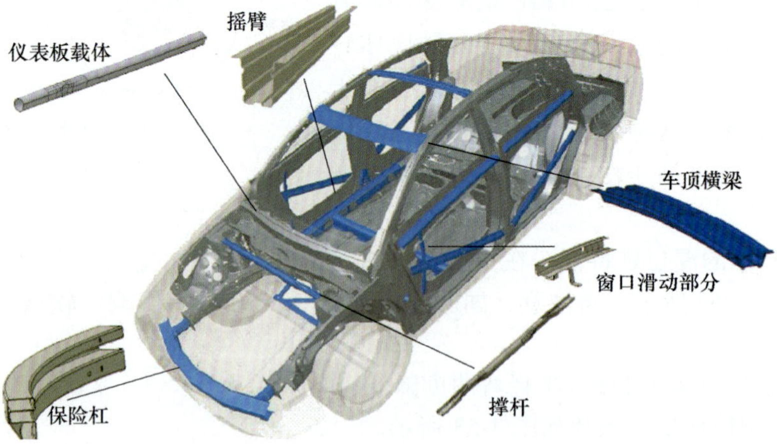

图 3-54　适用于辊压成形的车身部件

辊压成形的优点如下：

（1）可以成形不同力学性能级别与不同组织的钢种。

（2）根据钢的厚度和力学性能，可以成形更小的弯曲半径零件。

（3）与传统的冲压成形相比可以减少成形工序。

然而，辊压机与模具上的力是比较大的。一般来说，受力大小与强度和厚度呈线性关系的。因此，成形设备的结构强度等级必须核查，以避免轴的弯曲。不同先进高强度钢的最小弯曲半径值与回弹值可以通过简单的U形试验进行测定，简单的U形试验一般有6个弯曲位置，如图3-55所示。辊压成形零部件的最小弯曲半径值主要与钢的厚度、抗拉强度有关，如图3-56所示。辊压成形的最小弯曲半径要比常规弯曲变形的小。

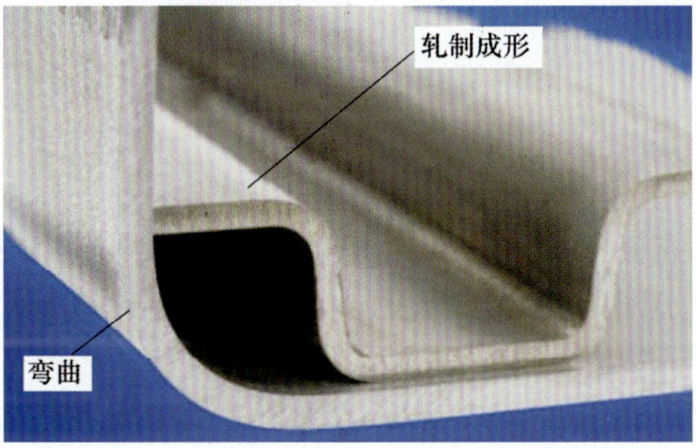

图3-55 2mm的MS 1050/1400钢种辊压成形和弯曲成形的最小半径对比

资料来源：瑞典SSAB钢铁公司。

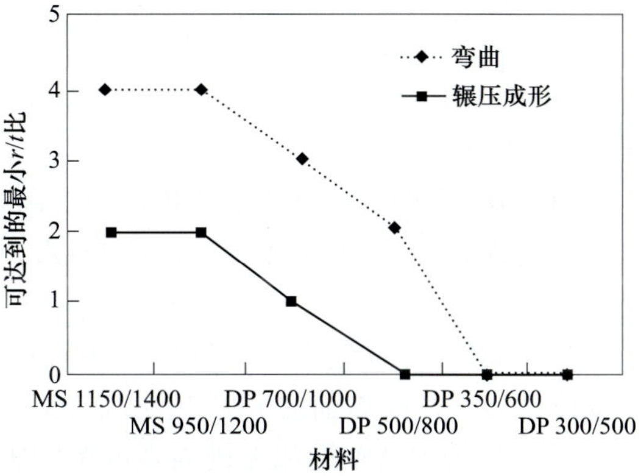

图3-56 不同强度级别、不同类型钢种可获得的最小r/t值

资料来源：瑞典SSAB钢铁公司。

影响回弹的主要参数是零部件的弯曲半径、钢板厚度和屈服强度。这些参数的影响如图3-57所示。正如预期的那样，随着弯曲半径和抗拉强度的增加，角变化增加。图3-58展示了三种不同钢种，相同厚度、相同成形模具加工成的截面，虽然强度级别不同，但回弹情况一样。

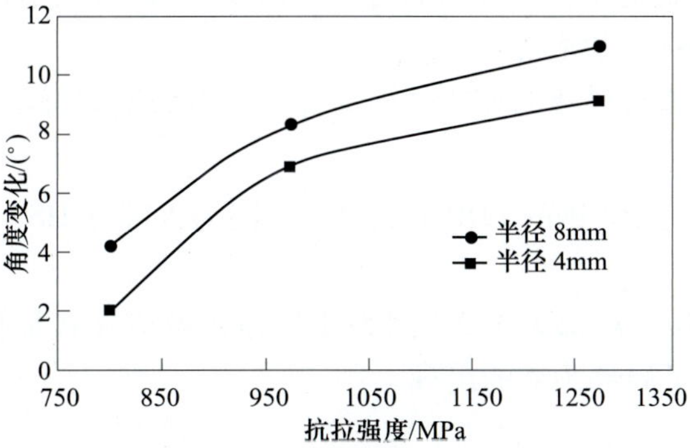

图3-57 角变化随着弯曲半径和抗拉强度的增加而增大

资料来源：阿赛洛钢铁公司。

图 3-58　三种不同钢种，相同厚度、相同成形模具加工成的截面

资料来源：瑞典 SSAB 钢铁公司。

3.2.4.5　关键点

A　胀形

（1）DP 钢的初始 n 值比 TRIP 钢更高，这有助于应变变化平坦化，并可防止局部减薄。胀形成形可改善表面形貌，如凸度。同相同钢级的传统 HSLA 相比，DP 钢的 FLC 更高。

（2）TRIP 钢在整个变形过程中 n 值均较高，这有助于应变变化平坦化，并可防止局部减薄。另外，断裂前的 FLC 值更高，应变值更大。

（3）传统 HSLA 钢和先进高强度钢的胀形极限对产品设计、成形方式、预成形工艺的使用、润滑油的选择和其他工艺设计选择很重要。

B　弯曲

（1）对强度相当的钢种而言，先进高强度钢的断裂伸长率要高于传统 HSLA 钢的断裂伸长率。

（2）剪切断裂不能通过成形极限曲线或成形模拟预测。工具半径和板材厚度比（R/T 比）较小时，会出现早期剪切型断裂，因此使用模具设计指南来确定最小的 R/T 比值是非常重要的。

（3）辊压成形可以制造不同力学性能水平、不同微观组织结构的先进高强度钢零部件，与传统弯曲相比，R/T 比降低。

（4）辊压成形可以通过过弯的方式延迟回弹，不需要增加特定复杂设备。

C　拉深（冲杯）

（1）HSS 高强度钢与 DP 钢的 LDR 接近于 2，因为大部分 HSS 和 AHSS 钢的厚向异性指数 r_m 值基本都为 1。

（2）TRIP 钢的 LDR 一般都大于 2，因为变形强化效应在杯形件壁筒区域比法兰的压边圈区域要强。这延迟了局部颈缩的出现。

3.2.5　热成形

今天，许多产品设计倾向于将最大化的复杂性、零部件整体性与内部需要应用的最高可能的钢级结合在一起。零部件高的复杂性通常需要高的伸长率和高的加工硬化率，即所

谓的 n 值。零件可能采用3个变形不太严重的冲压件，并制成一个变形严重的大零件。想象一下，3个独立的零部件通过外部金属流动从压边圈中制造非常大的一个零部件。现在尝试用一个模具去制造3个相连的零部件。与中心部件没有连接部位，其成形完全靠延伸成形。更糟的是，随着强度的增加，钢的伸长率逐步降低，因为加工硬化值（n 值）随着强度的升高而减小。随着强度的增加，回弹问题更加严重。

热成形工艺可以有效缓解上述问题。由于降低车身重量和提高安全性能需求不断增加，显而易见，汽车制造需要应用AHSS。自从1984年在Saab9000上第一次应用，热成形工艺越来越流行。近年来，HF-AHSS使用迅速增加。例如，热冲压件数量从1987年每年300万件，1997年增加到每年800万件，2007年上升至每年10700万件。最近的一些车型，热冲压钢的比例占到白车身重量的25%。今天，热成形用于形成具有相对复杂形状的冲压几何形状，例如A柱、B柱、前/后侧构件、横构件等。

多个钢种适合使用热成形工艺，下面以硼—锰先进高强度钢为例加以说明。这些钢种的微观组织主要是铁素体和珠光体。

3.2.5.1 直接热成形工艺

图3-59中的步骤1落料（见图3-60中标记1）：常温下热成形钢屈服强度350~400MPa，抗拉强度550~600MPa，断裂伸长率约25%（见图3-61的应力—应变曲线）。落料模具必须满足这些要求。

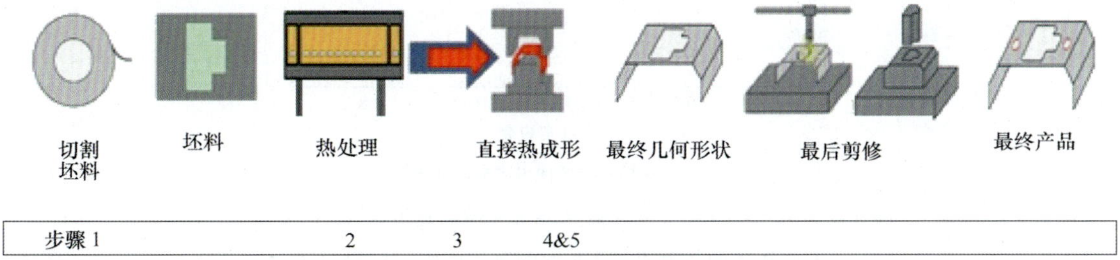

图3-59 直接热成形工艺的主要步骤图解说明

资料来源：奥钢联钢铁股份有限公司。

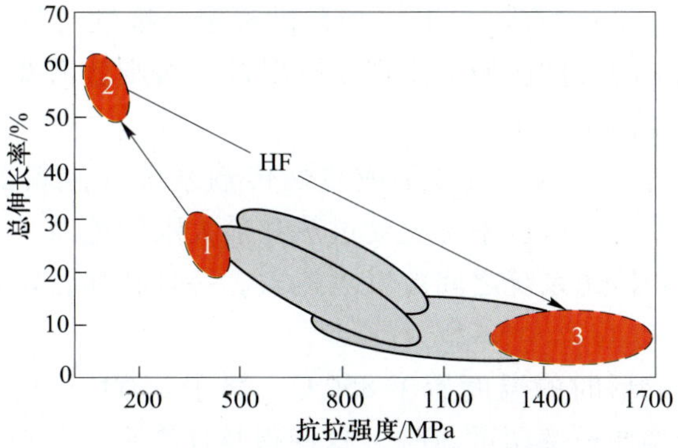

图3-60 成形过程中钢板性能

步骤 2 坯料加热（见图 3-60 中标记 2）：要使材料变硬，必须首先加热到 900℃以上，才能使组织转变成奥氏体。一般而言，这是在连续加热炉中完成，以确保连续加热过程。一般保温时间 5~8min。热成形过程中裸露的工具钢在高温环境下，摩擦会产生大的波动，导致表面形貌发生变化，氧化层脱落，模具过度磨损。克服摩擦问题的一种方法是使用合适的涂层或者对模具钢进行各种表面热处理。

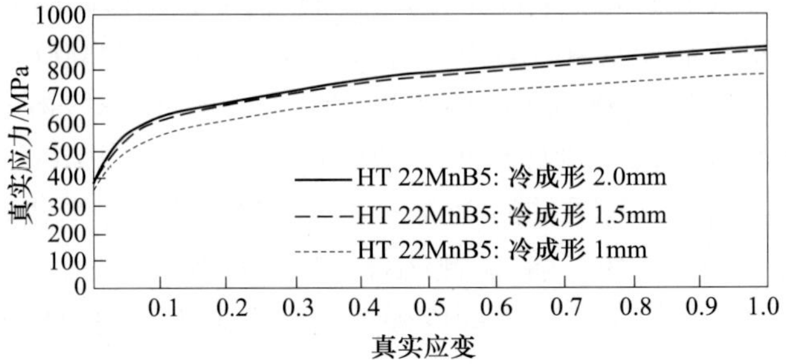

(a) 热处理和淬火之前的HF钢

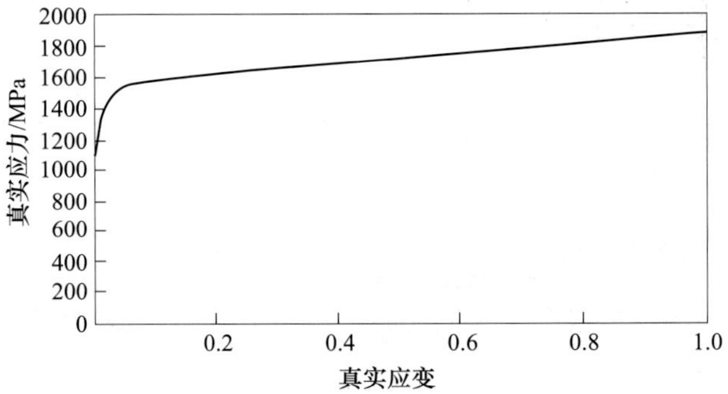

(b) 热处理和淬火之后的HF钢

图 3-61　在室温下（a）以及经过热处理和淬火后（b）测得的不同板厚的待测硼基 HF 钢的真实应力—应变曲线

资料来源：奥钢联钢铁股份有限公司。

目前，铝硅镀层是最常用的涂层，以防止坯料表面形成氧化物。其他镀层包括热镀锌（GI）、热镀锌铁（GA）、热镀锌镍（GP）和有机镀层，惰性气体可用于特殊应用。涂层也有助于防止在难以喷丸的零件区域上出现服役腐蚀，否则就需要应用其他的腐蚀保护处理方式去除表面氧化物以便于使用。

步骤 3 钢板放进模具：3s 内，机械手或线性传输系统（进料器）要将加热的钢板毛坯放进水冷模具内。为了保护传送系统免受过热并最大限度地减少坯料的热损失，应使用绝缘材料，例如在坯料和传送系统之间放置隔热罩。一旦转移，定位辅助件确保坯料精确地位于模具中。

步骤 4 零件成形：成形时的温度始于 850℃，终于 650℃。在奥氏体区域，屈服应力波动范围在 40MPa，断裂伸长率超过 50%。这使得整体性强、复杂性大的零部件可以很好成形。

步骤 5 模内淬火（见图 3-60 中标记 3）：当完成成形，零件与模具处于接触状态时，进行冷却淬火。最小淬火冷却为50℃/s。一些实际冷速为正常冷速的2～3倍。淬火工艺使整个零部件组织由奥氏体转变为马氏体。使其在室温下屈服强度1000～1250MPa，抗拉强度1400～1700MPa，断裂伸长率4%～8%。机械手转移、成形、淬火总的时间约20～30s。零部件越小，成形与淬火的工艺时间越短。直接热成形是用来形成冲压结构相对复杂的零件，如A柱、B柱、前/后纵梁、横梁等。

步骤6 成形后工艺处理：成品零部件的高强度与低延伸给最终处理带来困难。室温下零部件不再进行另外成形处理。只进行一些切边、修边等，且相应设备必须满足这些操作需要。

3.2.5.2 间接热成形工艺

间接热成形工艺（见图3-62）同直接热成形工艺相比，在热成形之前多了初始成形和修边。在室温下，随着钢级的增加，具有几何对称形状的零部件采用预成形工艺，可以有效降低缺陷。在室温下，传统模具成形可达到最终零部件形状的90%～95%。零部件经修整后，再采用上述第二步后的常规热处理。热成形工艺使得在室温下比较困难成形的零件得以成形。然而，间接成形工艺的成本比直接热成形高，成形模具由一套增加为两套。

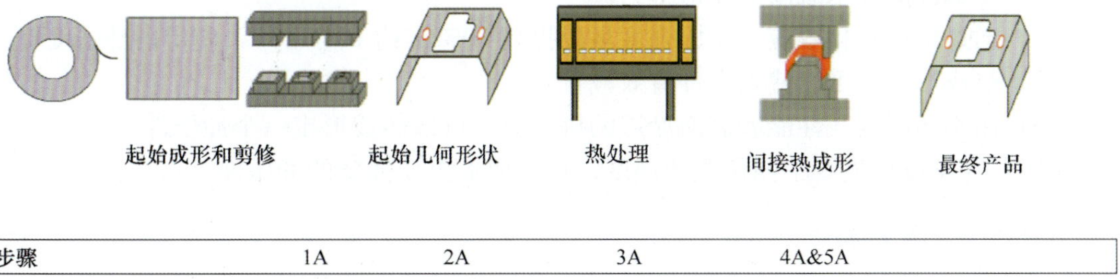

图3-62 间接热成形工艺的主要步骤图解说明
资料来源：奥钢联钢铁股份有限公司。

对于无镀层钢板，采用间接热成形可以减少模具磨损。增加冷成形工序减少钢板与模具之间的运动，从而减少模具磨损。相反，直接热成形冲压完成后快速冷却发生在模具表面。间接热成形工艺通常成形一些更加复杂特征的冲压件，由于冷冲压阶段冲压深度较深，在热成形阶段成形出细节特征，可以得到更加复杂的形状，并且扭曲减少。

另一个类似间接热成形工艺是PFHT（成形后热处理）。超高强度钢一般大大降低了延展性，PFHT目标是先采用传统的冷成形工艺生产低强度成形性更好的钢（见图3-63中标记1），最后通过加热和淬火工艺得到强度很高的冲压件（见图3-63中标记2）。制约PFHT工艺的主要因素是保持冲压件几何形状在热处理前后一致，实际生产应用方案是采用夹具固定冲压件加热（加热炉或感应加热）然后直接淬火。目前淬火工艺有水冷、空冷或模具水冷。

3.2.5.3 热成形优点

热成形的优点如下：

（1）零部件力学性能各向同性好，可通过r值评定。

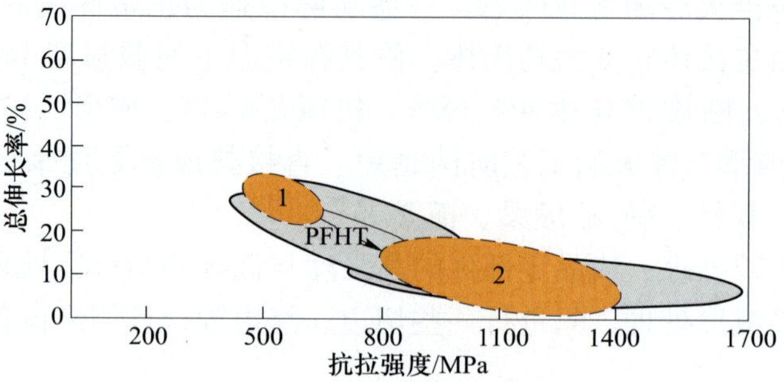

图 3-63　低强度、成形性好的钢板最终成形件（标记 1），
加热、淬火后获得高强度（标记 2）

（2）有效消除回弹，对超高钢级零件更为明显。
（3）成品零部件变形小。
（4）零部件整体性好。
（5）高屈服强度和陡峭的循环应力应变响应使得疲劳性能优异。
（6）零部件能够承载高的变形抗力。
（7）通过烘烤硬化效应，屈服强度可以提高 10%（约 100MPa），使得内部强度更高。
（8）热成形工艺可以使安全件有效减重。
（9）用不同厚度、性能和表面涂层的拼焊板，可以热成形出一个冲压件。
（10）控制成形模具不同位置的温度，可以成形出变强度的冲压件。

3.2.5.4　典型零件

典型零件如下：
（1）A 柱上边梁。
（2）B 柱外板和加强板。
（3）中通道。
（4）前/后纵梁。
（5）横梁。
（6）门环。

这些零件有些通常采用拼焊板成形，混合不同厚度和不同级别的钢种（500MPa 区域在碰撞时必须允许发生屈曲，1500MPa 区域在碰撞时未发生变形才可被接受）。

3.2.5.5　关键点

关键点如下：
（1）热成形的目标是将钢板加热到足够高的温度：
1）提升成形性能以完成难冲压件成形。
2）冲压件淬火形成强度非常高的马氏体组织。
3）避免高强度钢的回弹问题。
（2）通常使用的钢是 22Mn/B5，屈服强度为 340MPa，抗拉强度为 480MPa，总伸长率为 20%~30%。

（3）加热至 850℃以上，将抗拉强度降低至 100MPa，将总伸长率提高至 50%~60%。在这种状态下，钢在模具中成形。

（4）冷却成形模以提供淬火作用，同时冲压件仍保持在模具中。淬火作用：

1）将钢的显微组织转变为马氏体（HF 1050/1500 或 HF 1200/1900）。

2）保持冲压件形状，回弹几乎为零。

（5）冲压速度大约每分钟两次，以充分淬火。

（6）减小成形强度，在载荷能力范围内可以允许多个冲压件在一套模具上成形。

（7）冲压件最终具有非常高的强度严重制约了后续工序，没有额外的成形。修整、切割和冲孔设备必须满足冲压件高强度的要求。通常采用激光切割。

3.3 加工和零件设计考虑

模具设计时应考虑先进高强度钢的特性。首先是初始屈服强度，即整个钢板的最小屈服强度。其次是屈服强度的升高，当变形很大时其数值可以达到很高。这两个因素大大提高了先进高强度钢的局部成形力。从而导致模具圆角处的加速磨损，逐步影响了零件其他表面质量。了解这些因素的影响对模具设计和工艺设计十分重要。本节介绍了模具和零件设计需重点考虑的内容，以延长冲压车间模具的使用寿命和性能。

3.3.1 模具和零件设计

零件设计：在车型概念阶段就应考虑零件特征设计，以便做出适当的加工和模具设计决定。任何材料的成功应用都需要零件设计和制造过程的紧密协调。在设计先进高强度钢零件时，请同时咨询产品和制造工艺工程师，以了解材料的优缺点及可采用的合适成形工艺。

（1）将结构件（如横杆、底框梁、横梁和顶板梁）设计为端头开放式的，从而可以采用成形工艺而非拉延工艺。需要采用深拉工艺（封闭式）的先进高强度钢冲压件，由于成形深度降低使得产品设计受限，如图 3-64 比较开放式和封闭式设计效果。根据经验，使用先进高强度钢（例如 DP 350/600）的零件是采用软钢和 IF 钢所允许的拉深深度的一半。较不复杂的开放式冲压零件在深度上不受限制。

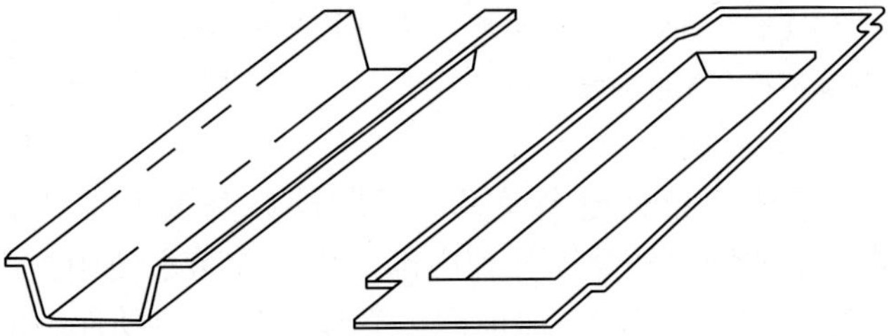

图 3-64 开放式零件设计（左）和封闭式零件设计（右）与以往使用软钢的封闭式设计相比，使用先进高强度钢时，采用开放式设计可以允许更大的拉延深度

（2）横杆、底框梁等结构件并不是开放式零件设计受益的唯一零件。这更专业的应用于拉延模具的设计，而不仅仅是零件最终几何形状，并且提高了使用先进高强度钢制造更

复杂几何形状的能力。尽管最终零件或最终零件的截面可能是一个开放式的“帽形”截面，但是可能并不需要像在许多情况下一样将零件的末端“包裹”在拉延模中。“帽形”截面的封闭端部增加了成形载荷，增加了压边圈上板料的起皱（特别是在拐角处），并且如果坯料周圈布置拉延筋，则增加了拉深壁上的起皱。封闭（或包裹）端设计的模具通常还要求较大的坯料尺寸。在拉延模开发过程中，最好先识别某些位置是否具有“帽形”截面几何形状，并依此开发拉延模使先进高强度钢的成形性特性最大化，同时最大限度地减少先进高强度钢的局限。

（3）无论是传统的软钢、IF、BH 和低合金高强度钢或先进高强度钢都可以使用这些相同的拉延模开发准则。图 3-65 和图 3-66 比较了具有封闭端的 DP600 整流罩侧面的拉延模开发与一个非常相似的具有开口端的 DP600 整流罩侧面的拉延模开发。最终的零件几何形状非常相似，但是封闭式设计由于局部过度拉伸导致较明显的整体成形性失效，这个失效其实是在工艺补充发生并扩展到产品型面上的。相比之下，开放式设计几乎没有整体可成形性相关失效。还注意到其他设计和模具开发差异，包括使用“到底筋”来控制回弹和凸起特征以消除右侧零件上的波浪状起皱。开放式设计的其他好处是减少坯料尺寸，提升材料利用率。

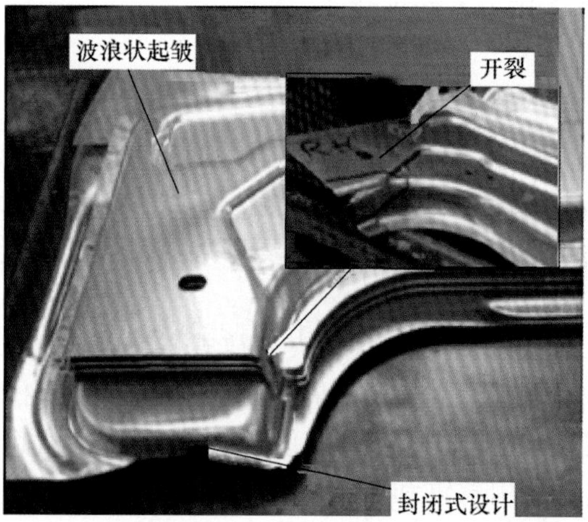

图 3-65　具有封闭式设计的拉延以及明显的开裂；在零件的平坦部分没有“到底筋”和吸皱特征来消除波浪状起皱，这两者都不符合先进高强度钢

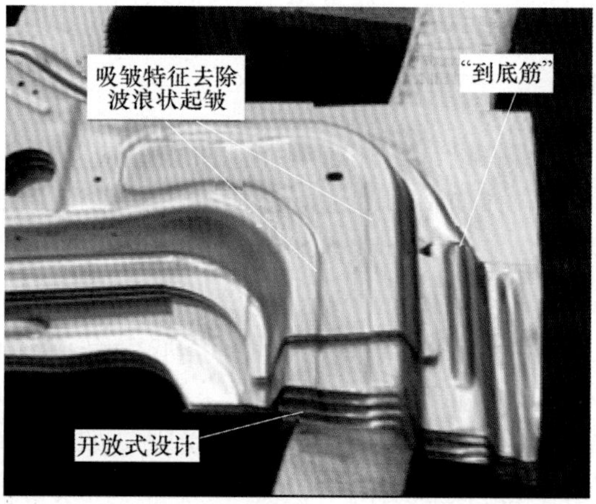

图 3-66　开放式设计以及几乎没有可成形性风险的拉延模设计。吸皱特征去除可能有的波浪状起皱，并且“到底筋”可以控制回弹

（4）汽车行业通常采取“更轻更少模具”的策略以降低成本。其中一个关键因素是“零件整合”，如一体式车体侧边外部零件和内部零件。在考虑使用先进高强度钢时，由于材料的高强度，零件整合会非常困难。以前用一套模具制造的零件可能必须分成 2 个或多个单独的零件，然后焊接在一起，或采用激光拼焊板冲压。图 3-67 展示了一个门槛零件，过去会使用传统的软钢或低合金高强度钢冲压成一件式零件。今天，该零件需要更高的强度和更小的厚度来满足重量和碰撞要求，因此采用 DP980 材料。考虑该材料成形性局限需将原零件进行拆分，在端部采用成形性更好的材料。

先进高强度钢零件的深度设计尽可能保持一致，以避免成形时扭曲。所有的形状转换应该是渐进的形状，过渡要缓，以避免扭曲，特别是在板料受压缩区域。设计应尽量减少拉伸/压缩翻边。

第3.3.3节详细描述了控制回弹的模具设计和加工工艺；一般来说，在首次零件设计阶段考虑回弹控制措施，可以除去后续昂贵的修模操作（整形、成形后操作等）。模具几何形状将决定材料应变途径；减少弯曲/反弯曲次数，有利于减少扭曲变形和模具磨损。

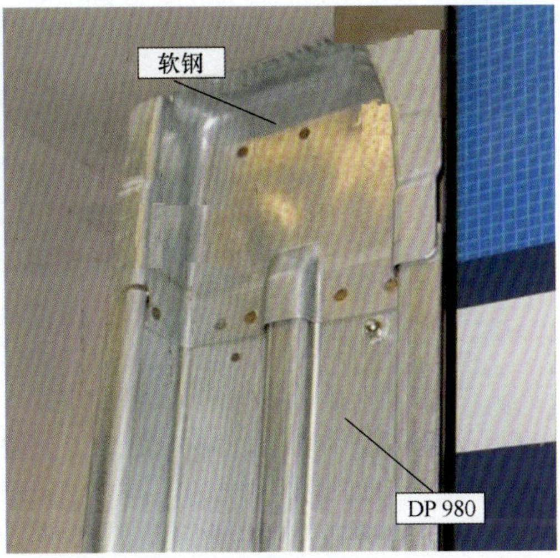

图3-67　开放式DP980门槛冲压件。单独冲压第二个软钢零件，然后点焊到先进高强度钢零件端部

其他工序模具设计建议如下。

（1）切边和冲孔模具设计：

1）由于先进高强度钢比传统高强度钢的抗拉强度更高，需采用能够抵抗更高载荷的切边模具。

2）切边过程中应选择合适的支撑，以尽可能减少边部开裂。

3）优化切边工序，使弹性回复最小化。

4）废料脱落是要解决的问题，由于先进高强度钢回弹可能导致废料在下料流槽中卡住。

（2）翻边设计：

1）设计更易成形的翻边，可以大大减少整形操作。

2）翻边区域应设计分割线或圆角在第一序拉延出来以减小回弹。

3）根据材料强度和板料厚度调整模具圆角半径。

（3）拉延筋：

1）拉延筋可以导致严重的加工硬化，增加成形力。

2）由于钢板进入冲压前经过拉延筋时发生很大的加工硬化，所以要优化板坯的形状和尺寸，以减小对拉延筋的依赖性。

3）优化拉延筋以增大变形量，从而可以降低回弹。

（4）避免翻边过程中边部开裂指导方针：

1）边部长度的急剧变化可以导致局部应力的增加，将导致边裂。因此，边部长度的变化应该是逐步的。

2）传统钢通常用磨削拉延模减少线长度的方法以消除破裂。由于先进高强度钢加工硬化速率很高（见图3-68），这种方法可能导致边缘裂纹从拉延序转移到翻边序。为了在成形后完成翻边，可以考虑在拉延模中添加“储料包”，为随后的翻边提供足够的变形余量。

3）钢板进入模具进行拉伸翻边前利用金属预成形（见图3-69）可以弥补长度的突然变化，这样可以避免拉伸翻边过程中的边裂。

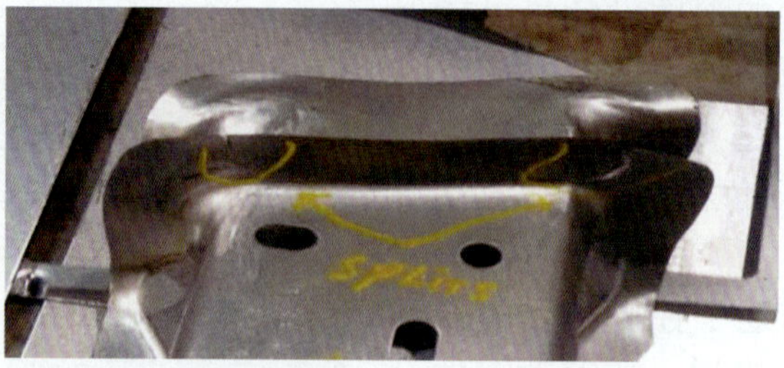

图 3-68　边缘断裂从拉延模转移到翻边模

4）尽量避免在弯曲翻边处出现切口。

5）边部状态（切边质量）是翻边开裂的关键因素。

（5）冲压面松弛的纠正：

1）由于先进高强度钢强度高，很难消除冲压面局部的松弛现象或实现在平坦冲压部位的最小变形量。

2）利用工艺补充、吸皱筋（见图 3-69）以及其他模具设计特征来平衡板料线长或提高冲压件局部胀形。

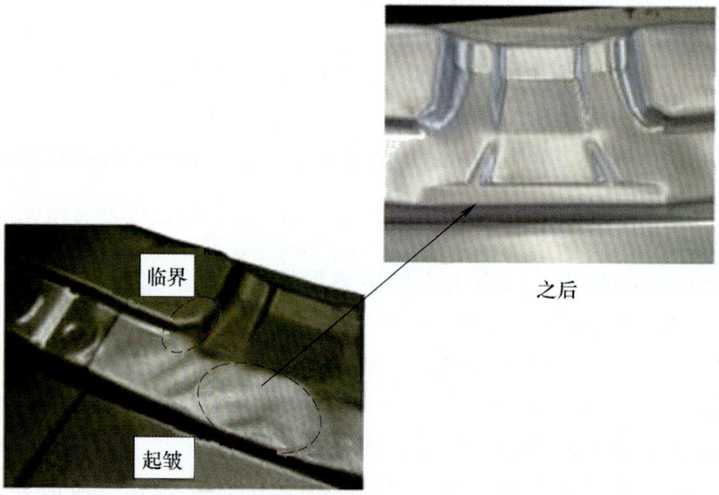

图 3-69　工艺凸台可以避免胀形面胀形不足的问题

资料来源：蒂森克虏伯钢铁公司。

3.3.1.1　多工序成形

如果可能，在第一序成形出所有配合区域，并避免在后工序对相同区域进行二次成形。此外，请注意设计冲压工艺的一个原则是使工序数量最小化。在产品设计阶段尽早解决潜在的回弹问题（回弹设计）：

（1）避免直角或锐角。

（2）使用较大的拔模角度。

（3）避免两侧壁之间较大的过渡半径。

冲压横梁类或具有帽型截面的零件（包括直角）推荐使用多工序成形工艺。在这种情况下，使用两步成形工艺比单步工艺更容易进行几何控制。典型案例如图 3-70 所示。

在第一序（见图 3-70）中，所有 90°圆角和配合面都是使用“鸥翼”工艺形成的，同时考虑过度弯曲以补偿回弹（注意在帽形区域的顶部使用大圆角）。在第二序，横梁顶部被压平。某些情况可能需要过度弯曲平顶部分。

对于只能通过整形成形的较急剧的小几何特征零件，也建议使用多工序成形。

同时具有可变横截面与较小几何特征的零件可能需要在成形过程的第二或最后工序进行压型操作。这是控制几何形状的唯一方法。

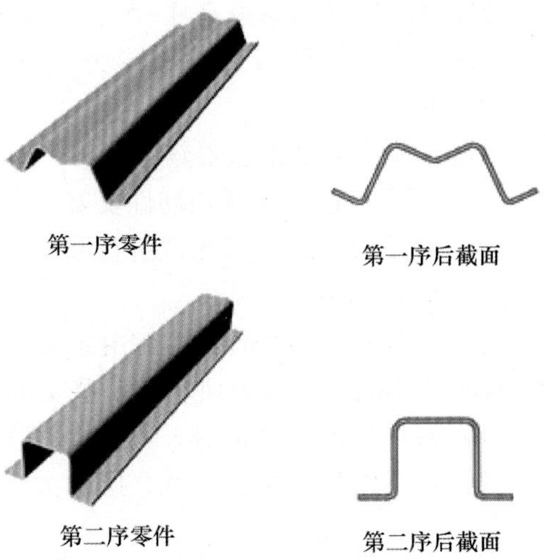

图 3-70　两阶段成形以实现小半径帽形截面
资料来源：劳塔鲁基钢铁公司。

3.3.1.2　样模

样模通常采用软质的材料加工，而且在调试阶段模具表面不经耐磨涂层保护处理。软模可以用于生产样件，镶块考虑可以用于消除起皱和卷曲。然而，软模不能用于评估先进高强度钢的量产可行性和回弹。

在试冲时，一般先进高强度钢采用激光切割成冲压片，由于激光切割板的边部硬度较高，很可能会对模具表面造成损伤。精密控制激光切割参数以减少冲压片的毛刺和硬化。在软模中冲压之前，需清理激光切割后的板料毛刺。

3.3.2　模具材料与模具磨损

模具磨损是由模具表面和金属板料之间接触产生的摩擦引起的。这种模具表面的损伤会导致模具材料的逐步损耗。

模具磨损受到材料强度、接触压力、接触材料的表面光洁度、滑动速度、温度、模具涂层和所使用的润滑剂的影响，但不限于这些因素。当材料硬化并且强度增加时，模具磨损也会增加，这会导致冲压中的质量缺陷。此外，模具的频繁磨损需更换模具，这将导致周转时间浪费和产量损失。

在冲压先进高强度钢时，可以采取一定措施防止模具和模具材料的过度磨损。为了防止模具和模具材料磨损，目前已经开发出了新的模具材料和更好的模具涂层。

（1）这些新的模具材料包括锻造和铸造模具、粉末冶金模具。

（2）这些模具材料具有高硬度和良好的韧性。

（3）硬质材料涂层和渗氮也被用于提高模具表面的磨损性能。

3.3.2.1　模具材料

一般来说，现有的选择合适的模具材料的模具和模具车间方法可以用在先进高强度钢类的模具上。然而，这些材料具有相当高的强度以至于冲压时模具受载很大。先进高强度钢的硬度可能比软钢钢级高 4~5 倍。这是由于金属板材本身的显微组织，如马氏体的存在，强度之高，需要很大的成形力。对于马氏体钢（MS），基本组织是抗拉强度接近 1700MPa 的马氏体。

成形先进高强度钢需要较大的力，对模具规范要求更加严苛。主要是：

（1）模具基板的刚度和韧性要好，防止冲压时模具失效。

（2）硬质模具表面磨光以进行磨损防护。

（3）模具的表面粗糙度。

某一拉延模具的寿命和性能由维护周期内可以接受的损耗量/磨损量决定。当选择模具材料时，影响模具材料要求的一些关键要素是：

（1）待冲压的金属板材，其特性由强度、厚度和表面涂层表征。

（2）模具结构、可加工性、圆角大小、表面光洁度和模具硬度，特别是压边筋和圆角半径。

（3）润滑。

（4）单件成本。

先进高强度钢显著增加了成形负载，厚度减薄可以一定程度上降低载荷。推广先进高强度钢的一个主要优势是厚度减薄实现减重。但是，厚度减薄增加了起皱的可能。这些起皱必须消除。因为任何起皱都将增加局部载荷，并加速模具磨损。图 3-71 显示了由于 DP780零件过度起皱引起的模具磨损严重的拉延模。人们通常使用更耐磨的模具镶块在这些高磨损区域，以减少该区域的过度磨损。

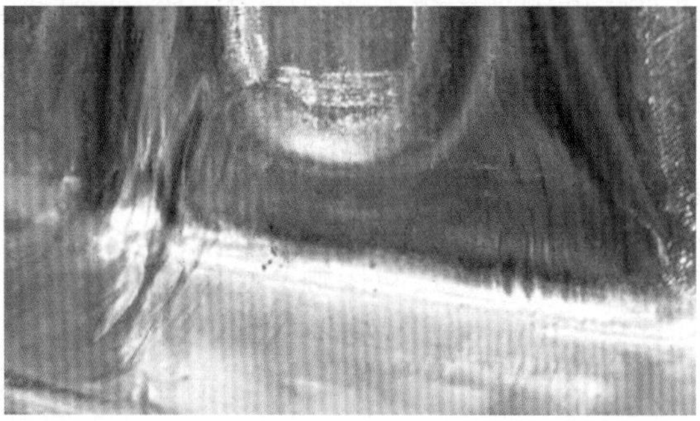

图 3-71　因 DP780 零件过度起皱而使拉延模磨损明显

成形用模具钢必须根据待加工材料和成形难度进行选择。对于 DP 350/600 以及更高强度级材料建议使用表面涂层。添加涂层以后，基体材料也需要足够的硬度/强度以防止模具表面塑性变形，局部变形也不能存在。因此，可在涂镀前对材料增加一道表面硬化，如氮化处理。涂镀前，应先将模具制成半成品放置，并放置足够长的时间，让模具自身内部调整。涂镀前应尽可能地降低表面粗糙度，推荐 R_a 值小于 0. 2mm。对于镀锌钢板，推荐用 TiC/TiN 涂层处理的 1. 2379 或 1. 2382 内嵌模具钢，这样可以改善局部较大压力导致的磨损。

表 3-2 是美国汽车钢铁联盟结合大量研究工作，得出的冲压模具和零件的推荐用材。NAAMS 标准是福特、通用和北美 FCA 共同制定的。

表 3-2 特定模具部件的推荐材料——NAAMS 标准

模具元件	推荐的模具材料
上下模座，拉延模	G2500（非合金灰口铸铁）
拉延模镶块（高磨损区域）	TD2 或 D2 模具（高磨损、低冲击）
整形模：底垫和底盖	S0050A（合金钢、表面可硬化）
整形模：上下环，横杆	TD2 或 D2 模具（高磨损、低冲击）
上下修边和翻边块，废料刀	TD2 或 D2 模具（高磨损、低冲击）
翻边模，底部法兰垫	S0050A（合金钢、表面可硬化）

资料来源：美国汽车钢铁联盟。

落料、修边、冲孔用模具材料选择与上述要求类似。对这些工序而言，抗拉强度比屈服强度更重要。模具硬度应在 HRC58~62 之间。涂层可以有效降低模具磨损，但对于强度很高的钢种（抗拉强度超过 1000MPa），模具表面涂层的应用效果有限。当冲压钢板强度超过 1000MPa 时，板料的局部变形可能导致涂层破坏。为避免这种情况，强烈建议在表面涂层之前对模具基材进行硬化。对牌号 1.2379 或 1.2383 刀具钢进行热处理（硬化），可减少刀具边部的磨损量。切边间隙调整到冲压板料厚度的 15%左右。高性能的模具钢如粉末冶金钢，尽管价格高，但耐磨损，总体成本还是比较经济的。

陶瓷模具镶块硬度高，耐磨性强、热抗性好，但力学性能差，比较脆。虽然制造成本较高，但维护消耗较低从而保证高产，二者相互抵消。虽然陶瓷材料不常用，但确实提供了一个解决高承载和磨损严重问题的方案。

有关模具磨损的其他信息，见 3.3.2.3 节。

3.3.2.2 关键点

关键点如下：

（1）工作载荷越高，就越需要使用优良的模具材料和涂层来避免模具失效和过度磨损。

（2）先进高强度钢的初始屈服强度较高，再加上 DP 钢和 TRIP 钢的加工硬化，能使这些钢种的工作载荷 3 倍或 4 倍于低碳钢。

（3）先进高强度钢的硬度是低碳钢的 4 倍或 5 倍。

（4）某些先进高强度钢可以推荐用粉末冶金（PM）模具。

（5）必须结合各种回弹控制技术来优化模具设计。

（6）设计过程中尽量减少起皱，因为起皱会导致更高的负载和更多的模具磨损。

3.3.2.3 模具磨损、间隙和毛刺高度

修边和冲孔间隙应随着板材强度的增加而增加。对软钢而言，间隙为板材厚度的 6%左右，对抗拉强度达到 1400MPa 或以上的超高强度钢而言，间隙可达板材厚度的 10%、16%，甚至更高。

用软钢和先进高强度钢进行两项冲孔技术研究：一是测量模具磨损；二是研究毛刺高度形成。研究表明，当使用表面处理的高品质（PM）模具冲压先进高强度钢时，产生的

磨损与使用传统模具冲压软钢时相当。如果以毛刺高度作为评价标准，当冲压先进高强度钢时，应使用高品质的模具，同时延长修模周期，因为毛刺高度不会像用传统模具冲压软钢时那样随着模具磨损的增加而快速增加。

测试材料是 1.0mm 的金属板材：低碳钢 140/270 伸长率 38%，DP 350/600 伸长率 20%，DP 500/800 伸长率 8%和 MS 1150/1400 伸长率 3%。模具是 W. Nr. 1. 2363/AISI A2，硬度为 61HRC，冲裁间隙为 6%，用于软钢试验。

使用硬度范围为 60~62HRC 的 PM 模具进行先进高强度钢测试。对于 DP 350/600，冲头涂有 CVD(TiC)，间隙为 6%。MS 1150/1400 的冲裁间隙为 10%，DP 500/800 的冲裁间隙为 14%。

冲孔试验结果表明：经过 20 万次冲压后，测量磨损后冲头横截面。为了比较，将先进高强度钢的相对模具磨损与使用 A2 模具的软钢进行比较，其 20 万次冲压约为 $2000\mu m^2$。测试结果如图 3-72 所示。

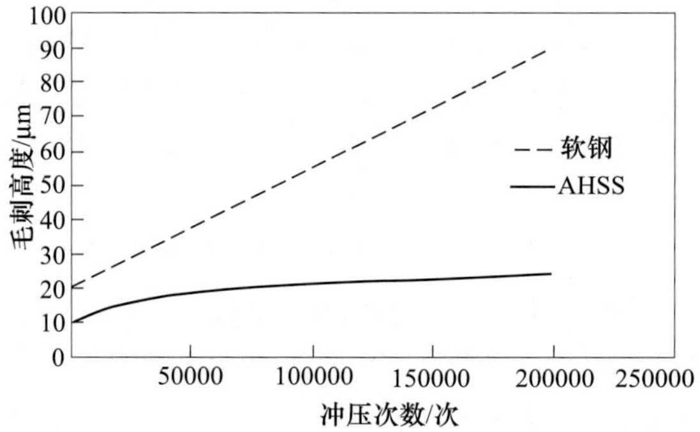

图 3-72　使用表面处理的优质模具冲压 DP 500/800 相当于用传统模具冲压软钢

毛刺高度测试：毛刺高度的增加通常是冲孔模具修模的原因。软钢的毛刺高度随着模具磨损的增加而增加。在图 3-73 中发现这并不符合先进高强度钢的情况。测试的两种先进高强度钢为 DP 500/800 和 MS 1150/1400。在 4 个位置测量了毛刺高度，然后算其平均值。两种先进高强度钢的平均值非常接近，以至于二者近乎一条线。

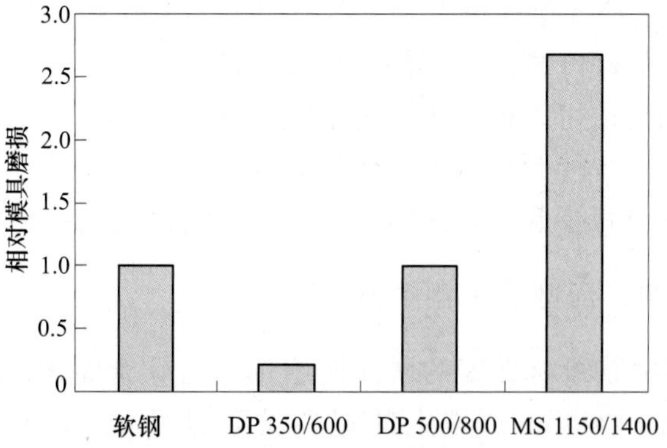

图 3-73　软钢和先进高强度钢的毛刺高度比较，作为冲压次数的函数。
DP 500/800 和 MS 1150/1400 的结果相同，
如先进高强度钢曲线所示

图 3-73 的合理解释是两种材料最初都具有与材料强度和模具的锐度相关的毛刺高度。先进高强度钢可能在最大高度时发生断裂。在冲孔时局部达到最大伸长率时毛刺高度达到最大，然后不再增加。而软钢，由于成形性更好，毛刺高度将随着模具的磨损持续增加。

当冲压软钢时，毛刺高度随着模具磨损和模间隙的增加而增加。先进高强度钢可能需要更高等级的模具或表面处理以避免模具磨损，但是由于毛刺而导致的模具重磨削将会是另一个问题。如果模具已经过表面处理，磨削模具将会去除表面处理，因此如果可能发生模具磨削，必须对模具表面重新处理。

考虑到有多种不同的模具材料、模具处理方式和模具涂层，首先应确定模具失效的主要形式，然后选择能应对该失效形式的模具。建议咨询模具材料供应商来选择具有合适性能的模具，以抵抗主要的模具失效。5 种主要的冷冲压模具失效形式有磨损、塑性变形、切削、开裂和拉毛等。表 3-3 展示了这 5 种失效形式。

表 3-3　5 种失效模式

	磨损。磨损会导致模具材料的材料损失，与模具材料硬度、碳化物类型和碳化物体积有关。磨损也可能与材料类型和工艺条件有关，并涉及模具与材料之间的滑移接触
	塑性变形。如果加工应力高于模具的屈服强度，则会发生塑性变形，且与接触压力有关
	切削。切削与加工过程中的应力和模具材料的抗疲劳性有关
	开裂。如果加工应力高于模具的抗拉强度，则会发生开裂，开裂也可能与疲劳有关
	拉毛。拉毛是加工材料与模具表面的物理/化学黏附。拉毛的严重程度取决于材料和模具的表面光洁度和化学成分，并涉及模具和材料之间的滑移接触

资料来源：P. Mooney 提供。

以下案例说明了识别模具和板料失效形式对改善和解决问题路径的重要性。车身加强件原使用屈服强度为 280MPa 的低合金高强钢，已经投入生产多年。为提高侧面碰撞性能，用材更改为 DP600。实施之后，废品率显著上升。零件失效基本属于局部成形性导致的边部开裂；调查显示，用于该零件的坯料已成形，并且边缘断裂处的冲切边缘是最终产品边界的一部分。图 3-74 为一个冲裁切口，其在随后的成形中将会被拉伸或翻边。

冲切边缘有毛刺，断裂带光泽较差。边部断裂照片如图 3-75 所示。

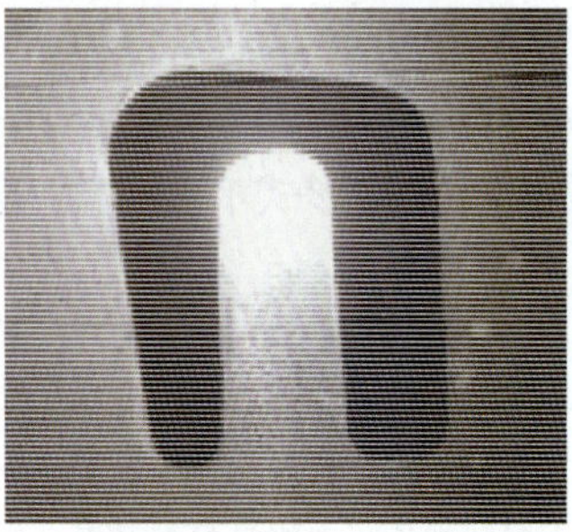

图 3-74　冲击加强件上坯料的末端，冲切切口最终成为成品零件上产品的一部分，仔细检查发现边缘条件较差

资料来源：P. Mooney 提供。

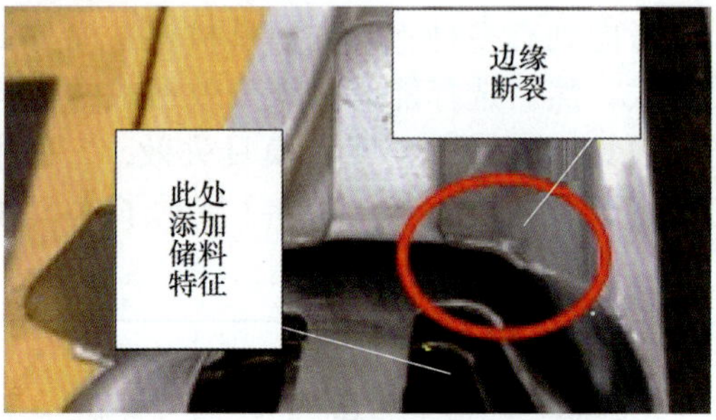

图 3-75　源于拉伸法兰操作中的冲切边缘的局部成形性边缘断裂和最终被加入到拉延模中的金属锲块的位置

然后检查落料模。发现使用的模具与传统低合金高强度钢钢级使用的 D2 一样，而且间隙也相同，约为板厚的 10%。另外，用于制造 U 形切口的镶块以惊人的速度磨损和失效。由于失效发生频次较高，特别准备了一系列备用镶块，可以快速更换磨损/损坏的镶块。图 3-76 展示了磨损和损坏的镶块。

图 3-76　用于 DP600 先进高强度钢的磨损和损坏的 D2 镶嵌件

很明显，该模具失效形式包括磨损和开裂。此外，选择的模具间隙为 10%，而非最佳的 15%。因此，在冲裁模具中采用更耐磨的替代镶块（商品名称 Caldie），并增大模具间隙。如此更换后，经监测，冲压超过 90000 次仍不需进行镶块的修模和更换（除了常规清洁）。

这种变化显著降低了废品率，但仍然出现了零星的边缘断裂。因此，对拉延、修边和翻边序零件及逆行检查，发现在某些位置的拉延序并没有使零件成形至最终的线条长度。对拉延模进行研磨后，由于两序局部位置线长不一致，翻边序对冲切边缘需进行一定拉伸翻边操作。由于 DP 钢具有非常高的加工硬化速率，冲裁边缘再拉伸显著增加了边部开裂的可能性。因此，在拉延模中添加一个储料包，以确保翻边过程只进行弯曲和矫直，而不进行拉伸变形，如图 3-75 所示。经过上述调整后，边部开裂导致的废品率几乎降为零。

鉴于先进高强度钢的对边缘状态十分敏感，为先进高强度钢选择合适的模具非常重要，从而可以大大减少长期维护、维修和废料/返工成本。然而，精密模具可能比传统模具价格高很多。因此，一些汽车制造商和钢铁加工商不会在模具的整个工作表面上使用更耐用且昂贵的模具，而是有选择性地在高磨损和难维护区域，使用这些更昂贵的模具镶块件。图 3-77 和图 3-78 显示了安装在落料模上难以维护位置内的 Caldie 镶嵌件。

有关模具磨损的其他信息，请参见第 3. 3. 1. 4 节。

图 3-77 用于解决落料模磨损和开裂问题的 Caldie 镶嵌件

资料来源：P. Mooney 提供。

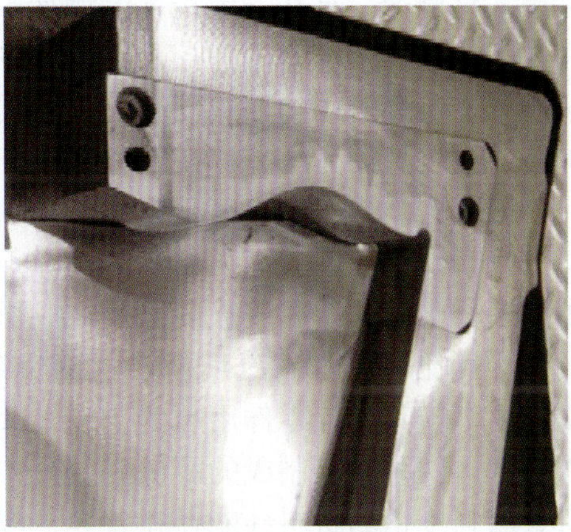

图 3-78 落料模上难以维护位置的 Caldie 镶嵌件

资料来源：P. Mooney 提供。

3. 3. 2. 4 关键点

关键点如下：

（1）落料和剪切间隙应随材料强度的增加而增加。

（2）当剪切软钢材料时，毛刺高度随着模具磨损和模具间隙的增加而增加，但先进高强度钢往往保持恒定的毛刺高度。这意味着先进高强度钢零件的模具维护周期允许延长。

（3）早期模具调试使用的激光切割坯料不能代表正常落料、修边和冲孔质量。在开发阶段应尽早使用满足量产要求的模具。

（4）应确定模具的主要失效形式，并将其传达给模具供应商，以便选择的模具具有最佳性能来对抗给定先进高强度钢零件的模具失效。

研究表明，先进高强度钢的最佳剪切质量可以通过合适的剪切角、沿轧制方向剪切和更大的剪切间隙来实现。

3. 3. 3 回弹控制

3. 3. 3. 1 回弹与先进高强度钢

几十年前，金属板材成形的主要问题是消除颈缩和撕裂。这些成形问题是由塑性应变引起的，通常通过将零件中的应变水平控制在特定临界应变以下来解决。这些临界应变由各种成形极限决定，包括成形极限图、带剪切边的拉伸试验和服役零件性能要求。

现如今成形的主要问题是产品尺寸精度和量产稳定性，它是由零件成形和释放应力期间产生弹性回复的结果，或者是在各工序件取件时零件弹性变形。尺寸问题或回弹一直存在于金属板材成形中。然而，回弹的大小通常随着钢材屈服强度增加而增加。由于先进高强度钢综合了高强度和良好塑形（增强成形性能），其应用更加广泛，因此最终零件尺寸或回弹的控制至关重要。第一，由于高屈服强度和成形加工硬化的共同作用，许多零件较高的流动应力，最终在零件中存有较高的弹性应力。第二，应用先进高强度钢实现轻量化时考虑零件减薄，这在一定程度上牺牲了零件维持原有形状精度的能力。第三，绝大多数公司缺乏先进高强度钢回弹控制经验。许多公司在生产各种零件的过程中，经过多年的反复试验开发了专有的内部补偿程序，并用其来克服回弹问题。其中一个案例是发罩零件过度加压或过度弯曲方法，以使零件回弹至设计尺寸。

许多报告指出，先进高强度钢的回弹问题比传统的低合金高强度钢要严重得多。然而，更确切地说，先进高强度钢的回弹不同于低合金高强度钢的回弹，这在很大程度上归因于逐渐增加的初始屈服强度以及在成形期间由于加工硬化导致屈服强度的显著增加，两者的差异性比较如图 3-79 所示。这两个零件都是在一个带有压料芯的拉延模中先后冲压出来，这套模具设计零件用材为 HSLA 350/450，使用该模具冲压该材料可以得到合格的零件尺寸。两种材料制成的零件应变分布非常接近，线长几乎相同。然而，由于 DP 钢和低合金高强度钢的材料性能存在差异，应力分布差异很大。

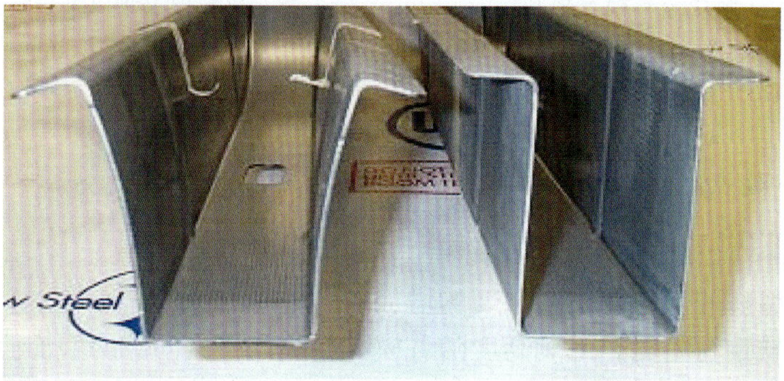

DP 350/600　　　HSLA 350/450

图 3-79　在同一个模具中先后制作的两个零件

3.3.3.2　回弹本质

当金属板材冲压成零件脱模后，其形状总会有些偏离冲头和模具的原始形状，这种零件的尺寸偏差称为回弹。回弹是由零件的弹性恢复引起的，图 3-80 所示的应力—应变曲线简单地说明了这一点。

从塑性变形点 A 卸载（通过去除所有外力和力矩）将沿着 AB 到 B 的路线，其中 OB 是永久变形（塑性），BC 是可恢复弹性变形。虽然给定位置上的这种弹性恢复变形非常小，但是当涉及弯曲变形和/或弯曲表面时，由于其对其他位置的机械性倍增效应，可能导致显著的形状变化。

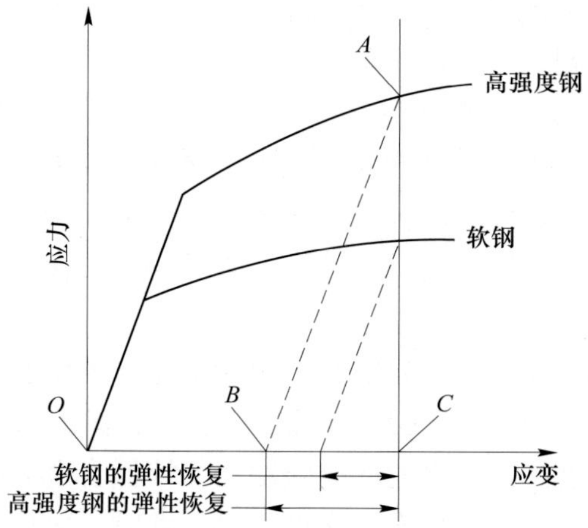

图 3-80 回弹量与应力成比例示意图

回弹的大小由模具和零件几何形状决定。当零件几何形状阻止弹性应力的完全卸载（松弛）时，零件中剩余的弹性应力称为残余应力。然后，零件将采取任何形状，以最大限度地减少剩余的残余应力。如果弹性应力不能完全卸载，想办法使贯穿整个板材和厚度的残余应力进行均化，这将有助于消除多倍力效应的来源，从而减轻回弹问题。

一般来说，先进高强度钢零件的回弹大于软钢或传统低合金高强度钢的回弹。回弹是零件中流动应力的函数，对于相同的零件成形应变，先进高强度钢具有更高的流动应力，所以先进高强度钢回弹通常会更高。

3.3.3.3 回弹类型

通常在梁类和下车身零件中存在的回弹形式是角度变化、侧壁卷曲和扭转等。

A 角度变化

角度变化（有时称为回弹）是当弯曲边缘线（零件）偏离模具线时产生的角度。回弹角度是从冲头圆角测得的，如图 3-81 所示。如果没有侧壁卷曲，则角度在零侧壁上是恒定的。

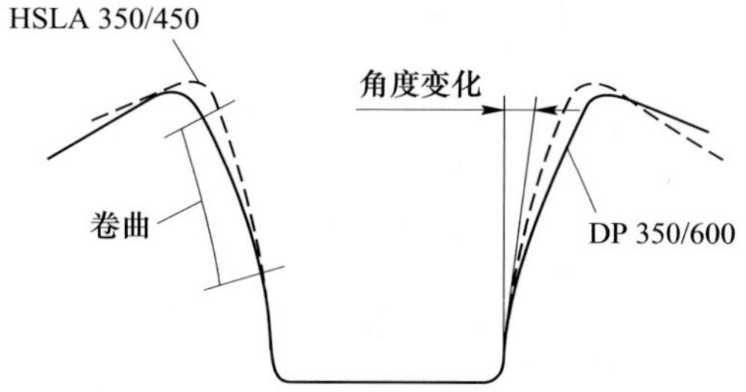

图 3-81 角度变化与侧壁卷曲差异示意图

角度/横截面变化是由于金属板在模具圆角上弯曲时沿板厚方向的应力差引起的。在模具打开后，板材厚度方向上的应力差在弯曲圆角处产生弯矩，导致角度变化。消除或减小角度变化的关键是消除或减小该弯矩。

B 侧壁卷曲

侧壁卷曲是在梁侧壁中产生的弯曲，如图 3-82 和图 3-83 所示。当一片金属板材拉伸经过模具/冲头圆角或拉延筋时，出现该卷曲。主要原因是整个金属板厚度上应力分布或应力梯度不均匀。这种应力在弯曲和反弯曲过程中产生。

在弯曲和反弯曲变形中，板材中性层两侧的变形历史不可能相同。这通常表现为扩口法兰，这是与其他零件连接的重要区域，侧壁卷曲的存在可能导致严格装配间隙的横杆或梁零件的装配。最差的情况是，侧壁卷曲导致间隙过大，使得焊接不能进行。

图 3-82 详细说明了金属板材拉伸经过模具圆角时（弯曲和反弯曲过程）会发生什么。A 侧的变形从弯曲期间的拉伸（A_1）变化到反弯曲期间的压缩（A_2）。相反，B 侧的变形在弯曲和反弯曲期间从压缩（B_1）变化到拉伸变形（B_2）。当板材进入侧壁时，侧面 A 处

于压缩，侧面 B 处于拉紧，尽管两侧的应变量可能相似。一旦凸模从模具中移除（卸载），由于弹性回复造成侧壁卷曲，侧面 A 趋于拉长，侧面 B 趋于压缩。

侧面 A 和侧面 B 的弹性恢复差异是沿侧壁卷曲的主要来源。变形金属的强度越高，侧面 A 和 B 之间的弹性恢复的大小和差异就越大，侧壁卷曲也严重。变形金属的强度不仅取决于初始的屈服强度，还取决于加工硬化程度。这是传统低合金高强度钢和先进高强度钢之间的主要区别之一。显然，使侧壁卷曲最小化的原则是使板材沿厚度方向的应力梯度最小化。

传统低合金高强度钢和先进高强度钢之间加工硬化的差异解释了角度变化与侧壁卷曲之间的关系如何可以改变零件行为。图 3-83 显示了两种选定的等抗拉强度的钢种真实应力—真实应变曲线的交叉。抗拉强度相同时，先进高强度钢的屈服强度比传统低合金高强度钢的屈服强度低。在较低的应变水平，通常在冲头圆角处发生角度回弹，此时，对应先进高强度钢具有较低的应力水平，回弹较小。

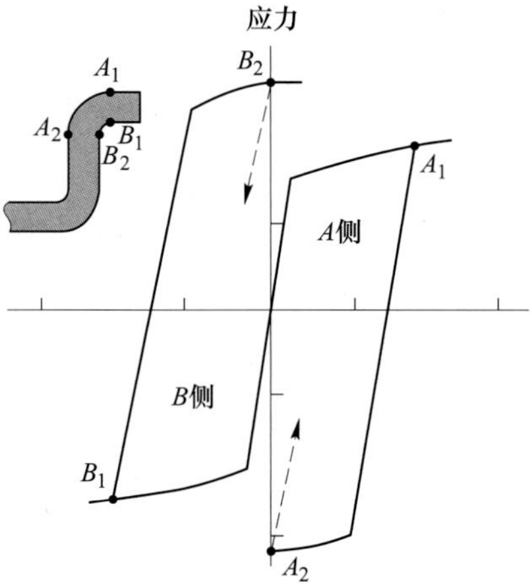

图 3-82 侧壁卷曲的起源和机理

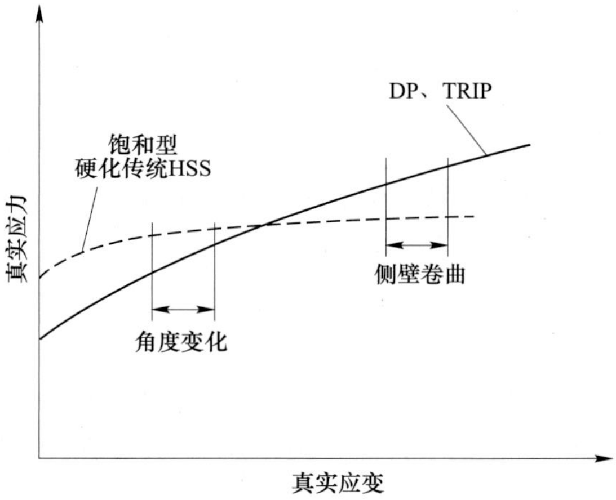

图 3-83 硬化特性对回弹的影响示意图

抗拉强度相同（但屈服强度不同）的钢材的差异如图 3-85 所示。当然，主要变化是钢材强度增加，角度变化增加。

板材流过模具圆角和任何拉延筋会发生弯曲和反弯曲，对应较高的应变，此时侧壁卷曲更易发生。对于图 3-84 所示的两个应力—应变曲线，因弹性应力增加，先进高强度钢处于较高的应力水平，导致先进高强度钢的侧壁卷曲更大，如图 3-85 所示。

现比较具有相同屈服强度的传统低合金高强度钢和先进高强度钢。图 3-85 显示先进高强度钢的应力—应变曲线总是比低合金高强度钢的曲线更高。与低合金高强度钢零件相比，先进高强度钢零件的角度变化和侧壁卷曲回弹更大，这与图 3-79 所示的零件相似。

这些现象取决于许多因素，如零件几何形状、模具设计、工艺参数、润滑和材料特性。然而，应变相同时，DP 和 TRIP 钢的高加工硬化率导致变形后材料的强度提高。

因此，即使对于完全对称的零件，模具加工、模具和压机偏差、气顶杆的位置和其他冲压输入等方面的任何差异都可能导致回弹量变化。

图 3-92 该模具具有可调节的拉延筋，但它们作为镶块装在冲头上，并且在每次冲压冲程期间不会缩回，还要注意压边圈上没有拉延筋

实现零件成形后再产生 2%应变的另一方法需要使用另外的模具或模具工位。将零件从第一个模具中移除并插入到锁定剩余凸缘的第二个模具中。然后该零件进一步变形 2%。这种方法花费较大，因为需为该操作开发另外的模具，或者，如果在工序冲模中进行处理，则需要添加另外的工位，这增加了顺序冲模的尺寸和复杂性。

出于以上几个原因，这些拉伸后成形操作通常需要更高的成形力和能量才能实现。对于许多先进高强度钢而言，加工硬化率显著提高意味着一旦它们被拉过拉延筋，其屈服强度显著增加。拉延筋位于压边筋的内侧，由于材料在经过压边筋时弯曲和反弯曲产生的加工硬化，拉延筋必须用更高的屈服强度变形材料。由于拉延筋很晚才参与冲压过程，所以使用拉延筋与添加吸皱筋具有相同的效果。正如 3. 3. 6. 6 一节所述，与传统的软钢或低合金高强度钢相比，对于先进高强度钢而言，完成压印所需的最后冲压行程增量需要显著更高的能量。由于成形过程中的加工硬化也发生在侧壁上，因此在零件中产生附加的 2%后成形应变也将需要更高的成形力和能量需求。即使压机能够产生较高的力，也必须注意不要在冲头圆角上颈缩并撕裂发生弯曲的金属板材。

修边后可能需要进行整形操作，以确保尺寸精度。整形模应锐化圆角半径，并提供约 2%的侧壁拉伸（后拉伸）。

使用两个专门设计的模具对 TRIP 450/800、DP 850/980、DP 450/750、DP 350/600、CM 490/590 和低合金高强度钢 350/450 钢进行后拉伸案例研究。其中一个模具在没有拉延筋的情况下正常从边缘流入。另一个模具在压边圈上具有嵌入式的方形拉延筋，其在冲程接近结束时产生后拉伸。如预期的那样，后拉伸模具的侧壁卷曲非常小，如图 3-93 和图 3-94 所示。此外，材料的抗拉强度对后拉伸模具中的回弹量没有太大的影响，成为一个更为稳健的过程。

过度成形：当模具按零件尺寸制造或回弹补偿不足时，会出现许多角度变化问题，需要过度成形或过度弯曲。

（1）应在可能的情况下使用旋转弯曲模具，而非直角翻边镶块，如图 3-95 所示。可以很容易地调整弯曲角度，以消除由于钢材性能、模具、润滑和其他工艺参数的变化而导致的回弹变化。此外，不存在由直角翻边镶块产生的拉伸载荷。

图 3-93　在同一模具中形成的同一钢卷的两个 DP 450/750 零件，唯一的区别在于底部零件具有拉延筋，其在接近冲程底部时在侧壁中引起附加 2%的应变来控制回弹

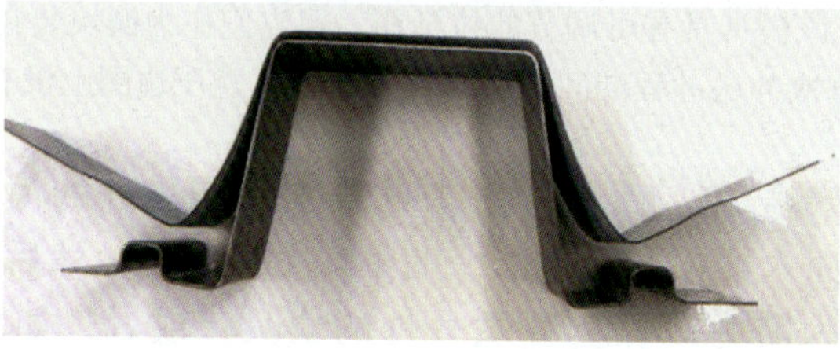

图 3-94　不同角度下相同的两个零件

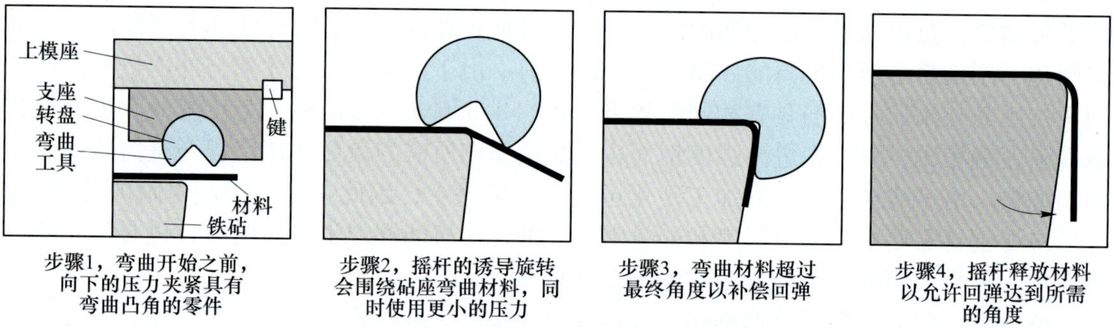

图 3-95　使用旋转弯曲模具的四个步骤

（2）根据零件形状的不同，可能或必须采用多步成形工艺。利用附加工序将发生回弹的形状调整至零件设计形状。然而，必须注意要确保任何后续操作不超过加工材料的加工硬化极限。使用多步计算机分析成形工艺来确定应变和加工硬化水平。尝试将金属板材弯折在圆角处，而非拉延或拉伸。

（3）纵向导轨、支柱和横梁的横截面设计可以实现更大的回弹补偿。图 3-96A 中的后部纵向导轨横截面设计无法为后续成形模具的回弹补偿而过度弯曲。此外，成形将在先进高强度钢横截面中产生严重的侧壁卷曲。可以通过设计一个允许在成形过程中过度弯曲的横截面来减少这些质量问题，如图 3-96B 所示。

横截面设计也能减少侧壁卷曲。软钢的典型拔模角度为 3°，DP 350/600 为 6°，DP 850/1000 或 TRIP 450/800 为 10°。此外，当冲头接触先进高强度钢板时，图 3-96B 中的横截面将具有减小冲击震动载荷的作用。图3-96A 中所示的直角侧壁需要更高的压边力和更大的冲压力才能保持过程控制。

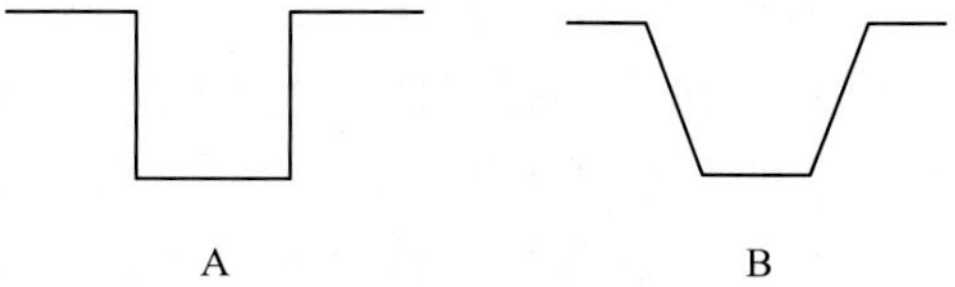

图 3-96 将导轨横截面从 A 更换到 B 可以更容易地实现过度弯曲以减少先进高强度钢的回弹问题
资料来源：美国汽车钢铁联盟。

（4）如果某些零件必须结合过度弯曲才可尽可能减小角度变化，并且未设计旋转弯曲，请使用小于零件圆角的模具半径并使用模具/冲头的反向释放，如图 3-97 所示。

（5）如有必要，可添加一个或两个另外的成形步骤。例如，在第一步中通道型零件的底部使用预冠，并在第二步中压平表冠以消除侧壁处的回弹，如图 3-98 所示。

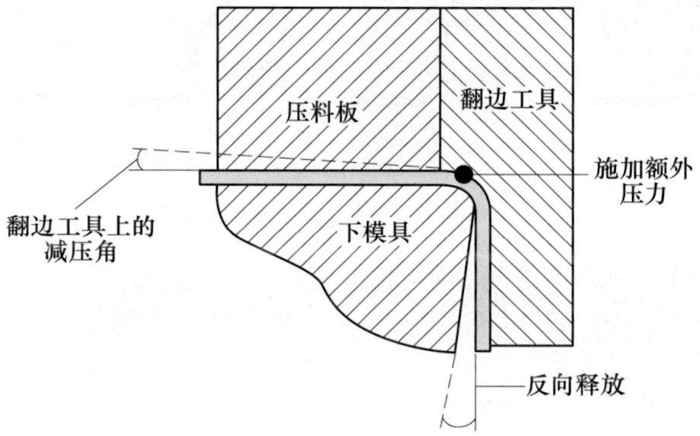

图 3-97 在翻边工具和下模具有减压角时，有助于过度弯曲
资料来源：美国汽车钢铁联盟。

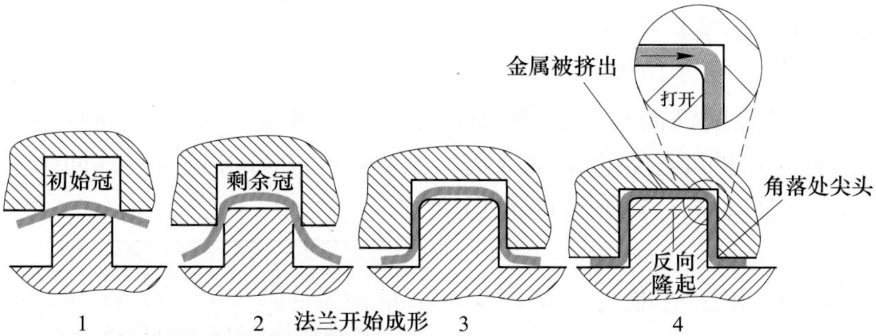

图 3-98 如何压平底部预冠以纠正角度回弹
资料来源：美国汽车钢铁联盟。

B 减小或最小化弹性应力

该工艺的设计以及由此而得的模具设计可以大大影响零件中弹性应力的水平。

用不同的压边运动形式，成形帽形轮廓通道零件侧壁，有四种可能的成形过程，如图 3-99 所示。

上述四个过程说明如下：

（1）拉深是具有持续压边力的传统成形类型，并且所有坯料在模具圆角上经历最大弯曲和反弯曲。这种成形形式产生最大的侧壁卷曲。

（2）成形拉深是在成形的中间和最后阶段之间施加坯料压边力的成形过程。它对减少侧壁卷曲是最有效的，因为它减少了弯曲—反弯曲变形，并且在成形的最后阶段形成较大的拉伸应力（后拉伸）。

（3）成形工艺可在成形的最后阶段形成凸缘，并且材料仅经历少量的弯曲—反弯曲变形。

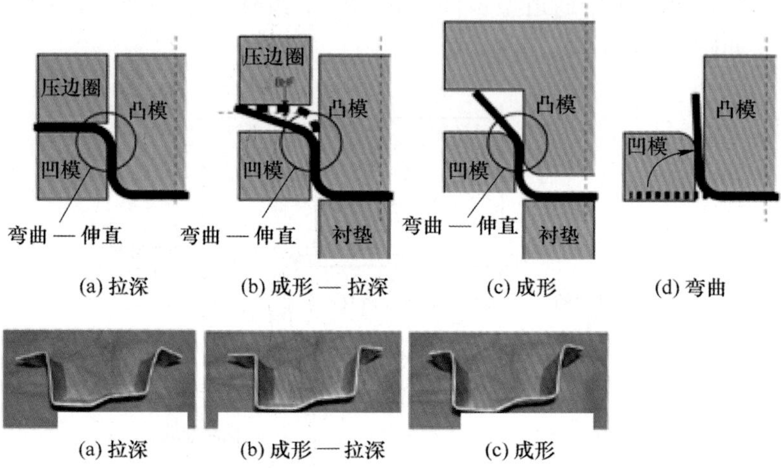

图 3-99　用于成形保险杠加固件通道的四个过程产生不同程度的弹性应力和回弹

（4）弯曲是一个简单的弯曲成形过程，以减少侧壁卷曲，因为侧壁不会经历一个或多个序列的弯曲和反弯曲。但是，必须考虑角度的变化。

a　拉深和拉伸成形模具指南

（1）尽可能使拉深深度相等。

（2）对于先进高强度钢而言，必须增加压边力。例如，DP 350/600 所需的吨位系数比同等厚度的软钢所需的吨位系数大 2.5 倍。更高的压边力将减少零件回弹。

（3）在拉延模中保持 1.1 倍料厚的最大模具间隙。

（4）考虑成形性和压机能力的情况下尽可能地保持模具间隙紧密以减少不必要的弯曲和反弯曲，如图 3-100 所示。

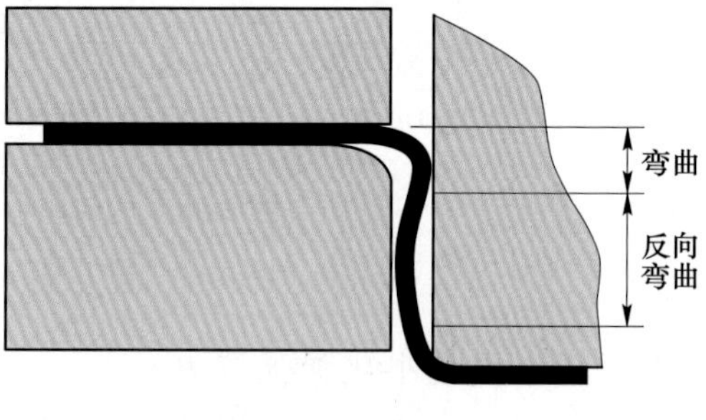

图 3-100　减小模具间隙限制过多弯曲和反弯曲，同时，金属板脱离模具圆角以使角度变化最小化

拉伸—成形方式产生刚性更好的零件，且与拉深相比，回弹更小。随着材料强度的增加，两种工艺零件允许的冲压深度都会减小。要求成形深度更大的先进高强度钢冲压，优先考虑拉深过程。

美国钢铁学会做了大量研究，确定了几个

减少角度变化（见图 3-101）和侧壁卷曲（见图 3-102）的模具参数。

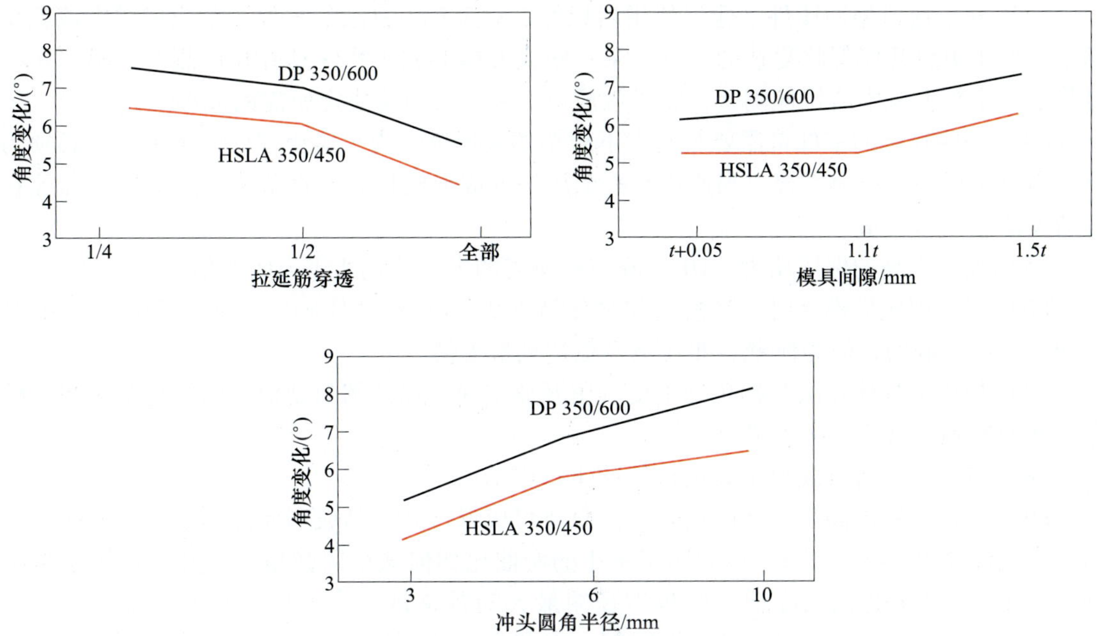

图 3-101　模具参数对角度变化的影响值越低越好

资料来源：美国钢铁协会。

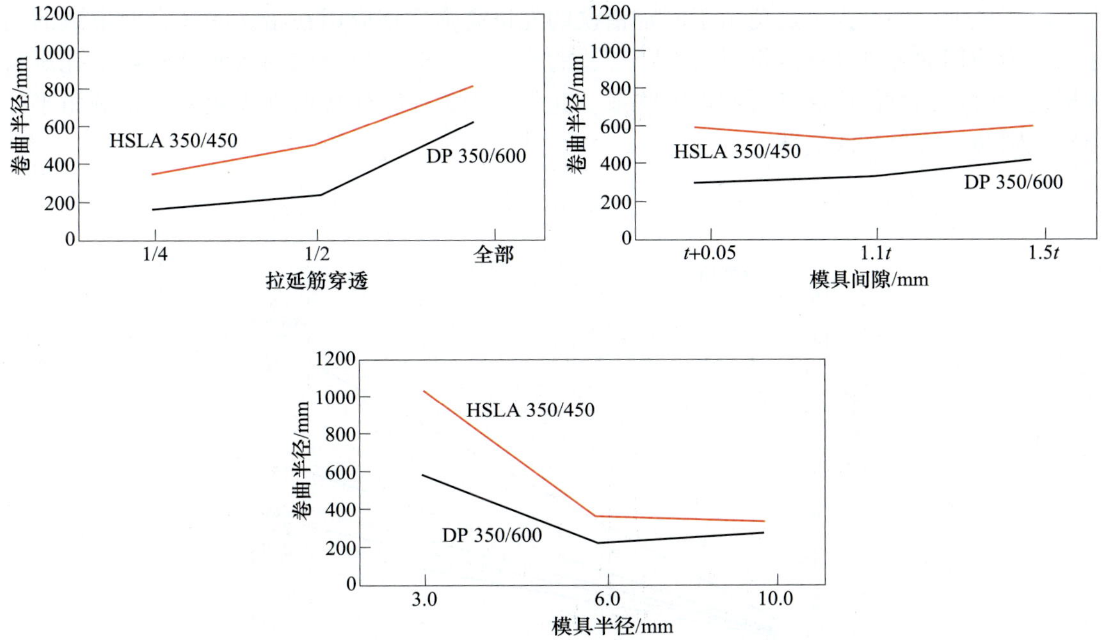

图 3-102　模具参数在侧壁卷曲中的作用，卷曲半径越大越好

资料来源：美国钢铁协会。

b　成形模指南

（1）设计成形模并允许在侧壁上进行适当的过度弯曲。

（2）尽可能使成形深度相等。

（3）对于通道型冲压件，建议使用后拉伸。对于较不复杂的零件，单成形模应该就足够了。对于更多几何形状复杂的零件，第一序成形模形成的零件具有开口侧壁。第二序模具将在一个整形模中后拉伸侧壁，完成该成形。零件几何将决定所需的成形工艺。

（4）一些复杂的零件将需要具有上下压垫的成形模。为了避免零件发生变形，必须为下垫提供延迟回流压力系统。当使用具有上压垫的成形模具时，直角法兰的侧壁卷曲比在有角度法兰更为严重。

（5）提供更高的保压压力。DP 350/600 所需的力是软钢所需力的双倍。

（6）当使用成形模具时，将模具间隙保持在大约 1.3t 以使侧壁卷曲最小化。1t 的模具间隙是不可取的，因为侧壁卷曲在该间隙达到最大值。

（7）翻边工具体在法兰拐角处不要预留开放空间。保证圆角处板料两侧与工具圆角贴合，在冲压到底后分开法兰圆角。

（8）将压垫和所有成形工具运行至冲压行程结束。

（9）考虑到先进高强度钢的局限性，只要可成形性和产品成形允许，应尽可能使冲头圆角半径设计得小些。图 3-103 说明了更小的弯曲比如何减小回弹角度，并且适用于传统钢。然而，关于先进高强度钢小圆角半径的最大问题是被称为剪切断裂的局部成形性失效。对于任何 590 或以上的先进高强度钢，内部产品特征半径应为 3 倍料厚。在拉延筋、冲孔开口等处材料在圆角处受到张力拉伸，对于任何超过 590 的先进高强度钢而言，这些位置处的模具半径应该至少为 5t，并且随着强度水平持续增加，半径与厚度比可能会更大，辊压成形除外。为了避免由于制定错误的先进高强度钢应用在错误的场合而造成的问题，当为预期的先进高强度钢材料选择合适的模具半径时，应当应用弯曲试验和扩孔试验数据，同时与钢材供应商进行密切的联系。此外，当关注整体成形性失效时，小圆角半径会导致圆角切线处过渡变薄。

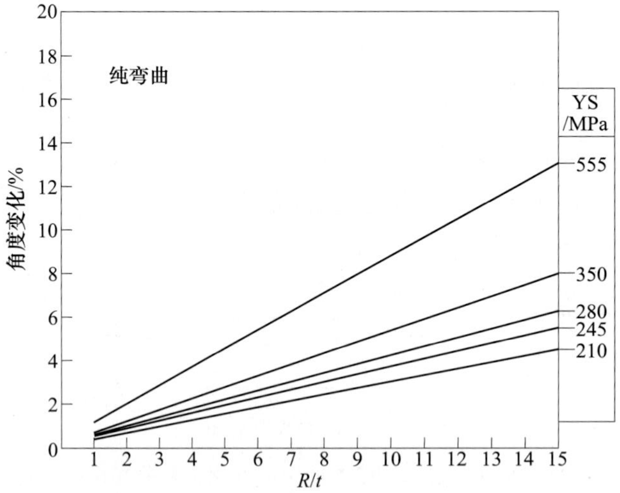

图 3-103　屈服强度和弯曲圆角半径与板料厚度比增加角度变化

资料来源：美国国家钢铁公司内部报告。

（10）在前后方向具有不等长度侧壁的弯曲零件将在成形后产生扭转扭曲。较短长度的侧壁可能受到残余成形应力的张力。更高强度钢的扭转扭曲更为显著。传统钢的应用指南也可应用于先进高强度钢，以避免不对称性，其使零件扭曲的可能性更大。然而，先进高强度钢展现出更大的回弹，这意味着应该特别注意以确保尽可能保持对称性。

（11）发动机舱纵梁内外板应用先进高强度钢还需要提供优化的横截面设计。图 3-104A 展现了通过内部和外部导轨的典型矩形箱状断面。由于侧壁卷曲和角度变化，这种设计将导致许多生产问题。图 3-104B 中的六角形断面会减少侧壁卷曲和扭曲问题，同时允许过度弯曲以补偿冲压模具中的回弹。

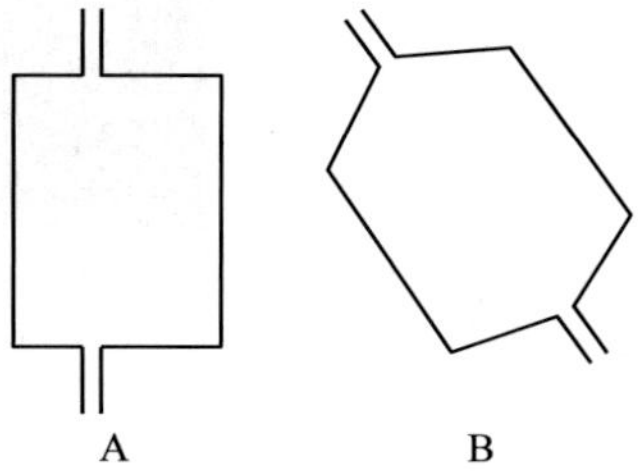

图 3-104 将梁断面从 A 改至 B 将减少先进高强度钢的回弹问题

（12）应尽可能使用计算机模拟来预测回弹并测试解决方案的有效性。

（13）设计零件和模具时，需使回弹对材料、尺寸、模具和成形工艺（稳健的系统和工艺）的变化不敏感，并且使回弹的影响最小化，而非试图补偿回弹。

c 固定弹性应力

（1）在零件设计允许的情况下，可以设置筋特征以防止弹性应力的释放并减少各种形式的回弹。然而，未释放的所有弹性应力都作为残余应力保留在零件中。随后的成形、修边、冲孔、加热或其他工艺可能会使残余应力不平衡并改变零件形状。可以通过在较短长度的壁面中添加策略性地放置垂直压边筋、镖状物或其他几何加强筋来均衡线的长度以减轻扭转。用于固定弹性应力以控制回弹的各种方法的实例，如图 3-105～图 3-109 所示。

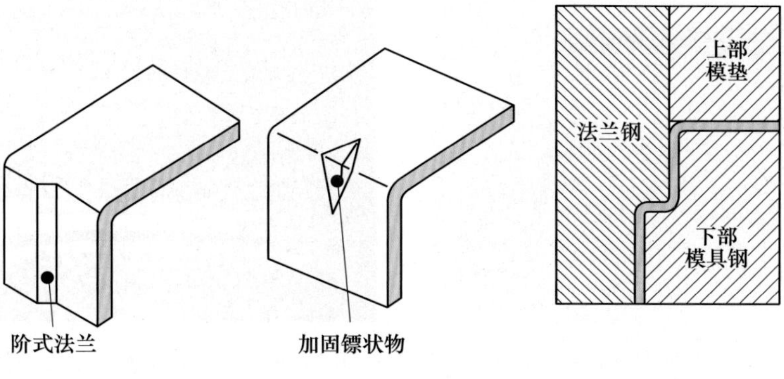

图 3-105 机械加强件可用于固定弹性应力和零件形状
资料来源：美国汽车钢铁联盟。

3.3.3.5 关键点

关键点如下：

（1）角度变化和侧壁卷曲随着形成的屈服强度的增加而增加，随着材料厚度的增加而减小。

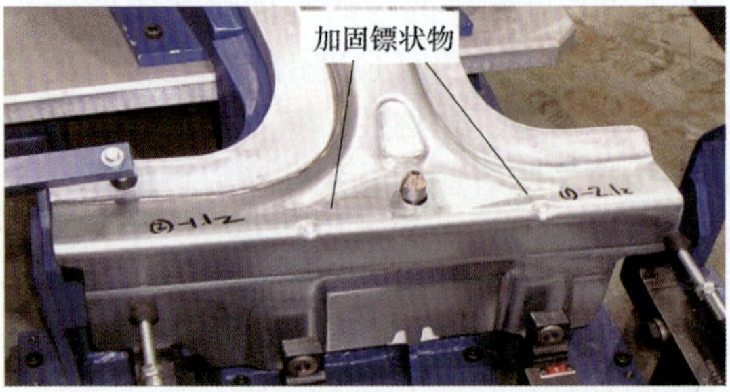

图 3-106　在 B 柱添加加固镖状物以帮助控制回弹

资料来源：P. Mooney 提供。

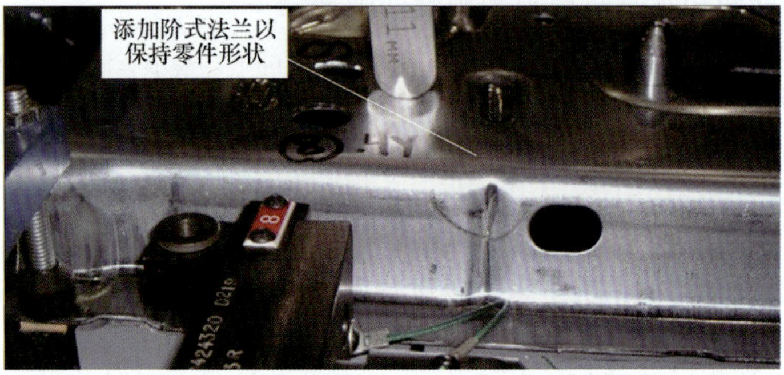

图 3-107　增加阶式法兰以在拉壁上固定弹性应力，模具参数对角度变化的影响值越低越好

资料来源：P. Mooney 提供。

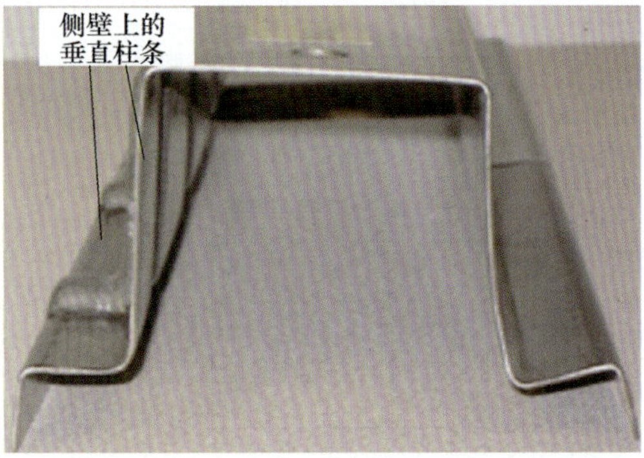

图 3-108　在一个侧壁上具有垂直柱条以及在该零件的另一侧具有扁平侧壁的帽形截面，在具有垂直柱条的一侧，回弹/侧壁卷曲明显较少

图 3-109　DP600 前轨上部加强件，具有设计成零件几何形状的垂直柱条以帮助控制回弹

（2）屈服强度相等时，DP 钢比传统低合金高强度钢表现出更大的角度变化和侧壁卷曲。TRIP 钢的回弹行为处在 DP 和低合金高强度钢之间。

（3）在通道类零件拉深试验中，侧壁卷曲似乎对材料和设计更敏感。

（4）角度变化随着模具圆角半径和模具间隙的减小而减小，但是侧壁卷曲对此的反应结果较为复杂多样。拉延筋约束力增大时，角度变化和侧壁卷曲减小，但是当同时增加约束力并减小圆角半径时，就会出现剪切断裂的问题。

（5）可以对工艺进行许多修改，以去除（或者至少最小化和稳定）通道和类似结构中发现的不同形式回弹。

3.3.4 落料、剪切和修边操作

3.3.4.1 概述

AHSS 的加工硬化率高，因而，与传统 HSLA 相比，成形能力较强。然而，较高的加工硬化在剪切或冲压边缘中产生更高的强度和硬度。此外，激光切割样品也将导致切割边缘产生较高的局部强度且硬度增加。一般来说，由于强度较高，AHSS 会对边缘条件更为敏感。因此，在落料操作期间获得优质边缘很重要。具有了优质边缘，可以使用剪切和激光切割工艺来提供足够的成形性。

为了避免程序启动过程中出现意想不到的问题，应尽早使用量产切边工艺。例如，如果在进行过程中不考虑通常与剪切边缘相关的较低延展性，那么，从激光切割边缘切换到剪切边缘可能会导致出现问题。

3.3.4.2 修边刀片设计和落料间隙

落料、剪切、冲压或修整的金属板材边缘拉伸性降低，所有这些过程都产生高加工硬化区域并降低 n 值，该加工硬化区可以从切割边缘延伸一半的金属厚度，因此，允许的边缘拉伸性小于各种成形极限曲线预测的边缘拉伸性。在整个铁素体显微组织中，包括剪切区域，DP 和 TRIP 钢都有马氏体岛，这些硬质颗粒可以引发裂纹，并进一步减少允许的边缘拉伸。通过使用激光、EDM 或水射流切割装置使加工硬化和 n 值损失最小化，可以减少这些问题。

钢铁公司研究中心正在进行研究，通过修改切削工具来改进切削工艺。一个程序 S-9 评估了冲头的设计。使用了斜面设计，而非传统的平底冲头。他们的结论表明，最佳的斜角在 3°~6°之间，剪切方向平行于钢卷的轧制方向，并且使用了 17%的斜面间隙。与传统平面冲压工艺相比，最大剪切力显著降低，扩孔率提高了 60%。随着 AHSS 钢级强度不断增大，这些问题越来越多。

多项研究检查了基于各种切割条件的修整边缘质量。这些条件包括机械剪切操作的不同间隙、剪切角和前角以及切割操作的间隙。还检查了激光切割边缘、水射流切割边缘和铣边。典型的机械剪切钢材边缘有 4 个主要区域——塌陷、光亮带、撕裂带和毛刺，如图 3-110 所示。激光切割、喷水切割、电火花切割和铣削情况不同，因为这些工艺不存在冷加工的问题。

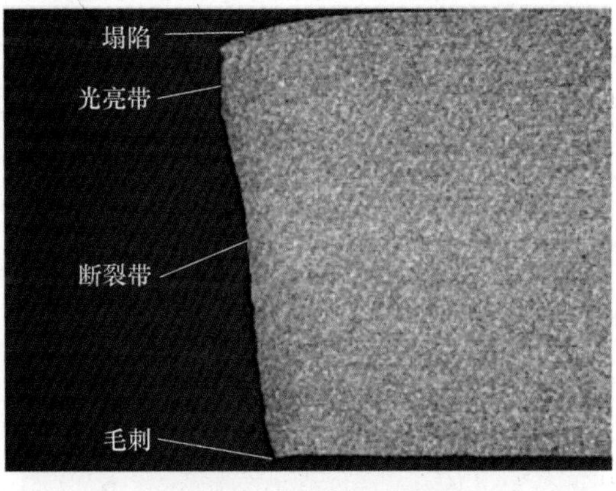

图 3-110 展示典型剪切边缘 4 个主要区域的 DP780 的冲孔截面
资料来源：P. Mooney 提供。

历来，传统的软钢和 HSLA 钢主要使用毛刺高度测量边缘质量。典型的做法是：将毛刺高度保持在金属厚度的 10%以下，钢材较厚，毛刺高度较高。这是因为当毛刺高度超过 10%时，则需要锐化或更换修整刀块钢材，或者需要改变间隙。毛刺高度更大是与额外的冷加工有关，并产生可导致边缘裂纹的应力梯级。然而，这些裂纹是与整体可成形性相关的失效，裂纹处和裂纹周围钢材显著变薄，这与 AHSS 的局部成形性边缘断裂不同。图 3-111 显示了传统的 BH210 钢级提升式门，在坯料上毛刺过多，导致拉延模中整体成形性边缘裂纹。

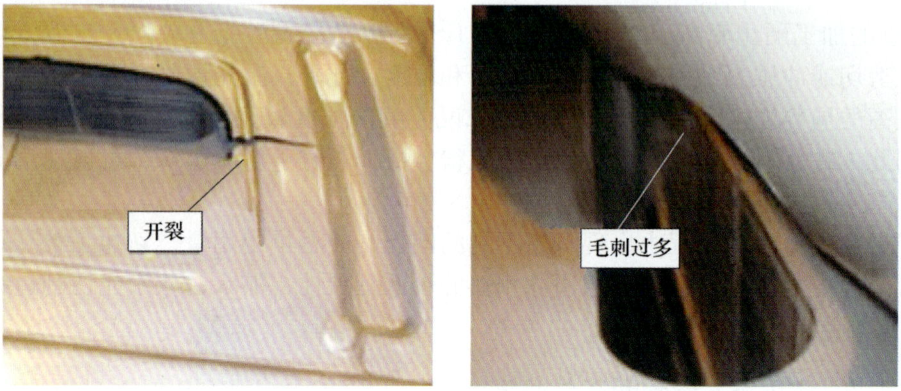

图 3-111　由于过度的加工硬化，导致坯料上（顶部）毛刺过多且形成的提升式门（底部）整体成形性开裂，出现这种情况是因为修整钢钝化

资料来源：P. Mooney 提供。

由于 AHSS 钢级屈服强度和抗拉强度逐渐增加，它们的塌陷和毛刺较少（将在第 3. 3. 2. 3 节中讨论）。它们通常在几乎没有塌陷或毛刺的情况下开裂。因此，并非单独测量毛刺高度来确定边缘质量，而需要详细检查各种切削条件下 AHSS 的实际边缘状况。已经进行了多项研究，以仔细检查各种修整条件下实际的剪切边缘。另外，进行了显微组织分析和显微硬度测试，以检查冷加工后的加工硬化效果。已经发现，抵抗 AHSS 局部成形性边缘断裂的理想条件是具有明确划定的光亮带，并均匀过渡到撕裂带。

撕裂带也应该是光滑的，且没有空隙、二次剪切或边缘损坏，如图 3-112 所示，其为最佳边缘状况照片。如果间隙太小，则可能发生二次剪切，并且由于多相显微组织，出现空隙的可能性也会增加，如图 3-113 所示，由于修边工具间隙过小，引起二次剪切边缘。

图 3-112　具有明显光亮带和平滑断裂带的理想剪切边缘（左）和相同边缘的横截面（右）

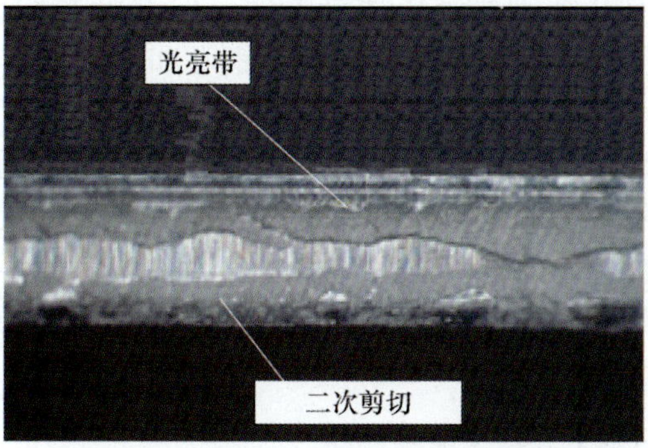

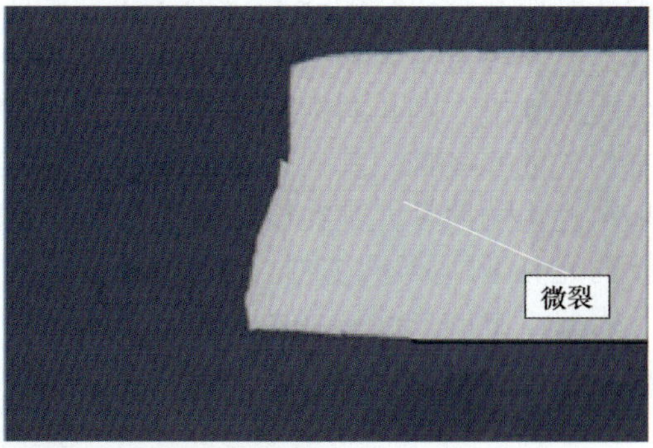

图 3-113 修边间隙过小的剪切边缘（左）和相同边缘的横截面（右），边缘处有微裂，由于间隙过小，该边缘具有所谓的二次剪切，并增加了边缘断裂的可能性

间隙过大会造成其他问题，包括毛刺过多和空隙。从光亮带不均匀地过渡到断裂带同样不可取。这些非理想条件造成边缘断裂扩展。HET 结果和 2D 张力测试结果显示边缘条件、HER 和伸长率结果之间高度相关。应该常规性地对冲切边缘、修整边缘和切边进行显微组织分析以评估边缘状况，特别是在模具磨削、工具改进、模具修复和装配之后。

剪切边缘状况不佳有多种原因。这些原因包括模具间隙太大或太小、切割角度太小、模具磨损破裂或损坏、不正确地研磨或磨削模具、模具材料不当、不正确地热处理模具材料、模具涂层不当（或无涂层）、拼合模块未对准、耐磨护板磨损、压机或分切设备倾斜，但并不仅限于这些原因。AHSS 的抗拉强度越来越高，剪切 AHSS 所需的载荷也就较大，这也会造成模具和加工设备的附加挠曲变形。由于这种挠曲变形，一旦模具、压机或分切设备接受负载，在静态条件下测量的间隙可能会发生改变。由于很大一部分压机、校平机、矫直机、落料机和分切设备在几年前就已经设计出来，加工当今 AHSS 所需的更大的负载可能会超出设备的设计极限，从而大大改变它们的性能。

图 3-114 显示了 DP980 摇板上的边缘断裂。该面板在生产期间经历边缘断裂，出现在部件边缘的压印中，在断裂部位没有颈缩迹象。这是一种典型的局部成形性失效，需要严格检查 AHSS 断裂带的状况，以确定其根源是整体还是局部成形性失效。基于失效模式，流程和模具解决方案会有很大的不同。

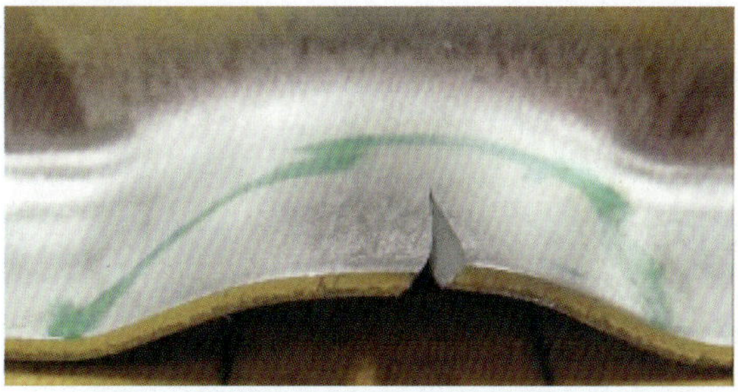

图 3-114 DP980 部件压印上典型的局部成形性有关边缘断裂
资料来源：P. Mooney 提供。

这个部件是一个典型的摇杆面板——长矩形帽形截面。在将母卷运送到压模之前，母

卷被切割成几个较窄的钢卷（窄卷），并且仅有几个钢卷经历边缘断裂，但都沿着切边。了解边缘状况对于多相 AHSS 是至关重要的，在放大镜下检查“好的”钢卷和“差的”钢卷的边缘状况。图 3-115 展示了没有边缘断裂的坯料上缝边的照片。可以看出，边缘状况具有均匀的光亮带，其均匀地过渡到平滑的断裂带。然而，图 3-116 展示了来自同一钢卷的坯料缝边的照片，其在模压处经历了 100%的边缘断裂。该边缘显示出二次剪切以及一个厚的光亮带，其不均匀地从光亮带过渡到断裂带。

需要了解的关键一点是关键的工艺变量（如间隙、工具状况）的维护，对于实现长期的边缘拉伸性至关重要。

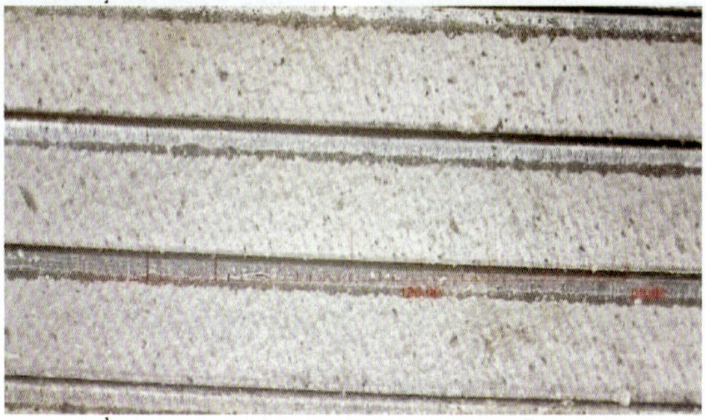

图 3-115　成功生产 DP980 摇杆面板的坯料缝边注意从光亮带到断裂带的均匀过渡也具有一个平滑的断裂带
资料来源：P. Mooney 提供。

图 3-116　来自同一主钢卷的坯料缝边，其在部件边缘的所有模压经历边缘断裂，注意明显的二次剪切以及从光亮带到断裂带的较厚且不均匀的过渡
资料来源：P. Mooney 提供。

3.3.5　计算机试模（虚拟成形）

3.3.5.1　工艺简述

十多年来，工业上已经在使用软件评估金属板材的成形性（与大学和研究环境不同）。目前的金属板材成形过程是向虚拟制造重大转变的一部分，其包括焊接、铸造凝固、板材/纤维化合物成形、自动化和其他制造工艺的分析。

将计算机模拟金属板材成形认定为计算机化成形工艺开发或者计算机模具试制更为准

低的替代方案。曲柄压机具有直接连接在压机驱动轴上的高转矩伺服电动机。几家压机制造商开发了C形框架压机，将伺服驱动装置与传统的压机结构相结合。这些压机看起来类似于机械压机，但伺服电机代替了飞轮、离合器和主电机。当主轴以恒定速度旋转时，行程时间曲线反映了传统机械压机的行程时间曲线。为了增加功率（为了成形负载更高），曲柄压机与两个连杆相连。

（3）由伺服电机驱动的联动压机。联动机制经常用于压机，以降低滑动速度，并增加靠近下部死点的特定电机扭矩的负载能力。伺服电机驱动式联动压机可以通过减慢行程内工作区域的滑动速度提高接近和返回速度，这是其一大优势。其另外一个优点是可以在相当长的工作行程内保持较高的负载能力。

（4）复合伺服压机。铰链接合和联动机构用于增加曲柄轴机构的压制力，并可与伺服压机的滚珠螺杆机构结合使用。

（5）由伺服电机驱动的液压机。与具有流量调节阀的传统伺服压机相比，大功率伺服电动机实现了更高的滑动速度，因而研发出了这些液压机。

C 伺服压机的优点

在处理AHSS材料时，相比机械压机，伺服压机技术有许多优点。压机制造商和用户声称伺服压机在行程、速度、能源使用、质量、工具寿命和正常运行时间等方面具有优势；这当然取决于零部件的形状和成形的复杂性。

（1）可调行程。伺服压机具有可调行程；可以编制滑块运动程序来为拉深冲压提供所需的压机载荷，然后切换到不同的程序例程，以允许浅冲压，甚至落料。这使得伺服压机用途广泛。

（2）速度。与标准的机械压机相比，制造商声称伺服压机的循环速率提高了37%，这反映出冲压车间的生产效率更高。图3-120显示了伺服压机和传统机械压机相当冲程高度下的循环速率。

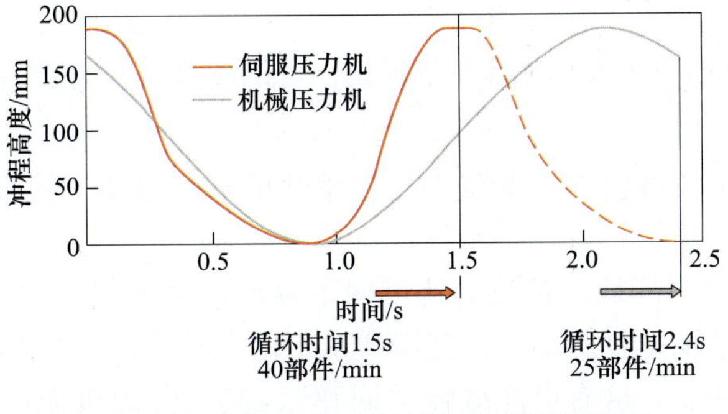

图3-120 伺服压机和机械压机的循环速率

资料来源：P. Mooney 提供。

（3）节能。伺服压机没有连续驱动的飞轮，降低了能耗成本。对于大容量压机来说，尤其如此。安装的电机功率大于容量相当的机械压机的功率。然而，在整个冲压操作中，伺服驱动电机仅在压机运转时使用，因为伺服压机没有连续驱动的飞轮。伺服驱动电机的动态制动方式也有助于节能。通过这种操作，制动能量被传回电力系统。还可以安装外部能量存储装置来弥补能量峰值，同时降低从本地供电系统得到的标称功率（在经济实惠的情况下)。

图 3-121 比较了伺服压机和传统机械压机的能量使用和储存。在伺服压机中，来自滑动减速的能量存储在一个外部装置中，当压机运转需要每个电动机具有 235HP(175kW)以上大功率时，再加以利用。因此，在峰值功率要求期间使用存储的能量（最大为 470HP/350kW)，使设备功率负载保持几乎恒定，约为 70HP(50kW)。

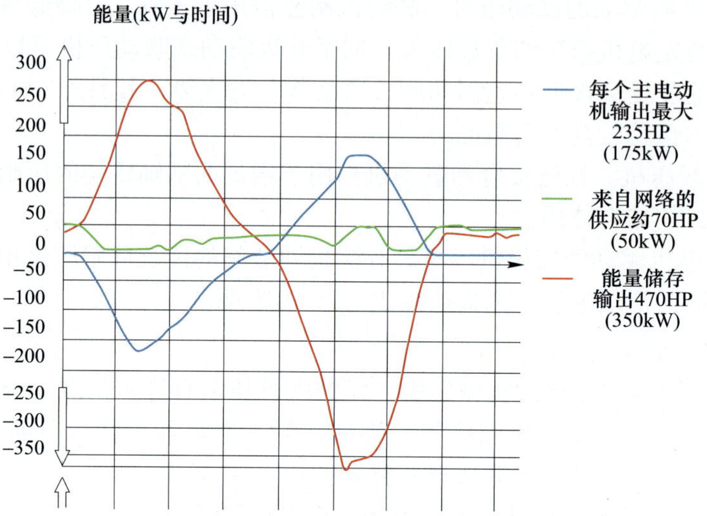

图 3-121　伺服压机的能量与替换

资料来源：P. Mooney 提供。

(4) 质量。更好的成形稳定性会降低零部件的废品率。

(5) 工具寿命更长。降低工具冲击速度同时减少循环时间，这同时会降低冲击载荷，从而最大限度地延长工具寿命。已经观察到润滑效果，并且使用脉动或振荡滑块运动可以延长工作极限。

(6) 正常运行时间。同时，制动寿命延长，可以减少维护并提高设备正常运行时间。

D　滑块运动

伺服压机的另一个关键属性（和优点）是滑块的自由运动。伺服压机的滑块能够进行以下动作：

(1) 滑块反向运动。滑块以预设的速度向下移动，或者在中间上升。上升一点之后，滑块再次向下移动，系统重复此动作。当滑块从下向上运动时，成形力可以忽略不计，模具和机器的弹性变形恢复。这有可能减轻“回弹”，其与传统机械压机中较高强度材料的成形有关。通过在行程底部保持压力、释放压力，然后重新施加压力，可以在一个周期内进行多次冲压，设定产品的形状且无需二次操作。

(2) 变速滑块和加速/减速。可以在整个行程中修改滑块运动的速度。可以减小上模和下模的触摸速度以避免冲击，并且在成形之后，向上的滑块运动可快速改变。成形阶段的滑块速度可以根据需要加速、减速或保持恒定。通过使用这些滑块运动，模具和板坯材料之间的摩擦特性预计会发生变化，但这些行为尚不清楚，正在对其进一步调查中。

(3) 滑块的固定功能。可以设置滑块运动在下死点停止。利用该特征，可以在下死点的板料钢板上施加压印压力，以确保成形的产品的形状和尺寸精度。

（4）模垫。伺服压机采用数字控制的可变模垫。伺服模垫内的压力传感器（类似于机械压机中经常使用的液压缓冲器）控制模垫的位置。这样可以优化模具和压边座之间法兰区域内的金属流动。此外，当模垫被上模和滑块向下推动时，也可以使用伺服驱动的模垫来再生能量。

图 3-122 显示了机械压机与伺服驱动压机运动之间的差异。这里注意到控制滑块运动的灵活性。可以设置伺服压机的滑块运动使其每分钟处理更多零部件，降低拉深速度以减少质量误差，以及在下死点停顿或修整以减少回弹。

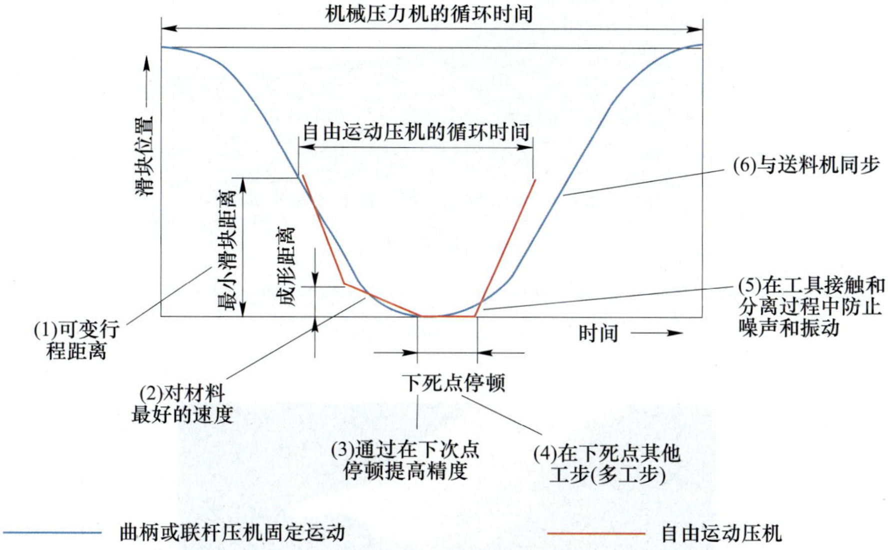

图 3-122　压机比较

总之，伺服压机已在 AHSS 产品复杂几何形状成形方面显示出优点。此外，它们显示出了许多经营优势，包括能源利用更为高效和生产率更高。继续进行研究，探索伺服压机的全部潜力，为 AHSS 提供强大的应用。

3.3.6.2　力与能量

机械压机和液压机都需要三种不同的容量或额定值——最大的力、能量和功率。形成较高强度钢时最常见的压力问题是所设计的压机是否能够承受冲压件成形所需的最大力。因此，压机容量（例如 1000kN）是冲压机的机械特性的适当数量。容量或牵引拱额定值（吨位）表示压机可以施加的最大力。然而，可用的力的大小取决于压机是液压还是机械驱动。液压机在整个行程中可以施加最大力，因为它们的载重量是通过液压油、泵和气缸产生的。机械压机在特定位移下施加最大力，其通常在下死点（BDC）½in 以上处测量。若距离下死点上方的位置更远时，由于机械优势持续损失，冲压机吨位下降。

图 3-123 显示了 600t 机械压机的典型压力曲线。可以看出，当压机距离下死点约为 3in 时，最大吨位只有 250t，而非 600t。气垫和氮气瓶常用于单动机械压机上，以使压机双动；一旦开始接触防皱压板并设置拉延筋，压机距离下死点还有几英寸时，初始载重量

上升。这增加了机械压机损坏的可能性。图 3-124 显示了机械压机超过冲压行程早期额定的容量时的潜在负面影响。

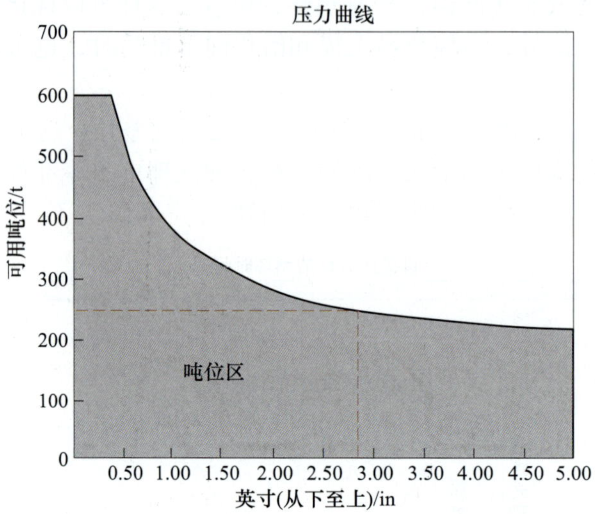

图 3-123　基于与下死点参照相对比的滑块位置，600t 机械压机的最大额定吨位容量示意图

资料来源：P. Mooney 提供。

图 3-124　机械压机上断裂的连杆

金属板材成形工艺中固有的能量消耗与真实应力—真实应变曲线有关，它取决于屈服强度和由 n 值表征的加工硬化行为。材料塑性变形所需的能量（力乘以距离）对应于真实应力—真实应变曲线下的面积。图 3-125 显示了具有相同屈服强度的两种材料的真实应力—应变曲线，即 HSLA 350/450 和 DP 350/600。许多其他真实应力—真实应变曲线如图 3-1～图 3-7 所示。

与同样板材厚度的 HSLA 相比，DP 钢级的加工硬化更高，要求压机载荷更高。然而，使用 AHSS 通常与冲压件厚度减小相结合，从而，减少或补偿所需的冲压负载。较高的 n 值也倾向于使应变梯度变平稳并进一步降低峰值应变。所需的功率是施加的力、移动部件的位移和速度的结果。压机的能率也是施加的压机负载和距离的结果，通过这一距离施加负载。例如，推动 200t 通过 3in 的拉深需要 600t 能量。将部件更换为 AHSS 可能需要 500t 的力通过相同的 3in 的距离，消耗 1500t 的能量。压机的每一次冲压都会消耗一定的能量，所有能量都需要更换。

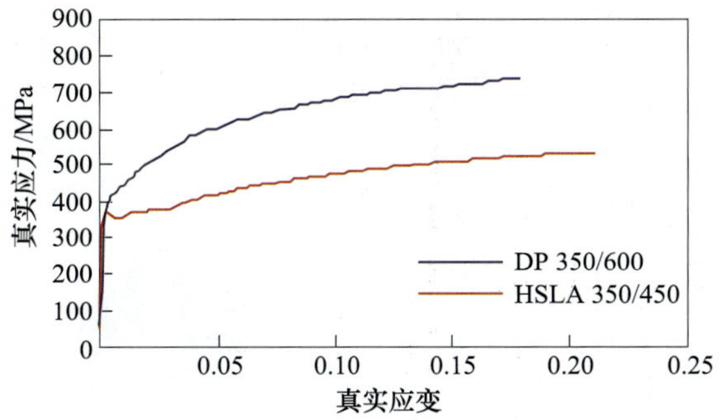

图 3-125 具有相等屈服强度的两种材料的真实应力—真实应变曲线

主电机的尺寸、飞轮的质量和转速变得至关重要。主电机及其电气连接装置是压机的唯一能源，它必须具有足够的电力以供于冲压操作。由于飞轮是储能装置，因此必须能够在需要时储存和传送所需的能量。存储的能量与速度的平方成比例；因此，当压机全速运行时，大量的能量可以储存在飞轮中。使用 AHSS 时，如果由于发热和成形性问题要求压机速度减慢，能源需求不足可能导致压机停滞。图 3-126 显示了 600t 机械压机的压力—能量曲线。该图显示了当速度从 24 冲程/min 减少到 12 冲程/min 时，压机的可用能量降低到额定容量的 25%。

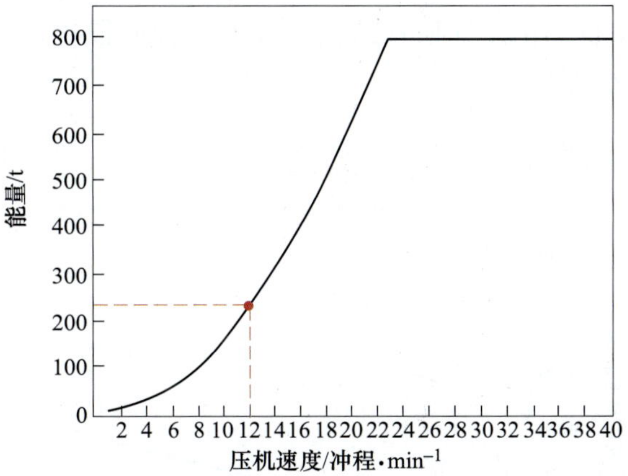

图 3-126 600t 机械压机的压力—能量曲线

可从初步了解金属板材成形目标部件成形最初所需的冲压力。可以选择不同的方法来计算拉力、斜楔压力、滑动力或压边力。压机负荷特征是大多数计算机化成形过程开发程序的输出，以及特殊的压机负载监视器。

A 示例：压机压力比较

计算机化成形工艺开发输出（见图 3-127）显示了拉伸和压印约 1.5mm 厚的软钢、传统 HSLA 和 DP 350/600 所需的压力。它清楚地表明所需的力是由压印阶段所决定，而不是拉深阶段。

有时，由于各种拉延筋几何形状要求在冲压件周边具有不同的闭合条件，因此模具闭合力是一个问题。

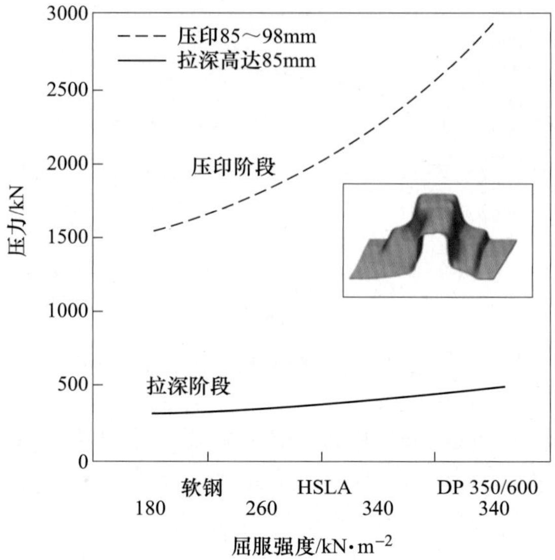

图 3-127 压印决定了所需的压力，而非拉伸力决定

B 示例：压机能量比较

一个类似的分析（见图 3-128）显示了拉伸和压印相同钢材所需的压机能量，如图 3-127 所示。所需的能量也是由压印阶段决定，而非拉伸阶段决定。尽管用于压印的凸模行程只是拉深深度的一小部分。

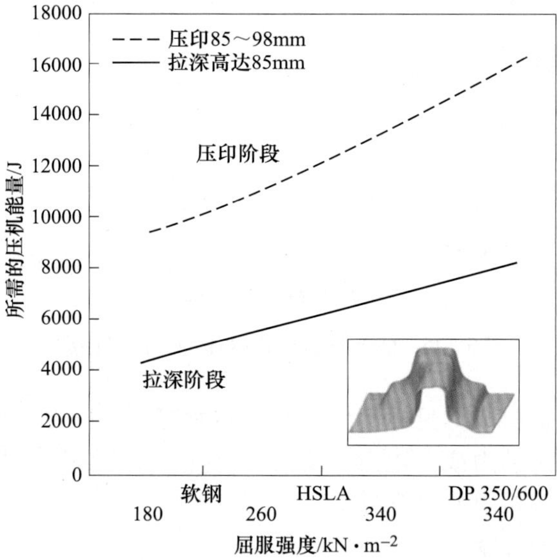

图 3-128 数据显示压印部件所需的能量大于拉伸部件所需的能量

3.3.6.3 采用模拟测试预测压力

来自 Marciniak 拉伸试验的相对压力显示，AHSS 钢级在拉伸成形操作中需要更高的凸

模力，如图3-129所示。然而，由于CP钢级的拉深性较低，因此并不常将拉伸成形模式应用于CP钢。

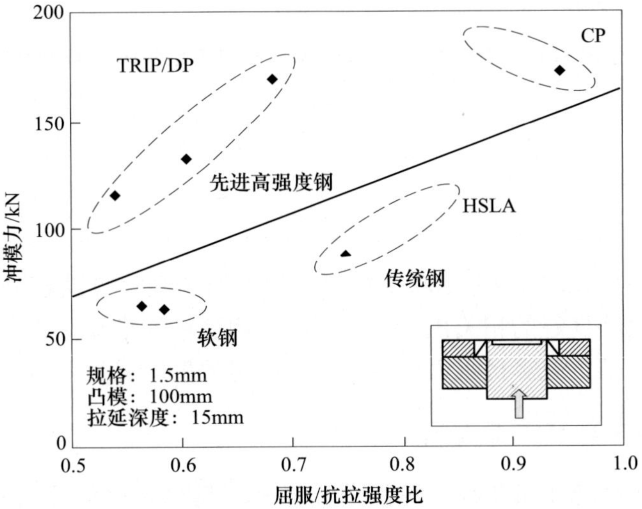

图3-129 来自AHSS和传统钢种马齐尼亚克圆筒拉伸成形试验的冲击力

3.3.6.4 从现有生产数据推导

厚度与UTS之间的关系可用于快速推导计算简单几何形状的压机载荷。图3-130显示了生产横向构件的测量的压机载荷，横向构件具有由相同厚度的HSLA 350/450和DP 300/500钢制成的简单帽形轮廓。

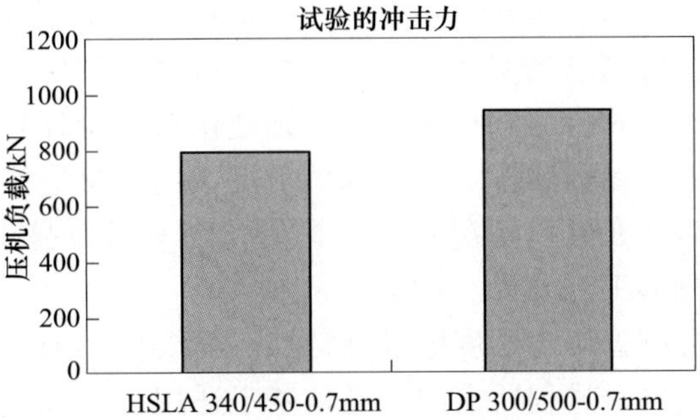

图3-130 测量的帽形横向构件的压机负载

资料来源：蒂森克虏伯钢铁公司。

使用以下等式，从已知的HSLA 350/450的压机载荷$F1$估算DP 300/500的压机载荷$F2$，见表3-4。

$$F2 \text{ 与}(F1)\cdot(t_2/t_1)\cdot(R_{m2}/R_{m1})\text{成比例}$$

其中 $F1$——测量的拉伸力；

$F2$——估计的拉伸力；

t_1——旧材料厚度；

t_2——新材料厚度；
R_{m1}——旧抗拉强度；
R_{m2}——新抗拉强度。

表 3-4　通过已知的 HSLA 350/450 的压力负载 *F*1 估算出的 DP 300/500 的压力负载 *F*2

型钢 33B	厚度 t/mm	所测的拉力 F/kN	UTS（大约） R_m/MPa	估算的拉力 /kN
1=HSLA	0.7	$F1=791$	433	
2=DP	0.7	934	522	$F2=953$

上述数据使用公式比较了 DP 300/500 测量的拉伸力和估算的拉伸力，获得了所测量和所预测的拉伸力之间良好的相关性。虽然可以使用这种外推算法来估算拉伸力，但精度相当有限，并且经常把负载算得很大。因此，计算出的值应视为上边界。

3.3.6.5　计算机成形—工艺开发

经验法则可用于估算压机负荷。可以用计算机工具更好地估算压机负荷，如拉伸力、压印力和压边力。许多程序使用户能够指定所有的系统输入。这在 AHSS 成形时特别重要，因为高加工硬化率对冲压负荷有重大影响。另外，并非对坯料移动施加简单的约束力，必须计算分析实际的拉延筋。

任何计算的另一重要输入是假设工具在成形期间坚硬无变形，在操作中弹性变形。这种差异导致确定的压机负载显著增加，特别是当冲头处于原位时。因此，对于给定的部件，用于确定计算的压机载荷的拉深深度是一个重要参数。例如，如果应用近似的拉深深度，则可能会高估压机负载。AHSS 较高的加工硬化加强了模具的偏转（有时称为呼吸）。

类似地，假定压机的结构、压板、垫板和其他部件是完全刚性的。这并不正确，并会导致压机负载发生变化，特别是当实际工具从一个压机移动到另一个压机时。

如果没有经过验证的计算机预测程序可用，则建议对经验计算进行验证。应用实际的冲压测试来确定模拟的最佳参数设置。在特殊情况下，例如整形操作下，计算机分析可能无法很好地估算压机负荷。在这些情况下，计算机化工具可以显示给定部件的成形趋势，并有助于开发更有利的成形工艺设计。

大多数结构部件包含改善局部刚度的设计特点。需要压印加工的特征大部分在临近冲压周期结束时形成。预测这一过程所需的力通常基于适用于传统钢种的冲压车间经验。为了得出 AHSS 钢级的对应数字，推荐使用计算机化成形过程开发。

3.3.6.6　压机能量案例研究

以下研究是形成具有帽型轮廓并在冲程结束时形成底部压印的横向构件所需能量的计算机化分析，如图 3-131 所示。需要更多的能量才能继续凸模行程。软钢、HSLA 250/350 和 DP 350/600 的完整的所需能量曲线如图 3-132 所示。3 个点表示在冲头移动 85mm 时开始形成压印。

凸模行程最后一次增量至 98mm 需要显著更高的能量，如图 3-133 所示。然而，在整个凸模行程中，两种较高强度的钢似乎与软钢相比保持不变的成比例增长。

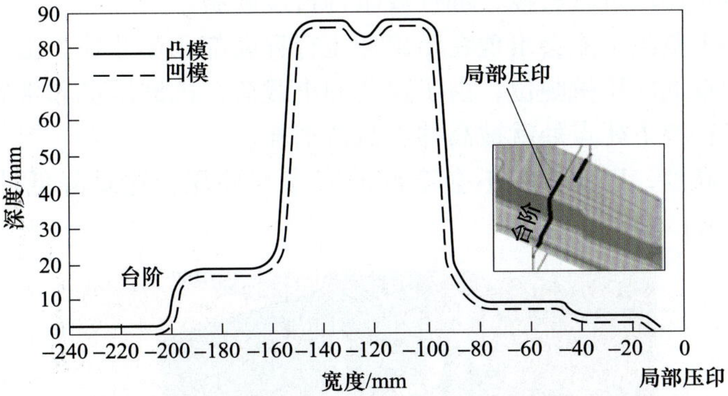

图 3-131　部件的横截面具有纵向压印，以提高局部刚度

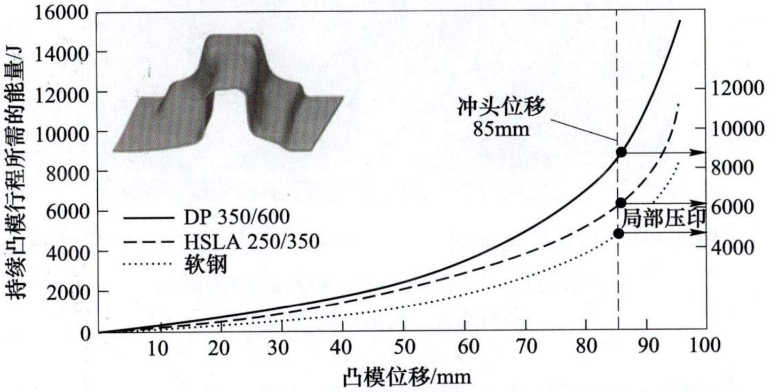

图 3-132　计算机化分析显示形成不同钢种的部件所需的能量增加，压印成形始于凸模行程的 85mm 处

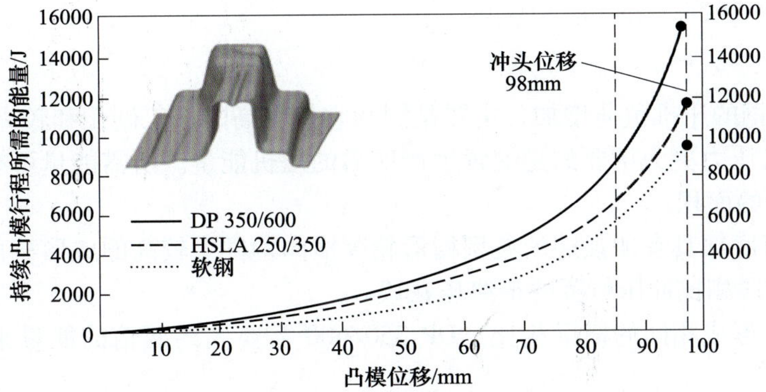

图 3-133　需要进一步增加能量来完成压印

3.3.6.7　设定拉延筋

在拉伸开始之前，需要从单动压机中的氮气缸获取相当大的力来在 AHSS 中设定拉延筋。氮气缸可能不适合最佳的压力和过程控制。在某些情况下，由于模垫吨位不足可能导

致黏合剂分离，导致冲压过程失控，部件或附件过度起皱。

垫子上的高冲击负载可能会出现在距离冲压行程底部几英寸处。由于冲程中的冲击点是较高的速度点和较低的压机吨位，由于这些冲击载荷，机械压机非常容易损坏。额外的飞轮能量在远高于行程下死点处就被高冲击载荷消耗。

错开氮气缸的高度，以使它们不会全部同时参与冲压，这是降低冲击负荷的一种方法，如图 3-134 所示。

图 3-134　设定拉延筋时，交错的氮气瓶通过在冲压行程的不同深度参与冲压来减少初始的冲击载荷

资料来源：P. Mooney 提供。

双动压机将在外滑块接近下死点底部时设置拉延筋，此时，满载吨位可用且滑块速度大体较低。这可以最大限度地减少模具和压机上的冲击负荷，从而产生的负载尖峰不太可能超过额定冲压机吨位。

3.3.6.8　关键点

关键点如下：

（1）AHSS 钢的压机负荷增加，主要是因为它们较高的加工硬化和较高的强度水平。

（2）比压机压力更为重要的是继续生产所需的压机能量。所需能量可视作真实应力—真实应变曲线下的面积。

（3）在通道底部具有加强筋的典型帽形轮廓横向构件中较高的成形载荷和能量需求是由于与单纯拉伸段相比冲压行程的最终压花段。

（4）与软钢形成相同的横梁相比，DP 350/600 需要大约两倍的能量来形成帽形轮廓横梁。

（5）虽然有几种冲压力估算方法可以用于 AHSS，但推荐的方法是计算机成形过程分析。

3.3.7　先进高强度钢矫直与精密矫平

打开钢卷时的第一个操作是矫直，以确保在进一步加工之前平整。有两种用于制造扁平钢卷的主要设备——矫直机和精密平整机。在某些方面，这两种设备是相似的，但是精密平整机具有附加功能。

矫直机，必须拉紧缠绕所有钢卷以避免钢卷“松软”或塌缩。结果，在卷取过程中，钢带中产生拉伸和压缩应力，并且可以在随后的过程中造成坯料或部件变形。矫直机用于消除这些应力并产生平面材料；目的是减轻外部20%钢带中的残余应力。

将钢带围绕一组轧辊弯曲，交替地拉伸和压缩钢的上表面和下表面以消除纵向卷曲或横向弯曲，通过这样实现钢卷矫直。关键参数包括轧辊直径、轧辊间距、支撑辊、轧辊材料类型、齿轮设计、背辊、整体系统刚度和功率要求。

材料的屈服强度越高，减轻这些残余应力所需的力就越大。因此，在处理AHSS产品时，需要考虑设备能力。图3-135显示了矫直机对钢带外部20%进行矫直的工作原理图。

图3-136描绘了纵向卷曲和横向弯曲状况。

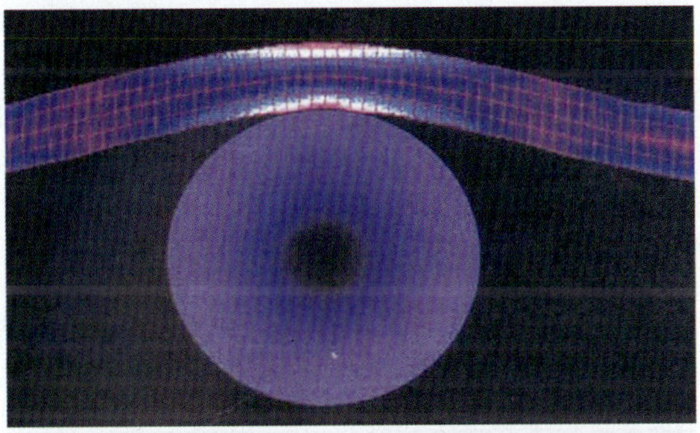

图3-135 矫直辊矫直外部20%钢带的工作原理图

资料来源：P. Mooney 提供。

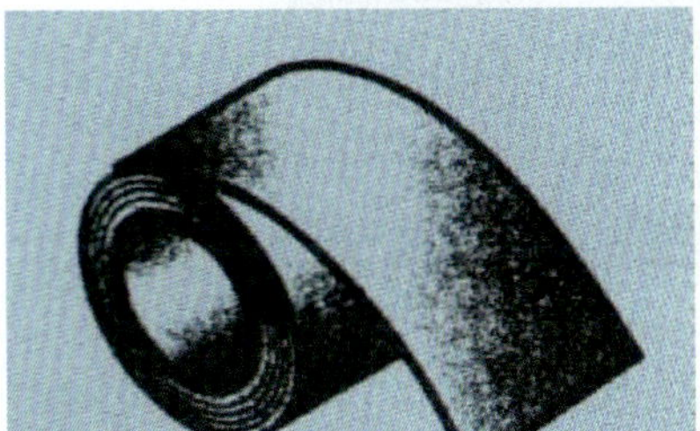

(a) 纵向卷曲

(b) 横向卷曲

图3-136 具有纵向卷曲和横向卷曲状况的钢卷示意图，卷曲和弯曲可以用矫直机去除

资料来源：P. Mooney 提供。

在使用矫直机时，两个关键的钢材参数是屈服强度和厚度。矫直机具有一连串的矫直辊，其逐渐弯曲钢带来消除残余应力。这些矫直辊具有入口和出口间隙，当厚度和屈服强度变化时需要对其进行调整。图3-137展示了获得扁平钢带所需的一组典型的矫直辊。这些间隙应根据材料的屈服强度和厚度进行调整。许多设备制造商已经制作了表格，以在各种屈服强度—厚度组合的最佳设置方面指导操作员。

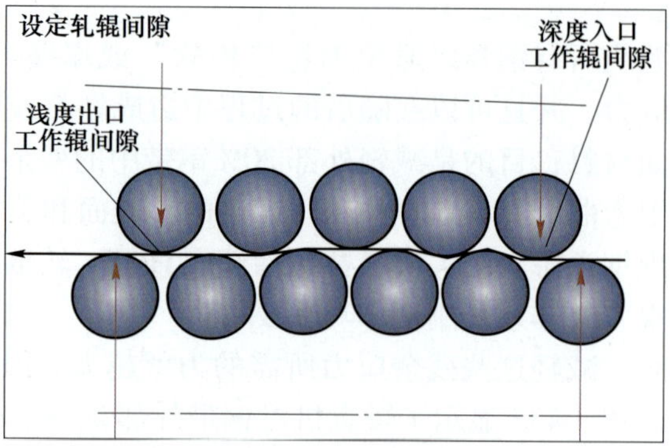

图 3-137　一组矫直辊示意图，表明两个主要调整—入口和出口间隙
资料来源：P. Mooney 提供。

精密平整机，精密平整机不仅可以执行矫直机的所有功能，而且还具有其他的功能。它们可以消除纵向卷曲和横向弯曲，并且能够纠正钢卷中的其他形状问题，这些问题可能在后续操作中产生制造问题，例如边浪和表面中部波浪。

边浪和翘边需要超过钢带的屈服强度，在钢带横截面的 50%或以上水平，并且可能增加钢带加工硬化，从而对成形性产生负面影响。图 3-138 显示了精密平整机平整辊处理钢带横截面 50%的示意图。如果适当调整，该过程可以除掉边浪和表面中部波浪。

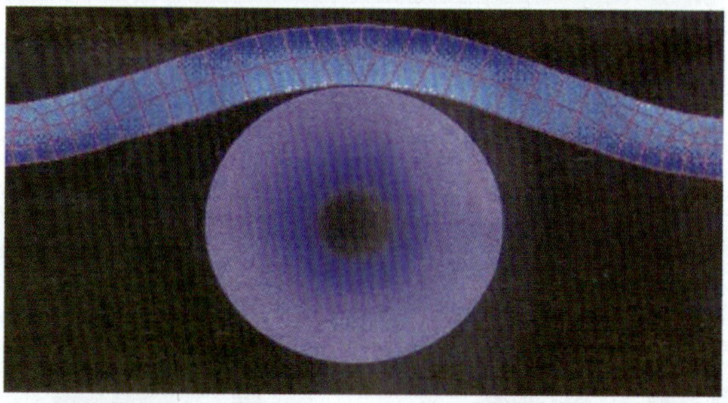

图 3-138　精密平整机平整辊平整钢带外部 50%部分的示意图
资料来源：P. Mooney 提供。

设计和加工启示：AHSS 逐渐提高的屈服强度正在挑战矫直机和精密平整机的功能，以往设计这些机器并不是用于压平这些高强度材料。设备制造商一直在研究解决这一问题的方法。需要考虑一些与矫直机和精密平整机设计有关的组件：

(1) 轧辊直径。用于 AHSS 的矫直辊直径通常可能需要小于用于软钢的矫直辊直径，从而提供更小的材料卷曲半径。这是因为必须更加严格地弯曲 AHSS 以超过其较高的屈服强度。

(2) 轧辊间距。相对于用于软钢的轧辊间距，用于 AHSS 的工作辊中心间距可能需要更小。间距更近意味着需要更多的力来反向弯曲材料，因而需要更大的加工电力。

(3) 轧辊支撑。可能需要更大的轴颈直径以及更大的半径和承载能力，以承受矫直 AHSS 所需的更大的力和更高的电力。

(4) 轧辊材料。可能需要采用更高强度的材料和特殊的热处理，以确保轧辊能够更长时间地承受更大的应力，而不会发生疲劳破坏。

（5）轧辊深部穿透。上辊必须具有足够的行程才能够充分穿透下定辊以屈服 AHSS。这种穿透可能需要比软钢高 50%~60%。

（6）齿轮尺寸。可能需要更宽的齿轮表面以及更强大的轴颈和惰轮轴的外侧支撑，以产生平整 AHSS 所需的更高的齿轮传动额定功率。

（7）齿轮定位。轧辊中心间距更近要求更高的动力传输，并导致齿轮节距比更小，从而降低齿轮额定功率。

（8）齿轮材料。应利用热处理的高强度材料生产驱动轧辊的齿轮，以产生平稳运行且无震颤的轧辊驱动，以在高负载下延长使用寿命。

考虑到矫直 AHSS 需要更大的力，工作辊挠曲成为一个问题。工作辊过度挠曲导致不合需要的副作用，例如缘波、轴颈应力增加以及齿轮过早发生故障。支撑辊防止工作辊过度挠曲。加强机架刚度对于加工 AHSS 时确保支撑辊有效防止工作辊挠曲也是至关重要的。设备制造商还研发了解决 AHSS 加工问题的设计方案。例如，几个制造商已经设计了带有可移动圆筒的设备。这些圆筒有不同的轧辊直径、轧辊间距等，并且在从 AHSS 切换到传统钢时可以滚进滚出，这也使其可以进行脱机轧辊清洁和维护。

3.4　模具表面处理与润滑

3.4.1　模具表面处理

3.4.1.1　表面硬化与表面涂层

良好的工具材料和高效能的模具表面处理是必要的，以最大限度地延长工具寿命。可以应用基材硬化和/或表面涂层来应对磨损，但是对于 AHSS，将这些方法结合使用更佳。基材处理改变了模具基底金属的物理结构。这将基材“硬化”到一定的程度，并且，由于模具磨损，通常需要在一定量的生产量（冲压次数）之后进行再处理，例如包括离子氮化、火焰硬化、感应淬火和熔炉淬火。表面涂层在表面上添加了一层材料，其描述为非冶金结合。表面涂层的例子包括镀铬、物理气相沉积和化学气相沉积。

图 3-139 显示了更为传统的表面处理方法（包括渗氮和镀铬）对于表面硬度的影响。这些与未经处理的模具相比具有明显的优点，但是它们仍然可能对 AHSS 产品成形时遇到的强大剪切力无效。

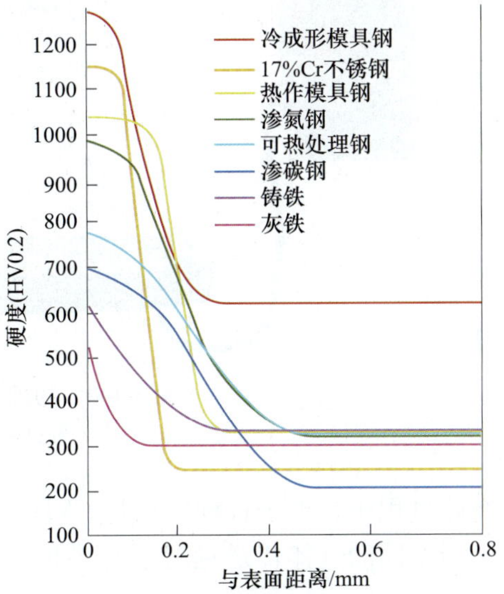

图 3-139　各种表面处理的凸模硬度和表面深度

资料来源：美国国家等离子渗氮中心。

涂层用于减少坯料金属板材和模具表面之间的摩擦，从而减小导致模具磨损的剪切力。它们通过微米量级厚度涂覆在工具基板上。在不同温度下应用不同的涂层方法，从环境温度到极高温度。

对于 DP 350/600 和更高钢级，建议使用表面涂层。当使用涂层时，重要的是基材具有足够的硬度/强度以避免工具表面的塑性变形，甚至局部变形。因此，在施加涂层之前，可以使用单独的表面硬化，例如渗氮。涂层之前，使用预生产工具，以允许工具进行设置并为工具调整提供时间，这一点很重要。涂层之前，表面粗糙度必须尽可能低。建议表面粗糙度 R_a 值低于 0.2μm。

物理气相沉积（PVD）描述了可用于在模具表面上产生极薄硬化合物薄膜的各种真空沉积方法，如图 3-140 所示。PVD 使用诸如加热或真空镀膜的物理过程，以此来产生材料的气相，然后气相沉积在需要涂层的物体上。PVD 应用的常见工业涂料有氮化钛（TiN）、氮化铬（CrN）和氮化钛铝（TiAN）。PVD 工艺在相对较低的温度下进行，这样可以最大限度地降低可测量的模具部件形状变化（变形）或表面氧化的风险。沉积通常发生在 210~400℃之间。

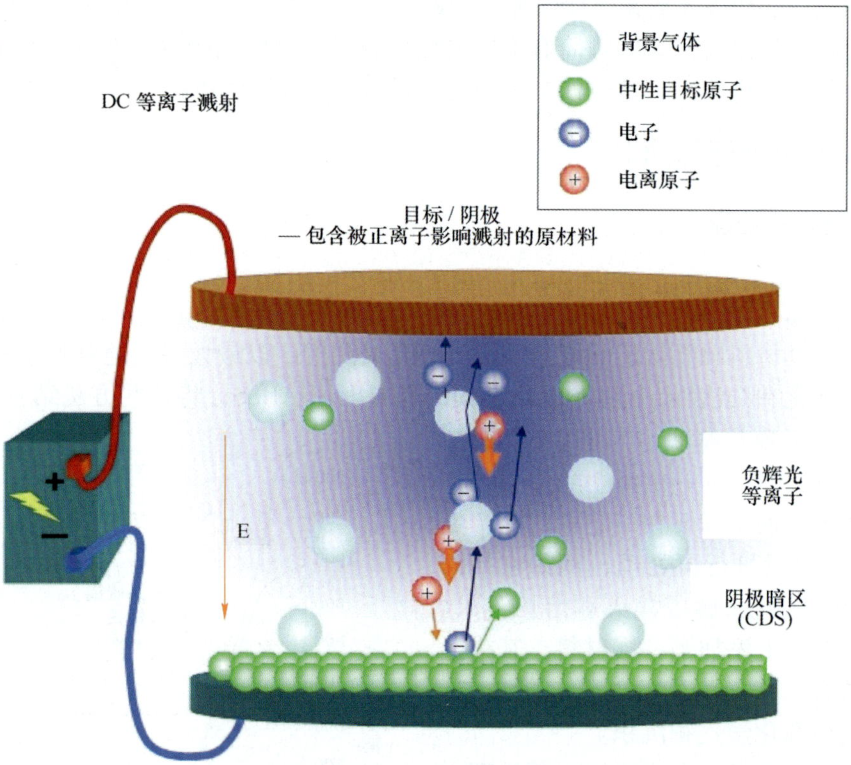

图 3-140　物理气相沉积（PVD）工艺

资料来源：维基百科。

在此过程中，由于各种气相与 CVD 反应器内基板加热表面之间的反应，形成了薄膜涂层。当不同的气体传送通过反应器时，在工具基材上形成不同的涂层，结果看起来非常好。

例如，开发了一种新的化学气相沉积（CVD）涂层，以减少 AHSS 材料冲压期间的磨料磨损。该涂层包含碳化钛（TiC）、碳氮化钛（TiCN）和氮化钛（TiN）等单独涂层的某些组合。诸如这种 CVD 涂层的多层结构的作用比传统涂层更好，从而有助于最大限度地延长工具和模具材料的使用寿命。由于 CVD 的高温处理包括前处理和后处理，因此 CVD 的成本是另一种涂层物理气相沉积（PVD）的两倍，但在某些应用中，CVD 延长了模具寿命，这使其成本相对合理。

图 3-141 显示相关模具磨损在普碳钢（A）、DP 350/600 未涂层（B）、DP 350/600 涂层（C）之间的差异。

研究铸铁和工具钢模具不同表面处理工艺对有拉延筋的帽形冲压模具的磨损影响，显示了类似的结果，如图 3-142 所示。

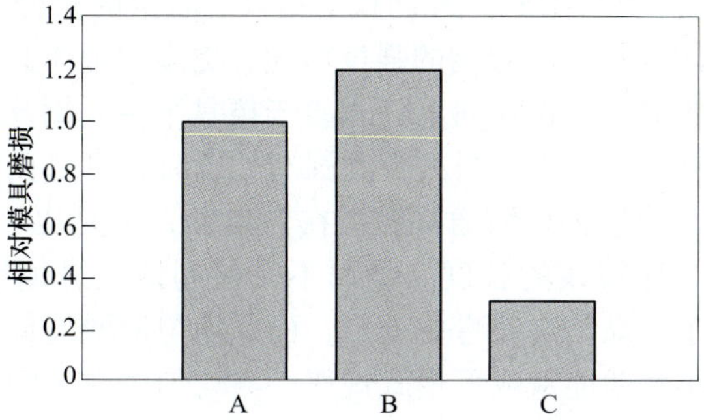

图 3-141 不同表面处理后不同模具钢之间的耐磨差异，低碳钢的耐磨结果见 A，B 和 C 分别是 DP 350/600 未涂层与涂层后的耐磨情况

A—普碳钢制作的 1.2363 模具（X100CrMo5/1、US A2、Japan SKD 12）；

B—DP 350/600 制作的 1.3344 模具（碳 1.2%、钒 3%）；

C—DP 350/600 制作的 1.3344 模具+表面硬化 CVD

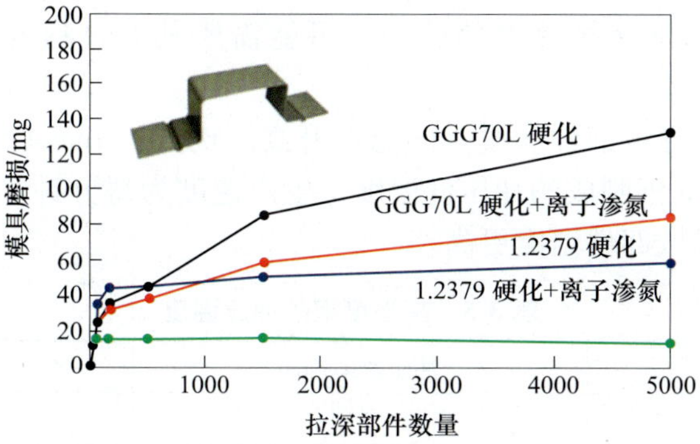

图 3-142 表面处理对模具耐磨性的影响，钢板为电镀锌 DP 钢，厚度 1mm

GGG70L—球化铸铁，火焰硬化；1.2379—模具钢（X155CrMo12/1、US D2、Japan SKD 11）

资料来源：蒂森克虏伯钢铁公司。

3.4.2 润滑剂概览

润滑剂是几乎每个金属板材成形操作都需要的。润滑剂与成形过程有以下相互作用：

（1）控制来自压料面上的金属流动。

（2）将应变重新分配在冲头上。

（3）最大化/最小化应变梯度的增长（局部变形）。

（4）减少模具磨损造成的表面损伤（磨损和刻痕）。

（5）除去来自变形区域的热量。

（6）改变表面涂层的影响。

随着金属板材强度增加，所有这些影响变得更加重要。因此，对于 AHSS 而言，需要特别注意润滑。

3.4.2.1　AHSS 能量、热量与润滑

较高强度的钢（传统钢和 AHSS）在凸模上都具有较少的拉伸能力（加工硬化或 n 值比软钢低）以产生所需的线长。随着钢的强度增加，更多的金属必须从压板流入模具以补偿所需冲压深度的线长的损失。在径向上（垂直于模具半径）对压板下方的金属施加拉伸应力，以将金属拉向模具半径。当坯料减少其圆周长度时，可以在圆周方向（平行于模具半径）形成压缩应力。虽然这种压缩通常发生在盒角处，但是也可能发生在侧壁特征中，这样可以在移进冲压件时缩短线的长度。金属不受控制地流进侧壁也可产生压缩圆周应力。这些压缩应力倾向于使黏结金属弯曲变形，而非均匀地增加局部厚度。该弯曲变形在金属板材成形中遵循最小弯曲能量成形模式规律。与均匀面内压缩金属使大量单元厚度增加相比，仅使用少量金属板材元件形成局部铰链（带扣）所需的能量更少。

使用较高强度的钢板来减少金属板材厚度。更薄的金属板材比更厚的钢材更容易弯曲。因此，使用板材较薄的 AHSS 的部件设计可能需要显著更高的压边力来压平形成的波皱。由于约束力等于摩擦系数（C. O. F.）乘以压边力，约束力增加，金属流量减小。我们在压机一节了解到先进高强度钢变形需要更多的能量（见图 3-125）。这种组合导致金属和模具之间的接触压力更大以及界面温度更高，对策包括改进摩擦系数较低的润滑剂，以及提高在高温下保持黏度的能力；可能需要其他过程变化来缓和压力和温度影响。

更高的成形能量会导致部件和模具的温度升高。例如，IrmcoI-5 所做的一项研究测量了由 350MPa 和 560MPa 钢制成的冲压件温度，生产速度为每分钟 13 冲程。表 3-5 清楚地表明强度水平提高会导致部件温度更高。

表 3-5　高强度钢的冲压温度

钢材强度	冲压速率/spm	温度/℃
HSLA 350	13	100
HSLA 560	13	138

模具温度也显著提高，并且大多数传统的水溶性润滑剂或油性润滑剂黏度降低，摩擦系数相应增加。

俄亥俄州立大学已经利用 AHSS 钢进行了许多润滑剂研究；图 3-143 显示了一个 DP900 冲压件的温度曲线。

在模具开口半径处发现最高温度，超过 2000℃，加强了该部件，并且模具温度随着材料强度的增加而增加。没有高温剂，润滑剂的有效性下降，造成磨损，金属板材和模具出现刻痕。所有这些情况都增加了压边限制力，使得更多金属不能流入模具。随着生产速度

提高，（每分钟生产的部件数量），产生的热量增加，金属板材和模具温度相应提高。

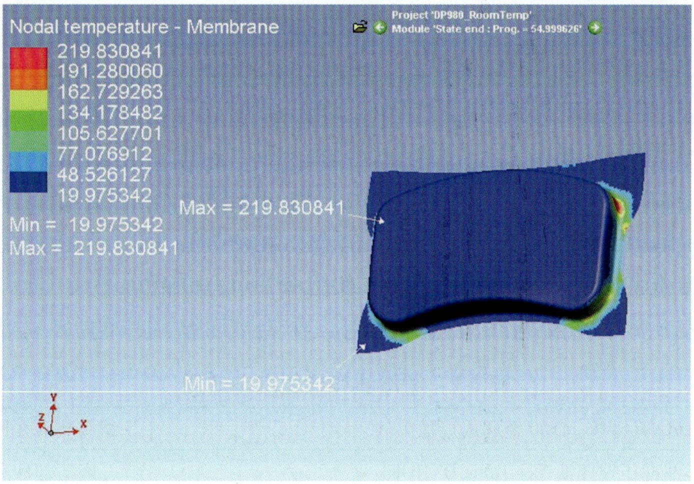

图 3-143　DP900 钢的温度分布

解决高强度钢成形时的热量问题的一个关键是应用更好的润滑剂。这些较好润滑剂的化学物质不容易发生黏度变化和润滑失效。水溶性润滑剂比油性润滑剂分散更多的热量。一些部件可能需要在工具内钻出通道，以循环冷却液体。这些通道对准热点（热梯度），热点常常使变形局部化，从而导致失效。

3.4.2.2　用于 AHSS 冲压件的新型润滑剂

一些润滑剂公司特别强调提供一种稳定的且摩擦系数低的润滑剂——干式防渗阻隔润滑剂。这些润滑剂（主要为聚合物基）将金属板材与模具分离。与较好的湿式润滑剂摩擦系数 0.12~0.15 相比，用于相同的金属板材和模具组合的干式润滑剂摩擦系数可能为 0.03。这意味着将压边力加倍以为了连接目的保持黏合剂非常平整，仍会使黏合剂约束力减小一半以上。现在，黏合剂约束力减少允许更多的金属流入模具，导致部件成形所需的冲头拉伸量减少。最终，成形应变可能会从 FLC 红色失效区域降低到绿色安全区域。福斯润滑油提供了表 3-6 中 AHSS 润滑剂选择指南。

表 3-6　AHSS 润滑剂选择指南

油性润滑剂	（1）由于净油整体性能较好，最困难的成形条件渐渐使用净油，其特征在于良好的保温性和油膜强度。 （2）它们很难去除，并可能导致在后加工中出现问题。 （3）用于劣质条件模具、大尺寸的材料，或用于延伸性较差的高强度钢。推荐用于大于 980MPa 的 AHSS
人工合成水基材料	（1）用于主要关注热还原的情况。 （2）用于小于 980MPa 的 HSLA 和 AHSS。 （3）黏度极薄且膜强度很低，因而需要频繁重新涂覆（大量喷洒）

续表 3-6

可溶油	(1) 其特征在于耐热黏度和显著的油膜强度。 (2) 重要的极压添加剂。 (3) 易于清洁，适用于后加工

他们的报告称，极端聚合物（EP）润滑剂添加剂可以在金属板材和模具之间产生保护屏障或薄膜。在高温下，EP 分解并沉积金属盐层，其进一步绝缘高温（类似于模具上的表面涂层），并且使得润滑剂持续发挥作用。通过防渗阻隔润滑剂完全分离金属板材和模具也意味着涂层特性中任何差异的分离。最后，整个冲压件上一个已知且恒定的摩擦系数大大提高了计算机成形过程开发（电脑模具试验）的准确性。

福斯开发了表 3-7 中一系列润滑剂和应用，作为 AHSS 用户的另一指南。

表 3-7　润滑油和典型汽车应用

福斯 TUF DRAW 2806 M100 金属成形加工油	结构型乘客托架组件
福斯成形油冲压拉伸油 Eco Draw HVRG8	座椅部件和导轨
福斯成形油冲压拉伸油 Eco Draw BG9	DP980 应用
蒙哥马利 DB 4265 C	主要用于 HSLA—白车身部件
福斯成形油冲压拉伸油 Eco Draw HVE1	例如发动机架的 HSLA 组件
福斯 Renoform OL 8190 金属成形加工油	最难的成形应用

3.4.2.3　关键点

关键点如下：

(1) 润滑有助于控制金属从压边圈流至模具圆角并流入部件。因为许多高强度部件在冲头上具有较小的拉伸，因此不同的润滑剂特性必须使其他金属能够在压板中流动。

(2) 为了减轻重量，增加了金属强度并减小了板材厚度，这要求压机能量和压紧力更大。需要增加能量来使许多 AHSS 成形，这导致部件和模具温度升高。温度升高通常会导致润滑剂黏度降低，甚至导致润滑剂分解，从而导致磨损和刻痕。

(3) 保持压边圈中的金属流动需要摩擦系数较低且耐高温降解的优质耐用润滑剂。

(4) 干式防渗料润滑剂具有几种特性，能够在使用 AHSS 制造零部件时减少成形问题。EP 润滑剂是另一组耐高温产品。

3.5　其他钢材加工工艺

先从各种钢材生产一个初级成形的坯件或管件，这可以来自以下任何一种：

(1) 传统单一钢种和厚度板材。

(2) 激光（拼）焊板。

(3) 激光焊管恒定和可变厚度。

(4) 激光焊接钢卷。

(5) 拼焊轧制钢卷。

(6) 激光焊接钢卷。

(7) 高频感应焊管。

（8）可变壁管。

然后利用多个制造工艺从最初成形的坯料或管件生产最终部件，包括：

（1）冷成形工艺，例如传统冲压和辊压成形。

（2）热冲压，直接和间接。

这些在第 3.2 节中有描述。

第 3.3 节说明了扁平坯件和金属管件的钢材加工技术，并提供了液压成形工艺概述。

3.5.1　激光（拼）焊板

激光（拼）焊板是将两个或以上钢板焊接在一起成为单个坯件，然后将其冲压成一个部件。激光（拼）焊板技术允许在特定部件中放置各种钢种和厚度，将钢的属性置于部件功能最需要的地方，并且去除对部件性能无作用的重量。例如，图 3-144 展示了具有多个钢级和厚度的激光焊接车身侧边缝隙（外部）。该技术可以在非关键区域中减小面板厚度，从而有助于减小部件的总体质量。

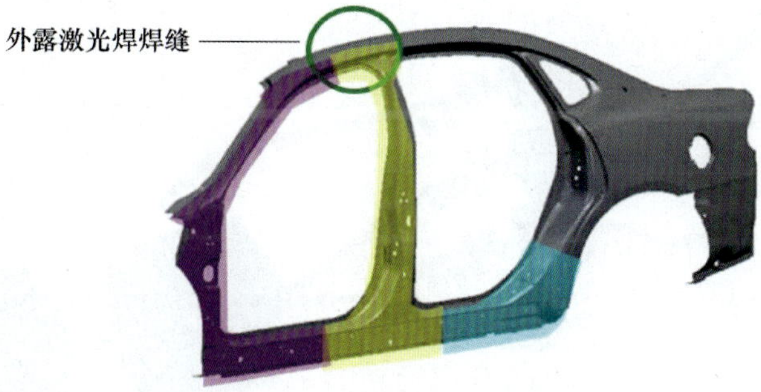

图 3-144　未来具有外露激光焊接和组合结构的车体侧边外部

资料来源：美国汽车钢铁联盟。

与单一钢种制成的单一部件厚度的传统坯件相比，激光拼焊板具有几个优点，包括：

（1）卓越的车身强度和刚性。

（2）零部件合并，一个坯件可以替代多个不同的零部件。

（3）车辆和部件重量更低。

（4）钢材使用减少。

（5）安全性提高。

（6）略去加固部件。

（7）略去装配过程。

（8）用于冲压和点焊设备的资本支出减少。

（9）库存成本减少。

（10）改进尺寸完整性（结实度与外观）。

（11）实现高性能目标，降低总成本。

（12）噪声、振动和声振粗糙度（NVH）减少。

（13）顾客感知质量提高。

3.5.2　激光焊接钢卷

激光焊接钢卷是从不同厚度和钢级的单独钢卷生产连续钢卷的工艺，如图 3-145 所示。基本过程是提取单独的钢卷，准备连续连接钢卷边缘，然后将它们激光焊接在一起成为一个主钢卷。然后，新的钢带准备进行其他冲裁，或用作多工位冲压生产线的连续进料。

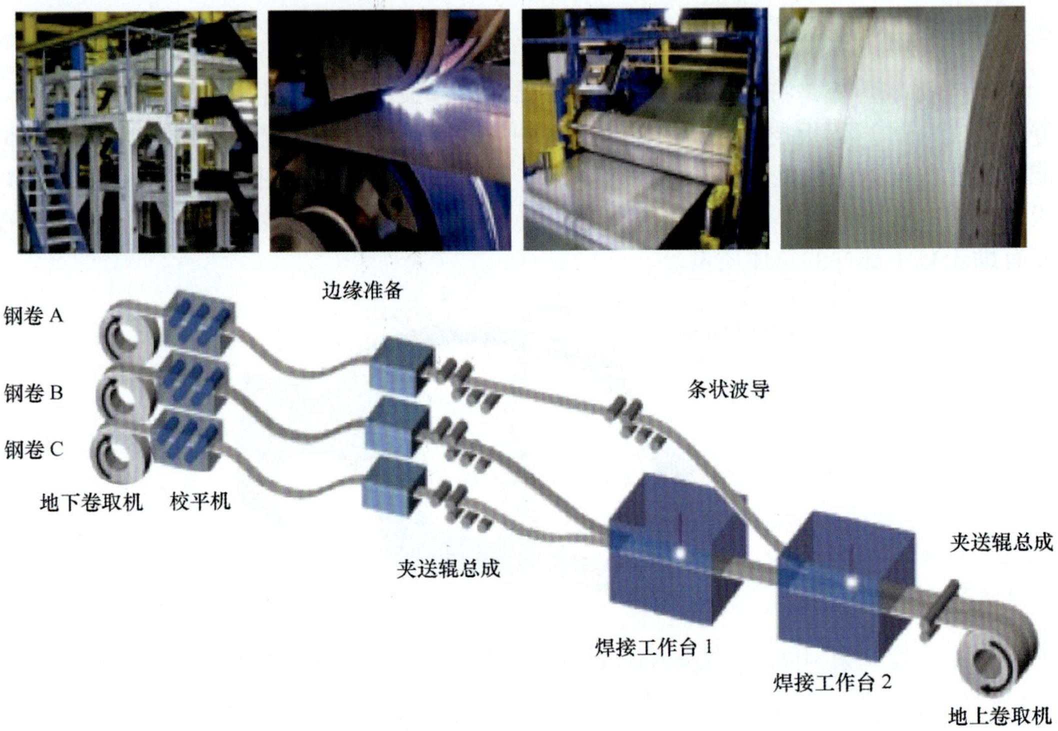

图 3-145　激光焊接钢卷工艺
资料来源：美国汽车钢铁联盟。

利用前模具冲压工艺，激光焊接钢卷在汽车应用中可能的用途包括以下方面：

（1）车顶结构。

（2）顶板梁。

（3）侧梁。

（4）加强件。

（5）座椅横梁。

（6）排气系统。

3.5.3　拼焊轧制钢卷

拼焊轧制钢卷是通过改变两个轧辊之间的间隙来实现柔性冷轧带钢的制造过程，允许轧制方向上钢带厚度不同。图 3-146 说明了制造原理。精确的测量和控制技术保证了带钢的厚度公差。

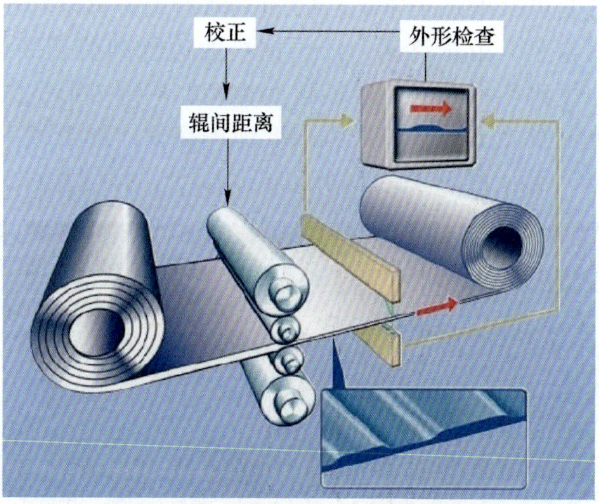

图 3-146 生产拼焊轧制钢卷的原理
资料来源：P. Mooney 提供。

拼焊轧制钢卷可以用于冲裁操作（用于冲压或管状坯料），也可以直接进料到辊压生产线中。

3.5.4 激光落料

如第 3.2.3.2 节所述，各种机械剪切边缘与水射流、激光切割和铣削边缘的比较表明，激光切割边缘的伸长率接近理想铣边的伸长率。为了应对 AHSS 体积和强度水平增加，多家公司已经开发了激光落料生产线，通过激光或一系列激光冲裁钢卷以产生坯料。这些新的生产线能够大量切割坯料。

在处理 AHSS 时，这种方法有几个优点。其中，重要的一个优点是改善了边缘状况以抵抗边缘断裂。通过省去昂贵的料模结构和工具维护费用，可以进一步节省成本（不需要料模和昂贵的工具钢，AHSS 通常需要更耐用且更昂贵的工具钢）。无需存储料模，减少了所需的占地面积。还可以通过坯料套料优化或从同一钢带中冲裁两个或更多不同的坯件来优化材料利用率。图 3-147 显示了来自相同钢卷的 3 个不同坯料的激光板材套料优化的示

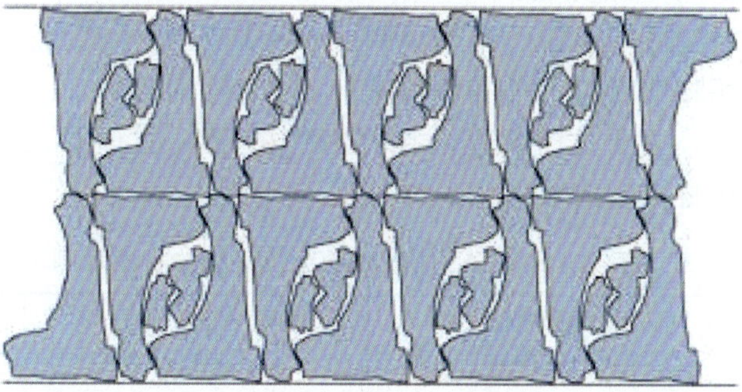

图 3-147 来自同一钢卷激光拼焊以最小化工程废料的 3 种不同坯料示意图，不仅工程废料降到最低，而且极好的边缘状况显著降低了边缘断裂的可能
资料来源：P. Mooney 提供。

例。可以快速进行生产变更来增加正常运行时间，因为无需移除和更换料模，也可以在生产启动后轻松改变坯料轮廓。由于许多 AHSS 钢级的边缘和剪切断裂都对轧制方向敏感，替代的套料可以潜在地优化坯料方向，以使这些类型的局部成形性失效最小化。

应在开发过程中决定激光下料，以最大限度地提高整体加工效率，避免建造冲模或其他非必要工具。图 3-148 显示了专门设计用于加工 AHSS 的典型激光落料生产线。

图 3-148　专门设计用于加工 AHSS 的激光落料生产线，正如 3.3.7 节所述，甚至有一个专门设计的圆筒设计矫直机（最左边），用于确保坯料加工后依然平整

3.5.5　传统管件成形

3.5.5.1　高频焊管

焊接管通常是由平板材料通过连续辊轧成形和高频焊接工艺制造而成。这些类型的焊管广泛用于汽车应用，例如座椅结构、横向构件、侧门防撞梁、保险杆、发动机托架、纵臂和扭转梁。目前，高达 DP 700/1000 钢级的 AHSS 焊管用于汽车商业应用中。

焊管制造涉及影响管件力学性能的一系列加工步骤（例如辊压成形、焊接、校准、成形）。在管件制造过程中，屈服强度和抗拉强度都增加，而总伸长率减小。随后，当制造零件和部件时，然后通过诸如扩口、整平、膨胀、还原、模具成形、弯曲和液压成形等操作形成管件。管件的实际性能决定了利用这些技术的成功程度。

公布的数据资料中，关于 AHSS 管件技术特性的资料很有限。例如，ULSAB-AVC 项目仅涉及应用于实际车身结构的管件和尺寸，见表 3-8。

表 3-8　ULSAB-AVC 项目的出货直管的特性示例

钢　级	最小屈服强度 /MPa	最小抗拉强度 /MPa	典型总伸长率 /%
MS 950/1200	1150	1200	5～7
DP 500/800	600	800	16～22
DP 280/600	450	600	27～30

早期的 ULSAC 研究导致设计和制造出了演示硬件，其中包括由 DP 500/800 材料制成的 AHSS 管件，如图 3-149 所示。ULSAC 工程报告提供了研究中使用的两个管件尺寸的实际技术特征，即 55mm×30mm×1.5mm 和 ϕ34mm×1.0mm。

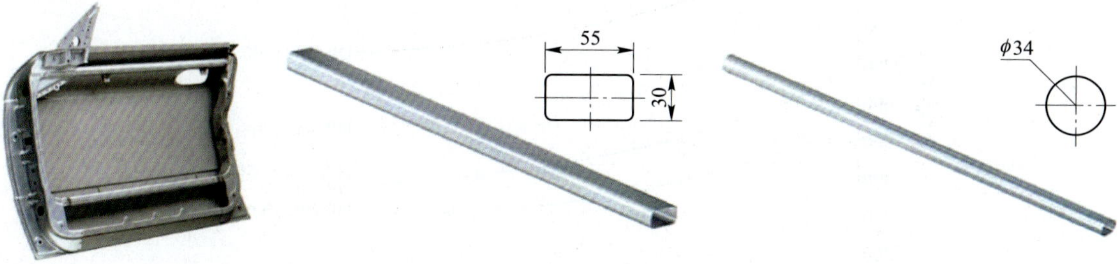

图 3-149 ULSAC 研究车门（左）、DP 500/800 下部（中）和外部加强管（右）

在管件制造过程中发生的加工硬化增加了屈服强度，使得焊接的 AHSS 管件适合作为结构材料。焊接 AHSS 管件的力学性能（见图 3-150）显示其具有优异的工程性能。

与 HSLA 钢管相比，AHSS 管的强度、成形性和可焊性整体提高。AHSS 管件适用于结构体，并且因其高能量吸收、高强度、低重量和具有成本效益的制造而具有竞争优势。

加工硬化程度以及管件的成形性取决于钢种和管件直径/厚度比（D/T），如图 3-151 所示。根据加工硬化程度，与生产的钢材相比，管材的成形性降低。

弯曲 AHSS 管件遵循适用于普通钢管的相同规则。评估管件成形性的一种方法是最小弯曲半径，其利用由比例试样通过拉伸试验确定的实际钢种和管径的总伸长率（A_5）。

最小中心线半径（CLR）定义为：

$$\mathrm{CLR}=50\,\frac{D}{A_5}$$

计算机辅助成形工艺开发利用实际的真实应力—真实应变曲线，该曲线是针对实际钢种和管径进行测量的。图 3-151 包含 AHSS 管件真实应力—真实应变曲线的示例。

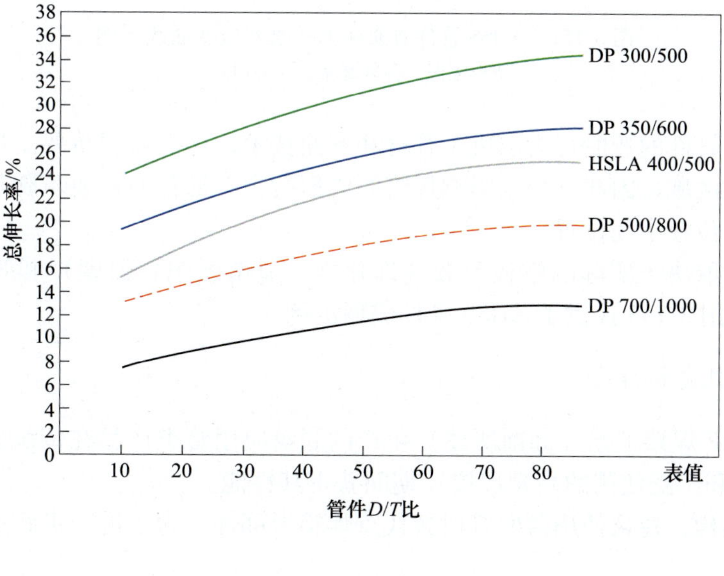

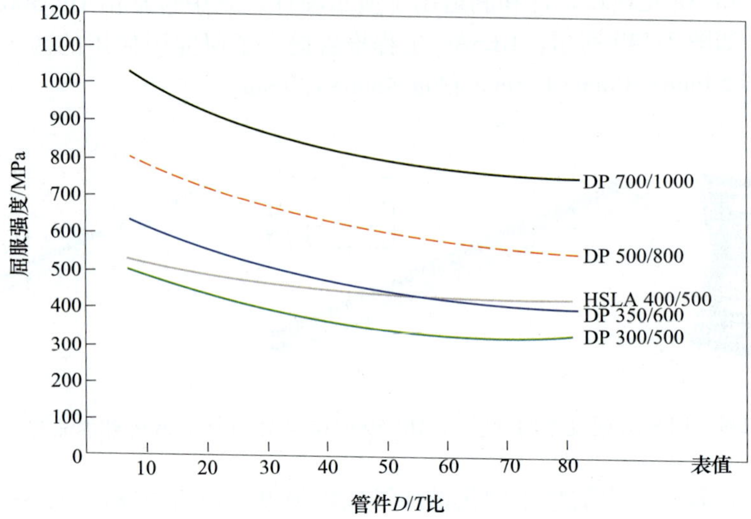

图 3-150　AHSS 管件的预计总伸长率和屈服强度

资料来源：劳塔鲁基钢铁公司。

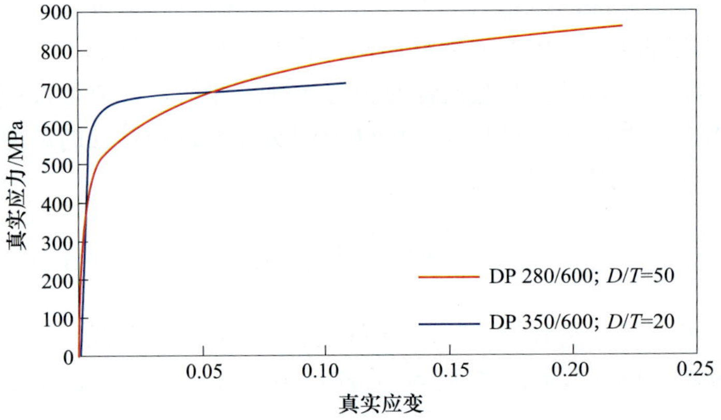

图 3-151　AHSS 管件真实应力—真实应变曲线示例

资料来源：劳塔鲁基钢铁公司。

然而，注意管件的弯曲行为取决于管材和弯曲技术，这一点很重要。焊缝也是管状横截面中不均匀的区域。因此，焊缝影响焊管的成形行为。推荐的首要步骤是在弯曲操作期间将焊接区域定位在中间位置。

焊接的特性取决于实际的钢板参数（即化学、显微组织、强度）和管件制造工艺装置，图 3-152 和图 3-153 提供了 AHSS 管件成形示例。

3.5.5.2　激光拼焊管

通过传统 HF 焊接工艺（如前所述）生产的底盘应用管类产品在传统的管件制造工艺（例如辊轧成形和广泛使用的高频焊接）期间获得其性能。

对于车身结构，建议使用薄壁管段替代点焊箱形部件。为了进一步满足尺寸更薄（具有在所有 AHSS 钢级中对加工硬化更为敏感的不同金属内外表面涂层）的要求，需要一种替代的制造工艺来维持轧制板材条件下的金属板材特性。

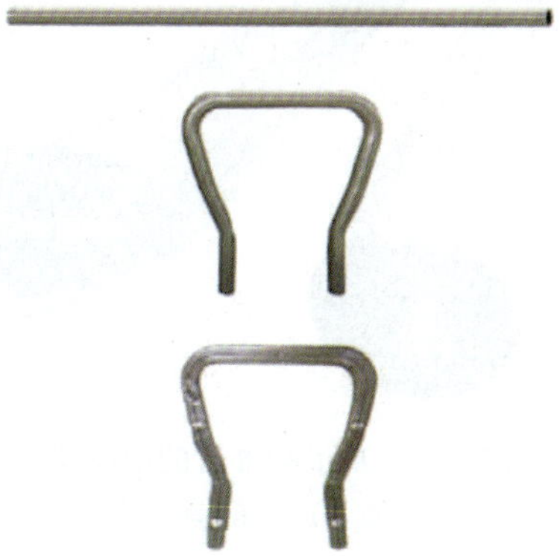

图 3-152 液压成形发动机支架，由 DP 280/600 焊管制成，屈服强度≈540N/mm^2；抗拉强度≈710N/mm^2；总伸长率≈34%。拉伸弯曲，中心线弯曲半径 = 1.6D，弯曲角>90°
资料来源：劳塔鲁基钢铁公司。

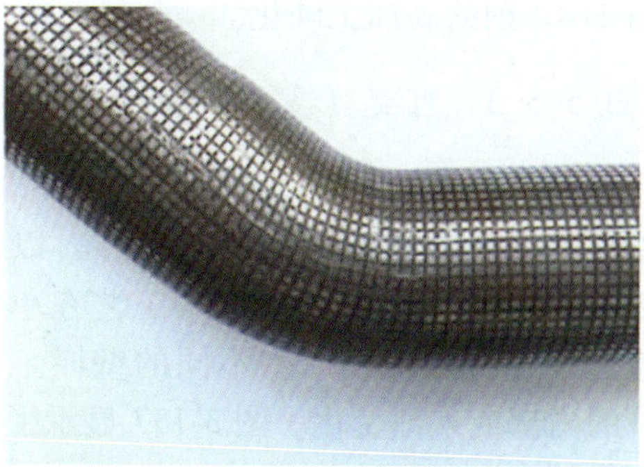

图 3-153 DP 350/600 焊管的弯曲试验，屈服强度≈610N/mm^2；抗拉强度≈680N/mm^2；总伸长率≈27%。增压机弯曲，中心线弯曲半径 = 1.5D，弯曲角 = 45°
资料来源：劳塔鲁基钢铁公司。

广泛用于拼焊板的激光焊接产生非常窄的焊缝。成功地使用具有不同厚度和/或强度的金属板材，以通过省去额外的增强部件来实现减重。随着激光拼焊板的成批大量生产，进一步改善了焊接。

采用液压成形的部件合并是同时节省成本和减轻重量的一个策略。使用液压成形技术之后，管类零件的下一步就是使金属板材更接近最终部件设计的形状，同时也不会失去拼接板的特征，如图 3-154 所示。

拼焊管生产工艺允许设计师在形状、厚度、强度和涂层方面进行复杂的变化，如图 3-155 所示，然而，形状复杂性受到可用钢种和力学性能的限制。

专为前纵梁应用设计的锥形拼焊管具有重量优化和碰撞管理功能，可用于应对汽车车身架构建造的问题。在正面碰撞和侧面碰撞中，负载路

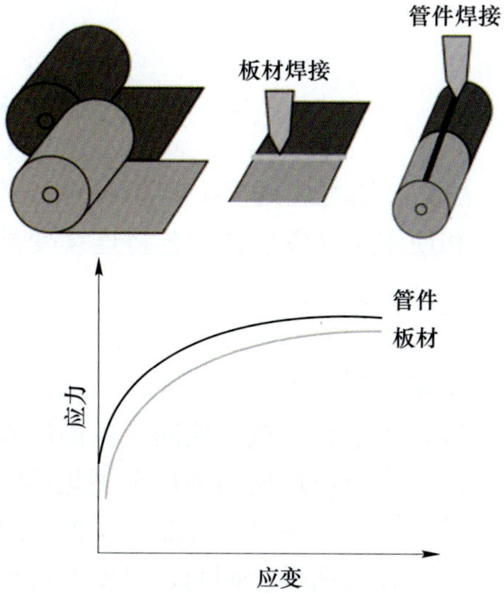

图 3-154 拼焊管的力学性能接近于片材状态下的原始金属性质
资料来源：美国汽车工程学会。

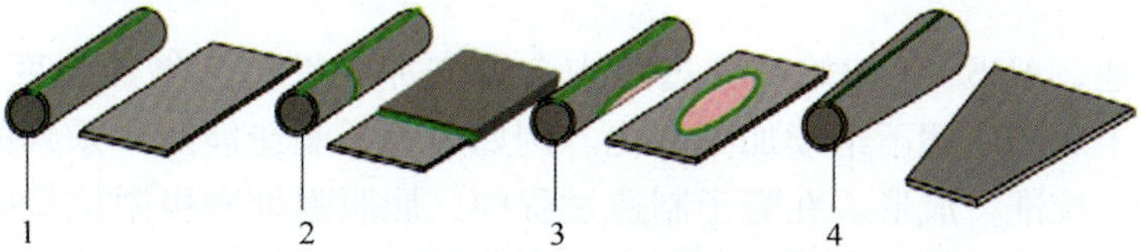

图 3-155 激光拼焊管示例和所需的预制坯形状
1—1 件柱形管；2—2 件拼焊管；3—拼接管；4—1 件圆锥管

径对车身设计具有重要的意义，因为它们对结构构件和接头的结构有重要的影响。图 3-156 是前纵梁液压成形原型示例。用于此目的的锥形管可以利用 TRIP 钢的高加工硬化。

图 3-156 基于圆锥管的前纵梁原型，具有 40mm 的直径端差

3.5.5.3 可变（多重）壁管

可变或多重壁管（MWT）是一种专用工艺，沿着长度制造具有不同壁厚的管件，以满足随长度变化的特定功能要求。MWT 工艺在单个成形管中通过不连续的阶段产生不同的壁厚。壁厚可以在管的内部或外部变化。图 3-157 显示了一个管件剖面示例。

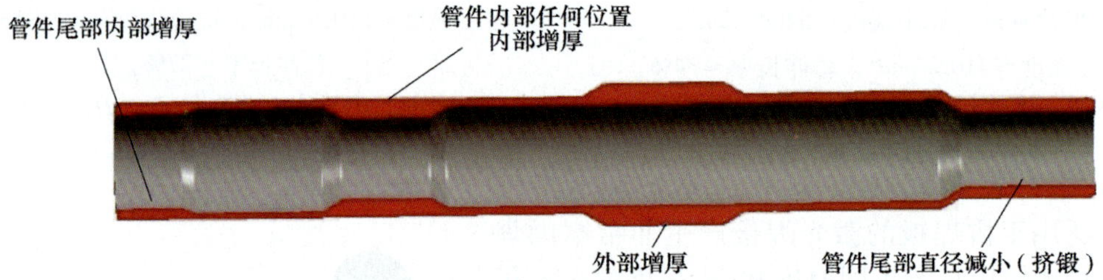

图 3-157 多重壁管显示出不同的壁厚

然而，已经应用于生产车辆的 MWT 的其他方法是激光焊接拼焊板（也称为激光拼焊管）和使用激光焊接管工艺将连续变截面板激光焊接到管件中。

3.5.5.4 关键点

关键点如下：

（1）由于管材成形期间产生的冷加工，与初始的片材相比，管材的成形性降低。

（2）管材成形期间的加工硬化增加了屈服强度和抗拉强度，从而使管材成为结构件。

（3）激光焊接管产生非常窄的焊缝。

（4）在弯曲操作期间，只要有可能，焊缝应位于管材的中性轴线处。

3.5.6 液压成形管

3.5.6.1 预成形弯曲

如上一节所述，AHSS 在初始制管过程中会首先加工硬化（增加强度），然后在液压成形过程中的每个成形步骤下继续加工硬化。例如，管子制造涉及一系列的加工步骤——轧辊成形、焊接、校准、成形。在管子制造过程中，屈服强度和极限抗拉强度都增加，而总伸长率和残余拉伸性降低。在管材的预成形弯曲期间也是如此。在预成形弯曲应力集中的管材区域中，屈服强度和极限抗拉强度在变形区域中将增加，而总伸长率和拉伸性局部减小。当涉及生产液压成形零部件时，产品和工具设计都必须考虑到强度增加以及成形性参数降低。

需要仔细考虑以避免超过可用的弯曲极限或成形极限总伸长率，特别是对于位于预成形弯曲区域的成品部件中的拉伸性形成。有关成形为具有各种 *D/T* 比的管件的几种示例性高强度钢的预计伸长值，如图 3-150 所示。

可用于预成形弯曲工艺和随后的液压成形工艺的变形将取决于所选择的材料、管件 *D/T* 比、管件制造工艺、预成形弯曲的中心线半径和弯曲夹角。参考图 3-150，更高强度 AHSS 管件将具有有限的伸长率。因此，需要分析零部件设计以避免超过所选材料施加的各种成形极限。

在过去几年中，汽车车顶纵梁已经加入了液压成形部件。ULSAB-AVCW-8 也使用这种类型的结构。最近更多车辆使用强度更高的 AHSS 来提高车顶强度，如图 3-158 所示。

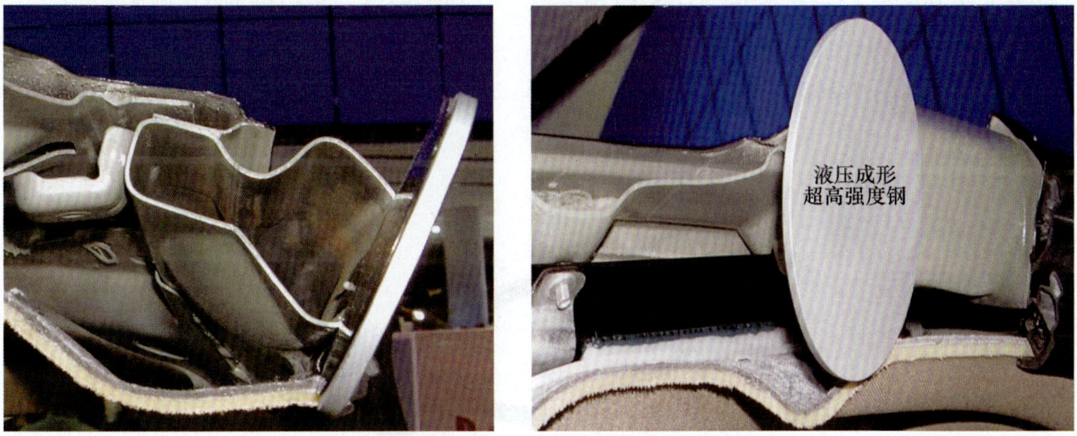

图 3-158　北美 2008 年卡车车顶纵梁采用 AHSS 液压部件

资料来源：美国钢铁协会。

3.5.6.2　成形

管件的液压成形工艺通常包括将管件直径从 3%扩大到 30%，这取决于设计、选择的材料和用于成形的压力。管材生产通常采用管件液压成形的三种基本方法之一。前两个是低压和高压工艺。低压开始于圆周略小于成品几何形状最终圆周的管件。管材置于开式模中之后，对管材进行加压。当模具闭合时，管材圆周改变形状以符合闭合的模具。在形状变化期间，压力足以防止管材屈曲。关键是周长增加很小，从而允许强度高且成形性低的金属达到更为紧密的半径而不失效。该低压工艺适用于由 AHSS 制成的管材。

第二个工艺是高压管材液压成形。此时，管材先放置在模具中，然后模具闭合。现在，管材加压使金属随着圆周增加而拉伸，以符合模具的内圆周，通常在拐角和产品特性上具有紧密的半径。更高强度的钢可能不能充分膨胀以填充模具的几何形状或产生小半径而没有失效。此外，与低压液压成形相比，为获得具有最小回弹或更少皱褶的正确几何形状，必须使用高压。

第三个工艺通过“端部进料”降低了周向伸长的难度。特殊端部活塞将额外的材料从管端推入模腔，为扩大管材圆周提供更多的材料。这种管材圆周扩大的方法涉及双向应变。端部进料有利于 AHSS 管材液压成形。

AHSS 管材液压成形需要研发成形极限图，包括管材 D/T 比、预成形弯曲度和最终的几何形状。目前，这些数据限于抗拉强度大于 600MPa 的 DP 钢之外的 AHSS。随着新的应用快速发展，成形极限图的可用性将会提高。为了协助非常早期的工艺和模具设计，计算机化成形工艺开发是检验将不同 AHSS 应用于部件设计的有效性的绝佳工具。

图 3-159 和图 3-160 展示了两个液压成形生产部件。

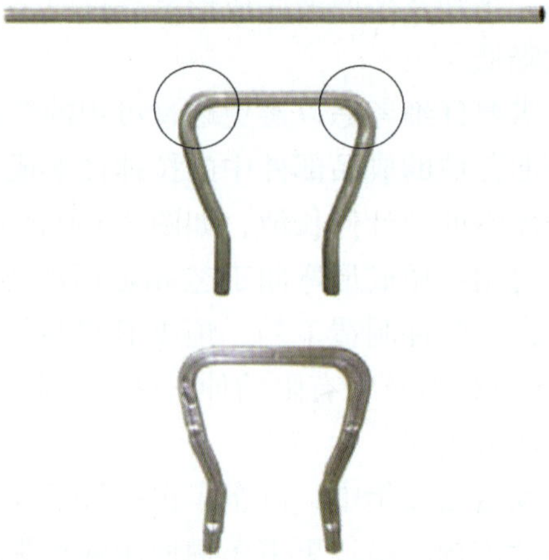

图 3-159　图 3-114 的这个副本显示了由 DP 280/600 焊管制成的液压成形发动机支架的两个潜在问题区域（圈起）

资料来源：劳塔鲁基钢铁公司。

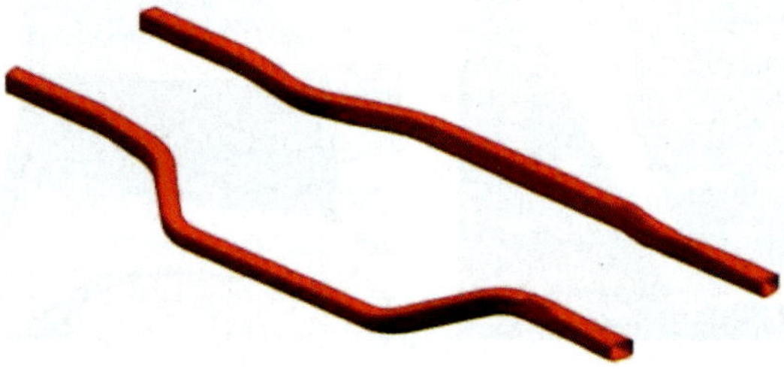

图 3-160　欧泊轿跑车、庞蒂亚克硬顶敞篷跑车和土星天空主要车身纵梁：管材 DIA132mm，尺寸 1.8mm，D/T=73，成品长度 4070mm，DP 350/600

资料来源：美国钢铁协会。

3.5.6.3　成形后修边

对于修边和冲孔而言，用于冲压 AHSS 部件的相同的一般注意事项适用于液压成形 AHSS 部件。由于 AHSS 具有比传统高强度钢更高的抗拉强度，所以需要改变修边工具的结构以承受更高的载荷。在修边操作期间，对修边余量进行适当支撑对于使边缘开裂最小化也是非常重要的。常用于液压成形部件的激光修边仍然是一个极佳选择。然而，需要评估激光束对修边边缘的硬化效果。

3.5.6.4　设计思想

今天，液压成形部件广泛用于汽车应用，例如座椅结构、横向构件、侧门防撞梁、保险杆、发动机托架、纵臂、车顶纵梁和扭转梁。目前，高达 DP 700/1000 钢级的 AHSS 管件用于汽车商业应用中。一般来说，传统钢液压成形的相同设计指南也适用于 AHSS。然而，随着部件设计和制造工艺不断发展，需要进一步关注成形的可用伸长率和部件功能。

3.5.6.5 关键点

关键点如下：

（1）管材液压成形是当前用以制造大量结构件的生产工艺。

（2）AHSS 管材具有较高屈服和抗拉强度，但总伸长率和拉伸性极限较低，这将限制一些液压成形的管材设计。

（3）需要从产品开发的各个阶段合计成形变形，其包括初始管材、预弯曲、液压圆周扩大和局部特征的形成。

（4）AHSS 管材修边和冲孔的注意事项与 AHSS 冲压部件修边和冲孔的注意事项相似。

3.6 工艺维护与质量控制

AHSS 应用不断增加，高强度车身部件有助于满足碰撞要求，而部件变薄减轻了重量，从而提高燃油经济性并降低总体排放。强度增大和厚度减小都会导致整体成形性下降、力量更大、温度更高且模具磨损加速，并且每一个结果都减小了制造窗口的尺寸。为了应对所有这些挑战，冲压车间必须实施先进的过程控制措施，以尽量减少正常过程变化，因为该过程现在对这种变化的承受度降低。模具和配方维护也是如此。

了解这一现实之后，重要的是做出工艺决策，扩大成形窗口，这包括更好的模具材料、表面处理、表面涂层和基于数据的润滑剂规格。需要进行跨职能沟通，以提高员工对于工艺纪律水平的认识，这对成功至关重要。控制冲压工艺的投入对于实现可预测的产出至关重要，因此，应在各个阶段确定工艺配方。这是工艺控制的实质，它定义了冲压工艺的关键投入和产出之间的关系。图 3-161 展示了重要的冲压输入，例如钢材、润滑剂、压机和模具条件。所有这些都促成最终的部件输出，因此，为了验证工艺的可靠性和可重复性，需要对其进行良好的记录、维护和了解。

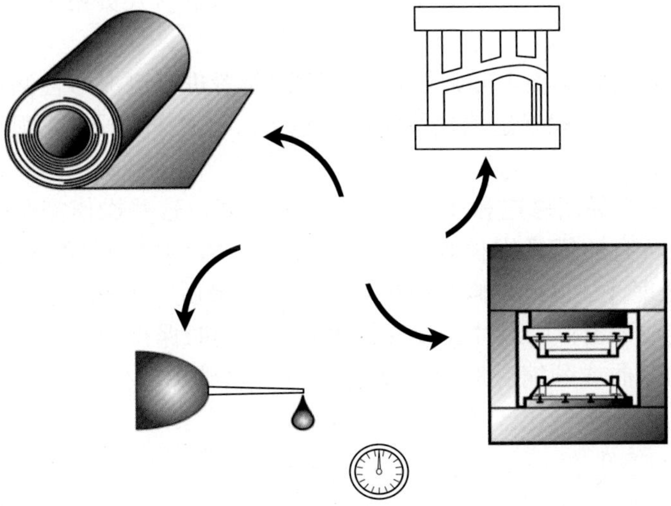

图 3-161 冲压车间的关键输入包括钢材、润滑剂、压机和模具

3.6.1　标准零件

标准零件是 AHSS 工艺的理想选择，有效地建立了成形操作的过程控制。标准零件是一个拉延件，在面板形成时记录输入设置和过程输出（成形应变、引入线、修整废料）。因此，它可以作为每个模组的有用参考，与当前的操作面板和工艺进行比较，确保所有输入都是稳定的。面板外观的视觉变化或者应变或引入线的测量变化可以快速检测输入变化，并在出现不可接受的面板（刻痕、变形、弯曲或破裂）之前进行工艺调整。

标准零件的使用应该是成形性系统的一部分，其特征在于系统的小组评估、成熟的确认和模具改进/模具维护计划。例如，生产现实是这样，使得如果它们没有被存储在靠近地板（以便易于使用）的防护架中，则无法使用标准零件。图 3-162 显示了北美一间冲压厂中的示例标准零件托架系统。

图 3-162　车门外板标准零件和存放架

所有涉及的员工都需要接受培训了解这项工具的重要性，在整理活动中，保留面板而不要将其丢弃。并且将有纪律的小组评估流程与生产和贸易人员相结合，以确保在每个部件运行期间都使用标准零件。

引入或厚度面板可在面板上非常精确且一致的位置进行可成形性测量。定期测量这些输出（每个部件运行）可以确定工艺稳定性和趋势，这对于安排 PM 很重要。引入模板的示例如图 3-163 所示。

由于 AHSS 产品容易因修边和冲孔操作而边缘剪切，这些操作需要先进的工具和更为频繁的 PM 间隔。所有的模具维护都是至关重要的，需要更为频繁的抛光、替换插入件（或修复）、表面处理评估以计划修复或重新涂覆等。最后，工具和模具人员应尝试使用开裂—弯曲分析确定成形窗口的尺寸，改变关闭高度，同时保持所有其他变量不变以确定何时出现不可接受的弯曲或颈缩。然后，该信息用于形成实现生产稳定性和坚固性的输入（配方）设置。

3.6.2　关键点

关键点如下：

（1）工艺控制和模具维护对于 AHSS 产品来说更加重要，因为与传统钢相比，其制造

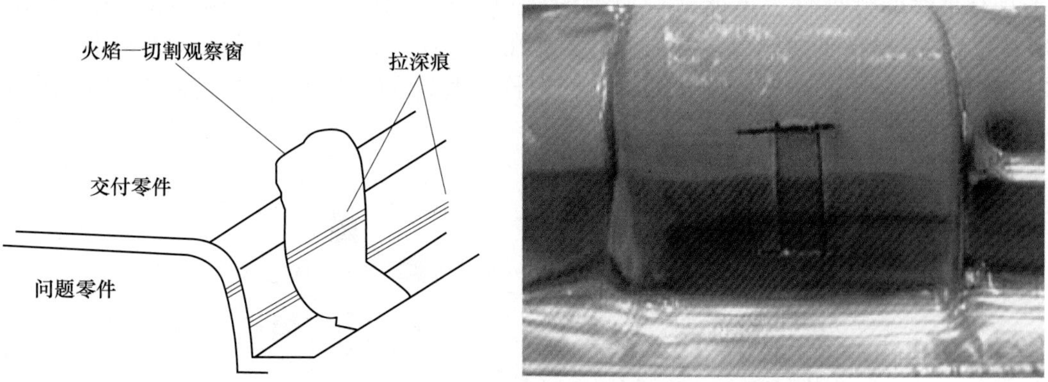

图 3-163 零件的引入模板，切口允许精确且重复的测量

窗口显著更小。

（2）标准零件是检测工艺漂移和变化的重要工具，但是它们的使用必须系统化，并且需要将使用标准零件的操作实践集成在冲压车间地板上。

（3）对于 AHSS 而言，模具 PM 间隔应该更为频繁。这包括修边和翻边操作，由于切割和移动这些极高强度的钢所涉及的强大的力，也容易发生迅速劣化。

3.7 使用要求

DP 和 TRIP 钢的显微组织提高了金属板材成形能力，同时提高了在碰撞环境中的能量吸收。

3.7.1 碰撞管理

铁素体作为主体的 DP 和 TRIP 钢具有比传统高强度钢更高的能量吸收性能，特别是经过预变形和油漆烘烤处理之后。促成这种高能量吸收性能的两个关键特征是高加工硬化率和显著的烘烤硬化（BH）效应。

DP 和 TRIP 钢具有的相对较高的加工硬化率导致其具有比相似屈服强度的传统 HSS 更高的极限抗拉强度。高加工硬化率也使 DP 和 TRIP 钢在成形过程中加工硬化至比具有相似屈服强度的高强度钢更高的板内强度，进一步增加了应力—应变曲线下的面积和碰撞能量吸收。最后，高加工硬化率在碰撞变形期间更好地分布应变，提供更稳定且可预测的轴向挤压，这对于在前后碰撞情况下最大限度地吸收能量至关重要。

相对较大的 BH 效应还通过进一步增加应力—应变曲线下的面积来增加 DP 和 TRIP 钢的能量吸收。传统的 HSS 不具有强烈的 BH 效应，因此不能受益于这种强化机制。

图 3-164 说明了作为静态（传统拉伸试验速度）屈服强度函数的 DP 和 TRIP 钢之间的能量吸收差异。

图 3-165 显示了一个方管组件计算的吸收能量与总伸长率的对应关系。DP 和 TRIP 钢吸收的能量保持不变，但是总伸长率增加，允许形成复杂的形状。对于给定的碰撞关键部件，如果所考虑的所有材料都具有足够的伸长，能够适应所需的碰撞变形，难以与传统高强度钢相比，DP 和 TRIP 钢较大的伸长通常不会增加能量吸收。在一些应用中，如果传统

钢不具有足够的延展性，不能适应所需的碰撞变形和分裂，而非完全完成挤压，DP 和 TRIP 钢级的能量吸收则比传统高强度钢多。在后一种情况下，用足够的延展性代替 DP 或 TRIP 钢来承受全面的碰撞变形，那么，通过恢复稳定的挤压并允许更多的材料吸收碰撞能量，可以提高能量吸收。

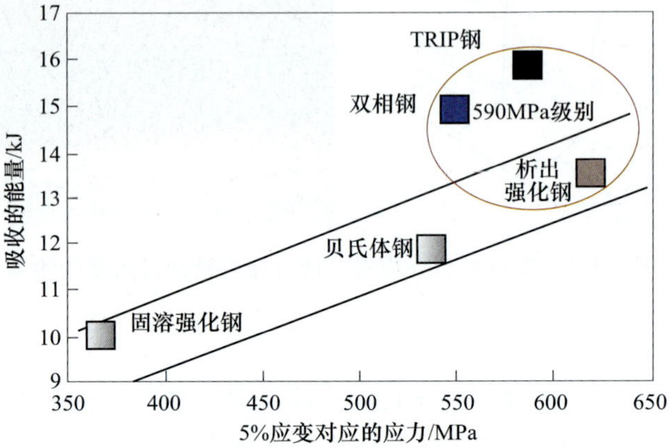

图 3-164　作为静态屈服强度函数的方管吸收能量

资料来源：新日铁住金株式会社。

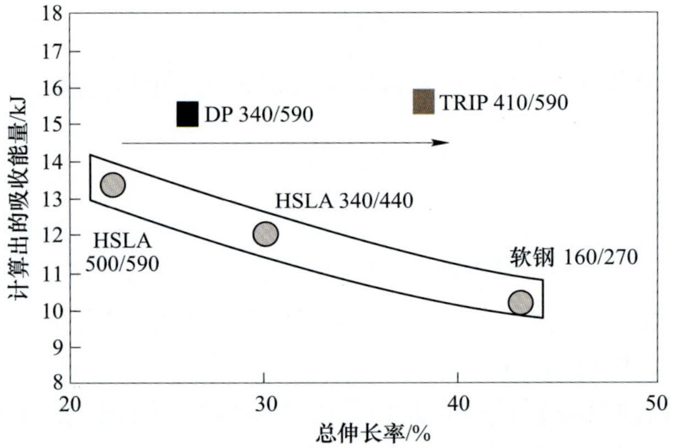

图 3-165　作为总伸长函数的方管计算的吸收能量

资料来源：新日铁住金株式会社。

钢和竞争材料的高应变率性能测试方法。近年来，全球钢铁行业合作制定了高应变率测试方法的推荐做法，并将被纳入国际标准组织（ISO）标准。对这种测试方法的需求基于以下几点：

（1）应变率效应是耐撞性能的一个重要问题。

（2）钢具有有利的应变率效应特性，而铝则不具有。

（3）在此之前，世界各地还未建立普遍的测试方法。

3.7.2　疲劳

由于许多冶金方面的原因，DP 钢的疲劳强度高于具有相似屈服强度的沉淀硬化钢或常情况下，随着与工件距离的增加，截面的几何尺寸增长得快的电极能够提供更佳的散热。电极形状的选择还需要考虑工件的可达性以及工件外观质量的可接受性。电极端面直径也必须慎重选择，端面直径太小，生成的焊点尺寸也过小，强度不足；过大的端面直径则会导致熔核生长的不稳定性和不一致性。

电极必须能够向工件传导电流，机械约束住工件，并且从工件上导热。因此，电极必须能够在高温下承受高的外加载荷，同时保持充分的导热导电性。对于某指定的应用场合，电极合金材料的选择通常遵循尽可能减少电极磨损这一原则。当电极磨损时，电极开始“蘑菇化”或者端面直径变大时。当电极与工件间发生合金化反应时，电极的磨损会加速，这也是焊接铝以及镀层材料时的常见问题。随着电极直径的增加，电流密度下降，这将导致熔核尺寸的降低。因为点焊接头的强度与熔核直径的尺寸是线性相关的，因此电极的磨损会是一个大问题。

取决于具体的应用，一系列的铜基或耐火基的电极材料被广泛使用。电阻焊协会（RWMA）将电极材料划分成 A、B、C 三组。A 组包含绝大多数的常见铜基材料，见表 4-1。B 组包含耐火金属及耐火金属复合材料。C 组包含特殊的材料如弥散强化铜。在每个组别中，电极材料以分类号的形式被进一步划分。一般的规律是：随着分类号的增加，电极的强度增加，但是导电性下降。导电性下降，电极会更容易变热。电极材料的选择需要考虑多种因素，但是通常被焊接材料的强度越高，电极材料的强度也应该越高。同样重要的是，电极的导电导热性应远高于被焊接材料。

表 4-1 电阻焊协会铜基合金电极材料的机械与物理性能下限

A 组① 铜基合金		洛氏硬度			导电性②			屈服强度/ksi③ （5%的外力加载）						伸长率/%（直径 2in 或 4in）		
尺寸范围		等级			等级			等级			等级			等级		
in	mm	1	2	3	1	2	3	1	2	3	1	2	3	1	2	3
直径——圆形截面棒（冷镦）																
≤1	≤25	65 HRB	75 HRB	90 HRB	80%	75%	45%	45	55	90	60	65	95	13%	13%	9%
>1 且≤2	>25 且≤51	60 HRB	70 HRB	90 HRB	80%	75%	45%	45	55	90	55	59	92	14%	13%	9%
>2 且≤3	>51 且≤76	55 HRB	65 HRB	90 HRB	80%	75%	45%	45	55	90	50	55	88	15%	13%	9%
厚度——方形、矩形、六边形截面棒（冷镦）																
≤1	≤25	55 HRB	70 HRB	90 HRB	80%	75%	45%	45	45	90	60	65	95	13%	13%	9%
>1	>25	50 HRB	65 HRB	90 HRB	80%	75%	45%	45	40	90	50	55	90	14%	13%	9%
厚度——锻件																
≤1	≤25	55 HRB	65 HRB	90 HRB④	80%	75%	45%	45	45	50	60	55	94	12%	13%	9%
>1 且≤2	>25 且≤51	50 HRB	65 HRB	90 HRB④	80%	75%	45%	45	45	50	50	55	90	13%	13%	9%
>2	>51	50 HRB	65 HRB	90 HRB④	80%	75%	45%	45	40	50	50	55	88	13%	13%	9%
铸件																
全部	全部	NA	55 HRB	90 HRB	NA	70%	45%	NA	20	45	NA	45	75	NA	12%	5%

① 除非另外提及，所有材料均为完全热处理后的状态。经完全热处理和冷加工的最大直径为 25mm 的圆棒。

② 铜热处理国际标准（IACS），传导率 = 1/0.0058（电阻率）；此处传导率用% IACS 表示，电阻率的单位是μΩ · cm。

③ 屈服强度为典型值，实际情况可能更高或更低。

④ 热加工或热处理，非冷加工。

A 组中的 1 类和 2 类电极是使用最普遍的两种电极。1 类电极［99%铜，1%镉，抗拉强度 60ksi（锻造态）；导电率 92%国际退火铜标准（IACS）］拥有最佳的导电率和导热率，典型应用于点焊铝合金、镁合金、黄铜及青铜。2 类电极［99.2%铜，0.8%铬，抗拉强度 60ksi（锻造态）；导电率 82%国际退火铜标准（IACS）］是点焊或缝焊大多数材料时普遍采用的电极。国际退火铜标准 IACS 设立了与电极相对照的铜的标准编号。纯铜的 IACS 标号为 100%。

总之，绝大多数的电阻焊过程的优点及局限性如下。

（1）优点为：

1）可以焊接绝大多数的材料，尤以焊接钢材最佳。

2）可以快速地完成焊接（一个典型的焊接周期是 0.2s）。

3）由于电极的“自夹紧”属性，非常适合于自动化生产。

4）不需要填充材料。

5）电阻点焊和电阻缝焊是薄板焊接的理想选择。

（2）局限性为：

1）电阻焊设备比弧焊设备昂贵许多。

2）接头无法目视检测（电阻闪光焊和电阻对焊除外）。

3）需要非常高的焊接电流，因此要求线路具备提供高功率的能力。

4）焊接设备不便于携带。

5）由于接头边缘处尖锐的几何特征，点焊等接头的拉伸、疲劳等力学性能可能比较差。

6）电极磨损。

4.3.2 电阻焊过程

通常情况下，第一次使用先进高强度钢（DP、TRIP、CP、FB 或 MS），用户应在软钢焊接基础上注意以下几点：

（1）基于材料屈服强度增加 20%或更多的电极压力。

（2）适当增加焊接时间。

如果这些变化还不够，则尝试以下附加变化：

（1）使用多脉冲焊接方案（几次脉冲或后热脉冲）。

（2）增大电极端面直径和/或改变电极类型。

（3）增加最小熔核尺寸。

电阻焊时，由于具有较高的电阻率，先进高强度钢所需电流比软钢或低合金高强钢小。因此，基于其化学成分，先进高强度钢的焊接电流不会增加甚至可能减小。然而大多数先进高强度钢因为强度高，所以所需的焊接压力比同厚度的软钢高。如果用先进高强度钢取代厚的软钢或低合金高强钢，在组装焊接过程中有时也会使用相同的压力。

与软钢相比，先进高强度钢具有较窄的焊接窗口（可焊接的焊接参数），如图 4-6 所示。

图 4-7 和图 4-8 展示了 600~1400MPa 先进高强度钢点焊时的可焊电流范围。先进高强度钢点焊时的可焊窗口主要受焊接压力和焊接时间影响。每增加 500N 的焊接压力，可焊

电流范围增加 500A（见图 4-7）。每增加 40ms 焊接时间，可焊电流范围增加 250A（见图 4-8）。额外的增加焊接压力和焊接时间，可以增加可焊电流范围，从而得到更宽的可焊窗口。

深入研究表明：3 种热镀锌铁合金 DP 钢（$45/45g/m^2$）表现出相似的可焊性，3 种材料板厚均为 1.6mm，具体钢种为 DP 340/590，DP 420/780 和 DP 550/980。用可焊电流范围和静态接头拉伸试验来描述这些钢种的焊接性能。可焊电流范围的下限指得到最小熔核直径时的电流（I_{min}），上限指发生焊接飞溅时的电流（I_{max}）。本研究中定义最小熔核尺寸为 $4\sqrt{t}$，t 为钢板公称厚度。此种定义方法广泛用于汽车和钢铁行业。DP 340/590 和 DP 420/780 的焊接电流范围为 2.2kA，DP 550/980 的焊接电流范围为 2.5kA，如图 4-9 所示。对

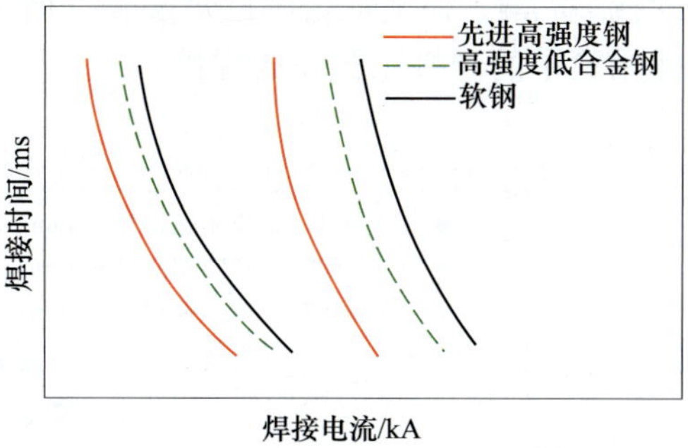

图 4-6 AHSS、HSLA、软钢随着强度级别增加可焊电流降低示意图

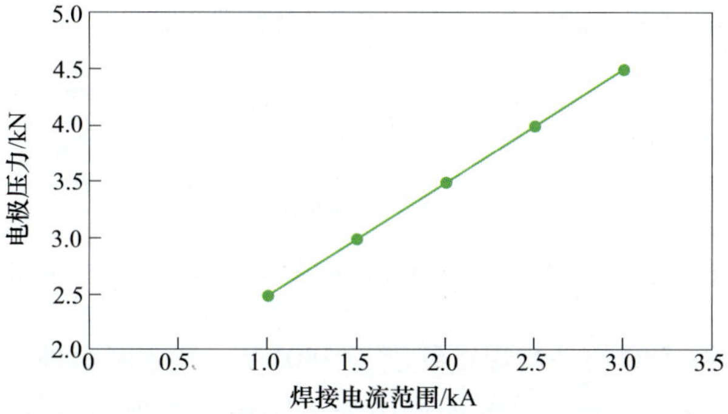

图 4-7 不同焊接压力下先进高强度钢的可焊电流范围

（电极类型：Type B 16/6，6mm 端面直径，单脉冲，焊接时间 340ms，保载时间 250ms，钮扣断裂）

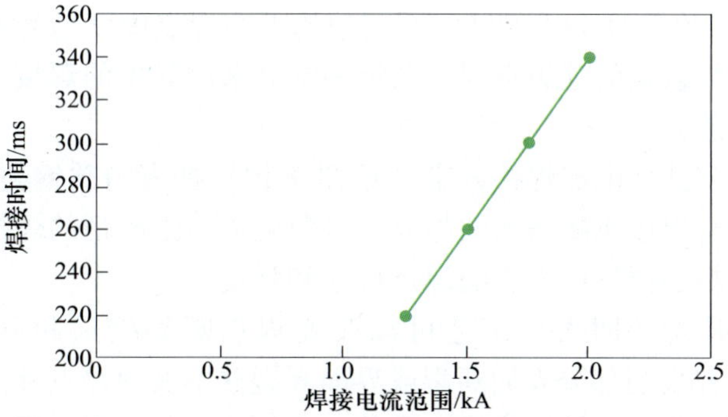

图 4-8 不同焊接时间下先进高强度钢的可焊电流范围

（电极类型：Type B 16/6，6mm 端面直径，单脉冲，焊接压力 3.5kN，保载时间 250ms，钮扣断裂）

资料来源：美国俄亥俄州立大学。

于焊接 DP 钢，该电流范围已足够宽。研究没有发现焊接缺陷，意味着这 3 个 DP 钢种可以使用简单的焊接工艺完成焊接。

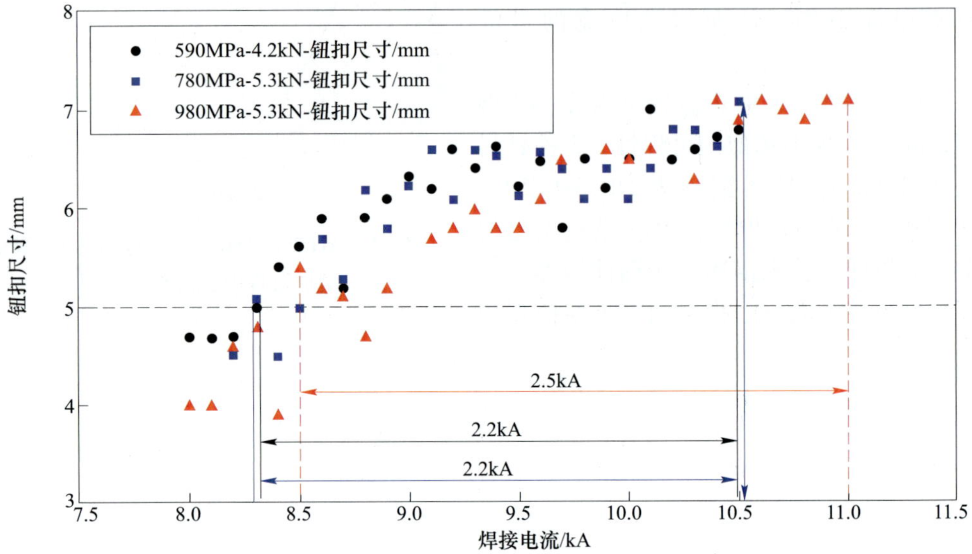

图 4-9　最小抗拉强度为 590MPa、780MPa、980MPa 带 GA 镀层的 DP 钢可焊电流范围

根据报道，DP 340/590 的平均焊点硬度为 380HV，其余两钢种为 415HV。同样，3 种 DP 钢具有类似的焊接硬度分布。研究还得出如下结论：单独通过焊点断裂方式并不能很好地评判焊点完整性和可靠性，而用焊点的断裂载荷来评判则更合适。

第二项研究比较了 1.6mm 厚两个热镀锌铁合金（45/45g/m^2）钢种，即 DP 420/700 和 TRIP 420/700 的可焊性。在 18 个周波的焊接时间下，其可焊电流范围相似：DP 420/700 为 1.4kA，TRIP 420/700 为 1.5kA。两钢种的平均焊点硬度均为 400HV。研究结果显示两钢种都可以实现无缺陷的理想点焊。两钢种都易选用简单的焊接工艺完成焊接。两钢种的焊点强度无明显差异。

先进高强度钢的多脉冲电流焊接方案（见图 4-10）拥有与软钢类似的焊接电流范围。即使先进高强度钢没有焊接飞溅增加的趋势，避免先进高强度钢的焊接飞溅也是非常有必要的，因为熔核内材料的损失可以影响焊点尺寸和强度。

TRIP 钢的焊后退火（回火）工艺可以改变焊点断裂模式和可焊电流范围，如图 4-11 所示。然而，研究表明部分界面断裂或界面断裂并不表明焊点性能差，因此并不一定需要使用多脉冲焊接工艺改善焊接质量。另外，多脉冲工艺对焊点强度、疲劳性能以及电极寿命的影响还不明确，故用户应该自行评估是否适合采用这种焊接工艺。

另外，关于淬火延性钢（Q&P980）的研究表明，由于自身的电阻率更高，点焊 QP980 所需的焊接电流更小，基于母材的超高强度，与相同厚度的常规钢种相比，点焊 QP980 时需要更大的电极压力。采用多脉冲焊接工艺，焊接压力为 5.8kN 时，1.6mm QP980 的可焊窗口如图 4-12 所示，其中黄色区域内的焊点在剥离检测时的断裂方式均为钮扣断裂。图 4-13 是这部分钮扣断裂焊点的实物照片，其中焊点的直径是6.0~7.7mm。

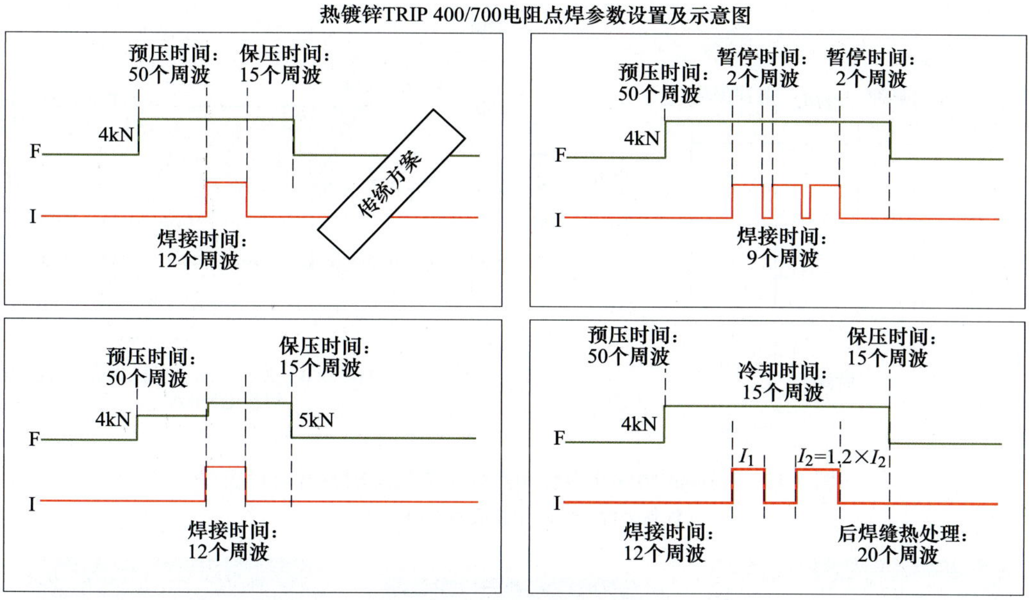

图 4-10　先进高强度钢焊接方案优化图

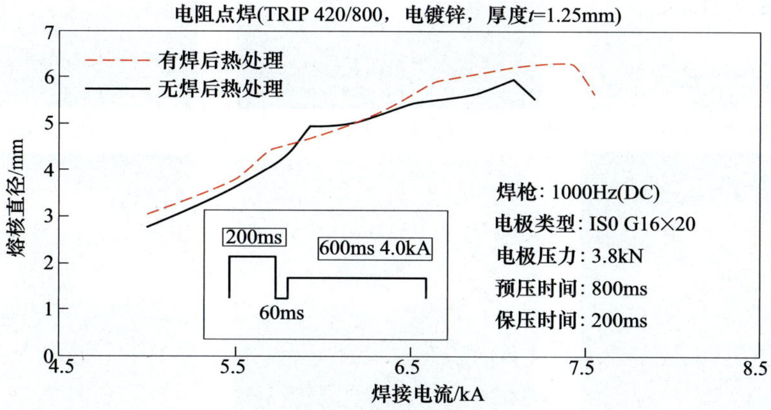

图 4-11　后热脉冲可增大可焊电流范围

贯穿焊点截面不同区域的显微硬度检测可以按照图 4-14 所示来实现。首先，点焊接头可以被划分成 3 个区域，即熔核、热影响区、母材。熔核被热影响区包裹，热影响区的温度虽然没有达到熔点，但是也足够改变其微观组织。因为热影响区内不同部位达到的温度及冷却速度是不相同的，所以热影响区的性能是不均匀的。从先进高强度钢 3 号样品（AHSS 3）的显微硬度检测可以发现，其热影响区甚至出现了硬度低于母材的现象（热影响区软化）。热影响区是被没有发生任何微观组织变化的母材包围着的，而与母材相比，热影响区及熔核的强度与延性均发生了巨大的改变，通常，高硬度与高强度和低延性有关。

图 4-15 是 1.6mm QP980 焊点金相及显微硬度图。接头中未发现裂纹、缩孔、气孔、

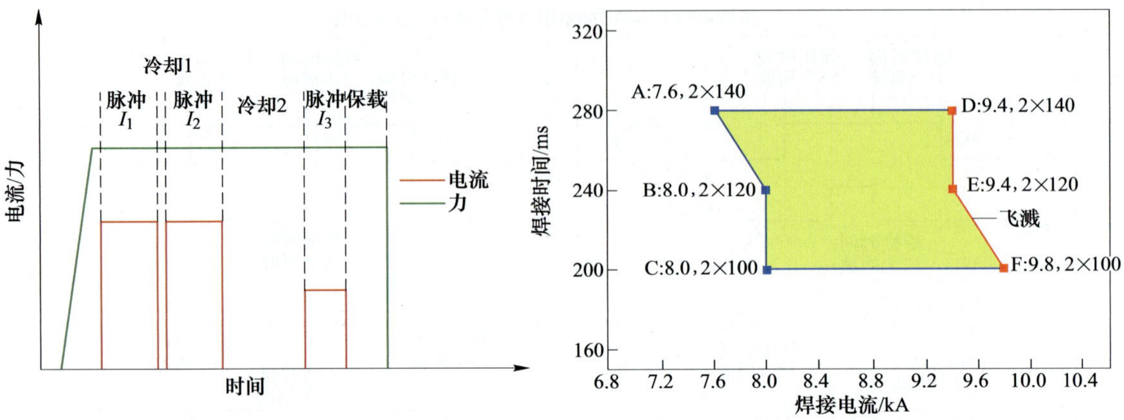

图 4-12　1. 6mm QP980 多脉冲点焊工艺轮廓图及其可焊窗口

资料来源：宝山钢铁股份有限公司。

7.6kA，2×140ms　　8.0kA，2×140ms　　8.4kA，2×140ms

8.0kA，2×120ms　　8.4kA，2×120ms　　8.6kA，2×120ms

8.0kA，2×100ms　　8.2kA，2×100ms　　8.6kA，2×100ms

图 4-13　黄色区域内焊点断裂方式实物图

资料来源：宝山钢铁股份有限公司。

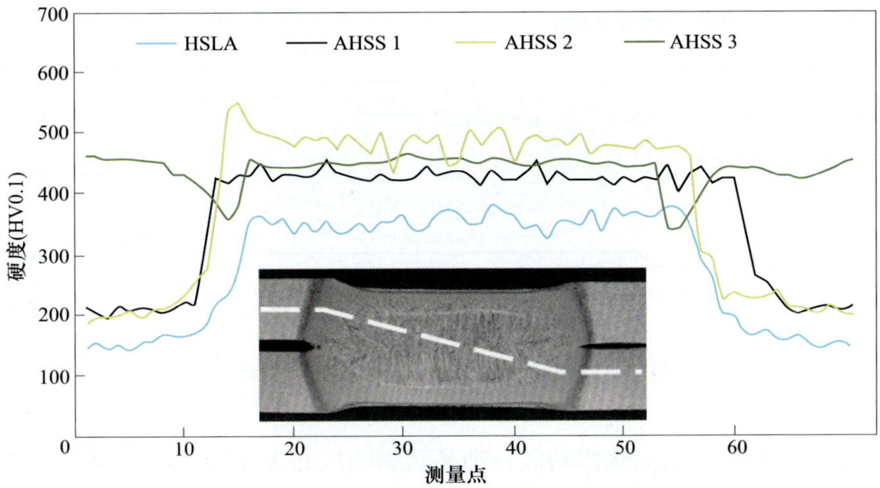

图 4-14 不同强度钢种点焊接头显微硬度分布

未熔核、压痕过深等缺陷。其显微硬度检测采用了显微硬度检测仪（维氏或努普氏）并按照图 4-16 所示方式完成（从上侧母材到下侧母材对角线式贯穿接头）。

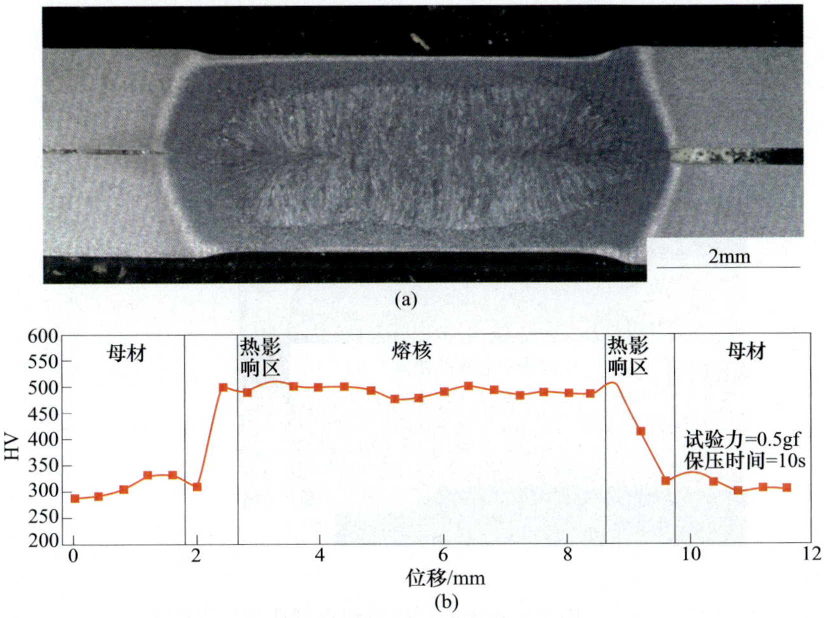

图 4-15 1. 6mm QP980 焊点金相及显微硬度图
资料来源：宝山钢铁股份有限公司。

在接头横截面中看到的不同硬度值表示不同的显微组织区域。图 4-17 显示了热冲压硼钢两层板焊接接头的温度分布。在接头熔核区处温度最高，且朝向未受影响的基体金属

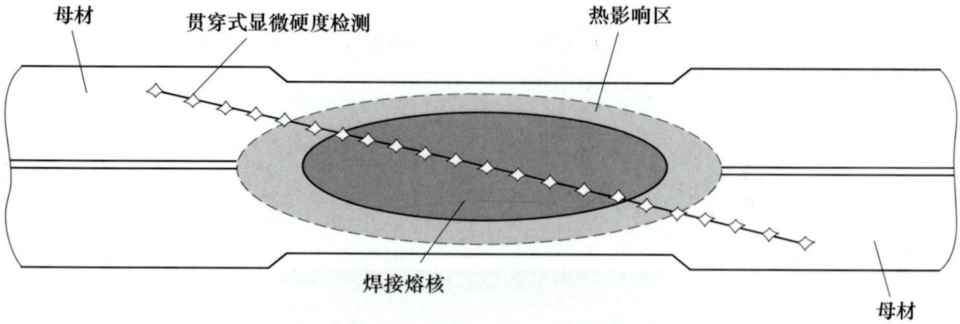

图 4-16　典型的焊点截面金相及贯穿式显微硬度检测

温度稳步降低。熔核区、粗晶热影响区、细晶热影响区和未受影响的母材均由马氏体组织构成。热处理（热冲压）工艺使得母材具有马氏体组织。焊接过程中熔核区、粗晶热影响区和细晶热影响区的温度在用奥氏体化温度以上，并被迅速冷却形成马氏体组织。亚临界热影响区形成独特的过回火马氏体组织。在该区域，峰值温度低于 A_{c_1}，导致母材中马氏体组织分解为铁素体和渗碳体。不同焊接区域的显微照片如图 4-18 所示。

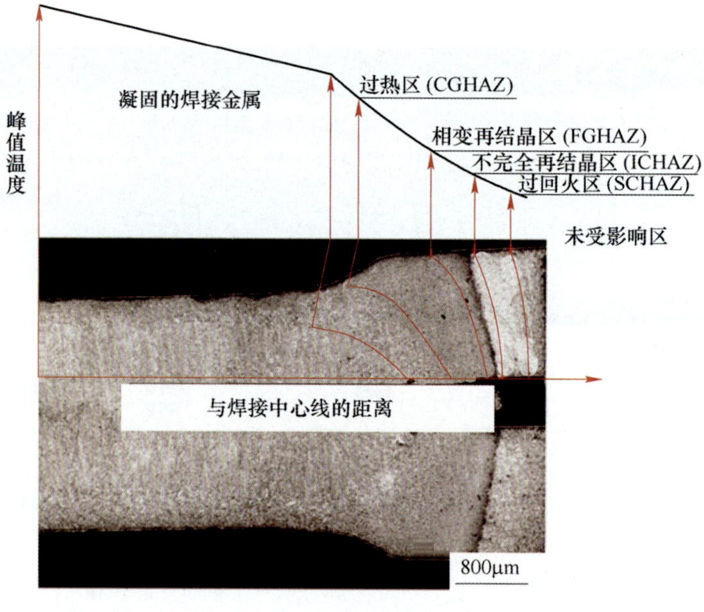

图 4-17　热冲压硼钢两层板电阻点焊典型温度分布

表 4-2 和表 4-3 是引自北美焊接协会 AWS C1. 1 标准的点焊工艺参数指导手册，利用该指导手册可以近似得到点焊相应厚度的钢材所需的焊接参数。根据推荐的参数，可以对特定的接头组合进行更改，以确保特定应用中可得到合格的强度和熔核尺寸。表 4-4 是先进高强度钢多脉冲焊接工艺参数指导手册（交流 60Hz）。

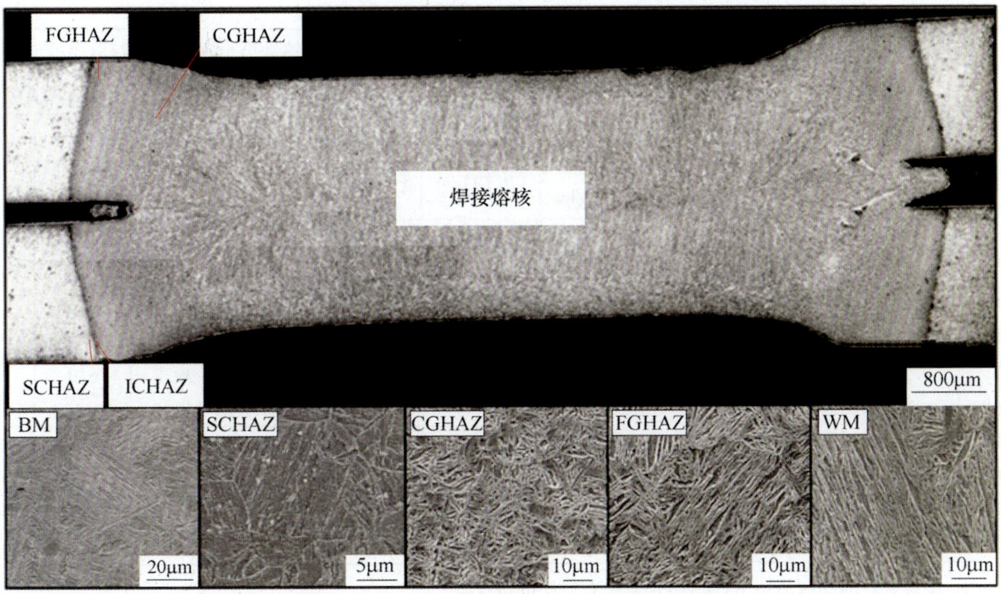

图 4-18 热冲压的硼钢两层焊接头热影响区中可看到不同的显微组织

表 4-2 350~700MPa 低碳钢（AHSS）的点焊工艺参数

点焊工艺参数：对于极限抗拉强度为 350~700MPa（50~108ksi）的无镀层、锌铁合金镀层、纯锌镀层的低碳钢										
金属厚度(e)/mm(in)	电极 f		电极压力/kN(lb)	镀层板焊接时间/cycles	无镀层板焊接时间/cycles	镀层板焊接电流(大约)/A	无镀层板焊接电流(大约)/A	最小搭接量/mm(in)	最小点间距/mm(in)	熔核直径 *i*	
	工作面直径/mm(in)	形状/g								最小接受尺寸/mm(in)	设置值/mm(in)
0.51 (0.020)	4.76 (0.187)	a, b, e	2.00 (500)	10	7	8500	6500	11.2 (0.44)	9.5 (0.37)	3.0 (0.12)	4.6 (0.18)
0.64 (0.025)	4.76 (0.187)	a, b, e	2.22 (600)	11	8	9500	7500	11.9 (0.47)	15.9 (0.63)	3.3 (0.13)	4.6 (0.18)
0.76 (0.030)	6.35 (0.250)	a, b, e	2.42 (650)	12	9	10500	8500	11.9 (0.47)	15.9 (0.63)	3.6 (0.14)	5.1 (0.20)
0.89 (0.035)	6.35 (0.250)	a, b, e, f	2.89 (700)	13	9	11500	9500	13.5 (0.53)	19.0 (0.75)	4.1 (0.16)	6.4 (0.25)
1.02 (0.040)	6.35 (0.250)	a, b, e, f	3.11 (800)	13	10	12500	10500	13.5 (0.53)	19.0 (0.75)	4.3 (0.17)	6.4 (0.25)
1.14 (0.045)	6.35 (0.250)	a, b, e, f	3.34 (900)	14	11	13000	11000	15.0 (0.59)	20.3 (0.94)	4.8 (0.19)	6.4 (0.25)
1.27 (0.050)	7.94 (0.313)	a, b, e, f	3.56 (1000)	16	12	13500	11500	15.0 (0.59)	20.3 (0.94)	5.1 (0.20)	7.9 (0.31)
1.40 (0.055)	7.94 (0.313)	a, b, e, f	4.56 (1100)	17	13	14000	12000	16.0 (0.63)	27.0 (1.06)	5.3 (0.21)	7.9 (0.31)
1.52 (0.060)	7.94 (0.313)	a, b, e, f	5.16 (1200)	18	14	15000	13000	16.0 (0.63)	27.0 (1.06)	5.6 (0.22)	7.9 (0.31)

续表 4-2

点焊工艺参数：对于极限抗拉强度为350~700MPa（50~108ksi）的无镀层、锌铁合金镀层、纯锌镀层的低碳钢											
金属厚度(e)/mm(in)	电极f		电极压力/kN(lb)	镀层板焊接时间/cycles	无镀层板焊接时间/cycles	镀层板焊接电流(大约)/A	无镀层板焊接电流(大约)/A	最小搭接量/mm(in)	最小点间距/mm(in)	熔核直径 i	
	工作面直径/mm(in)	形状/g								最小接受尺寸/mm(in)	设置值/mm(in)
1.78 (0.070)	7.94 (0.313)	a，b，e，f	5.60 (1400)	22	16	16000	14000	16.8 (0.66)	30.0 (1.18)	6.1 (0.24)	7.9 (0.31)
2.03 (0.080)	7.94 (0.313)	a，b，e，f	6.23 (1600)	25	18	17000	15000	18.3 (0.72)	34.9 (1.37)	6.6 (0.26)	7.9 (0.31)
2.29 (0.090)	9.52 (0.375)	a，b，e，f	7.72 (2100)	31	20	18000	15000	19.8 (0.78)	39.7 (1.56)	6.9 (0.27)	9.5 (0.37)
2.67 (0.105)	9.52 (0.375)	a，b，e，f	8.01 (2250)	35	23	19500	16500	21.3 (0.84)	42.7 (1.68)	7.1 (0.28)	9.5 (0.37)
3.05 (0.120)	9.52 (0.375)	a，b，e，f	9.34 (2100)	42	26	21000	18000	22.4 (0.88)	46.0 (1.81)	7.6 (0.30)	9.5 (0.37)

注：1. 镀层材料的参数适用于任意结合面中有镀层的情况。

2. 本推荐基于电阻焊设备供应商及用户建议的可用焊接参数。

3. 对于中间厚度的材料，参数可做插值。

4. 最小钮扣焊点的拉剪强度定义如下：

$$ST=(-6.36\times10^{-7}\times S^2+6.58\times10^{-4}\times S+1.674)\times S\times4t^{1.5}/1000$$

式中，ST—拉剪强度，kN；

S—母材抗拉强度，MPa；

t—材料厚度，mm。

5. 金属厚度代表被焊板材的真实厚度。当焊接两块不同板厚的材料时，焊接参数按照较薄的材料选择。

6. 本焊接参数适用于采用美国电阻焊协会的级别1、2和20所规定的电极材料。

7. 电极形状包括A—尖头形、B—凸圆形、E—截锥形、F—倒圆形。图4-5显示了这些电极。

8. 采用Type-B形状的电极需要减小焊接电流，另外如果不将电极端面修磨至合适的尺寸，将导致严重的压痕过深缺陷。

9. 采用Type-F形状的电极需要增加焊接电流。

10. 本焊接工艺基于60Hz单相交流点焊设备制定。

11. 熔核直径如下所示：

最小直径指被推荐为得到最小接受尺寸焊点时的熔核直径。

初始目标熔核直径指被推荐为在一系列的点焊生产中，能够始终得到大于合格焊的熔核直径设置值。

表 4-3　700MPa 以上级低碳钢（AHSS）的点焊工艺参数

点焊工艺参数：对于极限抗拉强度为350~700MPa（50~108ksi）的无镀层、锌铁合金镀层、纯锌镀层的低碳钢											
金属厚度(e)/mm(in)	电极f		电极压力/kN(lb)	镀层板焊接时间/cycles	无镀层板焊接时间/cycles	镀层板焊接电流(大约)/A	无镀层板焊接电流(大约)/A	最小搭接量/mm(in)	最小点间距/mm(in)	熔核直径 i	
	工作面直径/mm(in)	形状/g								最小接受尺寸/mm(in)	设置值/mm(in)
0.51 (0.020)	4.76 (0.187)	a,b,e	2.00 (500)	12	8	7500	5500	11.2 (0.44)	9.5 (0.37)	3.0 (0.12)	4.6 (0.18)
0.64 (0.025)	4.76 (0.187)	a,b,e	2.22 (600)	13	10	8500	6500	11.9 (0.47)	15.9 (0.63)	3.3 (0.13)	4.6 (0.18)

续表 4-3

点焊工艺参数：对于极限抗拉强度为 350～700MPa(50～108ksi)的无镀层、锌铁合金镀层、纯锌镀层的低碳钢											
金属厚度(e)/mm(in)	电极 f		电极压力/kN(lb)	镀层板焊接时间/cycles	无镀层板焊接时间/cycles	镀层板焊接电流(大约)/A	无镀层板焊接电流(大约)/A	最小搭接量/mm(in)	最小点间距/mm(in)	熔核直径 *i*	
	工作面直径/mm(in)	形状/g								最小接受尺寸/mm(in)	设置值/mm(in)
0.76 (0.030)	6.35 (0.250)	a，b，e	2.42 (650)	14	11	9500	7500	11.9 (0.47)	15.9 (0.63)	3.6 (0.14)	5.1 (0.20)
0.89 (0.035)	6.35 (0.250)	a，b，e，f	2.89 (700)	15	11	10500	8500	13.5 (0.53)	19.0 (0.75)	4.1 (0.16)	6.4 (0.25)
1.02 (0.040)	6.35 (0.250)	a，b，e，f	3.11 (800)	16	12	11500	8500	13.5 (0.53)	19.0 (0.75)	4.3 (0.17)	6.4 (0.25)
1.14 (0.045)	6.35 (0.250)	a，b，e，f	3.34 (900)	17	13	12000	10000	15.0 (0.59)	20.3 (0.94)	4.8 (0.19)	6.4 (0.25)
1.27 (0.050)	7.94 (0.313)	a，b，e，f	3.56 (1000)	19	14	12500	10500	15.0 (0.59)	20.3 (0.94)	5.1 (0.20)	7.9 (0.31)
1.40 (0.055)	7.94 (0.313)	a，b，e，f	4.56 (1100)	20	16	13000	11000	16.0 (0.63)	27.0 (1.06)	5.3 (0.21)	7.9 (0.31)
1.52 (0.060)	7.94 (0.313)	a，b，e，f	5.16 (1200)	22	17	14000	12000	16.0 (0.63)	27.0 (1.06)	5.6 (0.22)	7.9 (0.31)
1.78 (0.070)	7.94 (0.313)	a，b，e，f	5.60 (1400)	26	19	15000	13000	16.8 (0.66)	30.0 (1.18)	6.1 (0.24)	7.9 (0.31)
2.03 (0.080)	7.94 (0.313)	a，b，e，f	6.23 (1600)	30	21	16000	14000	18.3 (0.72)	34.9 (1.37)	6.6 (0.26)	7.9 (0.31)
2.29 (0.090)	9.52 (0.375)	a，b，e，f	7.72 (2100)	37	24	17000	14000	19.8 (0.78)	39.7 (1.56)	6.9 (0.27)	9.5 (0.37)
2.67 (0.105)	9.52 (0.375)	a，b，e，f	8.01 (2250)	42	28	18500	15500	21.3 (0.84)	42.7 (1.68)	7.1 (0.28)	9.5 (0.37)
3.05 (0.120)	9.52 (0.375)	a，b，e，f	9.34 (2400)	50	31	20000	17000	22.4 (0.88)	46.0 (1.81)	7.6 (0.30)	9.5 (0.37)

注：1. 镀层材料的参数适用于任意结合面中有镀层的情况。

2. 本推荐基于电阻焊设备供应商及用户建议的可用焊接参数。

3. 对于中间厚度的材料，参数可做插值。

4. 最小钮扣焊点的拉剪强度定义如下：

$$ST=(-6.36\times10^{-7}\times S^2+6.58\times10^{-4}\times S+1.674)\times S\times4t^{1.5}/1000$$

式中，ST—拉剪强度，kN；

S—母材抗拉强度，MPa；

t—材料厚度，mm。

5. 金属厚度代表被焊板材的真实厚度。当焊接两块不同板厚的材料时，焊接参数按照较薄的材料选择。

6. 本焊接参数适用于采用美国电阻焊协会的级别 1、2 和 20 所规定的电极材料。

7. 电极形状包括 A—尖头形、B—凸圆形，E—截锥形，F—倒圆形。图 4-5 显示了这些电极。

8. 采用 Type-B 形状的电极需要减小焊接电流，另外如果不将电极端面修磨至合适的尺寸，将导致严重的压痕过深缺陷。

9. 采用 Type-F 形状的电极需要增加焊接电流。

10. 本焊接工艺基于 60Hz 单相交流点焊设备制定。

11. 熔核直径如下所示：

最小直径指被推荐为得到最小接受尺寸焊点时的熔核直径。

初始目标熔核直径指被推荐为在一系列的点焊生产中，能够始终得到大于合格焊点的熔核直径设置值。

表 4-4　先进高强度钢，裸板—裸板、镀锌板—裸板、镀锌板—镀锌板，多脉冲 60Hz 交流点焊工艺参数

厚度/mm	焊接压力/kN	焊接电流/kA	脉冲数量	脉冲时间 /cycles	冷却时间 /cycles
先进高强度钢　裸板—裸板 FSC-AC 60-Hz 焊接控制器					
0.6~1.0	2.6	8	1	9	0
1.0~1.6	3.6	9	1	11	0
1.6~2.3	4	10.5	2	7	1
2.3~2.6	5	11.5	3	8	2
先进高强度钢　镀锌板—裸板 FSC-AC 60-Hz 焊接控制器					
0.6~1.0	2.6	9	1	10	0
1.0~1.3	3.6	9.5	1	12	0
1.3~2.4	4	10.5	3	7	1
2.4~2.6	4	11.5	4	7	2
先进高强度钢　镀锌板—镀锌板 FSV-AC 60-Hz 焊接控制器					
0.6~1.0	2.3	10	1	14	0
1.0~1.3	2.6	10.5	1	16	0
1.3~2.0	3.6	11.5	3	8	2
2.0~2.6	4	12.5	4	7	2

4.3.3　热平衡—材料平衡—厚度平衡

如前所述，电阻点焊的热输入量定义如下：

$$\text{热输入量} = I^2Rt$$

式中　I——焊接电流；

R——板间的接触电阻与体电阻；

t——焊接时间。

热输入量的大小取决于钢种及板厚。在相同板厚的条件下与低强度钢相比，先进高强度钢所需要的焊接电流更小，薄规格的先进高强度钢比厚规格的所需的焊接电流也更小。根据板厚及钢种控制焊接热输入量称为点焊的热平衡。

对于给定板厚，基于母材强度的钢种划分见表 4-5。随着组别编号的递增，理想点焊这些材料需要更大的电极压力、更长的焊接时间和更小的焊接电流。点焊同一组别中的不同材料组合仅需微调或者不改变焊接参数。点焊不同组别（2 组或 3 组）的材料组合时，则需额外综合考虑电极帽的尺寸、电极压力及焊机类型。

表 4-5　点焊钢种划分

组别	最小抗拉强度/MPa	代表钢种
1	<350	Mild 140 YS/270 TS BH 180 YS/300 TS BH 210 YS/320 TS BH 240 YS/340 TS

续表 4-5

组别	最小抗拉强度/MPa	代表钢种
2	350~500	BH 260 YS/370 TS HSLA 280 YS/350 TS HSLA 350 YS/450 TS DP 300 YS/50 0TS
3	>500~800	DP 350 YS/600 TS TRIP 350 YS/600 TS DP 500 YS/800 TS TRIP 500 YS/800 TS CP 700 YS/800 TS
4	>800	DP 700 YS/1000 TS MS 950 YS/1200 TS MS 1150 YS/1400 TS MS 1250 YS/1520 TS HF 950 YS/1300 TS

对于特定钢种，改变板厚可能需要采用特别的焊接工艺来控制热平衡。当钢种和板厚都不同时，可能需要特别研发相应的焊接工艺。由于先进高强度钢拥有更高的电阻率，点焊时熔核将在先进高强度钢侧优先生长。另外，由于温度更高，先进高强度钢侧的电极寿命会降低。通常情况下，先进高强度钢的电极寿命和软钢相似。因为，先进高强度钢电阻更高，所需焊接电流更低，有利于提升电极寿命，从而补偿先进高强度钢因较大回弹导致的装配不良所带来的负面影响。经常修磨电极可以保持电极端面形状，并保证连续稳定的接头质量。

4.3.4 焊接电流模式

先进高强度钢能够采用直流（DC）或交流（AC）模式的电源来焊接，如图 4-19 所示。中频直流电（MFDC）因其单向性及连续性，比传统的交流电更具优势。这些特征有利于控制和传导在接触界面产生的热量。焊接电流模式对焊点质量没有显著的影响。需要注意的是，无论采用 AC 或 DC 模式，在厚度比不超过 2∶1 时，均可以容易地得到可接受的焊点。当厚度比超过 2∶1 时，DC 模式具有更多优势，但是，焊接过程必须进行优化。此外，相同的焊接工艺下，使用 DC 模式焊接比 AC 模式焊接从统计规律上看，得到的熔核尺寸更大。一些研究表明，当先进高强度钢存在厚度差时，采用 MFDC 模式可改善热平衡和焊接过程的稳定性，如图 4-20 所示。据报道，DC 电源比 AC 电源具有更好的电源因素且电能消耗更低。具体地说，得到同样尺寸的焊点，AC 模式电源需要的电能比 DC 模式的电源高 10%。

当使用 MFDC 手工焊接操作时，请了解相关的安全要求，并需特别关注 DC 焊接比 AC 焊接的变压器具有更高的频率和电压。

4.3.5 电极形状

电极材料和形状（截锥平面形或球面圆弧形）会给焊接带来差异，但先进高强度钢几

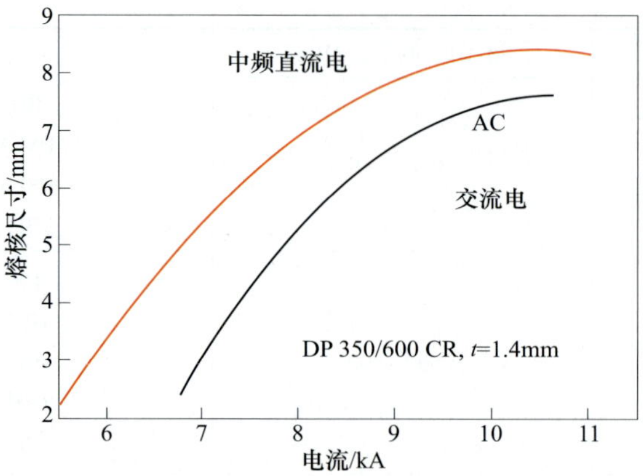

图 4-19　不同电流模式单脉冲时 1.4mm DP 350/600 冷轧板焊接电流范围

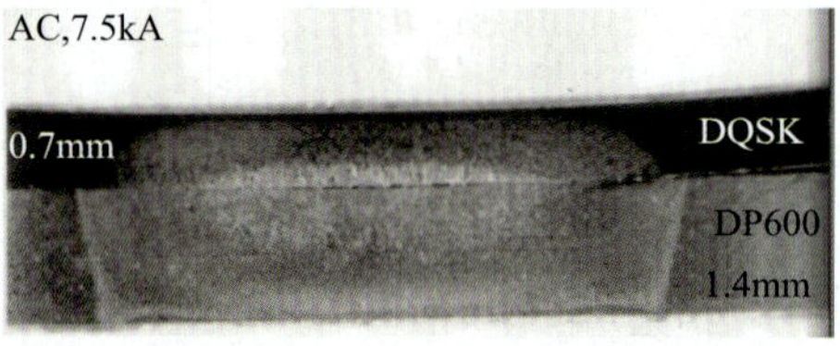

(a) 交流电源结合面未完全熔核

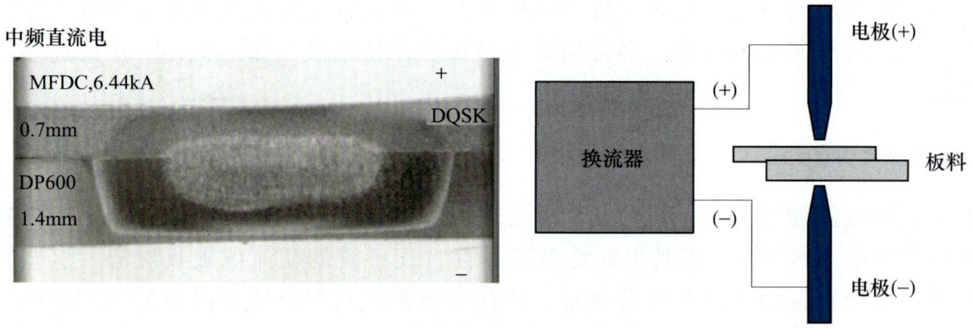

(b) 直流电源钮扣直径为3.5mm

图 4-20　电流模式对不同板厚点焊接头的影响

乎能被所有材质和端面形状的电极焊接。因为球面电极中心电流密度高，因此可以在很小的电流下得到理想的熔核，如图 4-21 所示。球面电极有助于减小电极未对中带来的负面效应。但是，在焊接镀层钢板时，需要经常修磨球面电极的电极头，以延长电极寿命。因为圆形的优势，球面电极比截圆锥型平面电极产生表面裂纹的趋势小。

4.3.6　零件工装

电阻焊依赖待焊钢板间的接触电阻。良好而稳固的零件工装条件对电阻焊非常重要，因为先进高强度钢具有更高的屈服强度和弹性回弹，因此对焊接先进高强度钢而言，工装要求更高。如果工装条件差，焊接先进高强度钢和传统钢材均推荐使用较大的截圆锥形平

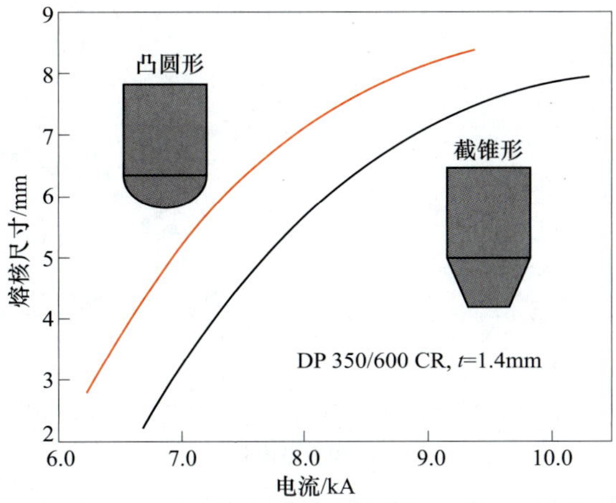

图 4-21 交流电源单脉冲时电极形状对焊接电流范围的影响

面电极。大的电极尺寸拥有更大的可焊电流范围，可以弥补一些差的工装带来的负面效应。另外，采用逐步增加的电极压力及缓升电流均有助于解决较差的工装状况。

4.3.7 镀层的影响

钢板表面镀层可以通过一种叫热浸镀的过程来实现。在热浸镀的过程中，连续的钢带以一定的速度通过一个装满熔融锌液的锌锅。锌液和钢板反应形成化合物。钢板表面从锌锅带出的过多液态锌被一个气体吹扫装置去除，从而在单位面积得到一定重量和厚度的锌层。

热镀锌铁合金镀层（GA）和热镀纯锌镀层（GI）的先进高强度钢都可商业化使用。词语“镀锌”主要是指镀锌保护的意思，当钢板置于腐蚀环境时，锌成为钢板的替代腐蚀物。热镀锌铁合金是钢带从锌锅出来后，锌层在 450～590℃（840～1100℉）范围内迅速地加热，使得铁从基板向镀层扩散，从而得到合金化镀层。由于铁元素的扩散并和锌形成合金化层，最终镀层成分中含有（质量分数）大致为 90%的锌和 10%的铁，且在合金化镀层中不含自由态的锌。

为了明确 GI 和 GA 镀层的 DP 420/800 钢电阻点焊性能是否存在差异，1 个专项研究被开展。在研究中，评估了点焊 GI 和 GA 钢板的可焊电流范围，此外还测试了两种镀层钢板的剪切强度和正拉强度。通过两种镀层钢板焊点的截面金相评估焊接质量。焊点显微硬度值则显示了接头硬度的变化。用扫描电镜观察了 GI 和 GA 镀层钢板的焊点截面和焊后电极截面。为了研究电阻点焊中镀层的作用，用辉光放电光谱仪测试了镀层厚度方向的成分变化。测量了接触电阻，从而确定其对焊接时所需要的电流的影响。结果表明，GI 和 GA 镀层的 DP 420/800 总体点焊性能相似。唯一不同的是，GA 镀层钢板在形成最小尺寸熔核时所需的焊接电流更低。考虑到焊接实际中，点焊电极需频繁地修磨，焊接电流小在工业应用中并不算优势。GA 焊接电流范围比 GI 更宽，GI 的焊接电流范围为 1.6kA，GA 的焊接电流范围为 2.4kA，二者的焊接电流范围足以保证在汽车工业上的应用，而不成为使用中需要特别注意的事项，如图 4-22 所示。

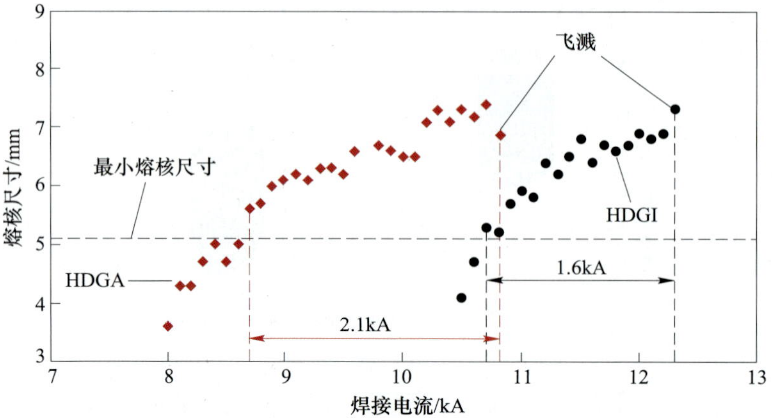

图 4-22　1.6mm DP 420/800GA 和 GI 可焊电流范围

在 4.4.1 节中简要提到的，电极磨损是焊接镀层钢板的一个大问题。在高产量的汽车制造业中，镀锌板的电极修磨频率明显高于裸板。镀层钢加速电极磨损归因于两种机制：第一，电极接触面积增加（有时被称为蘑菇化效应）使电流密度降低从而使熔核直径变小。第二，由于锌与铜发生合金化反应，生成锌—铜合金层所导致的电极表面侵蚀/点蚀。这种锌—铜合金层会不断地断裂并被挤到电极的边缘，如图 4-23 所示。为了解决电极的磨损问题，汽车业中采用自动修磨装置和/或经由焊机控制器调整焊接工艺。需要焊接更多点时，典型的工艺调整包括增加焊接电流和/或降低焊接压力。关于通过选择电极材料及电极形状来提高电极寿命的研究已被广泛开展。

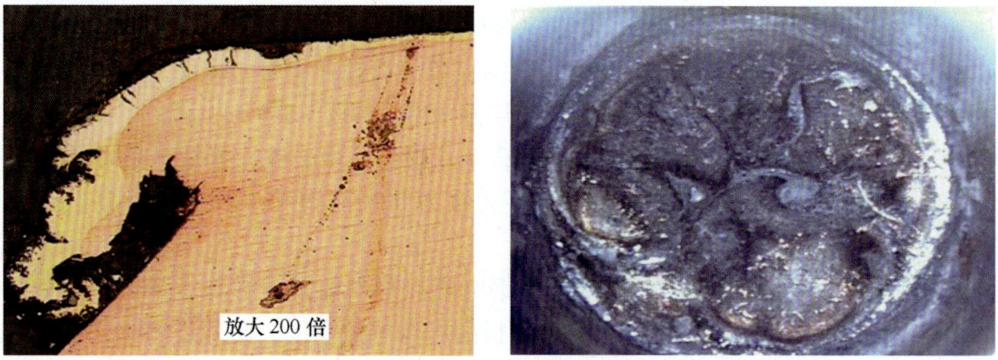

图 4-23　已磨损点焊电极的侵蚀/点蚀及合金层的挤出状态

资料来源：美国汽车研究委员会，United States Council for Automotive Research LLC。

带镀层钢的电阻可焊性也会带来问题。在许多实际应用中，使用更复杂的焊接工艺来确保焊点满足尺寸和强度要求。通过恰当选择三脉冲式焊接工艺的每个脉冲参数明确了熔核形成及长大机制，如图 4-24 所示。第一个脉冲，选用高电流和短焊接时间，可减轻镀层对焊接的影响，并增加板材间的接触面积。第二脉冲，选择低电流长焊接时间，用于熔核增长，并尽量减少内部缺陷。第三脉冲，选择中等电流和长焊接时间，用于提高焊接电流范围，最大化熔核直径。

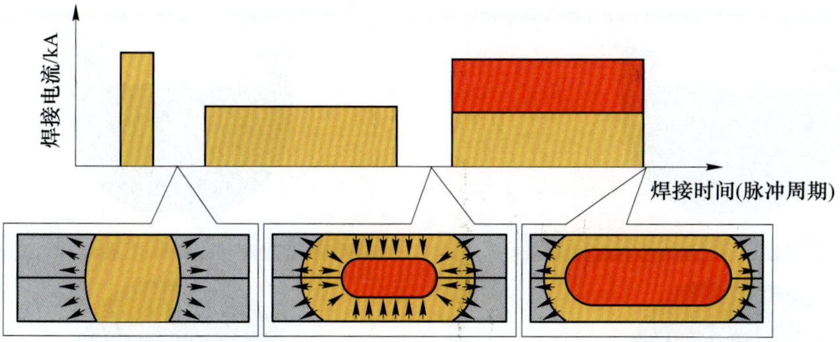

图 4-24 优化的三脉冲焊接条件的焊核长大机制

4.3.8 利用碳当量（CE）判断可焊性

对于钢的电阻点焊，现有碳当量公式不能充分预测先进高强度钢的焊接性能。焊接质量随厚度、强度、电源模式和焊接尺寸等变量而变化。新的碳当量公式被不同机构提出，因没有普遍接受的公式，所以不推荐使用任何 CE 公式，使用者需要根据自己的经验选择适合其焊接实际的碳当量计算方法。

4.3.9 过程仿真

在产品开发及过程优化时，电阻焊数值模拟技术在节约时间、节省成本等方面优点显著。当今的仿真模型可以预测温度、微观组织、应力、焊后焊核及热影响区硬度分布。商用仿真软件模型考虑了材料种类、电流模式、设备属性、电极形状等因素。图 4-25 是 0.8mm DC06 与 1.2mm DP600 点焊过程的仿真计算结果。很显然，这种技术可以应用于不同板厚、不同材料类型以及不同几何形状的计算。此外，这些仿真方法也可以应用于胶粘的模拟计算。

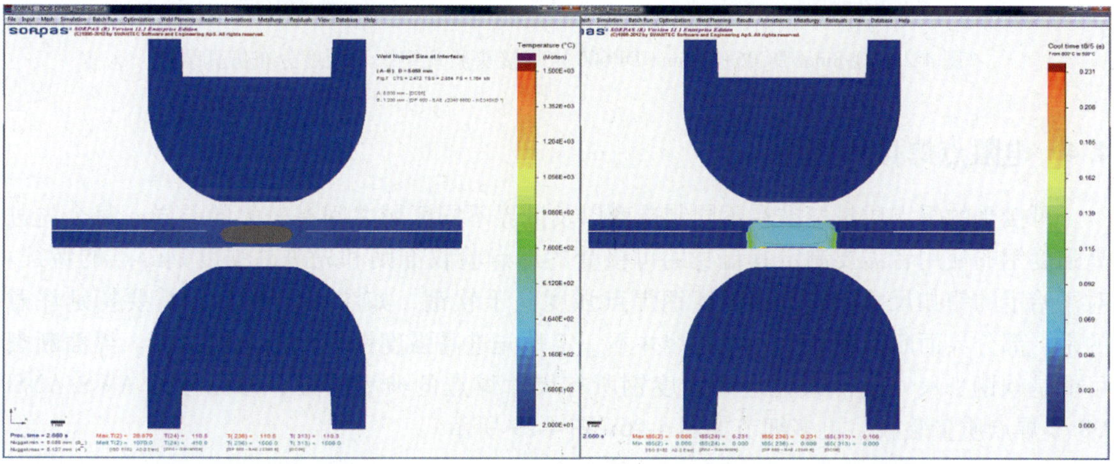

(a) 焊接熔核形式及尺寸　　(b) 从 800～500℃的冷却时间

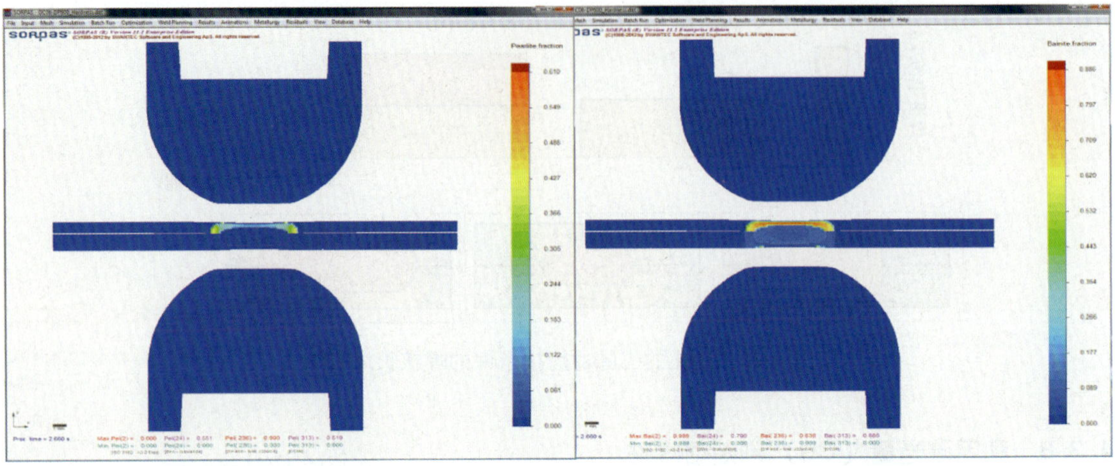

(c) 珠光体/铁素体的分布　　(d) 贝氏体的分布

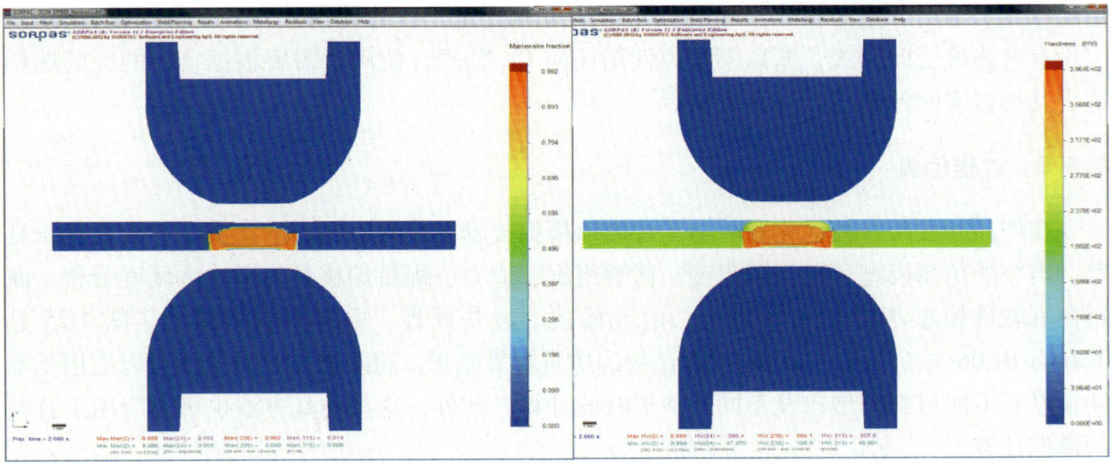

(e) 马氏体的分布　　(f) 硬度的分布

图 4-25　0.8mm DC06+1.2mm DP600 点焊接头微观组织及硬度分布仿真结果

4.4　电阻点焊接头性能

可接受的焊点质量标准在不同制造商以及世界不同区域之间有较大的差异，每个先进高强度钢的使用者需要制定其自身的可接受的焊点验收准则和先进高强度钢焊点的特征。对于给定的钮扣尺寸，先进高强度钢焊点强度高于软钢，如图 4-25 所示。需要特别注意的是，部分界面断裂或完全界面断裂并不一定是先进高强度钢失效焊点的特征。界面断裂可能是软钢小尺寸焊点或先进高强度钢所有尺寸焊点的典型特征，参见标准 AWS/ANSI D8.1 焊点质量验收，更多细节如图 4-26～图 4-29 所示。

4.4.1　破坏试验和在线焊接检测

在破坏性或拆卸检验中，先进高强度钢电阻焊焊点的剥离试验和凿击试验中可能产生

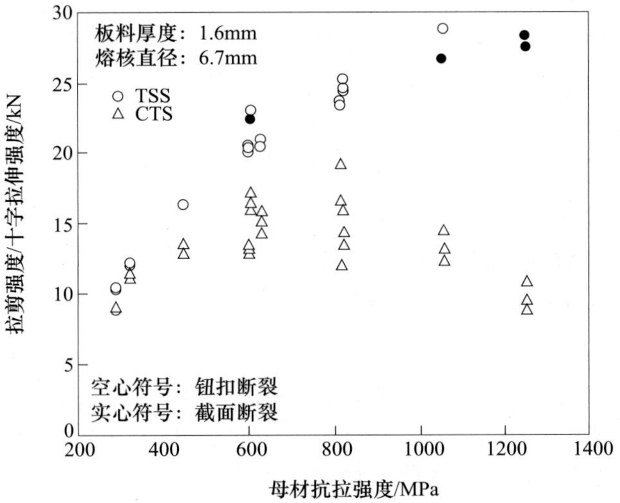

图 4-36 母材强度对点焊接头 TSS 及 CTS 强度的影响

含量来提高焊点的强度。这是因为，随着 C 含量的增加，接头的硬度提高，因熔核边缘的应力集中引发的断裂敏感性亦增加，从而导致 CTS 强度下降。相反，随着 Si（淬透性元素）含量的增加，由 Si 引发的淬硬区域变宽，导致从熔核到母材的硬度变化趋缓，因此提高了焊点的 CTS 强度。

根据著名的材料力学模型，随着母材强度的提高点焊接头的 CTS 强度也应该提高，可是实际情况却是与之矛盾的。因此，一项基于断裂力学并试图弄清 CTS 强度主要影响因素的十字拉伸实验被开展。

基于从塑性断裂到脆性断裂的通常认识，利用弹塑性断裂力学模型，将点焊接头十字拉伸实验理解成一个裂纹沿熔核扩展的问题。根据弹塑性断裂力学，假设在载荷作用下，当熔核周围的裂纹扩展驱动力（J）达到熔核边缘的断裂韧度（J_c）时，裂纹开始扩展。因此，试图得到十字拉伸实验时裂纹扩展驱动力（J）和熔核边缘的断裂韧度（J_c）的实际值。

图 4-37 是载荷为 4kN 时熔核边缘最大主应力的分布图。图中的虚线表示熔核线。非

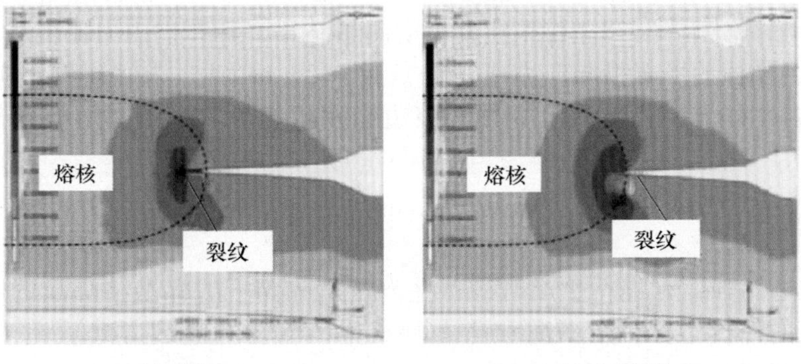

(a) 界面裂纹 (b) 垂直裂纹

图 4-37 载荷 4kN 时变形状态及熔核边缘最大主应力分布

资料来源：新日铁住金株式会社。

常明显，发生变形时，开裂发生在边缘部位。由开裂引发的潜能降低被断裂区域分割从而获得裂纹扩展驱动力。图 4-38 是载荷为 5kN 时，两种裂纹扩展驱动力（J 值）与熔核直径的关系。很明显，在相同载荷下，在两个开裂方向上，J 值都随熔核直径的增加而减小。根据分析结论，当熔核直径为 $3\sqrt{t}$ 时，裂纹沿界面方向扩展的 J 值稍大于裂纹沿板厚方向扩展的 J 值，而当熔核直径为 $4\sqrt{t}$ 和 $5\sqrt{t}$ 时，裂纹沿板厚方向扩展的 J 值则大于裂纹沿界面方向扩展的 J 值。

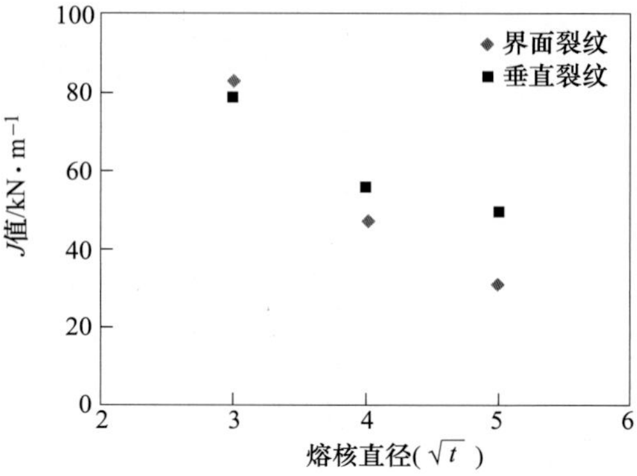

图 4-38　载荷为 5kN 时 J 值与熔核直径的关系
资料来源：新日铁住金株式会社。

图 4-39 是含 0.3% 碳（质量分数）的试样在熔核边缘出现晶界断裂和熔核内部出现解理断裂。

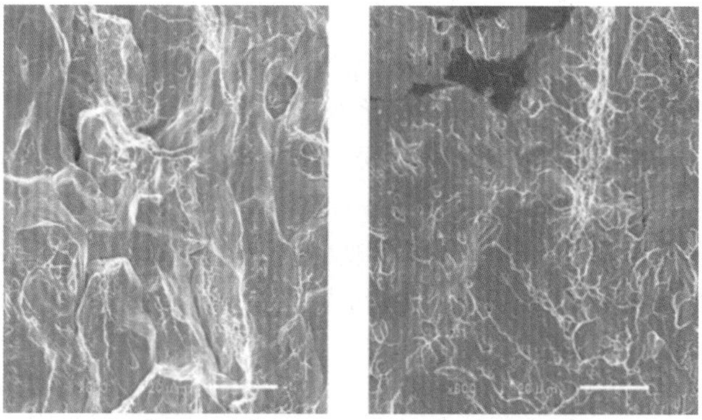

图 4-39　十字拉伸实验后断口 SEM 形貌图（含碳 0.3%）
资料来源：新日铁住金株式会社。

含碳 0.3%的钢种点焊接头 CTS 值是 2.4kN，而含碳 0.13%钢种的点焊接头 CTS 值是 6.6kN，两者间的比例是 0.38。根据断裂韧度测试结果，其断裂应力比例［J_c(0.30%C)/J_c(0.13%C)］（J 值的平方根与应力成正比）是 0.35。因此，上述比例与实验结果相近。含碳 0.3%的接头在十字拉伸试验中其熔核边缘发生沿晶界断裂，熔核内部则发生解理断裂。

4.4.3　断裂模式

在使用先进高强度钢进行生产时，一些汽车厂和国家的标准将焊点的断裂模式作为衡量点焊质量的评价指标。在剥离和凿击测试中，将焊点断裂方式从完全钮扣（FBF）到完全界面断裂区分成各种不同的模式。图 4-40 是汽车业采用的各种不同断裂模式的实例图。

电阻点焊接头的硬度和断裂模式有一定的关系。在剥离式加载方式［比如辅助剥离（coach peel）、十字拉伸、凿击］下，当点焊接头的显微维氏硬度超过 450HV 时，焊点发

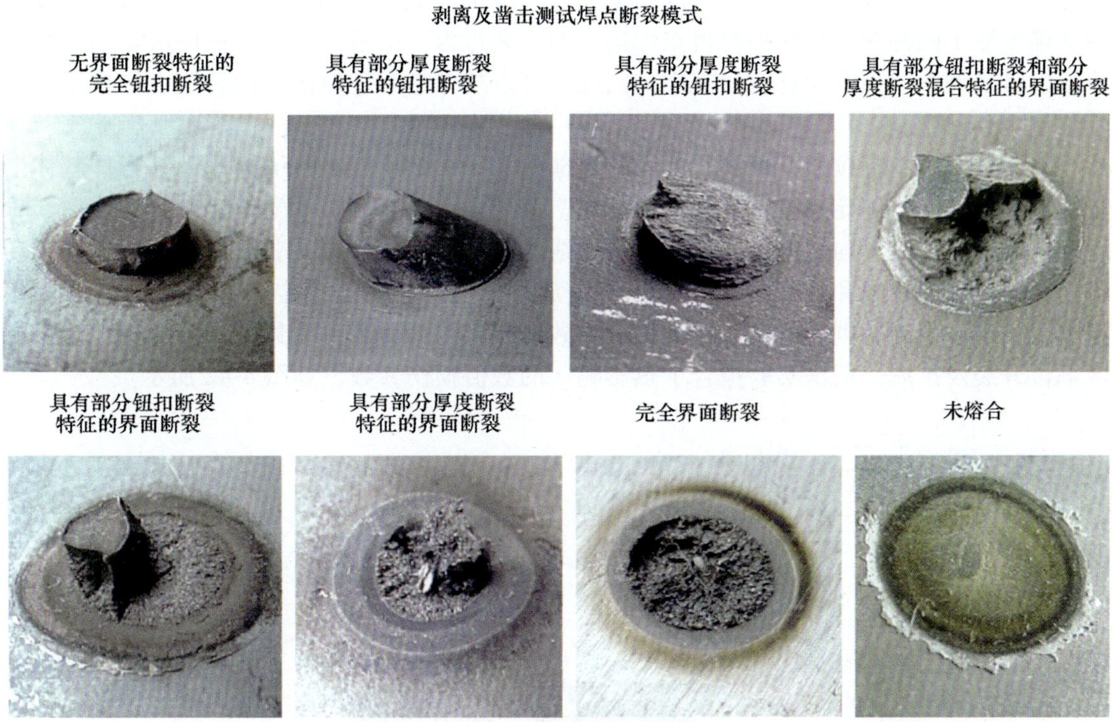

图 4-40 汽车业中剥离及凿击测试焊点断裂模式

生部分界面断裂或完全界面断裂。在剥离式加载方式下，带后热工艺的焊点硬度与断裂方式的关系如图 4-41 所示。从中可知，当断裂方式从一种转化成另一种时所对应的焊点硬度并没有严格的界限。相反，与不同断裂方式相对应的硬度范围间存在很大的重合区域。这说明带后热工艺的焊点硬度并不是决定断裂方式的唯一因素。

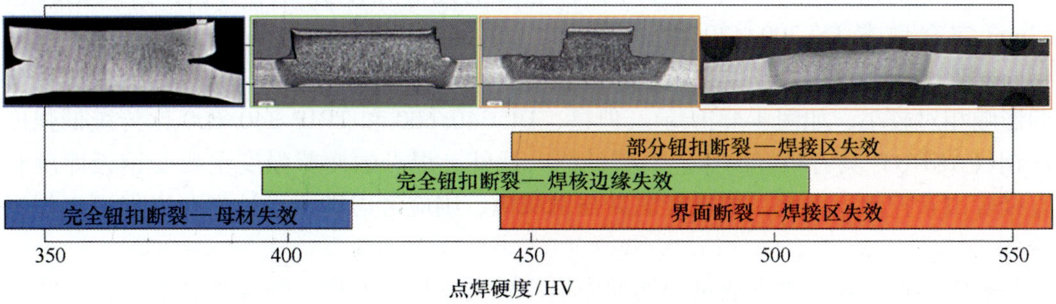

图 4-41 剥离加载方式下带后热工艺的焊点硬度与断裂方式关系示意图

采用详细的数值模拟技术，有很多种途径可以预测点焊接头的断裂。但是依然存在很多问题，比如不同断裂模式的充分记录，在汽车结构中广泛应用的异种钢材焊接的仿真算法等。因此，一种新的仿真方法已被开发出来用以减少仿真与实物间的差距。为了捕捉到所有的断裂模式，该方法将接头的不同区域（母材、热影响区、熔核）设置了不同的损伤标准。基于简单的标准测试（拉剪测试和剥离测试），通过逆向求解的方法确定模型参数，这使模型更加准确有效。所有相关的断裂方式（界面断裂和钮扣断裂）都能被发现。该模型准确预测了同种材料与异种材料点焊接头的断裂行为。结果表明某一板厚决定的材料参数可以转换到不同板厚的材料研究中。因此，可以减少整车碰撞模拟的替代点焊模型的实验工作。

对于低屈服高抗拉强度的 DP 汽车用钢的同材质焊接组合（1.5mm 厚，铁素体基体上分布着马氏体）的特定模型参数进行了测定。需要表征每个区域的塑性流动行为。对于母材，拉伸试验提供了均匀伸长区域的流动曲线。为了以物理方式捕获变形区域的塑性流动行为，通过热影响区和焊点的平均硬度来缩放母材曲线。为了确定热影响区的 Gurson 模型参数，进行了静态剥离试验。这种加载导致在凹口附近的高压力集中，从而导致热影响区部位开裂及扩展。根据实验拟合了热影响区的数值损伤参数，如图 4-42 所示。

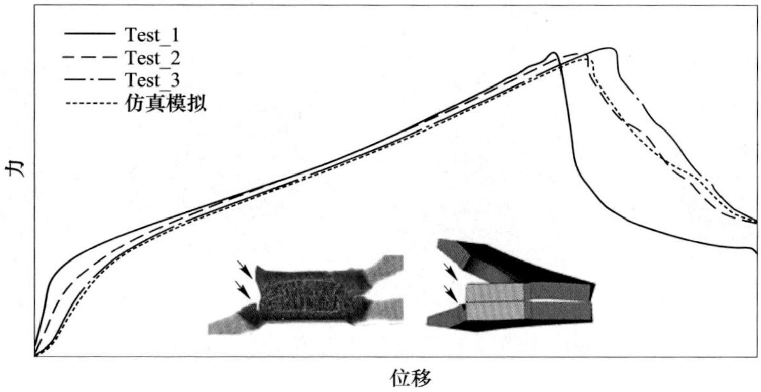

图 4-42　基于剥离试验的 DP 钢热影响区参数拟合

4.4.4　点焊的疲劳强度

在一项对比研究中，对不同牌号钢种点焊的疲劳强度进行了对比，这些钢种包括 1.33mm 完全稳态 FS 300/420GA、1.35mm DP 340/600GA、1.24mm TRIP 340/600GA、1.41mm TRIP 340/600GA。结果表明，基板的显微金相组织和性能，对点焊接头的疲劳性能的影响相对较小，如图 4-43 所示。但是，DP 340/600 和 TRIP 340/600 比传统低强度铝镇静钢（AKDQ）具有稍好的焊点疲劳性能。此外，焊点的疲劳强度主要受钢板厚度和焊点直径等因素控制。因此，如果考虑高强钢减薄，则应考虑进行设计更改以保证点焊组件的寿命。

与软钢相似，随着焊点数量的增加先进高强度钢构件的疲劳强度也会提高，如图 4-44 所示。相比于软钢，增加先进高强度钢的焊点数量，其疲劳强度的增加幅度更大。

图 4-45 是基于从软钢、抗拉强度为 500~980MPa 的 DP 钢以及抗拉强度为 1400MPa 的 MS 钢获得的大量数据点得出的具有代表性的最佳拟合曲线。该曲线表明单个焊点的疲劳强度和基材强度无关。

4.4.5　通过后热工艺提高 CTS 强度

如上所述，当母材强度超过 780MPa 时，点焊接头在剥离方向上的强度会降低。研究

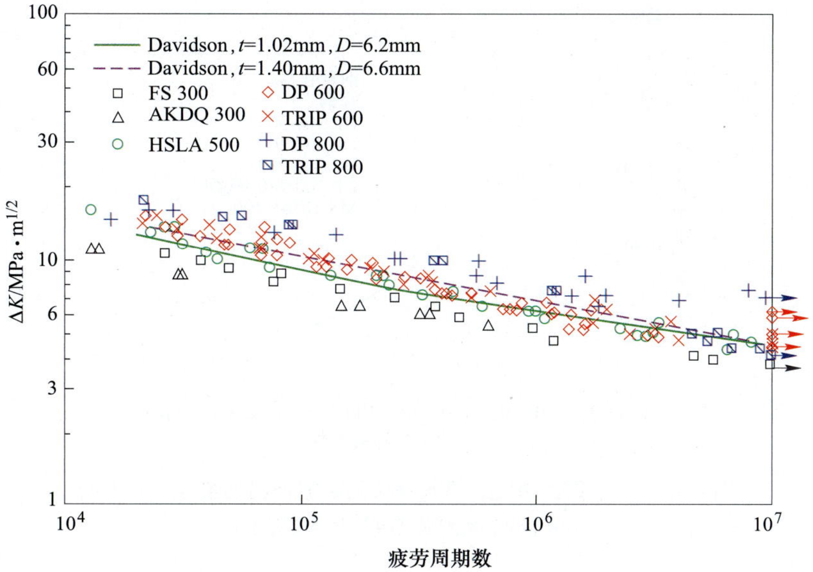

图 4-43 数种高强钢焊点拉剪疲劳曲线

（对数据进行归一化处理，以考虑板厚和焊点尺寸的差异，其中 Davidson 数据参考历史数据）

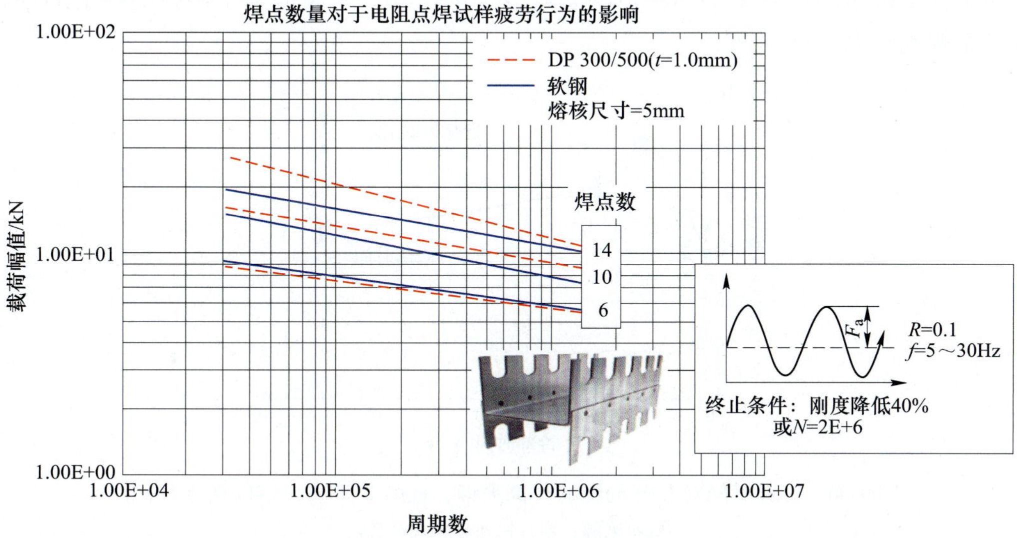

图 4-44 软钢和 DP 钢构件焊点数量增加的影响

发现，可以通过采用适合的后热脉冲焊接工艺提高高强钢点焊接头的 CTS 强度。不同于回火工艺，后热焊接工艺只需要很短的冷却时间，因此不会造成生产效率的明显下降，而在回火工艺中，接头则需要足够长的冷却时间然后进行回火处理（焊点需要冷却到马氏体转变温度以下）。后热焊接工艺的细节如下所述。

图 4-46 展示了冷却时间对 CTS 强度的影响。很明显，当冷却时间为 6 个周波时，CTS 值达到峰值。此外，CTS 值随后热时间的增加而增加，即使当冷却时间提高到 35 个周波

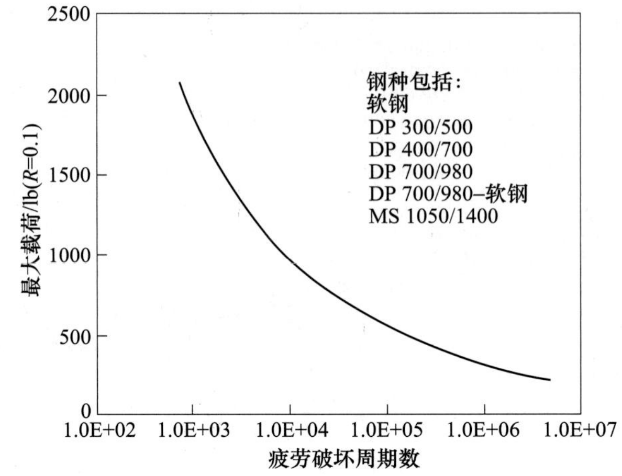

图 4-45　从软钢、DP 钢、MS 钢实测数据得出的最佳拟合曲线

（单个焊点疲劳强度与母材强度无关）

时也是如此。为了弄清 CTS 值为何会升高，分析了 Mn、Si、P 等的凝固偏析情况。图4-47 是 P 的偏析情况。当不采用后热工艺或者虽然采用了后热工艺但 CTS 强度值并未提升时［见图 4-47(a)］，在相同部位 P 的偏析情况明显增加。其中的原因之一是：在后热处理中，原本在常规传导中发生凝固偏析的元素会发生扩散，从而提高了熔核边缘的韧性，最终有助于提高焊点 CTS 强度。

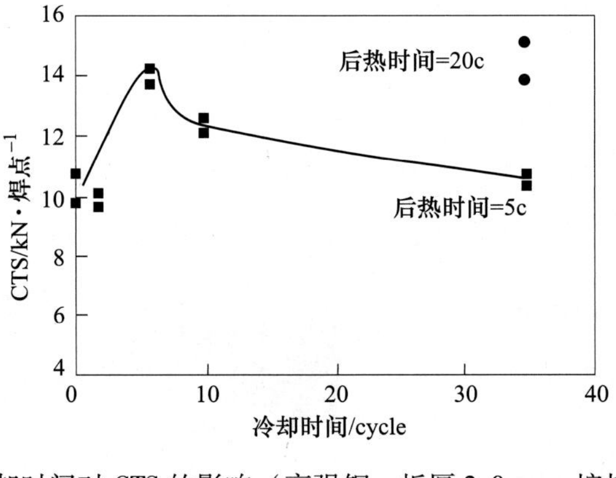

图 4-46　冷却时间对 CTS 的影响（高强钢，板厚 2.0mm，熔核直径 $5\sqrt{t}$）

资料来源：新日铁住金株式会社。

后热工艺能够减轻凝固偏析得到了其他研究人员的支持。应该注意到，无论是否施加后热工艺，熔核内部的硬度都是不变的。因此，不能将上述 CTS 强度的提升归因为回火。相反，施加了后热脉冲会提高热影响区软化的程度与宽度。从断裂力学的观点来看，热影响软化区变宽估计能够提高 4%的 CTS 强度。因此，通过后热工艺之所以能够提高 CTS 强度主要归因于它减轻了凝固偏析从而提高了断裂韧性。

图 4-48 是在熔核直径相同的条件下，采用和不采用多脉冲方案接头十字拉伸强度的对比图。采用多脉冲方案，特别是当脉冲电流在 8～9kA 之间时，接头十字拉伸强度会提

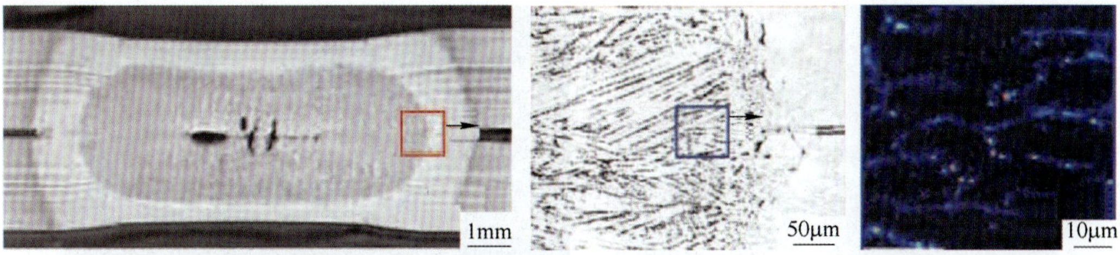

(a) 无改善条件：冷却时间 =0cycle，后热电流 =4.1kA，后热时间 =5cycle

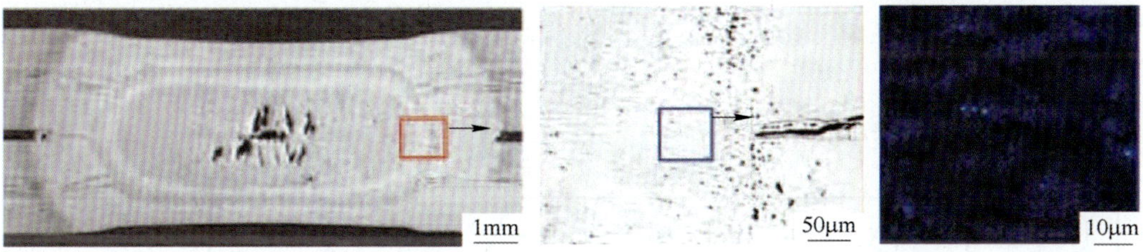

(b) 改善条件：冷却时间 =6cycle，后热电流 =7.3kA，后热时间 =5cycle

图 4-47 后热工艺对熔核边缘微观结构及凝固偏析的影响

资料来源：新日铁住金株式会社。

高。该结果表明，多脉冲方案可以充分加热从而软化热影响区。

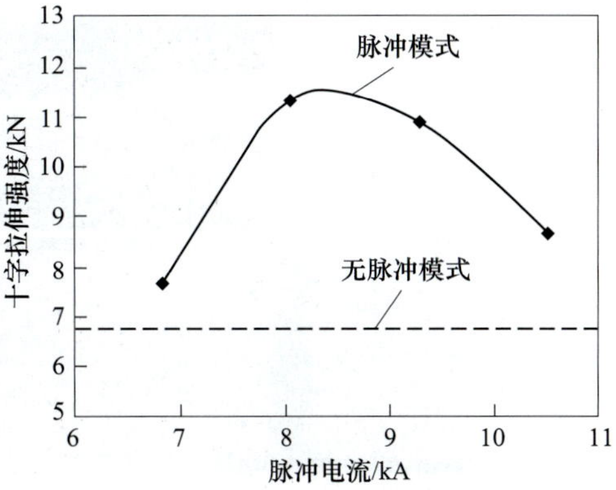

图 4-48 有无脉冲模式的 CTS 比较

资料来源：日本 JFE 钢铁株式会社。

4.4.6 脆裂现象

在富含氢气的环境中延长高强度钢的使用是 1 个长期挑战，因为这些钢由于机械强度的增加而容易发生氢致开裂。氢脆（HE）是由少量的氢原子集中在易受影响的高抗拉强度材料的高应力区域所造成的早期断裂，如图 4-49 所示。

通过控制易感的显微组织、应力和氢含量可以控制氢脆并且已经被充分量化，已开发出最小氢脆的工艺，主要是在电弧焊厚规格钢中。当在汽车工业中应用抗拉强度超过 980MPa 的先进高强度钢（AHSS）时，焊后氢脆断裂（有时称为延迟断裂）的风险很小。虽然目前没有先进高强度钢制成的汽车零件由于氢脆而断裂的相关报道，但为了确保车身安全，并鼓励更广泛地使用 UHSS 板材，需要对 AHSS 延迟断裂进行风险评估。

另一种常见的脆化现象涉及此前讨论的锌镀层。电阻点焊取决于电极和材料之间的界面接触电阻。在焊接中，具有较低熔点的金属如锌能以液态渗透到材料的晶粒边界。在焊接过程结束时，液体金属脆性（LME）会由于拉应力受阻降低晶界的延性而成为问题，如图 4-50 所示。此外，由 Cu 电极和母材在高温下的反应产生的脆性金属间化合物（如 Cu_5Zn_8）促进了液态金属致脆或表面开裂。

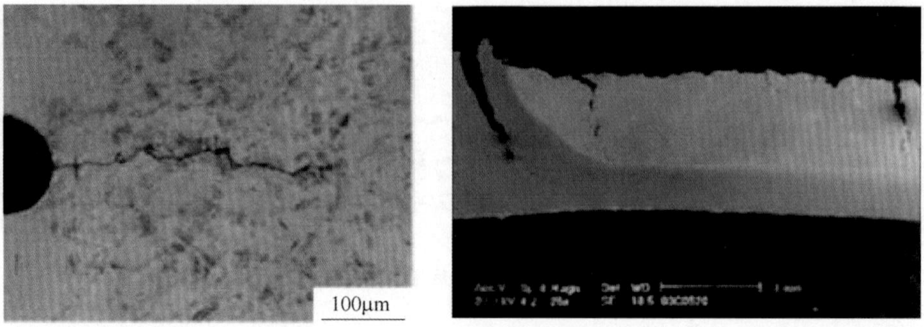

图 4-49　RSW 中氢脆（HE）失效实例

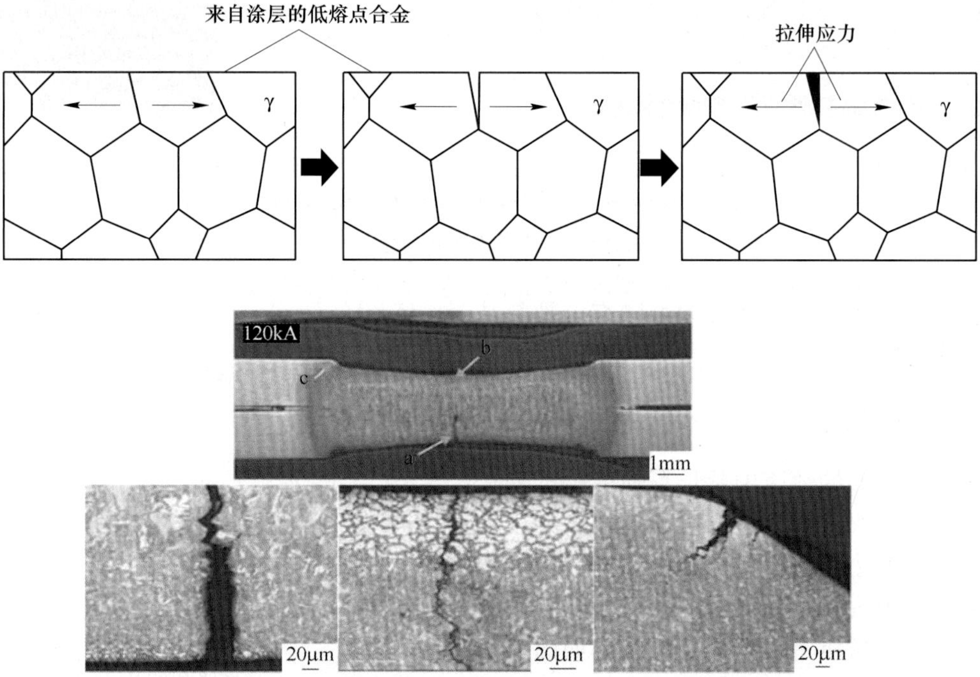

图 4-50　镀锌先进高强度钢的 LME 现象说明（上图）和实例（下图）

许多研究论文对软钢和先进高强度钢中的液态金属脆裂进行了研究和分析。液态金属致脆并不是汽车用先进高强度钢或电阻点焊所独有，而是在其他黑色金属材料的热处理和其他焊接工艺均有发现。在先进高强度钢的点焊过程中，先进高强度钢的复杂显微组织和较大的回弹行为最终导致接头的不连续，如液态金属致脆问题。

总之，当同时存在拉伸应力、液态金属和易感的显微组织时，可能会发生 LME 开裂。目前的研究主要在评估当今的汽车点焊工艺是否减轻了 LME 的影响，其中熔核的体积显著超过工程要求，或 LME 的发生是否影响到实际使用性能。

4.5　大厚度比的三层板点焊

汽车部件，比如侧围是通过三层钢板点焊而成。当外板是薄的软钢而加强件是厚的高强钢时（即板厚比例非常大时），将之点焊在一起通常是非常困难的。在这里，板厚比例指三层板的总厚度除以其中最薄钢板的厚度。三层板点焊时应该得到的熔核情况如图 4-51（a）所示。大板厚比例三层板点焊时，在薄板与厚板的结合面上非常难以形成熔核，如图 4-51（b）所示。这是因为点焊时由于电极散热，熔核是从三层板的中心向外生长的，点焊过程早期由钢板结合面接触电阻产生的热量除外。此外，考虑到实际构件的尺寸精度，当钢板之间存在间隙时，非常有必要采用适合的工艺进行点焊。事实上，点焊时适合的焊接电流区间如图 4-52 所示，采用单脉冲的焊接工艺时，可焊电流范围通常更窄。

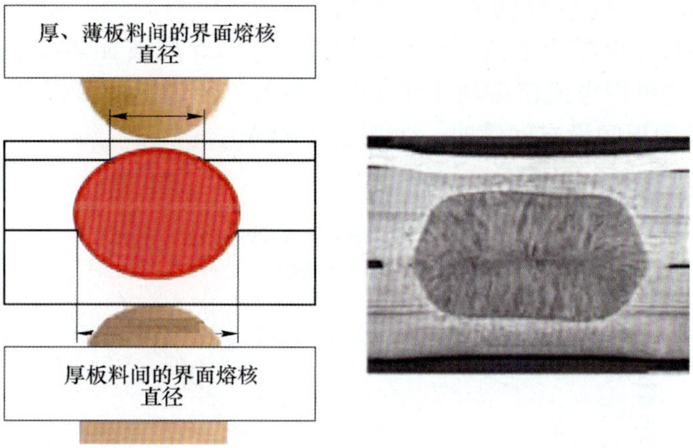

(a) 熔核直径定义　　(b) 点焊焊核截面

图 4-51　三层板点焊

资料来源：新日铁住金株式会社。

为了解决上述问题，当钢板间贴合良好时，可以减小薄钢板侧的电极端面直径，而焊接电流和焊接压力则做相应的调整。此外，可以采用两步式多脉冲焊接方案（见图 4-53），此时可以既不改变电极直径也不改变焊接压力。这种方案简述如下。首先，在第一步焊接过程中，输入相对较大的焊接电流，利用薄板与厚板以及厚板与厚板间的接触电阻产热。但这种方案并非积极地利用接触电阻，因为只有当电极压力小时接触电阻才起作用。由于该方案也适用于电极压力大的场合，因此在点焊存在间隙的钢板时，它的效果特别明显。

采用上述技术开展试验，所用的材料是 0.6mm 软钢+两层 1.6mm 980MPa 级高强钢。在薄板与厚板以及厚板与厚板之间插入 1.4mm 厚的垫片，垫片间隔为 40mm。采用伺服加载

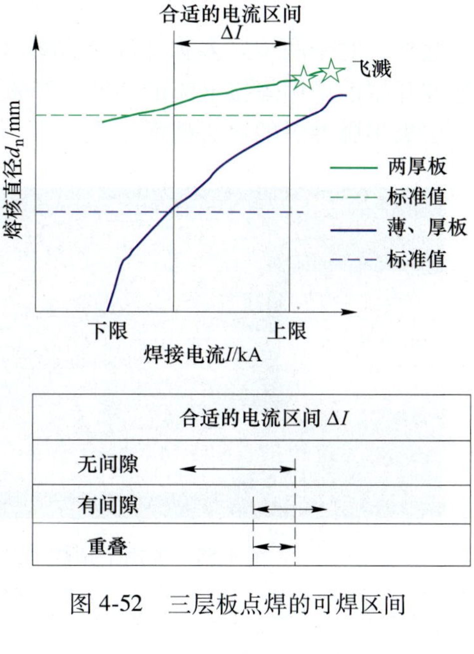

图 4-52　三层板点焊的可焊区间

单相交流焊机，电极为 Cr-Cu 球面电极，其端面直径为 6mm，端面圆弧半径为 40mm，焊接压力为 3. 43kN。采用凿击法测量薄板与厚板间的熔核直径，该熔核直径决定了其可焊电流范围。

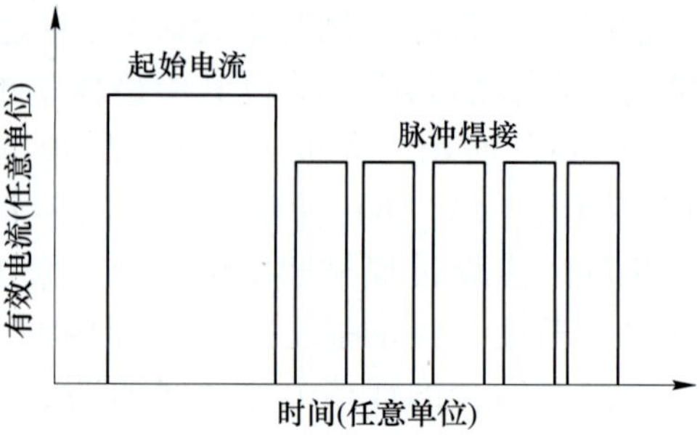

图 4-53　焊接电流模式

图 4-54 是试验结果。横轴表示一步式焊接过程的焊接电流（焊接时间 $t_1 = 18$ 周波）及两步式焊接中的第二步焊接电流（第一步焊接时间 $t_1 = 18$ 周波，第二步焊接时间 $t_2 = 8$ 周波）或者脉冲焊接中的第二步焊接电流［$t_1 = 18$ 周波，$t_2 =$（5 周波加热/2 周波冷却）×5］。一步式或两步式焊接的可焊电流范围均小于 1kA。相反，通过脉冲可保证可焊电流范围可稳定在 3kA 以上（当钢板间没有间隙时，大概为 1. 8kA）。

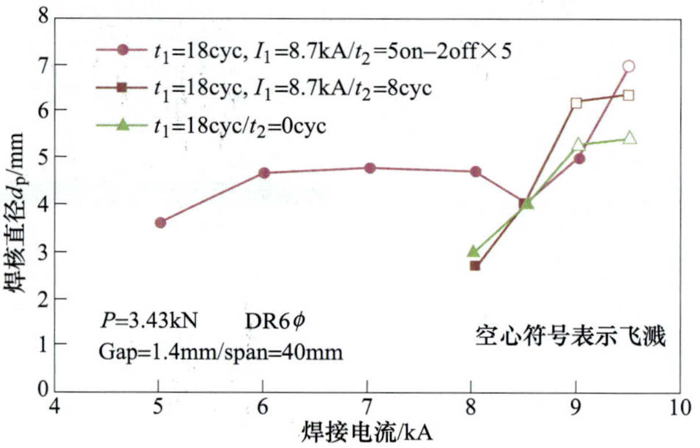

图 4-54　不同焊接电流轮廓下可焊电流范围

此外，对于两步式多脉冲焊接方案（见图 4-54），当点焊板厚差异特别大的三层板时，在脉冲开始前采用焊接电流的 20%～25%预热钢板效果会更好。图 4-55 是采用了预热工艺的三层板多脉冲焊的接头截面金相。

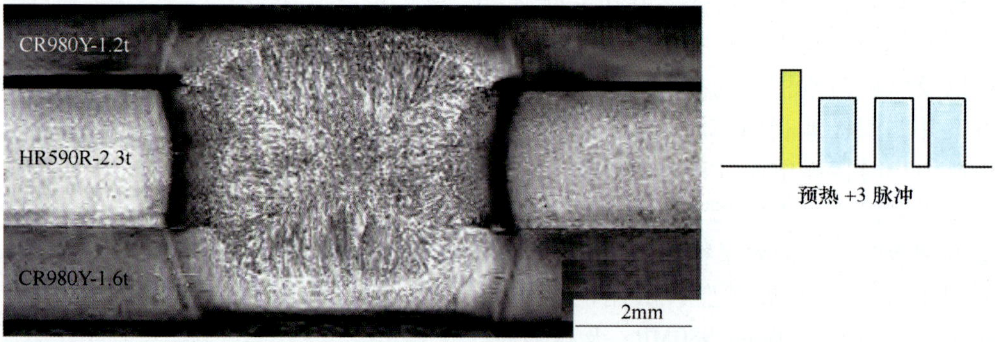

图 4-55　采用了预热工艺的三层板多脉冲焊的接头截面金相
资料来源：台湾中钢集团。

另一种三层板点焊解决方案被称为“智能点焊”（ISW），该方案通过焊接电流及焊接压力的多阶段设置控制熔核的形成过程。在这种方法中，当采用小的焊接压力时，薄板与厚板间形成熔核变得可能。在焊接过程的第一个阶段中，通过采用小的焊接压力、短的焊接时间以及大的焊接电流在薄板与厚板间形成熔核。在随后的第二个阶段中，通过采用大的焊接压力，长的焊接时间在厚板之间形成熔核。结果如图 4-56 所示，在该试验中，电极直接加载在三层板的边缘位置，通过高速摄影机记录边缘位置熔核的形成过程，其中图 4-56（a）表示恒定焊接压力下的焊接，图 4-56（b）是智能点焊。在图 4-56（a）条件下，熔核在厚板间形成，薄板与厚板间则无熔核。然而在条件图 4-56（b）下，薄板与厚板以及厚板与厚板间均形成了熔核。第二阶段的最佳焊接电流范围可由厚板间的熔核形成情况决定，其可焊电流范围的宽度与单独点焊两层厚板的相当甚至更宽。

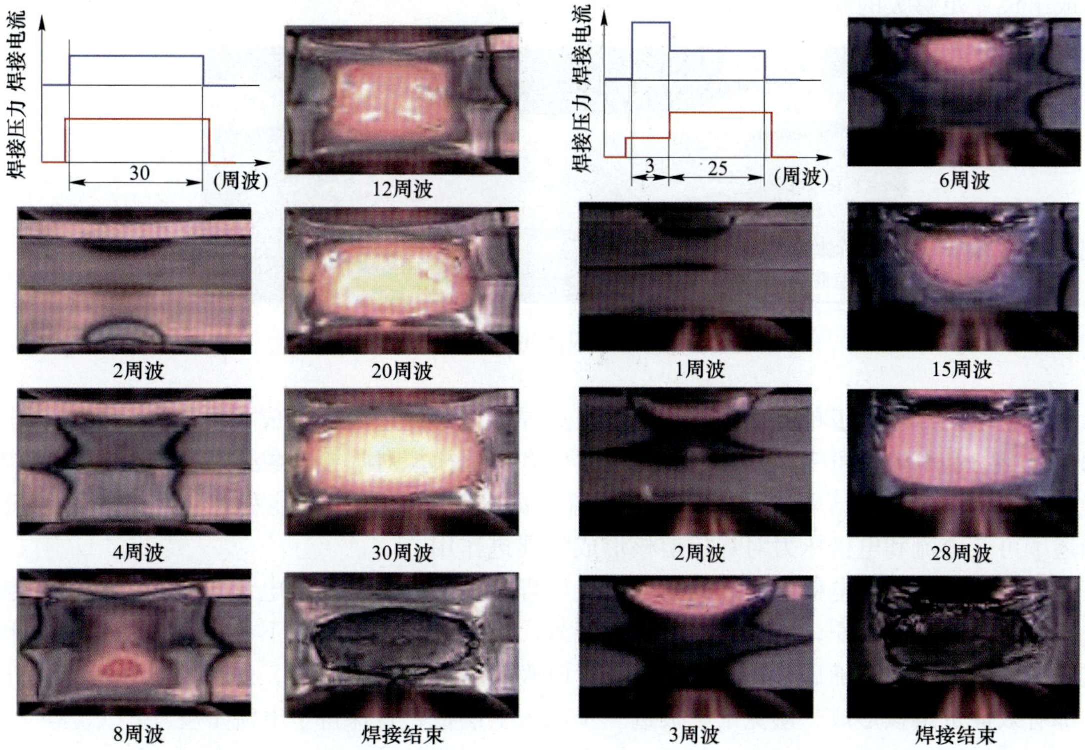

(a) 恒定压力下的焊接　　(b) 智能点焊

图 4-56　采用高速摄像机观测点焊熔核形成情况

资料来源：日本 JFE 钢铁株式会社。

4.6　点焊技术在空腔构件中的应用

在车身点焊中，最常用的是利用电极进行所谓的直接点焊（焊接电流直接流过被电极压实的两层或多层钢板）。然而，对于那些具有闭合截面的零件，有必要钻一个工艺孔，作为直接点焊的电极通道。在这种情况下，通过使用较厚的钢板或提供加强件来补偿钻削部位的刚度下降不可避免地增加车身重量。因此，为了保证刚度的同时降低板厚（重量），许多在不开任何工艺孔的条件下焊接这种结构的方案被尝试。间接点焊得以应用，此时待焊钢板被位于工件同一侧的两个电极压紧。因为待焊钢板是被来自同一侧的电极压紧的，当焊接压力过大时，焊接区域塌陷以及钢板之间的接触面积都会增加（电流密度下降），这使熔核生成变得非常困难。相反，如果采用过大的焊接电流，由于电流分流，电极间的局部电流密度过大，容易引发裂纹或飞溅。

在不同焊接工艺下，壁厚 1.6mm 的空腔构件与 0.7mm 板件点焊的相关研究被开展。通过采用端面形貌被特殊设计的电极和直流焊机，即使在组件中存在间隙或者存在分流（已有焊点分流）的情况下，上述含空腔的组合也可以实现间接点焊，而不需要对传导或压紧做特殊的调整。图 4-57 是间接点焊接头的截面形貌，从中可以清楚地看到贴合面上形成了尺寸足够大的熔核。

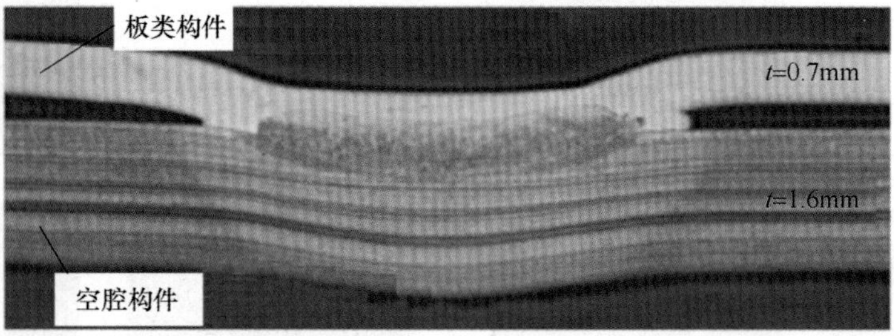

图 4-57　空腔构件与板件间接点焊接头截面形貌

对于采用点焊电极单侧接入的间接电阻点焊，为了促进熔核生成，开发了焊接过程中的电极压力和电流的可变控制方案。通过实验和数值模拟对焊接现象进行了研究，并对焊接过程进行了优化。结果表明，即使在分流大的情况下，熔核也能稳定地形成。图 4-58 描述了可变电流和电极压力对焊接熔核形成的促进作用。

在焊接电流低、电极压力高的第一阶段，焊缝处负载充足的导电预热钢板，促进了电极与上层板的接触面积，从而抑制了板面飞溅。同时，也促进了上下板之间的接触面积形成稳定的传导路径。随后，在焊接电流大、电极压力低的第二阶段，焊接加热区域集中在心部有效促进熔核形成，避免了电极进一步压入上层板，且保持了电流密度。

4.7　电弧焊接过程

4.7.1　电弧焊的基础与原理

本节将对电弧焊接做总体的介绍。除了介绍电弧焊接的共性特征以及重要的概念和术语之外，焊接过程中的细节部分也会在本节涉及。

电弧焊是指一系列通过电弧产生极高的热量来实现焊接的工艺，可依赖也可不依赖外加焊丝完成焊接过程。尽管电弧焊通常被认为技术含量不高，但是得益于其低廉的设备购置成本以及灵活的加工范围，电弧焊目前被广泛地应用。现今的电弧焊技术是由一系列重要的发现推动形成的，这一系列发现包括 1820 年代电弧的发现（Davis），1886 年第一份石墨电极焊接专利，以及 1900 年第一根焊条的出现（Kjellberg）。如今最常见的电弧焊方

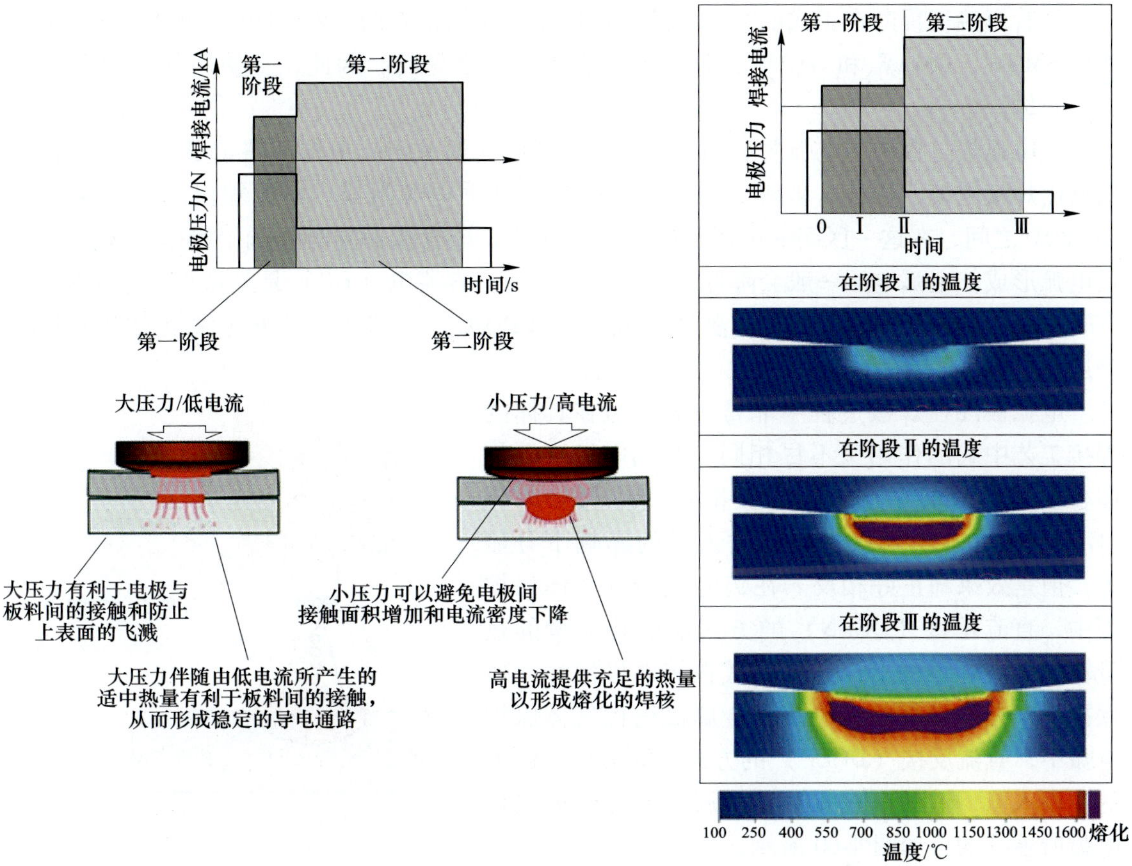

图 4-58 可变焊接电流和焊接压力下单侧电阻点焊熔核形成过程

资料来源：日本 JFE 钢铁株式会社。

法，如图 4-59 所示。引用美国焊接学会（AWS）缩写术语如下：

（1）EGW——气电立焊。

（2）FCAW——药芯焊丝电弧焊。

（3）GMAW——金属极惰性气体保护电弧焊。

（4）GTAW——钨电极惰性气体保护焊。

（5）PAW——等离子电弧焊。

（6）SAW——埋弧焊。

（7）SMAW——自动保护金属极电弧焊。

（8）SW——电弧螺柱焊。

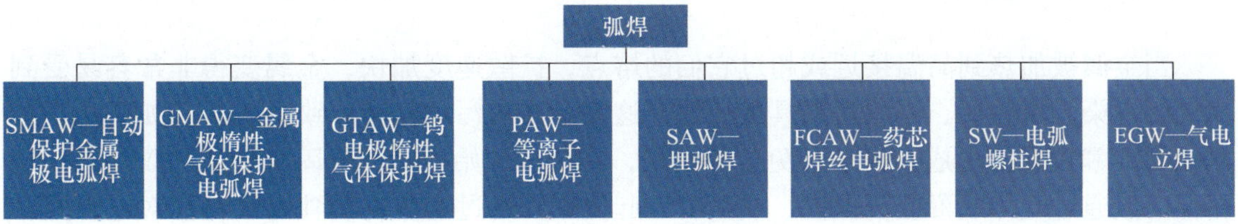

图 4-59 常见的电弧焊接工艺

尽管焊接工程师在正式的交流沟通中应该始终使用正确的 AWS 术语，然而在现实中，使用 SMAW、GMAW 和 GTAW 的俚语现象也是非常常见的。因此，在使用这些俚语时应标成斜体。

在电弧焊过程中，电弧的启动主要是依靠开启（或关闭）电流回路实现的，这一电流回路由焊接电缆、焊枪、被焊工件或零件和焊接辅助电源组成。电源输出的电压通常在 60~80V 之间，在这一区间的电压足够形成并维持一个电弧，同时降低了触电的风险。一旦电弧形成，电弧电压一般会降低至 10~35V 之间。直流电（DC）是最常见的电流模式，有时也会用到交流模式（AC）。脉冲直流模式（P-DC）在现代焊接电源中也变得越来越普遍。

电弧极性在焊接过程中非常重要，但在具体的焊接工艺中它的作用又不尽相同。在钨电极惰性气体保护焊（GMTW）和金属极惰性气体保护电弧（GMAW）中，电弧极性对热输入量的影响十分显著，但是效果却正好相反。在钨电极惰性气体保护焊中，直流正接（DCEN）的方式能够将大量的热量输入到被焊零件上，这种模式在钨电极惰性气体保护焊中是最常见的。但是在金属极惰性气体保护电弧中，直流反接（DCEP）的方式才能够产生极大的热输入量，这种模式几乎是金属极惰性气体保护电弧所独有的，如图 4-60 所示。

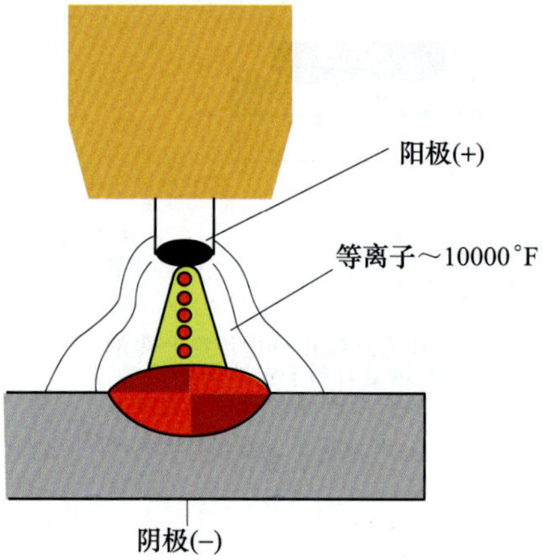

图 4-60　金属极惰性气体保护电弧（GMAW）中的直流反接（DCEP）模式

电弧焊接过程中的热输入量主要是由焊接速度和焊接电流所决定的，由如下方程所示：

$$净热输入量 = 电弧效率因子 \times \frac{电压 \times 电流}{速度}$$

尽管焊接电压看似在热输入量方程中起着极为重要的作用，但是焊接电压的主要目的是获得稳定的电弧，而不是影响热输入量。

美国焊接协会对焊丝的划分取决于不同的焊接工艺。一个常见的例子是自动保护金属极电弧焊（SMAW）中焊丝的划分，“EXXXX” 中的 “E” 代表电极，后面两个数字指焊丝金属的最低抗拉强度千磅/平方英寸（ksi）（如果强度达到 100ksi 或者更高将会有第三个数字），第三个 “X” 提供电极可用焊接位置的信息，最后一个 “X” 提供了镀层种类的信息，电极和焊丝的详细分类将会在后面章节涉及。

4.7.1.1　保护气

当金属被加热到高温接近或超过它们的熔点，扩散速度加快，金属变得非常容易受到大气的污染。氧、氮、氢元素最具破坏性，这些元素的污染能够导致脆性相（如氧化物和氮化物）和气孔的形成。为了避免这种污染，在金属开始冷却和凝固时必须加以保护。电弧焊一般通过气体或覆盖剂保护，或两者一起使用，通过这些物质独有的特性对电弧焊中的熔融金属加以保护。

金属极惰性气体保护电弧焊（GMAW）、钨电极惰性气体保护焊（GMTW）和等离子电弧焊（PAW）采用气体保护。保护气通过隔绝熔化金属与空气的接触进行保护。金属极惰性气体保护电弧焊（GMAW）一般采用的保护气为氩气（Ar）、二氧化碳（CO_2）或者两者的混合气。采用 CO_2 作为保护气时飞溅比较严重，同时焊缝外观也更加粗糙；但是焊接速度快，容易获取且价格便宜。Ar 中增加少量的 CO_2 或 O_2 可以提高熔池的流动性。保护气体的选择对 GMAW 过程中熔滴过渡模式起着重要作用。

4.7.1.2 电弧焊接头形式与焊缝类型

选择适当的焊缝类型和接头形式在电弧焊中是非常重要的。焊接接头形式是指被焊工件或零件是如何装配的，焊缝类型指焊缝在整个焊缝接头中的形式。在电弧焊中，有许多接头形式，但只有两种焊缝类型，即角焊和坡口焊。

角焊缝不需要对接头进行特别的准备，因为接头自身的结构特点就已经决定了焊缝的位置。坡口焊有助于实现完全的焊透，通常应用在较为关键的位置。接头和焊缝形式的选择通常是由被焊工件的设计决定的，对焊接接头的性能起决定性作用。被焊工件的厚度、材质以及所采用的焊接方法都影响接头和焊缝形式的选择。一些常见的电弧焊接头和焊缝的类型见表 4-6。基础的焊接位置如图 4-61 所示。所有的焊接接头在焊接过程中都应保持平坦或水平，这些保持平坦或水平的接头可以与水平面或垂直面存在最多 10°的倾斜。

表 4-6 典型汽车用钢的接头形式和焊缝类型

接头形式	焊缝类型	焊缝与接头形式的组合
搭接	角焊缝	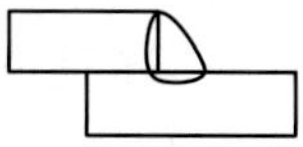
搭接	单侧或双侧槽焊缝	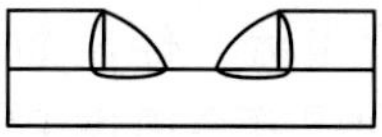
T 型接头	角焊缝	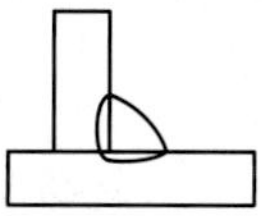
拐角/截头	斜喇叭坡口或 V 形槽焊缝	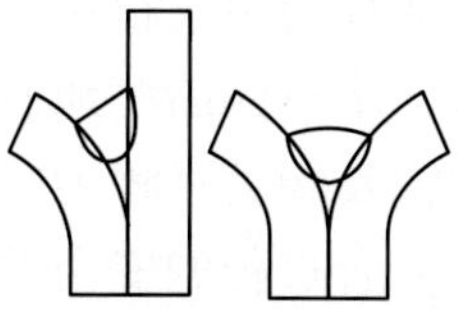

4.7.1.3 电极进给速率

使用半自动弧焊时，如 GMAW 的电极进给速率（或送丝速度）决定了金属填充速率和电流。送丝速度的上升增加焊缝的金属填充量，同时增大了电流，因为焊丝端部的熔化

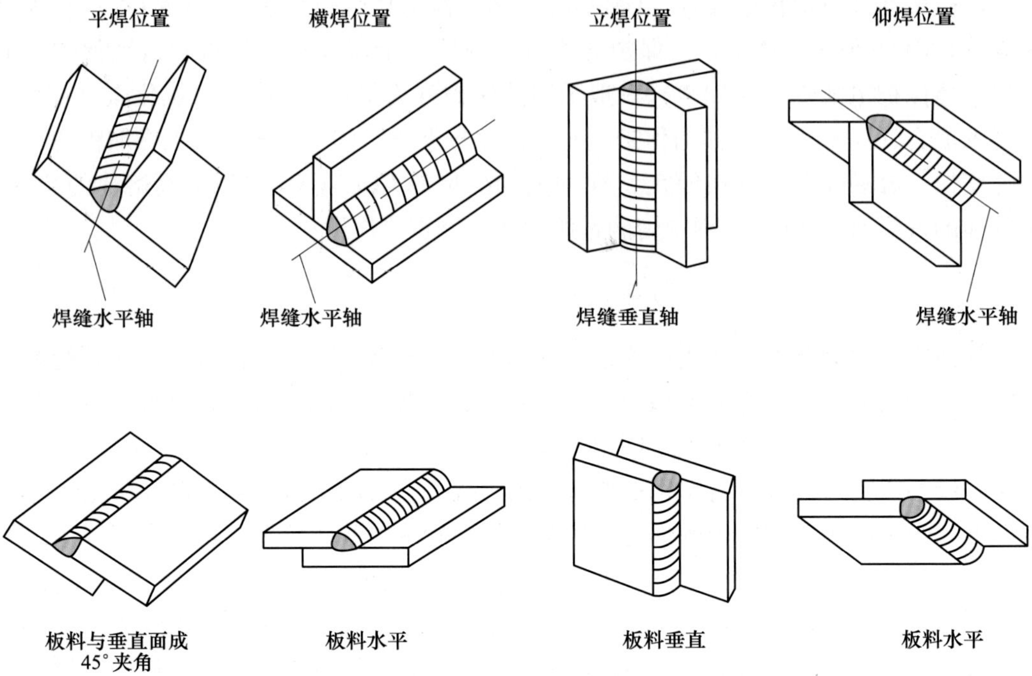

图 4-61　基础的电弧焊接位置

速率随着送丝速度的增加而增大。因此在半自动焊接过程中，电流随送丝速度的变化而成比例变换。典型的送丝速度在 100～500ipm 之间。

4.7.1.4　焊接速度

焊接速度是指焊接电弧相对于工件的移动速度。热输入量方程清楚地指出了，焊接速度同焊接电流一样，都直接决定焊接过程中的热输入量。更快的焊接速度意味着更低的热输入量和焊缝金属填充量。从生产效率的角度出发，自然希望焊接速度越快越好。焊接速度不受焊接电流和焊接电压的影响，由焊接操作人员直接设定，焊接速度一般在 5～100ipm 之间。

4.7.1.5　电弧焊接的安全性

电弧焊会引起很多的危害，电弧焊操作人员及在焊机周围工作的人员均需高度重视这些危害。本节将简要地概述焊接操作人员应注意的一些常见的危害。强烈建议在电弧焊或其他焊接及相关过程中的安全措施应参阅美国国家标准协会（ANSI）文档 Z49. 1，《焊接、切割和复合过程的安全性》，如图 4-62 所示。

与阳光照射一样，电弧发出的紫外线会灼伤人的眼睛和皮肤。这就需要对眼睛进行适当的防护同时穿防护服来遮蔽裸露的皮肤。在电弧焊机附近工作的人员应该注意不要在没有防护的情况下直视电弧。由于火花飞溅，在焊接区域附近工作的人都要对眼睛进行适当的保护。焊接操作人员需要带额外的防护头盔。虽然弧焊所使用的低电压是相对安全的，但是适当的用电演练必须经常举行，包括部件和设备接地，避免环境潮湿。

焊接操作人员长时间吸入焊接烟雾是有害的，适当的通风是至关重要的。在封闭的空间里保护气体会产生窒息，比如焊接油罐。氩气密度比空气要大，如果通风不畅的话，氩气将取代氧气填充整个空间。氦气比空气轻，在高处焊接时同样会存在类似的风险。如果处理不当或发生误操作，保护气体的压缩瓶可能发生爆炸。弧击同样会削弱压缩瓶并引起爆炸。在电弧焊等熔焊过程中，熔化的金属始终是一个风险。在焊接操作时，必须假定任何一块金属都是滚烫的。焊接电弧以及伴随的金属飞溅极易引燃焊机周边的易燃材料。许多火灾都是由于粗心的焊接操作人员未意识到附近存在的可燃物所引起的。

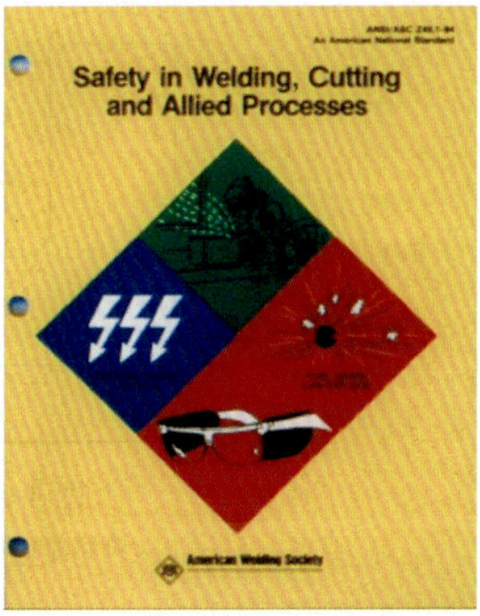

图 4-62 ANSI 文档的 Z49.1《焊接、切割和复合过程的安全性》

4.7.2 电弧焊接过程

常用的电弧焊接方法（例如金属极惰性气体保护焊 GMAW、钨电极惰性气体保护焊 GTAW 和等离子焊 PAW）都可以采用焊接软钢相似的方法焊接先进高强钢。焊接先进高强钢和软钢所采用的保护气是一致的。在汽车工业中，所有焊接接头的间隙公差范围在 0~0.5mm 之间，如图 4-63 所示。待焊工件边缘的剪裁误差可接受范围为±0.5mm，如图 4-64 所示。待焊工件边缘位置的变化会引起金属电极与焊缝无法对齐，如图 4-64 所示。电极位置不当会导致焊缝成形不好，熔化不均匀或者熔穿。为了避免电极位置不当的出现，待焊工件边缘的剪裁误差必须控制在±0.5mm 之内，而电极必须保证与接头根部的误差在±0.5mm 之内。

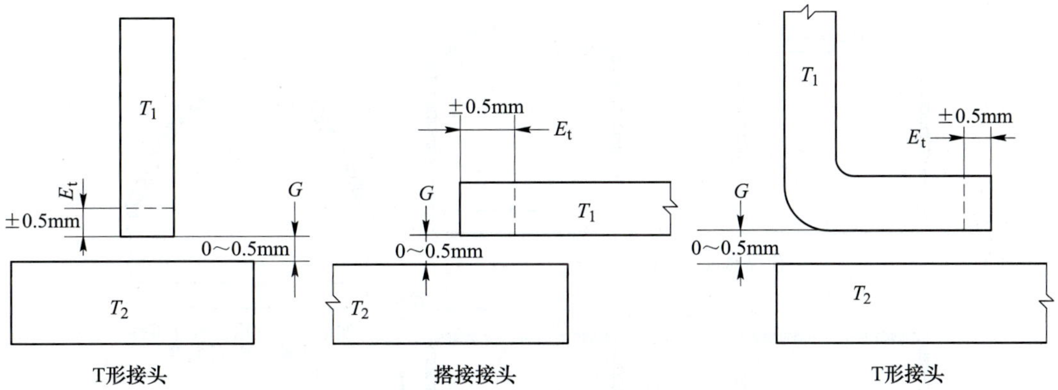

图 4-63 接头设计公差

资料来源：美国汽车钢铁联盟和 AET Integration 公司。

所有金属极惰性气体保护焊制备的接头都要进行误差累计检查。包括累积误差在内的最大设计误差不得超过图 4-65 所示的尺寸。误差范围应尽可能取的小（小于薄板的厚度或者 1.5mm 两者的较小值）。由 CAE 分析或其他分析方法确定的应力集中区应进行焊接优化评估。图 4-66 演示了用于减小角焊缝应力集中以及改善焊缝性能的技术。这些技术

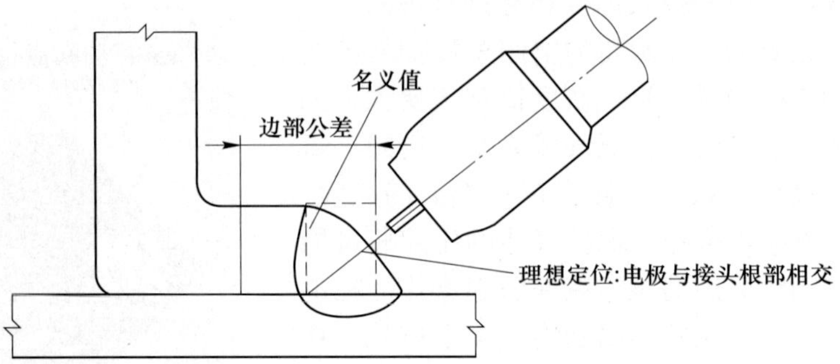

图 4-64　搭接接头角焊缝的边缘位置公差

资料来源：美国汽车钢铁联盟和 AET Integration 公司。

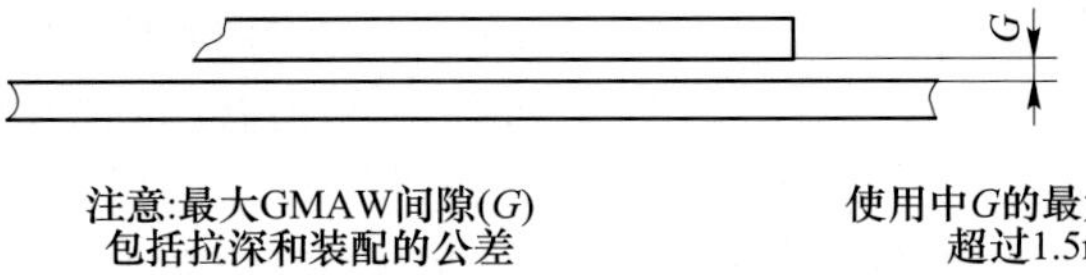

图 4-65　最大 GMAW 间隙

资料来源：美国汽车钢铁联盟和 AET Integration 公司。

包括避免起焊点和终焊点位于边角或其他应力集中区域，避免焊接方向的突然转变等。适当而有序的布置间断焊缝能够减小热输入量，进而减小焊件的变形量。与此同时，间断焊缝引入较多的起焊点和终焊点，这些位置加剧了应力集中。与连续焊缝一样，间断焊缝的起焊点和终焊点同样要避开应力集中位置。间断焊缝应明确界定其中心到中心的距离和焊缝长度，如图 4-67 所示。

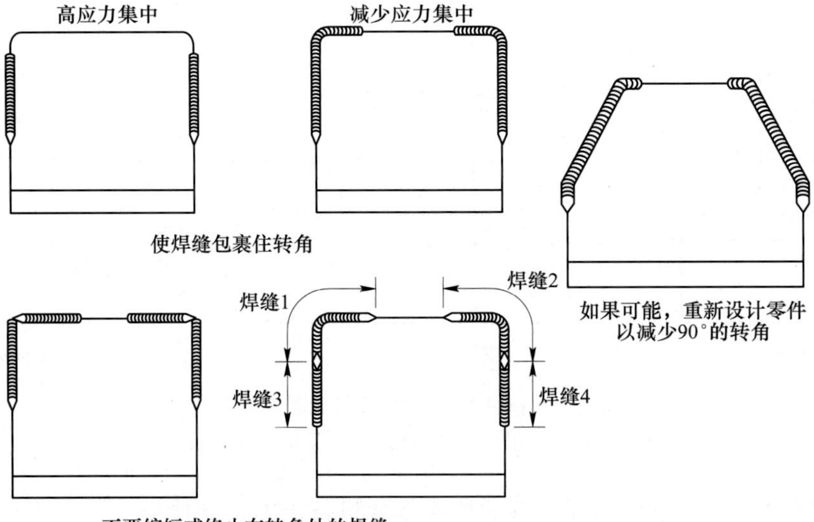

图 4-66　减少焊接应力集中

资料来源：美国汽车钢铁联盟和 AET Intergration 公司。

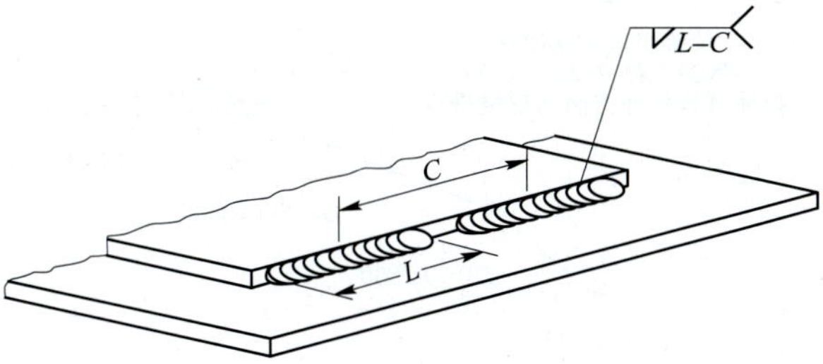

图 4-67 断续角焊缝位置

C—焊缝中心距；L—焊缝长度

资料来源：美国汽车钢铁联盟和 AET Intergration 公司。

尽管先进高强钢中添加较多的合金元素，但是与软钢相比，先进高强钢的焊接缺陷并没有增多。与软钢相比，先进高强钢的电弧焊可能会引起磁偏吹。先进高强钢焊缝的强度随母材强度的提高而提高，有时随热输入量的减少而提高。由于先进高强钢中化学元素的强化作用（例如，软钢和 DP 钢中的马氏体含量较高，强度能超过 800MPa)，焊接接头的强度可能会低于母材的强度，这是由于热影响区的软化造成的，如图 4-68 所示。CP 钢和 TRIP 钢中的合金元素含量高于低碳钢和 DP 钢中的含量，其热影响区不出现软化现象。

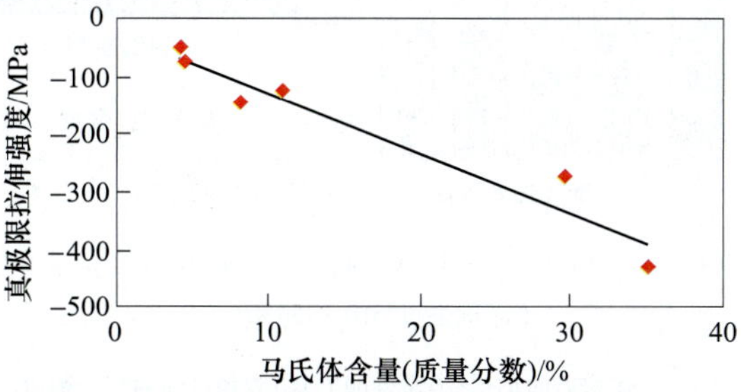

图 4-68 马氏体含量与真极限拉伸强度的关系

（数据来自高热输入量 GMAW 的热力学模拟结果）

强度高于 800MPa 的先进高强钢一般采用高强度焊丝焊接，如图 4-69 和图 4-70 所示。需要注意的是，高强度焊丝更昂贵，且对焊接缺陷的容忍度低。先进高强钢焊接软钢或者低强度钢时，推荐使用 70ksi(482MPa) 强度级别的焊丝。单面焊搭接接头一般用于汽车工业中。这种接头的承载方式不对称且伴随有弯曲载荷，所以搭接接头的强度低于对接接头。

电弧焊一般用于车辆负载要求较高的部位。金属极惰性气体保护焊焊接所有强度等级的钢时，热输入量以及由此引起的焊接冶金学问题均应当注意。熔化极气体保护焊的焊缝一般较短。相较于高强钢母材，焊缝强度的下降通常通过增加焊缝的长度来进行补偿。

通过调整焊缝的长度和数量（焊缝总面积），可提高接头的疲劳强度。电弧焊接头的疲劳强度较点焊接头疲劳强度要高，如图 4-71 所示。

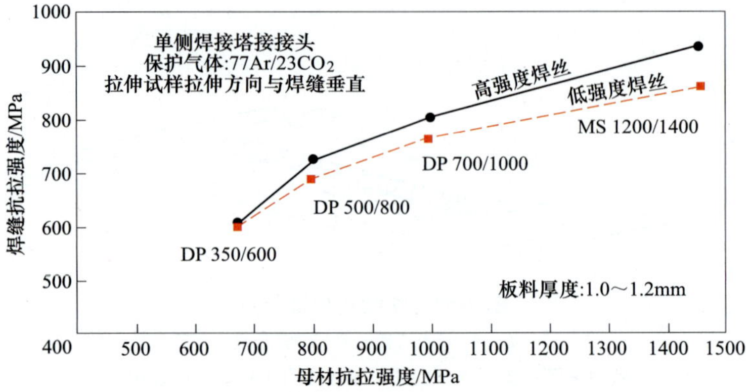

图 4-69　焊丝强度对 DP 钢和低碳钢的影响

（拉伸强度在 560MPa 的低强度焊丝和 890MPa 的高强度焊丝，除由低强度焊丝制备的 DP 700/1000 和 MS 1200/1400 接头组合断裂在焊缝处，其余均断在热影响区，拉伸强度等同最大负载除以试样焊缝的截面积）

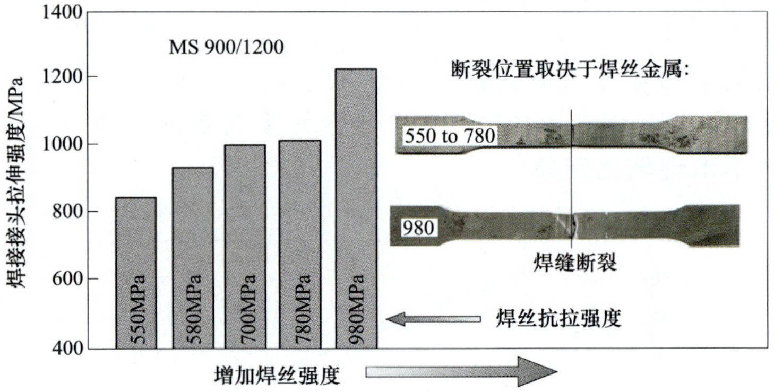

图 4-70　焊丝强度对 GMAW 制备的低碳钢对接接头的影响

（焊丝强度 510~950MPa）

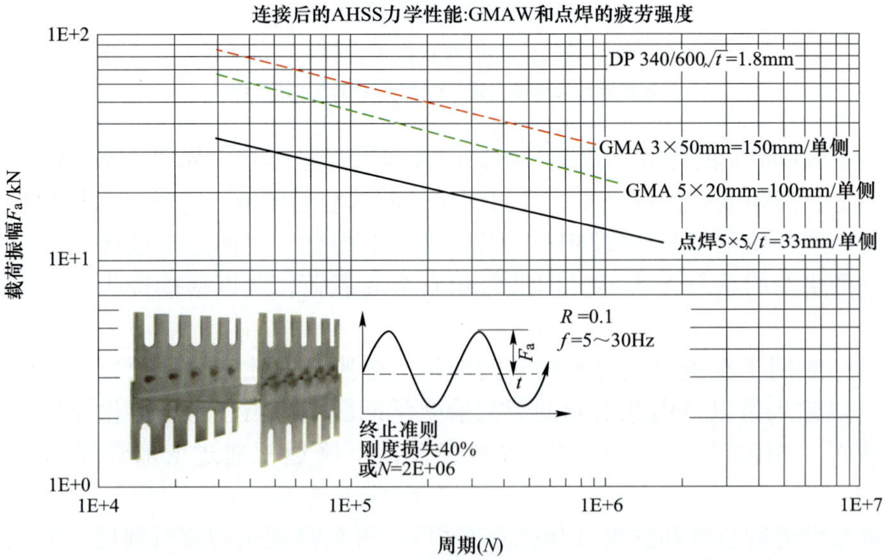

图 4-71　GMAW 和点焊制备的 DP 340/600 接头的疲劳强度

4.8　金属极惰性气体保护焊（GMAW）

金属极惰性气体保护焊 GMAW（见图 4-72），通常被称作 MIG 焊（金属惰性气体保护焊），通过喷嘴连续地供给裸露的金属焊丝作为电极，同时通有惰性气体用以保护熔融的金属直至冷却。由于焊丝是由送丝机自动供给的，熔化极惰性气体保护焊也被认为是一种半自动焊接方法。送丝机将熔化极金属从焊枪中推出，电子管与焊枪连接，将电源提供的电能通过电缆与金属极连接。相比于 SMAW 和 GTAW 焊接方法，GMAW 对焊接技巧要求不高但是能产生较高的熔覆率。

基本的设备组件包括焊枪和电缆组件，电极进给装置，电源和保护气瓶。整套设备包括一套给焊枪降温的冷却水系统，这在高循环和大电流焊接时十分必要。

在 20 世纪 40 年代，GMAW 开始商业化应用，它显著地提高了金属填充效率和焊接效率。GMAW 的金属填充效率远高于 SMAW 和 GTAW 焊接方法，而且非常适合在机器人辅助下进行焊接。由于 GMAW 的焊接速度快且能够自动化操作，它被汽车和重型设备制造商广泛应用，同时还被应用到建筑结构焊接、管道、压力容器的焊接和表面熔覆等领域。GMAW 使用灵活，可焊接所有的金属。GMAW 由于需要额外的送丝机构，更复杂的焊枪，且需要保护气体，其焊接设备较 SMAW 要贵一些，但总的来说还是相对便宜的。

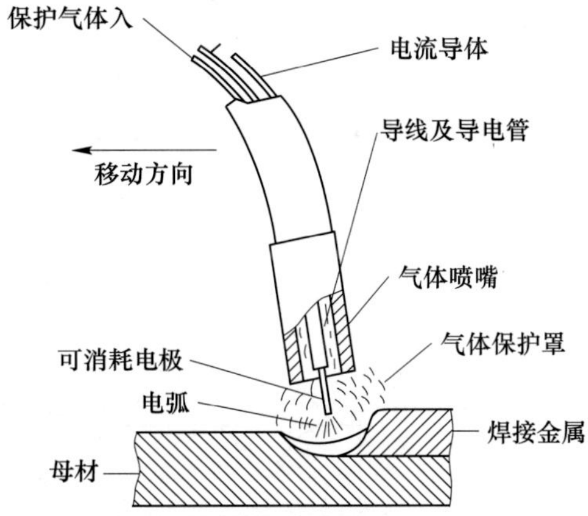

图 4-72　金属极惰性气体保护焊 GMAW

GMAW 的“自我调节”是指设备能够一直保持电弧长度恒定。“自我调节”通常是通过使用恒压电源实现的，尽管一些现代的焊机也能够通过其他方法实现这一点。这个“自我调节”功能非常适合机械化的和机器人辅助完成的生产。

图 4-73 提供了重要的焊接术语，其中最重要的是焊丝的干伸长。干伸长是指导电嘴到电弧之间焊丝的长度。它之所以重要的原因是干伸长越长，焊丝中产生的电阻热（IR^2）越大。电阻热的产生是由于钢制焊丝并不是电的优良导体。这种效应在大电流和干伸长较长时尤为显著，使焊接电源提供的电能更多地用在加热和熔化焊丝，较少地用在产生电弧热。因此，较高的电阻热会导致焊缝的横截面更宽，熔深较浅。焊枪高度同样是很重要的因素，焊枪高度较高不利于保护气保护焊接过程，焊枪高度较低则导致飞溅物积聚在喷嘴和导电嘴处。很多气体都可用做 GMAW 的保护气。最常见的包括 Ar、He 和 CO_2 气体以及它们的混合气。图 4-74 揭示了保护气成分对焊缝截面轮廓的影响。

AWS A5.18 SMAW 为碳钢焊丝的规格，包括 GMAW 和 GTAW 两种焊接方法的焊丝。图 4-75 为典型的焊丝牌号图。“E”指电极；“R”指焊丝可用在 GMAW 中通电流，也可作为一个单独的填充金属用在 GTAW 中；“S”指这个填充金属为固体（与之对应的“T”是指一个管状 GCAW 电极或“C”是指复合电极）；“S”后出现的数字、字母或数字/字母组合提供填充金属的各种信息如成分，建议使用的保护气体和极性。

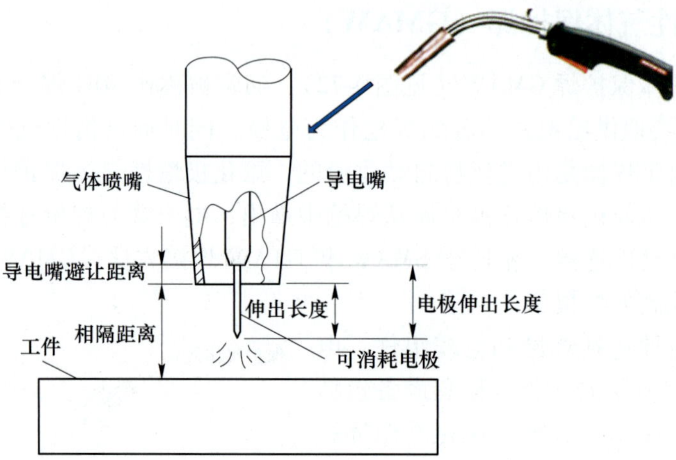

图 4-73　常见 GMAW 焊接术语

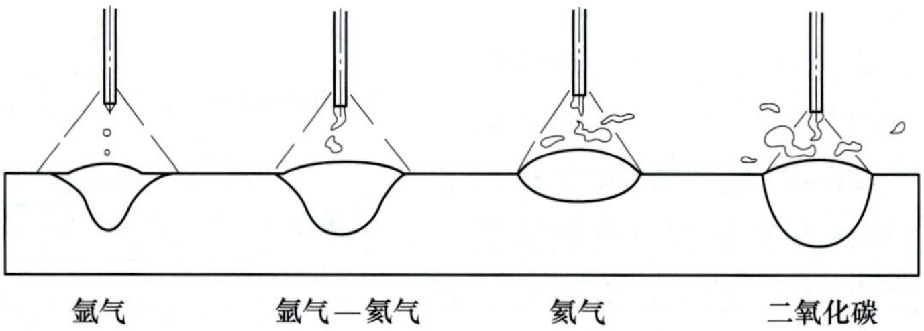

图 4-74　保护气对焊缝截面轮廓的影响

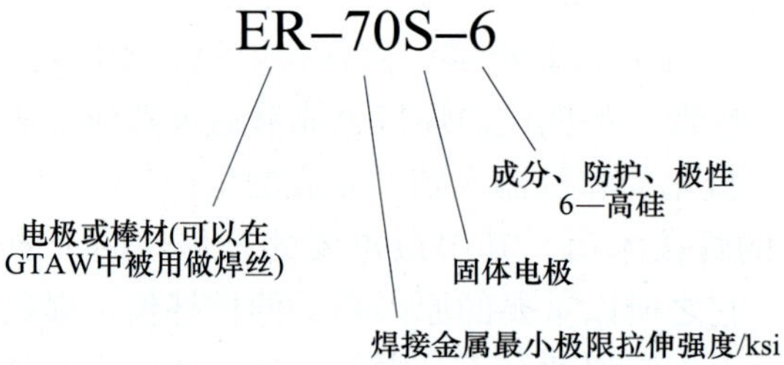

图 4-75　典型的 AWS A5. 18 焊丝

总的来说，GMAW 具有如下优点和局限性。

(1) 优点：

1) 金属填充效率高于 SMAW 和 GTAW。

2) 较 SMAW 和 GTAW 更高的生产效率但填充焊丝需要不断更换。

3) 无需使用助溶剂所以不需要焊后清理而且不会产生夹渣。

4) 对焊接技能要求低于手工焊。

5) 易于自动化生产。

6) 可焊接绝大多数商用合金。

7）喷射过渡模式至熔深较深。

8）根据熔滴过渡模式可实现全位置焊接。

（2）局限性：

1）设备较 SMAW 更昂贵且不便携。

2）焊枪较重且体积大，不易深入工件进行焊接。

3）熔滴过渡模式较多增加了复杂性和局限性。

4）要求场地通风良好。

尽管 QP980 中增加了合金元素的含量，但是 GMAW 制备的接头中焊接缺陷的种类和数量并不比软钢焊缝中多。图 4-76 显示了 1.6mm 厚 QP980 焊接接头的显微硬度分布图。焊缝的熔合区和热影响区的显微硬度都低于 500HV，且热影响区未出现明显的软化现象。

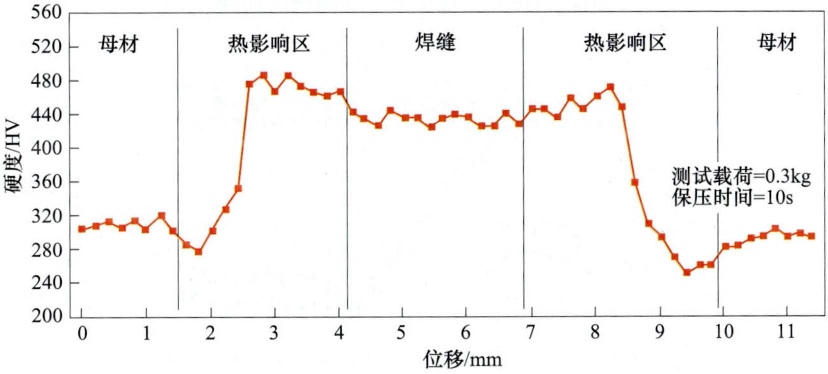

图 4-76　1.6mm 厚 DP980 的 GMAW 接头的显微硬度曲线

资料来源：宝山钢铁股份有限公司。

在一定焊接条件下制备了 3 种不同钢种的 GMAW 焊接接头。左侧为熔合区，中间位置为热影响区。如图 4-76 所示，3 种钢的不同等级及相关因素造成了焊缝热影响区不同程度的软化和硬化。热影响区的硬化位置接近于熔合区，软化位置则远离融合区。DP980 热影响区中的硬化和软化现象最为显著。名义上高 CR 条件是低热输入量和散热量的组合。CR 对 DP 钢的影响较为显著，但是对 TRIP 钢的影响并不明显。预应变对 TRIP 钢母材的影响较为显著，能够提高母材 25%的硬度。TRIP780 钢热影响区的软化部分硬度同样受预变性的影响而提高，但是软化并未完全消除（约 20%）。预应变提高 DP780 母材约 10%的硬度。预应变不能提高各钢种热影响区硬化位置的硬度。焊后烘烤对 DP780 和 TRIP780 热影响区硬度分布的影响不显著，无论这些钢是否预应变，如图 4-77～图 4-79 所示。

TRIP780 不同焊丝成分和不同 CR 条件下制备的搭接接头的静态拉伸数据如图 4-80 所示。结果以接头相较母材强度百分率和峰值载荷应变所示。结果显示接头的强度百分比在 50%～98%之间。峰值载荷应变的范围在略低于 3%～8%。断裂位置位于热影响区或者熔合区的边界位置。焊丝的强度对接头拉伸强度无明显影响。图 4-80 显示 TRIP780 对接接头的静态拉伸数据，所有的断裂发生在热影响区远端的软化位置且接头强度达到母材强度的 89%以上。平均而言，更高的 CR 使接头的伸长率高于较低 CR 制备的接头。对于搭接

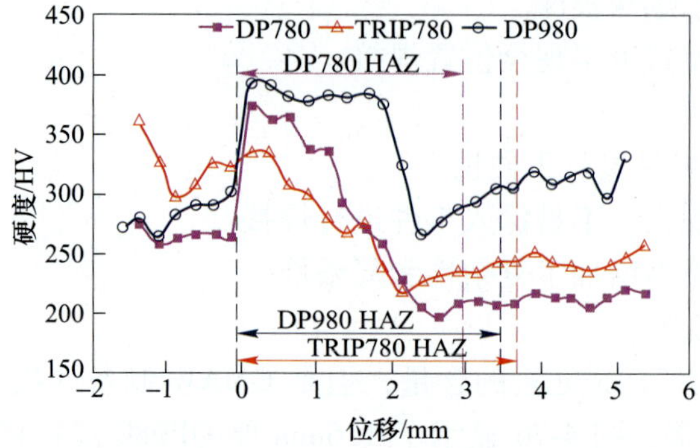

图 4-77　DP780/TRIP780/DP980 高 CR 无预应力无焊后烘烤制备的搭接接头的显微硬度曲线

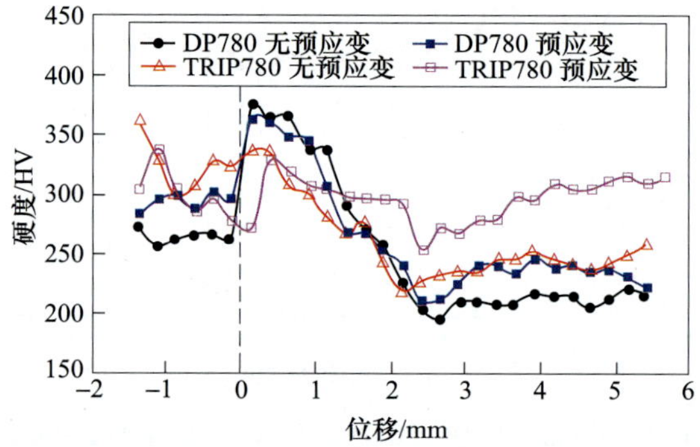

图 4-78　DP780/TRIP780 高 CR 无预应变和有预应变下的显微硬度曲线

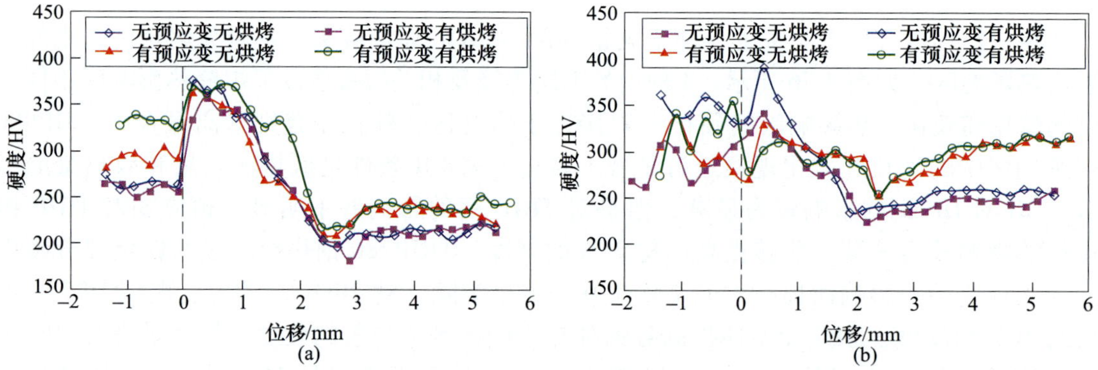

图 4-79　DP780/TRIP780 高 CR 有无预应变和有无焊后烘烤下的显微硬度曲线
（a）DP780；（b）TRIP780

接头而言，焊丝的强度同样对接头静态拉伸性能影响不显著。高或低 CR 的缩写是指每条焊缝 CR 的高或者低。

DP 780 对接接头的静态拉伸实验结果如图 4-81 所示。所有的焊缝断裂在热影响区中远离熔合区的软化位置。如图 4-81 所示，高 CR 的焊缝强度百分比超过 90%，同时高 CR 使峰值负载应变少量增加。

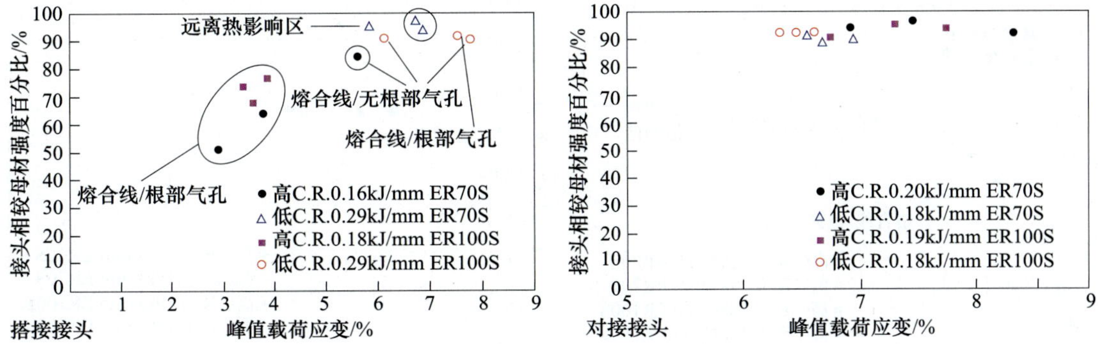

图 4-80 TRIP780 搭接和对接接头的静态拉伸数据

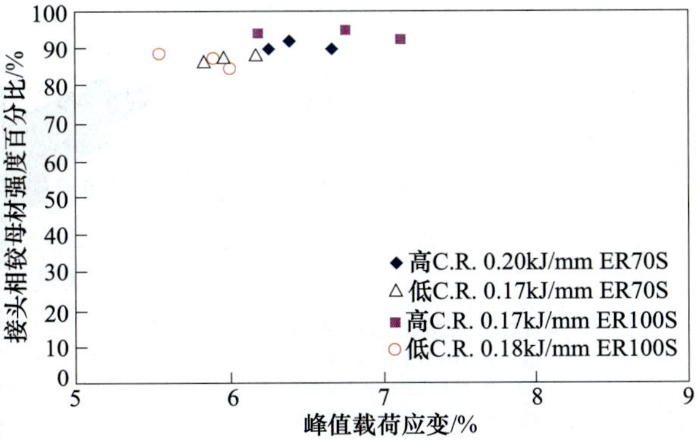

图 4-81 DP780 对接接头的静态拉伸数据

图 4-82（左）显示 DP780 在不同焊丝成分和不同 CR 条件下制备的搭接接头的动态拉伸数据。最大拉伸强度 UTS 在 372~867MPa（54~126ksi）之间，峰值负载应变在 1%~5% 之间。高 CR 条件下搭接接头峰值负载的强度和应变都较低。在熔合线附近断裂的焊缝可能是由于焊缝根部存在的气孔引起的。所有低 CR 条件下由 ER70S-6 焊丝制备的搭接接头断裂在底板的热影响区远端位置。低 CR 条件下由 ER100S-G 焊丝制备的搭接接头，两个动态拉伸试样断裂在热影响区远端位置，一个断裂在顶板熔合线位置，但是焊缝根部不存在气孔。图 4-82（左）指出焊丝强度对动态拉伸结果无显著影响。图 4-82（右）为 TRIP780 对接接头的动态拉伸结果，所有接头断裂在热影响区远端的软化位置。UTS 在 840~896MPa（122~130ksi）之间，峰值负载应变在 3%~4%之间。如图 4-82 所示，CR 的高低和焊丝的强度都对对接接头的动态拉伸数据无显著影响。

图 4-83 显示 DP780 对接接头的动态拉伸数据。所以试样断裂在热影响区远端的软化位置。UTS 在 841~910MPa（122~132ksi）之间，峰值负载应变在 2.25%~4%之间。DP780 和 TRIP780 对接接头的 UTS 较为相似。平均而言，TRIP780 对接接头的峰值负载应变略高。焊丝强度和 CR 的条件对动态拉伸数据无明显影响。

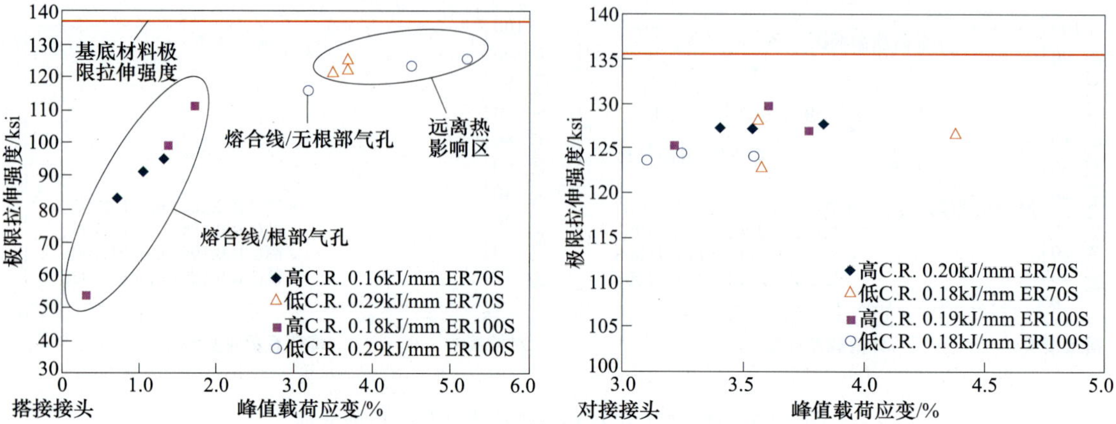

图 4-82　TRIP780 搭接接头和对接接头的动态拉伸数据

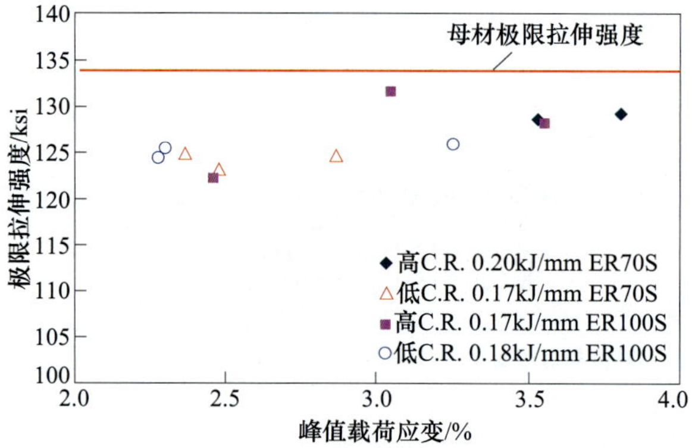

图 4-83　DP780 对接接头的动态拉伸数据

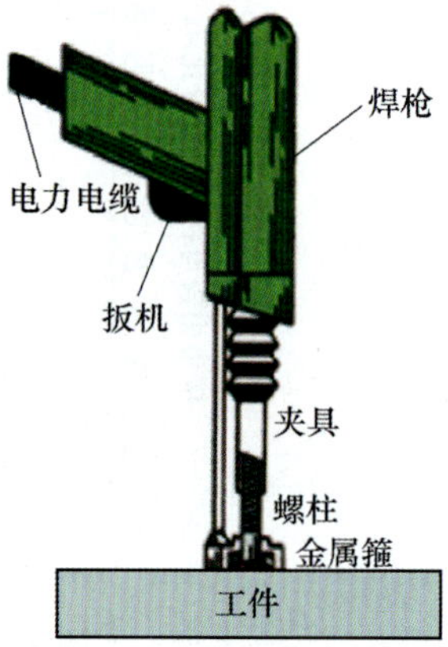

图 4-84　电弧螺柱焊接时焊枪位置

4.9　电弧螺柱焊

电弧螺柱焊接是一个弧焊过程，旨在快速有效地连接螺栓和板。焊接螺柱通常作为螺纹附着点或铆钉。这个过程使用恒流电源，焊枪（见图 4-84）确定螺柱焊钉的位置。陶瓷套圈隔离焊接区空气并帮助焊缝成型。

焊接过程如图 4-85 所示。当操作员扣动扳机时，螺栓首先接触零件（a），然后焊枪抽离（b），启动电压产生电弧，电弧的热量融化螺栓的底部以及与螺栓接触的钢板。钢制螺栓通常在底部放置一个小铝球，它在电弧作用下熔化和蒸发，铝蒸汽作为脱氧剂保护熔融金属。螺栓立即压入母材（c）形成焊缝，污染物和氧化物质通过套圈洞被挤出，熔融金属被挤入套洞空腔中。整个焊接过程通常持续不到 1s。最后一步用锤子打破陶瓷箍使其与焊缝脱离（d）。这个过程不需要特殊操作技能。

电弧螺柱焊接拥有广泛的工业和其他应用范围，包括汽车制造、造船、桥梁和建筑。图 4-86 显示了各种螺栓。预计在螺柱焊连接高强钢不会涉及任何具体的材料问题。

气体保护电弧螺柱焊（见图 4-87）是一个极佳的工艺，但其在使用中对装配要求高。

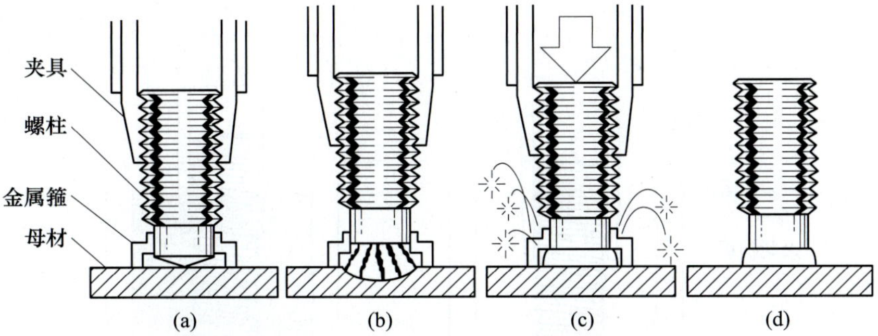

图 4-85 电弧螺柱焊的步骤

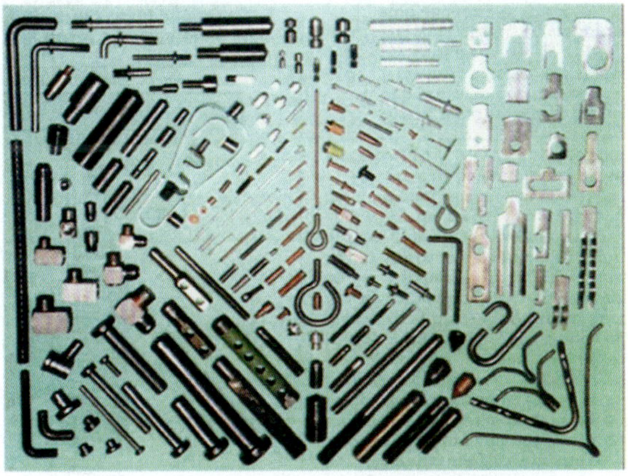

图 4-86 螺栓的种类非常广泛

气体保护电弧螺柱焊的主要优点是不使用套圈。这个优点可以降低初始和清理成本进而吸引了许多用户。然而，由于火花不受控制，熔融金属可能会扩散到更大的区域，影响焊件的装配。

气体保护电弧螺柱焊通常与机器人一起使用。由于套圈有附加的材料处理要求，通常选择气体保护电弧螺柱焊。机器人系统的精确定位特性使其成为气体保护电弧螺柱焊最优的选择。

4.10 高能量密度焊接过程（激光焊）

4.10.1 高能量密度焊接过程的基本原理

高能量密度焊接是指将焊接所需的能量密度汇聚到一个极小的区域内。这使得输入到工件的能量很低，导致母材性能的弱化，残余应力值和变形量都很小。焊接速度可以很快。主要的两种高能量密度焊接是激光焊（见图 4-88）和电子束焊接（EBW）。

如图 4-89 所示，汇聚的激光和电子束的能量密度达到甚至超过 10^4kW/cm^2。这样高的能量密度是将高能光束汇聚到一个极小值直径内。直径如人的头发丝（0.05mm）一般大小。PAW 可提供高于常见弧焊的能量密度，也被戏称为穷人的激光束。

与其他焊接过程相比，高能量密度焊接制备的焊缝具有很高的熔深/熔宽比，如图

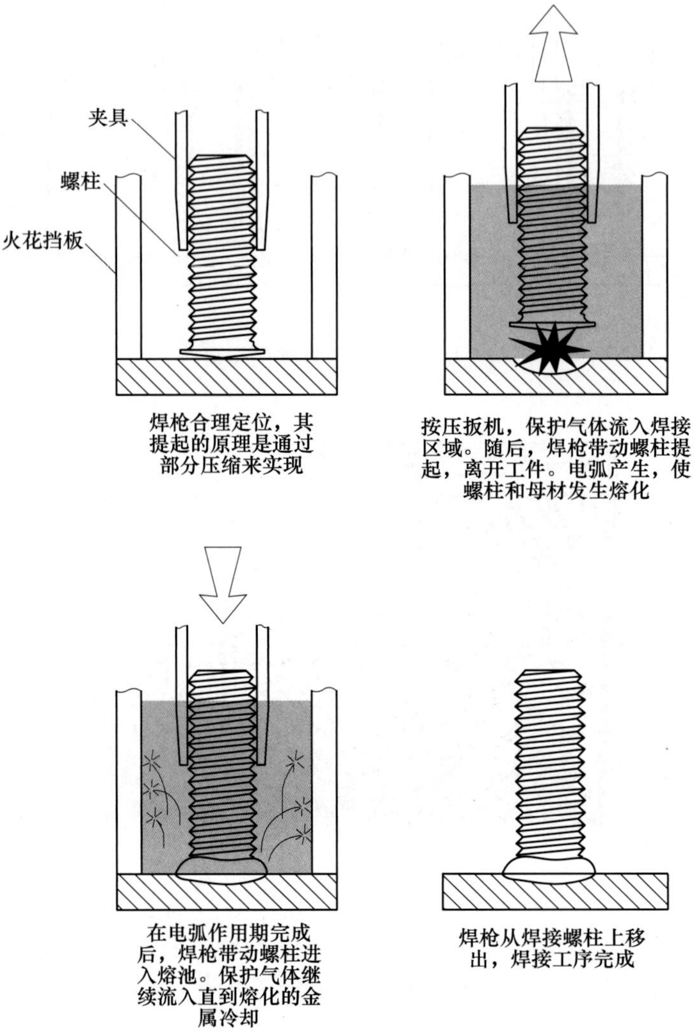

图 4-87　气体保护电弧螺柱焊过程

4-90 所示。因此，大厚板有时只需一道次焊接过程即可，特别是电子束焊。图 4-90 同样指出与其他焊接过程相比，高能量密度焊接过程中传给焊缝周围区域的热输入同样很小。但是，高的熔深熔宽比使得高能量密度焊接对装配误差容忍度低。

电子束焊接和激光焊在工业领域的应用非常广泛。焊接速度可以提高且焊缝更加美观。激光焊非常适合高速焊接生产，因此在汽车行业中非常常见。能够在敏感零件上精确定位和极小的热输入量使得激光焊对医疗器械行业有极大的吸引力。

在高能量密度焊接过程中，激光和电子束沿着零件的结合面移动。极高的能量密度不仅熔化金属，同时会产生金属气化。当金属原子气化后，会沿相反方向产生一个巨大的局部蒸气压。这个压力通过挤压熔池金属表面产生一个小孔，即匙孔。熔化的金属在匙孔后边逐渐的凝固，如图 4-91 所示。这种焊接方法叫做匙孔焊接，在激光焊和电子束焊接中非常常见，且能够产生非常明显的熔深熔宽比。有些情况下不产生匙孔焊接模式，如传导模式焊接。传导模式焊接制备焊缝的熔深熔宽比接近于电弧焊。

图 4-88 激光焊接

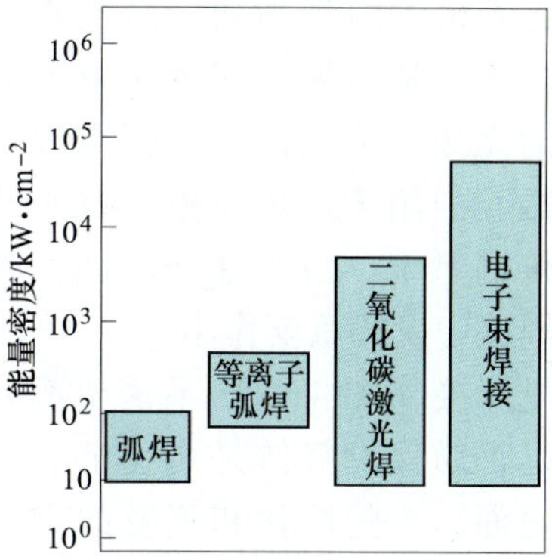

图 4-89 不同焊接方法的能量密度

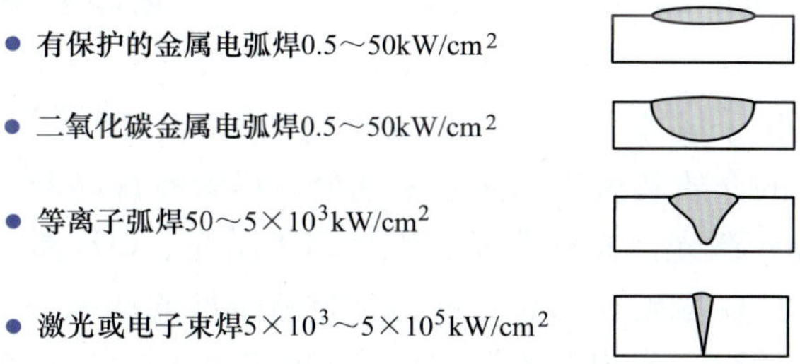

图 4-90 典型焊接接头界面轮廓对比

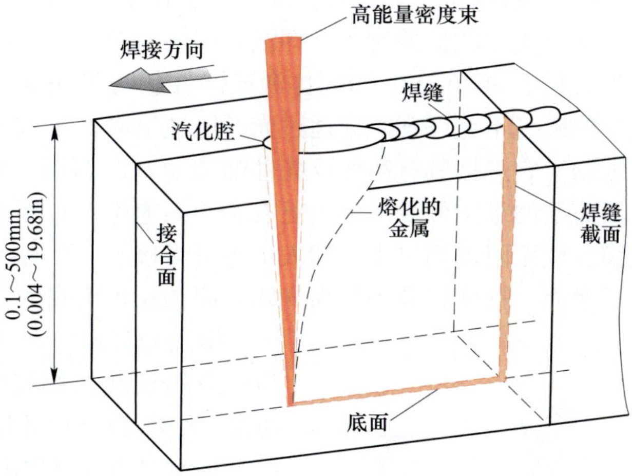

图 4-91 匙孔焊接模型

4.10.2 激光束焊接

“laser” 这个词是 “light amplification by stimulated emission of radiation” 的首字母缩写。激光器产生一个特殊形式的光（电磁能量），由单一相干波长光子组成。这种形式的光可以聚焦到非常小的直径，能够形成高能密度激光束用于焊接。激光束本身不能用于焊接，必须通过聚焦透镜。

激光光束的质量不同。高质量的光束在汇聚时产生少量衍射，其余光束形成一个直径更小的光斑。反光镜头也很重要，它们在光学谐振腔内用于产生光束，有一些也用在激光束传输系统。由于这些原因，光学器件在激光焊接中发挥重要作用。

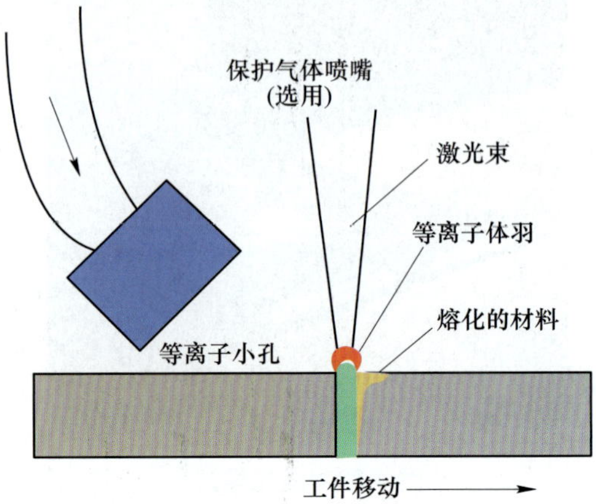

图 4-92　激光束焊接

激光焊接（图 4-92）不需要额外的填充金属，是否通保护气体是可选的。当光束达到工件表面，一些熔化和蒸发的金属原子被强烈的光束电离。这就在焊接区域产生了所谓的等离子（或等离子体），有时干涉光束。在这些情况下，保护气体可用于驱散的等离子体。

激光类型的选择取决于成本、焊接材料的类型和厚度，以及所需的焊接速度和熔深。激光的种类由生成激光的介质和激光的波长来区分。尽管有许多类型的激光，常见的用于焊接的激光包括 Nd:YAG 激光、光纤激光、碟片固体激光、CO_2 激光。固体介质产生的激光包括激光晶体（Nd:YAG 激光和磁盘）或包含材料添加的纤维（光纤激光器）（掺杂），当暴露在特定种类的能量时“发出激光”，而二氧化碳激光器的激光介质是 CO_2、He 和 N_2 的混合气体。在所有情况下，“激光”的产生是通过引入外加能量（称为泵）使介质的原子/分子激发到一个更高的能量状态。在这种情况下发射光子，进而激发介质的其他原子/分子。这产生一连串的拥有连续波长的光子，即激光闻名的波粒二象性。

二氧化碳激光产生波长的 10.6μm，而固体激光的波长为 1.6μm。二氧化碳激光器通常更便宜，但波长越长的激光不允许其光束通过光纤电缆也降低了它的多功能应用。二氧化碳激光能反射，这限制了它焊接具有高度反光性能的金属，如铝。固态激光器通常更紧凑，比二氧化碳激光器需要的维护较少。他们更有利于高速生产，因为他们的光束可以通过较长长度的光纤电缆，然后附加到一个机器人上进行焊接。一些固体激光如光纤激光器产生质量优秀的光束。然而，这些短波长的激光需要附加保护眼睛的安全措施。

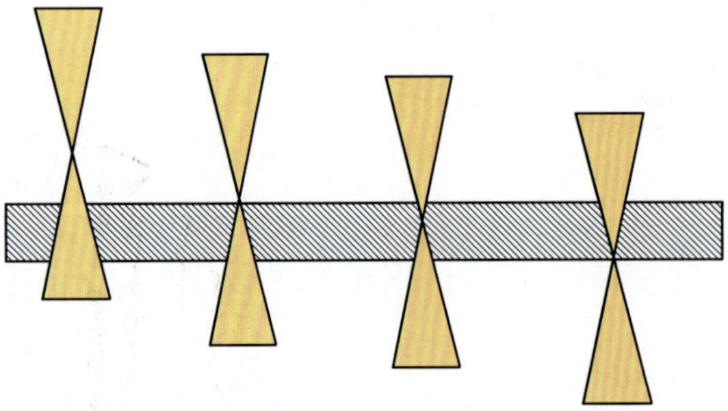

图 4-93　激光束聚焦

聚焦光斑尺寸，光斑在接头上的位置和焦距都是激光焊接时需要重点考虑的。通常一个小焦点尺寸用于切割和焊接，而一个更大的焦点是用于热处理或表面改性。如图 4-93 所示，光束的焦点的位置也可以因使用的不同而调节。焊接时，通常使焦点位于接头的中心附近。但剪切应用时将焦点定位于底部更有利。焊接飞溅到聚焦透镜是一个问题，特别是当待焊工件表面有污染物时。减少飞溅的方法包括选择一长焦距镜头使镜片位于远离焊缝区域的安全位置，或使用气刀来保护镜头。

总之，激光束焊接的优缺点如下。

（1）优点：

1）高能量密度焊接工艺的热输入量低，因而母材性能下降最小，残余应力和变形量都较小。

2）焊接速度快。

3）不需要金属填充。

4）一道次完成厚板焊接（3/4in）。

5）热源汇聚在一个很小的区域内可用于焊接小尺寸和复杂的零件。

6）易于自动化焊接，特别是可用光纤传输的激光。

7）因为不需要电弧焊中用到的焊枪，因此激光束可完成复杂装配结构的工件。

（2）缺点：

1）设备昂贵。

2）便携性差。

3）要求焊接连接紧密和相对于光束的精确定位。

4）一些激光束不适合焊接具有高反射率的金属，如铝。

5）焊特定种类的钢时易产生脆性显微结构。

6）激光等离子体是不确定因素。

7）激光的能量效率低。

8）一些激光需要特殊（昂贵的）的眼部保护。

9）激光焊接过程复杂，需要特定的培训和具备一定专业知识。

4.10.3 激光焊接过程

如图 4-94 所示，激光焊在汽车工业中广泛地应用于车身绝大多数的零部件中。

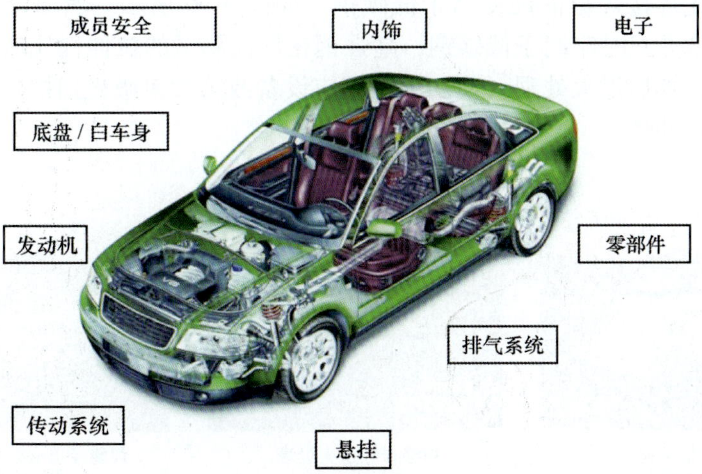

图 4-94 激光焊接在车身生产中的应用

4. 10. 3. 1　对接和激光拼焊产品

AHSS 级别的钢可以使用激光对接焊并用于生产定制产品（拼焊板和焊管）。高强钢的边缘制备要求与软钢类似。在这两种情况下，高质量的边部状态和良好的装配是实现高质量的焊接的关键。高强钢的剪切载荷要高于低碳钢板。

如果一个定制的产品随后要进行成形，一般的拉伸性测试如埃氏（奥尔森）杯突测试可用于评估激光焊缝的成形性。800MPa 拉伸强度级别的高强钢展示较好埃氏测试值，如图 4-95 所示。埃氏试验的拉伸性百分比 = 100 × 焊缝拉伸性/母材的拉伸性。

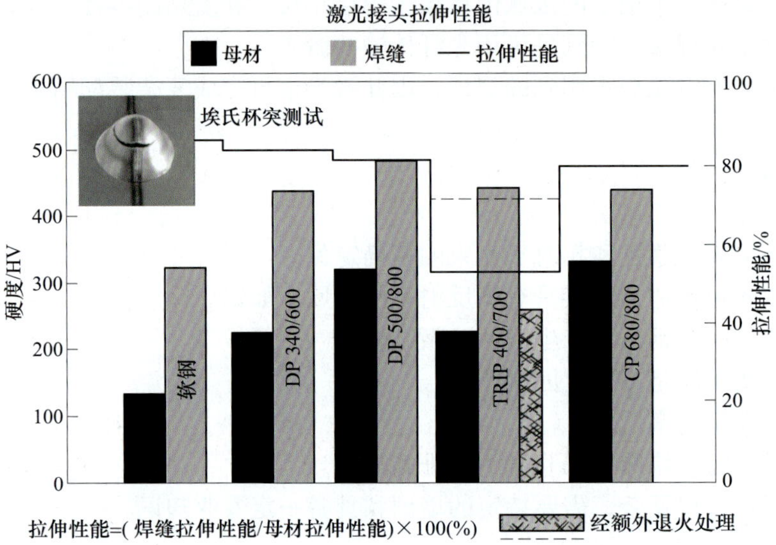

图 4-95　同厚度高强钢激光对接接头的硬度与变形能力

（变形能力由埃氏测试获得）

高强钢的激光焊接焊缝的硬度高于低碳钢，如图 4-96 所示。然而，当高强钢的焊缝与母材之间的硬度差只是略高于低碳钢，高强钢在埃氏测试的拉伸性比较好。如果高强钢焊缝的硬度太高，焊后退火处理（使用高频感应设备或第二束激光扫描）可以用来降低硬度，改善焊缝的拉伸性。

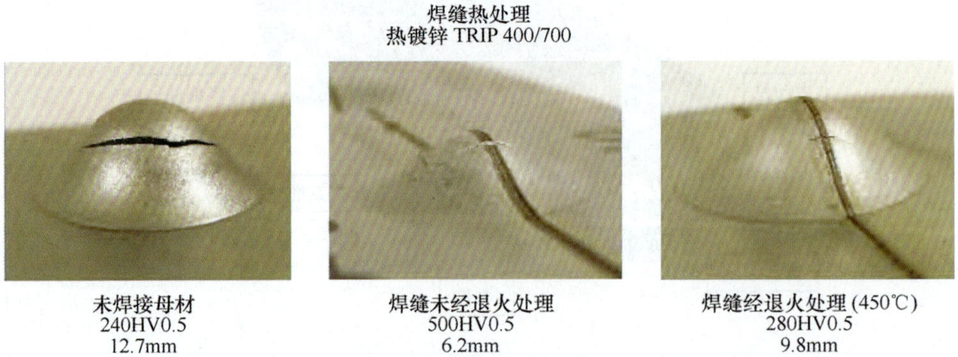

图 4-96　感应加热处理后高强钢激光焊缝的变形能力提高（埃氏杯突测试）

资料来源：蒂森克虏佰钢铁公司。

高强钢（马氏体钢）激光对接焊接头强度比 GMAW 焊接接头更高。原因是激光焊接过程中有助于产生硬马氏体，低热输入能减少热影响区的软化。

激光对接焊也可以用于管压成型生产线的焊接，作为替代高频感应焊接的另一种方法。

4.10.3.2　激光焊接的装配

如图 4-97 所示，汽车生产领域使用各种搭接和对接接头设计用于激光焊接。搭接接头和对接接头配置特点不同。由于较小的焊缝融合区，对接接头缝焊需要从焊机获取的热量低于搭接接头，工件变形和热影响区宽度都较小。对接接头成本更低。然而，对接接头的装配比搭接接头更难，搭接接头往往工艺窗口更大。

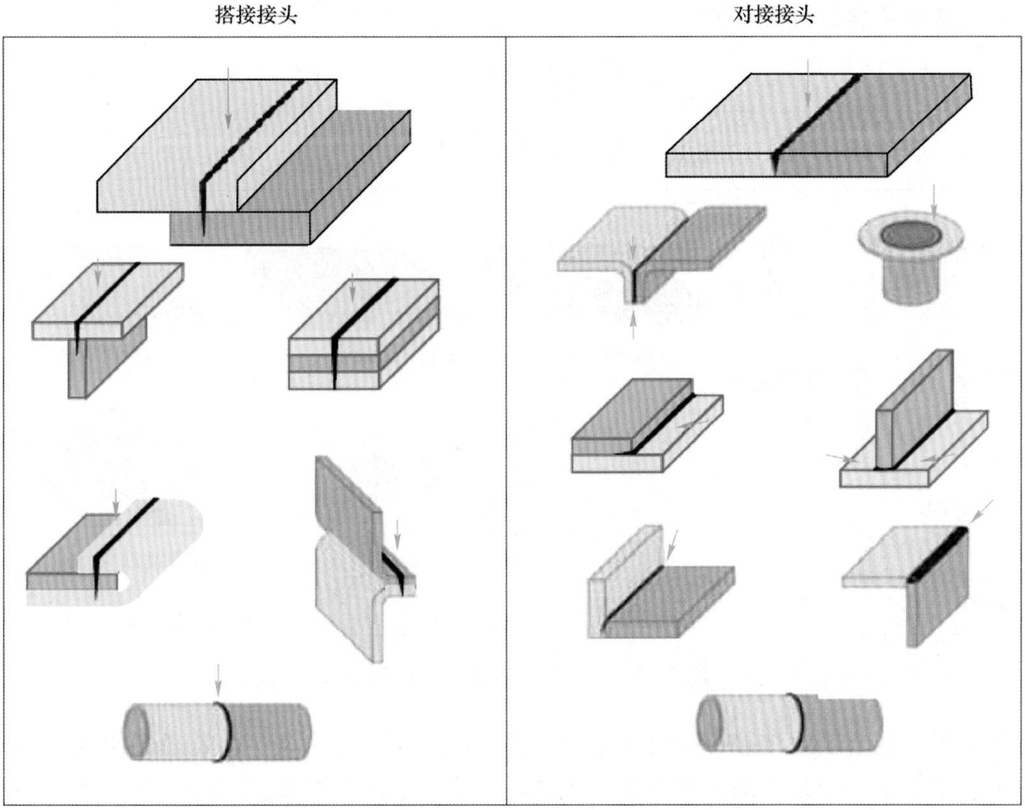

图 4-97　汽车零件生产中常见的焊缝和接头形式

缝焊对接装配时有一个一般指导方针，包括板间距为板料厚度最小值的 3%～10%，偏移量为最薄板厚度的 5%～12%。搭接焊的指导方针为间距为被焊接上板材厚度的 5%～10%，如图 4-98 所示。这些一般原则不是绝对的，会随着聚焦光斑大小、对接焊缝的边缘形状、强度要求等的改变而变化。

激光焊接通常用于高强钢搭接接头的焊接。这种类型的焊缝不是传统的焊接，即熔化底部大约 50%就是对边焊。焊接高强钢与焊接低碳钢步骤一样，但如果要达到较高的装配精度，高强钢所需的夹紧力往往高于软钢。制备性能良好的镀锌高强钢接头时，钢板之间

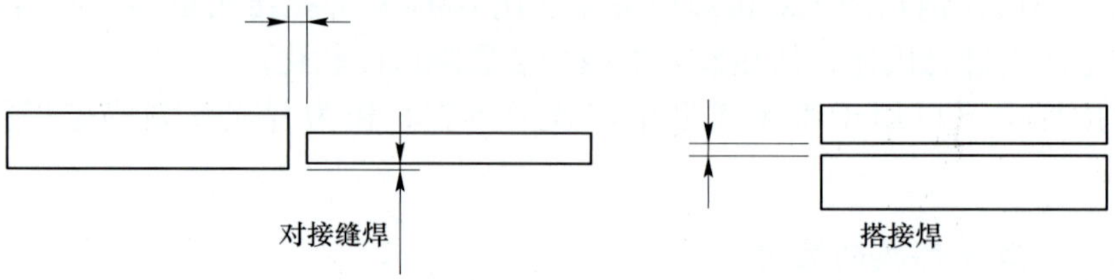

图 4-98　激光焊中对接缝焊和搭接焊的装配要求

资料来源：德国通快（TRUMPF）公司。

推荐保持一个小间隙（0.1~0.2mm），这与焊接软钢镀锌板的情况相同。避免融化的锌进入熔池中，产生气孔和其他缺陷。过度的间距会在激光焊缝上部产生填充不足。一些解决镀锌钢板激光搭接焊的方案如图 4-99 所示。

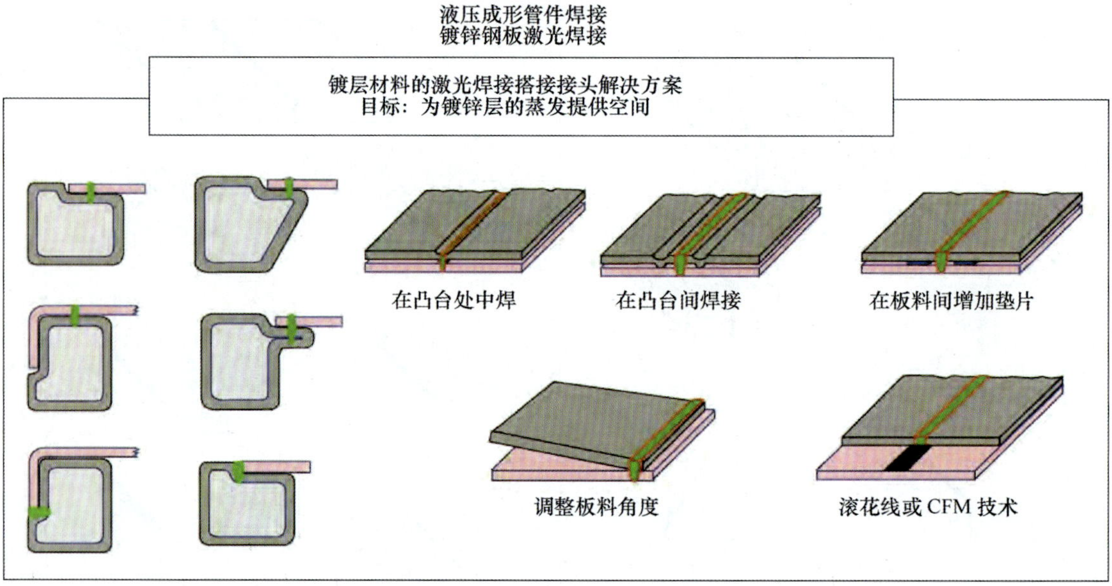

图 4-99　激光焊镀锌板管压成形零件

最近的研究表明焊接镀锌板时可以做到搭接板之间不留间隙。这是通过使用双激光束焊接实现的。第一束是用来加热和蒸发锌镀层，第二束进行焊接。双重激光焊的装配是通过使用专门设计的工具聚焦两种激光束。

4.10.3.3　远程激光焊

远程扫描焊接用于许多汽车零件生产，包括座椅（躺椅、框架、轨道和面板），车身（主框架、后面板、门/悬挂零件、侧墙、柱）和内部（IP 梁、后行李架），如图 4-100 所示。相比传统的激光焊接，远程扫描焊接有几个优点，包括减少周期时间（通过减少分度时间）、焊缝形状的可通过编程完成（能够在保证定制焊缝形状前提下优化组件的力学性能）、大型支座（延长保护玻璃寿命）、减少夹紧装置的数量（通过减少焊接定位点的数量）。远程激光焊接，或“飞行焊接”，结合机器人和激光扫描器光学器件远距离将激光束定位在工件表面。机器人臂引导扫描光学器件在距离工件约0.5m的地方沿着平滑路径移动。极为灵活的扫描镜将激光焦点在几分之一秒内从一条焊缝移动到另一焊缝。光纤传导的固态激光源产生的激光是远离焊接区域完成焊接的能量源。位于激光光缆后部的扫描光学器件或可编程聚焦光学器件（PFO）是将激光焦点精确定位在待焊工件表面的核心器件。在PFO内部，两个扫描镜使光束通过“平场”光学器件，而这一器件将光束聚焦在一个焦点平面，无论其是否位于PFO的工作空间内。PFO也配备了电动变焦镜头，允许将焦点平面沿z轴上下移动。聚焦激光束从整个工作空间的一端到另一工作空间的重新定位大约需要30ms。

图4-100 远程激光焊

资料来源：德国通快（TRUMPF）公司。

远距离飞行焊接有3个先决条件。第一，需要一个固态激光发生源。固体激光束能够通过高度柔性的光纤电缆，满足多轴机器人在3D空间完成焊接的需要。第二，需要高质量激光光束和适当的激光功率。激光器的聚焦性能决定光束质量，长焦距和远程焊接需要高质量的激光光束（即4~8mm-mrad）以获得在工件表面适当的光斑大小（例如约0.6mm）。对于远程焊接在汽车车身生产中应用，一般使用室温激光功率在4~6kW。第三个基本前提是对焊缝的精确定位，这就要求轴机器人和扫描仪之间的同步控制。这要求先将焊缝形状在扫描仪控制系统编程为一个特定的形状，随后机器人按编程要求以不同移动速度完成焊接。有些控制架构使用时间同步控制。这存在问题，如果机器人速度改变了，焊缝的形状也会改变，因为轴不同步。

4.10.3.4 白车身（BIW）焊接

激光焊接为白车身钢结构高效和低成本焊接提供一个潜在的解决方案。激光焊接设计的刚度要求随激光焊缝长度增加而增加。在较短的焊接时间且没有任何额外的连接技术辅助时，可使抗扭刚度增加14%，见表4-7。

激光焊缝形状优化可以使性能均匀和增加激光焊缝形状因子，降低界面断裂的风险，如图4-101所示。

表 4-7　不同接头设计的扭转刚度对比

接头设计	平均扭转刚度 /Nm · deg^{-1}	散点 (5 个样本)/%	基准线 平均值/%
点焊	805	4. 5	参考
C 形焊	869	5. 1	+8
激光缝焊	896	2. 5	+11
连续激光焊	921	2. 3	+14
胶粘点焊	961	0. 6	+19
胶接	964	2. 4	+20

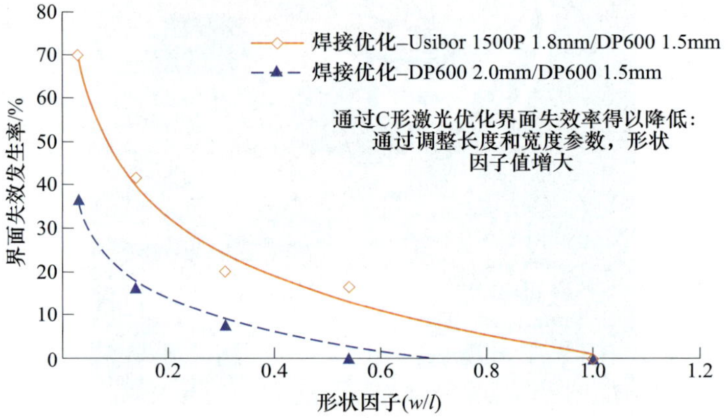

图 4-101　激光焊缝形式优化对断裂的影响

激光焊接的 DP800HPF 钢具有良好的减重效果和各向同性的特点。DP800 的最大失效力略高，且 DP800 的塑性变形量更大，如图 4-102 所示。

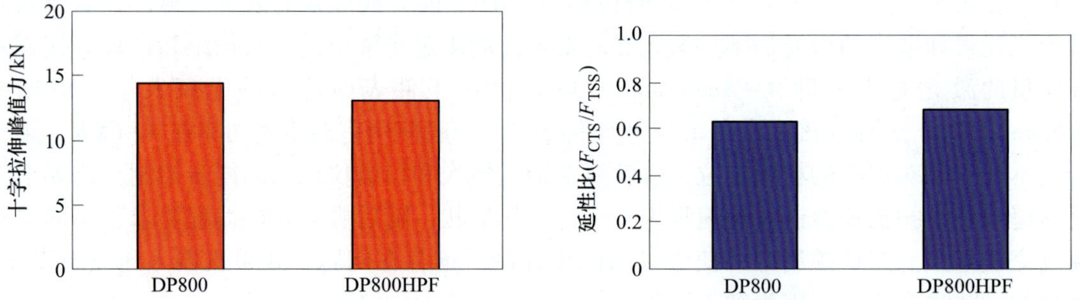

图 4-102　DP800 和 DP800HPF 最大失效力和塑性的对比

图 4-103 显示十字拉伸测试所有试样断在焊接区域以外，DP800 断在热影响区内而 DP800HPF 断在热影响区和母材。

图 4-104 显示 1. 6mm 厚 QP980 激光焊接接头的显微硬度曲线图，热影响区和焊缝的硬度高与母材，热影响区未发生软化现象。

图 4-105 为 1. 6mm 厚 QP980 激光焊接接头母材和焊缝的杯突测试结果，显示了良好的变形能力。

图 4-103 DP800 和 DP800HPF 的十字拉伸试验

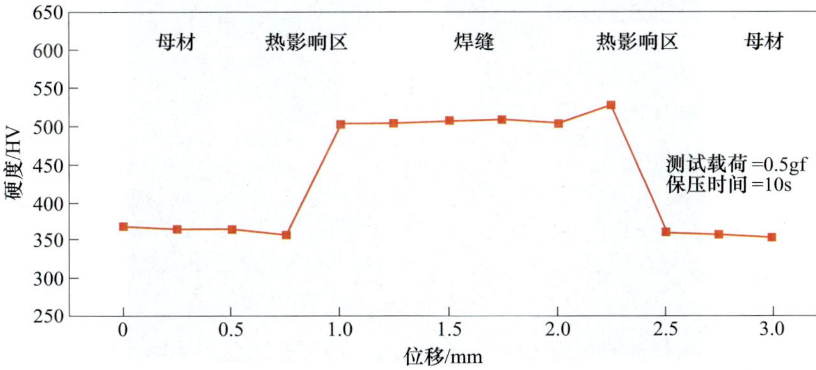

图 4-104 1.6mm 厚 QP980 激光焊接接头的显微硬度曲线图

资料来源：宝山钢铁股份有限公司。

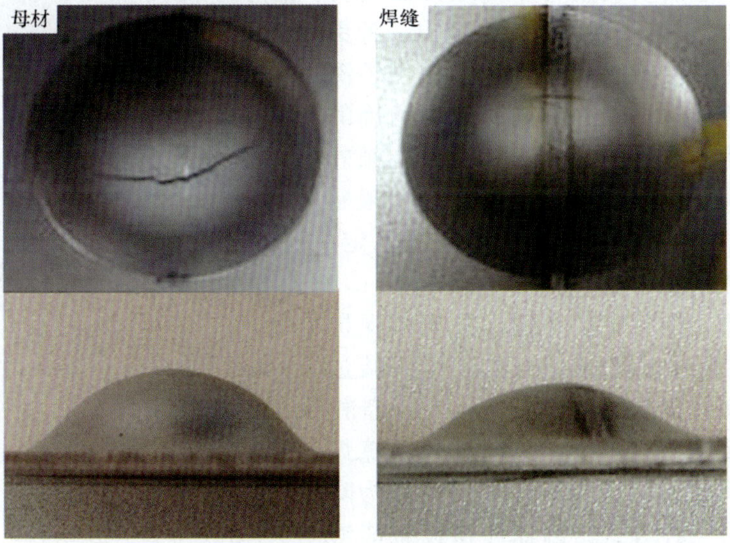

图 4-105 1.6mm 厚 QP980 激光焊接接头杯突测试结果

资料来源：宝山钢铁股份有限公司。

4.11　复合焊接过程

4.11.1　复合焊接基本原理

近来焊接领域的新发展是复合焊接，即由多种常规焊接方法组成的。下文会列举一些独特的复合焊接方式。有一种被广泛应用的激光复合焊接方法同时包含了激光束焊接和熔化极气体保护电弧焊两种方式，如图 4-106 所示。这种方式使用了一个枪头同时运送激光聚焦光源和 GMAW 焊枪。激光束在靠近熔池前端形成一个匙孔。

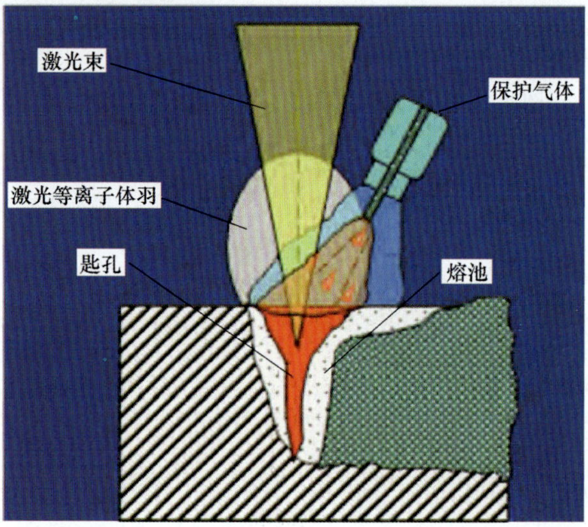

图 4-106　激光复合焊接

复合焊接概念的动机是每个焊接方法的特性可以被组合（见图 4-107）从而创造出一种更适合具体应用的焊接方式。激光焊接提供了深熔深的高速单道焊接特性，但同时需要精确的接头夹具，并且不产生焊丝填充从而不能额外加强接头强度。当与 GMAW 组合时，这些限制被消除了。激光束同时有利于维持电弧稳定，这在钛（Ti）的焊接中尤其有益。

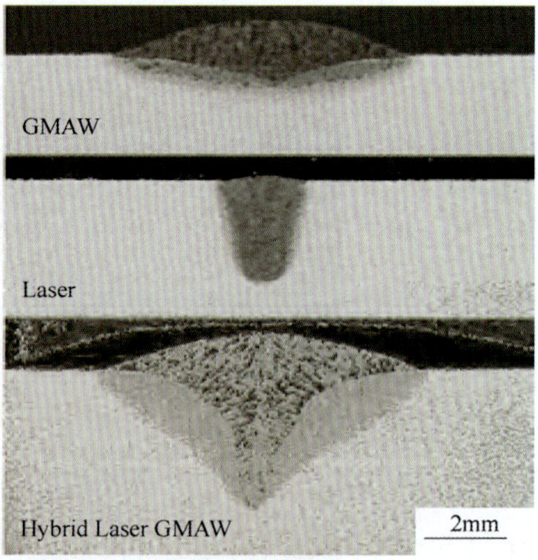

图 4-107　复合激光焊接将激光束与 GMAW 的优点完美组合（上 GMAW，中激光，下复合焊接）

等离子弧焊、非熔化极（钨极）电弧保护焊、熔化极电弧保护也已被组合到复合焊接过程中。好处与激光复合焊接类似，但是设备相比激光复合焊接会便宜不少。单向搅拌摩擦焊接和超声波能量的组合已经被研发出来作为降低搅拌摩擦力的一种方式，因而使得设备能够实现小型化。

4.11.2　复合焊接工艺

和软钢一样，胶接与电阻点焊、铆接、自冲铆等技术复合可以形成先进高强度钢的复合接头。这些复合接头可以比单一的点焊接头产生更高的静态强度、疲劳强度和碰撞强度，如图 4-108 所示。如果在焊接或胶接接头服役过程中局部变形和翘曲能够避免，零件的性能潜力将大大提升。

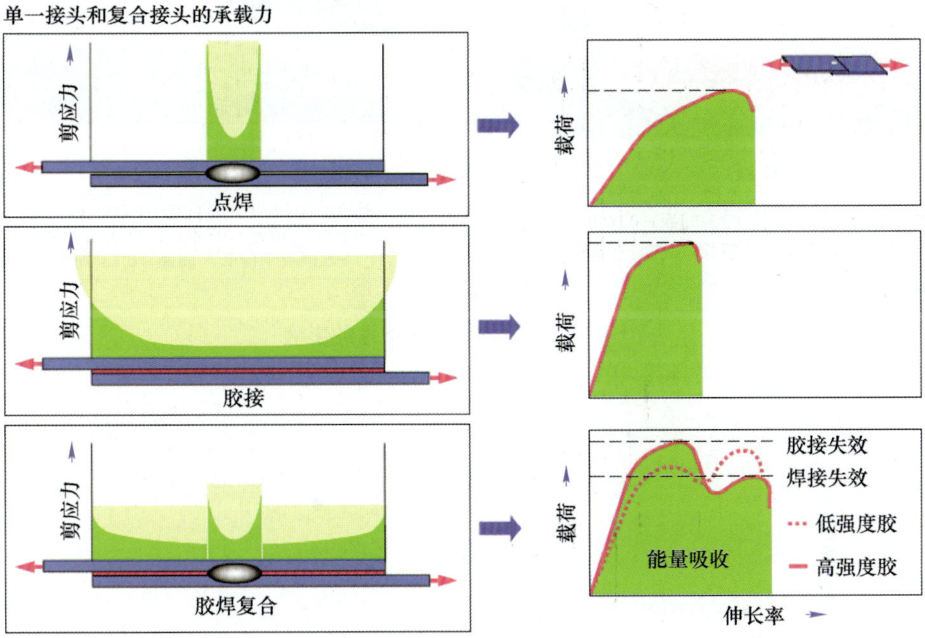

图 4-108　单一或复合接头的承载能力比较

4.11.2.1　激光和 MIG 复合焊

在混合焊接中，工艺参数（比如干伸长和焊枪角度）对于决定总体接头性能十分重要。已有模型被用来预测相同热输入条件下的熔深和熔宽，如图 4-109 所示。间距、干伸长和角度与熔深和焊脚尺寸具有一致性，但是它们之间的相互影响作用是不一致的。

对于图 4-110 中给定的激光功率，焊接接头强度随送丝速率增大而增大。

4.11.2.2　电阻点焊与胶接复合

大量汽车白车身应用电阻点焊和胶接的组合来获得优异的接头性能。这些组合称为胶焊。图 4-111 显示电阻点焊、胶接和胶焊接头拉伸剪切试验。断裂强度有随材料强度和点焊的结合而轻微增长的趋势。并且，断裂强度非常高，对比胶接接头本身的材料强度有显著的提升。胶焊接头的断裂强度最强，并且随材料本身强度增长而大幅增长。

图 4-112 显示了相同试样的剥离实验结果，曲线图趋势表明断裂强度随材料本身强度增加而缓增，但是比点焊接头剥离强度低。胶接的断裂强度比胶焊和点焊都高。吸收能对于材料强度不敏感。只使用胶接本身的接头疲劳强度和吸收能都比较低。

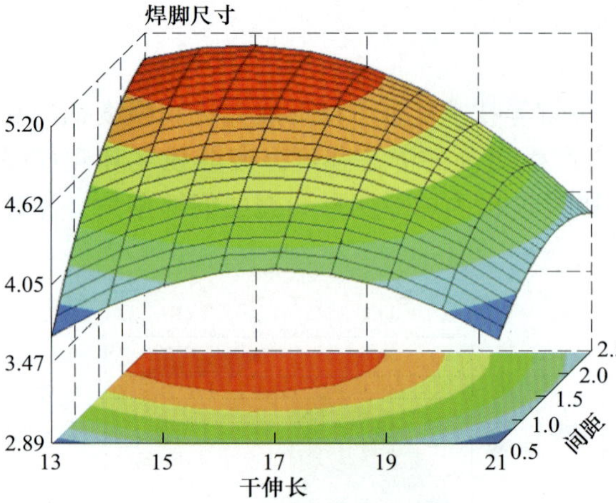

焊脚尺寸=−6.0+1.1(干伸长)+2.3(间距)+0.000074(角度)^2 −0.031(干伸长)^2−0.068(干伸长×间距)−0.25(间距)^2

熔深=−0.063+0.76(间距)+0.00020(角度)^2 −0.00071(角度×干伸长)+0.0034(干伸长)^2 −0.064(干伸长×间距)+0.13(间距)^2

图 4-109　焊脚尺寸和熔深的影响

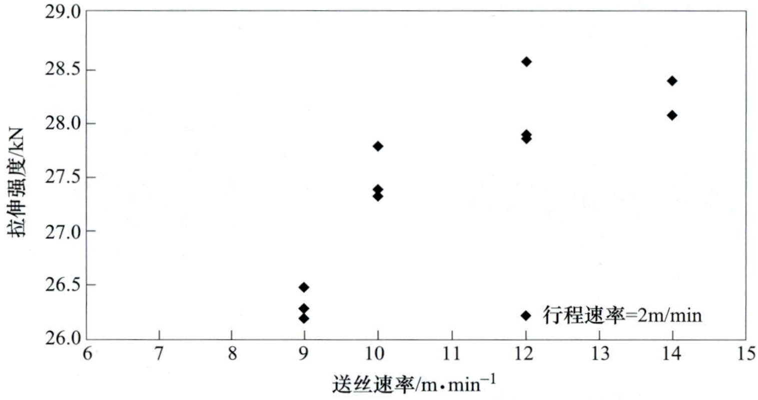

图 4-110　激光和 MIG 复合焊不同送丝速率下的拉伸强度对照

资料来源：塔塔钢铁公司。

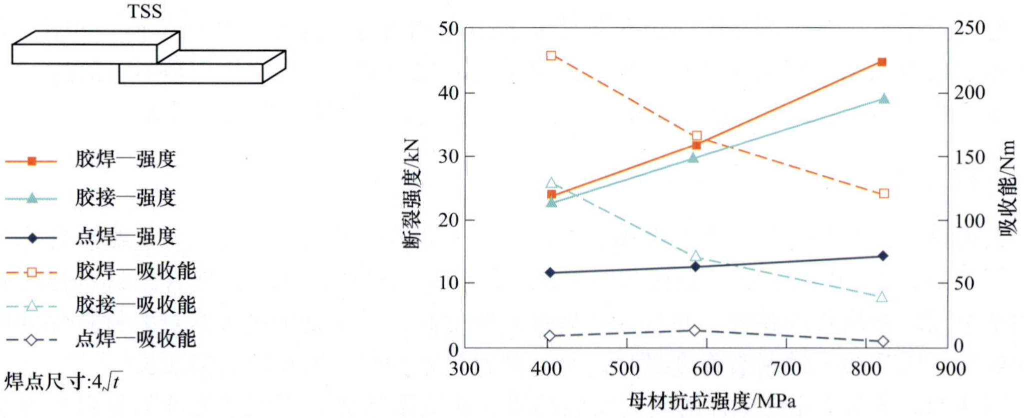

图 4-111　所有接头和材料的 TSS 断裂强度和吸收能

资料来源：塔塔钢铁公司。

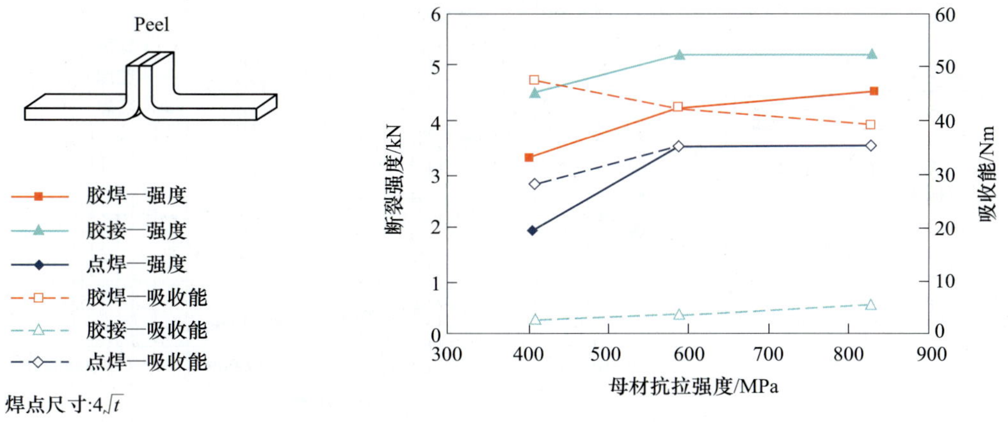

图 4-112 不同接头类型的剥离强度

资料来源：塔塔钢铁公司。

图 4-113 显示了三组样本的十字拉伸实验结果。对于 DP600 钢来说点焊的断裂强度达到了最大值。胶粘断裂强度随母材强度增大而缓增。胶焊接头断裂强度比其他接头形式高并且随母材强度增加显著增大。

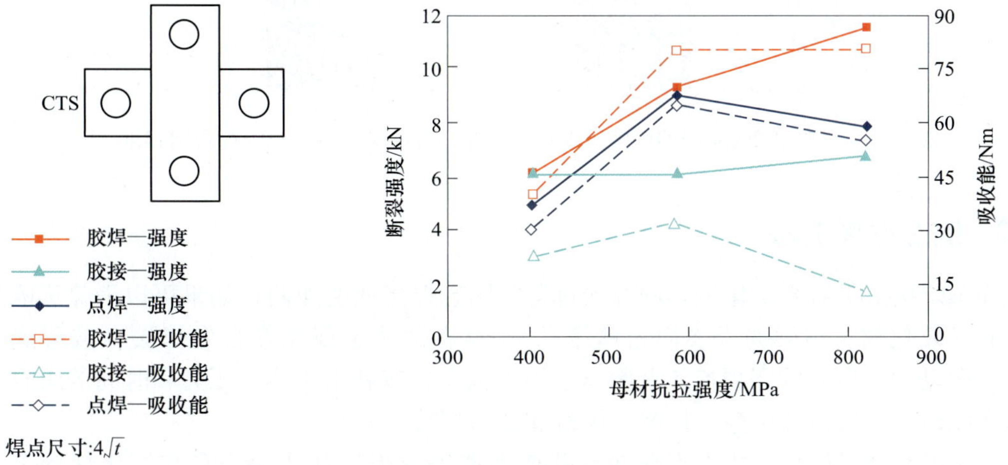

图 4-113 不同接头和材料的 CTS 断裂强度和吸收能

资料来源：塔塔钢铁公司。

图 4-114 显示 1.2mm 厚 DP800 材料拉剪状态下的疲劳测试结果。点焊的试样疲劳性能最差。尽管胶焊样本比传统点焊样本表现更好，但仍比胶接接头差。胶接有最佳的疲劳性能。母材特性对于点焊的疲劳性能几乎没有影响，因为焊点自身就是疲劳裂纹起始点。

一些白车身开发者考虑将自冲铆和胶接相复合替代点焊与胶接的复合。图 4-115 是各种接头类型的拉剪结果的实例。自冲铆和胶接复合比其他接头类型表现出更高的静强度。

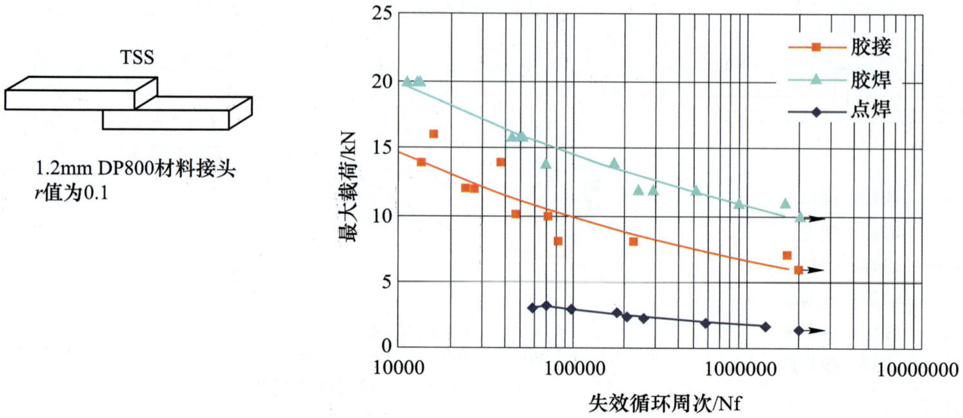

图 4-114　DP800 疲劳试验结果

资料来源：塔塔钢铁公司。

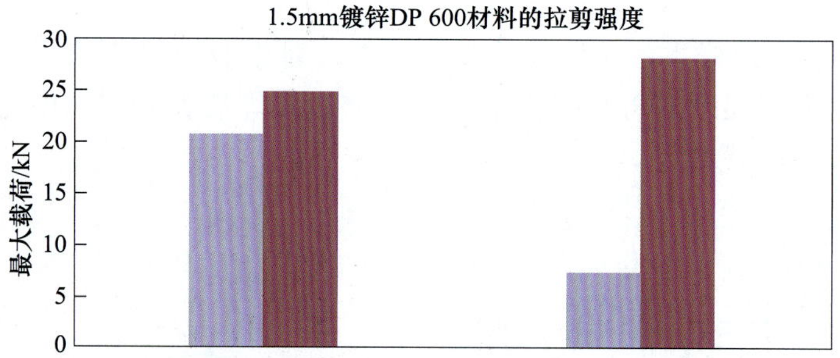

图 4-115　1. 5mm DP600 电阻点焊、胶焊、自冲铆、自冲铆焊的拉剪强度

4.12　固态焊接工艺

固态焊接指不需要熔化金属的焊接过程。固态焊接理论强调，如果可以消除影响焊接的障碍（氧化物、污染物或表面粗糙度），则存在两块金属相互自发焊接（或形成金属键）的驱动力。所有固态焊接工艺都基于以上概念，或者采用热、压力和时间的组合去克服这些障碍。手段包括摩擦、扩散、爆炸和超声焊接。

由于没有金属熔化，所以不存在气孔或夹渣等缺陷，这些缺陷只与熔化焊接工艺有关。固态焊接工艺也不需要填充材料，在某些情况下，可以十分有效地焊接由于冶金不相容而无法采用传统工艺焊接的异种金属。这种设备通常非常昂贵，并且一些工艺需要很长时间来准备待焊接部件。大多数工艺受限于特定的接头设计，一些工艺不利于大生产环境。由于难以将真正的冶金结合与这些技术区分开来，NDT 工艺并非总适用于固态焊接工艺。

4.12.1　摩擦焊接工艺

该系列工艺有赖于显著的塑性变形或是锻压作用来克服固态焊接的障碍。初始过程主要是摩擦生热，随后锻压作用开始后，则主要是塑形变形生成的热量。一部分对另一部分产生旋转的摩擦焊工艺为惯性连续（或直接）驱动摩擦焊。这些摩擦焊工艺通常使用在圆棒和管材上。在惯性连续驱动摩擦焊中，一部分在相对于另一部分高速旋转，如图 4-116 所示。

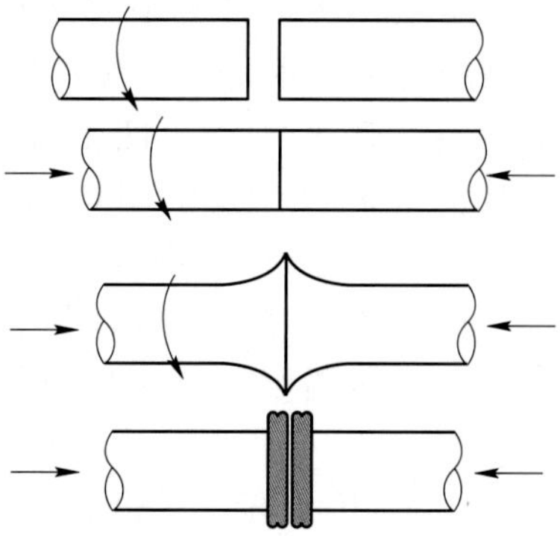
图 4-116 惯性和连续驱动摩擦焊的基本步骤

然后，它们在作用力下相结合产生摩擦热，从而在接头和接头附近产生材料软化（减少屈服强度），软化有利于锻压，同时锻压变形又进一步产生热量。在适当加热零件足够时间后，施加较高的顶锻力，将软化的热金属挤出为“飞边”。任何污染物都会被挤出，同时形成焊缝。通常在焊接后飞边依然很烫的时候立即清除。

搅拌摩擦焊是革命性的新摩擦焊工艺，最早在 1990 年代早期由英国焊接学会（TWI）提出。惯性和连续驱动摩擦焊主要限于圆形部件，搅拌摩擦焊（见图 4-117）能够使用传统接头设计（对接接头）产生固态摩擦焊接头。搅拌摩擦焊基于摩擦生热，当一个特别的非耗材旋转头在接头处旋转，两片金属就可以被焊接。过程开始后，摩擦在接头处加热软化（塑化）金属。塑化变形产生的热量成为此焊接工艺的主要热源。

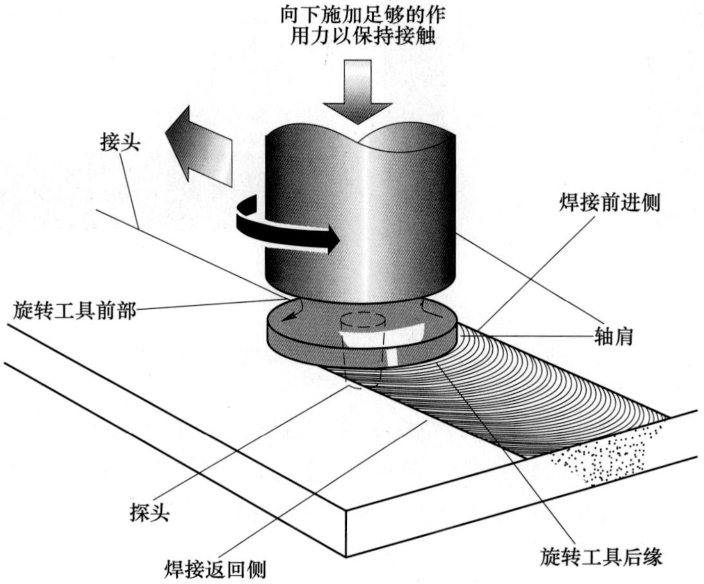

图 4-117 搅拌摩擦焊

搅拌摩擦焊的旋转工具包括搅拌头和轴肩。轴肩垫于板材表面，并且提供大部分的摩擦热量。搅拌头部分穿透进入接头。在搅拌区域，塑化的热金属围绕搅拌头流动并且合并形成焊缝。搅拌头主要作用是控制搅拌动作。人们研究了很多种类的搅拌头设计方式和材料，包括钨基材料、螺纹搅拌头以及凹形承载器。如图 4-118 所示，通常会采用相对于运动方向微小的倾角（小于 5°）。焊接速度比传统弧焊速度要慢一些。此项技术还在研发之中（尤其是工具开发方面），因而工业应用很有限。

由于搅拌头设计和材料上的进步，已经可以对硬质合金（钢、钛、镍）使用搅拌摩擦焊。先进高强度钢（AHSS）使用的搅拌头材料包括陶瓷基多晶立方氮化硼（PCBN）和耐火钨铼合金（W-Re）。选择 PCBN 是由于其具有极高的耐磨性和良好的热管理。选择钨基材料是因为其在室温和焊接温度下都很坚硬并且能够用于厚钢板焊接。

图 4-118　搅拌摩擦焊采用轻推角度

如图 4-119 所示，先进高强度钢搅拌摩擦焊的十字焊拉伸试样的力学性能表明其为完全固结的焊接接头，且没有缺口，但是焊接后伸长率有 10%左右的下降。

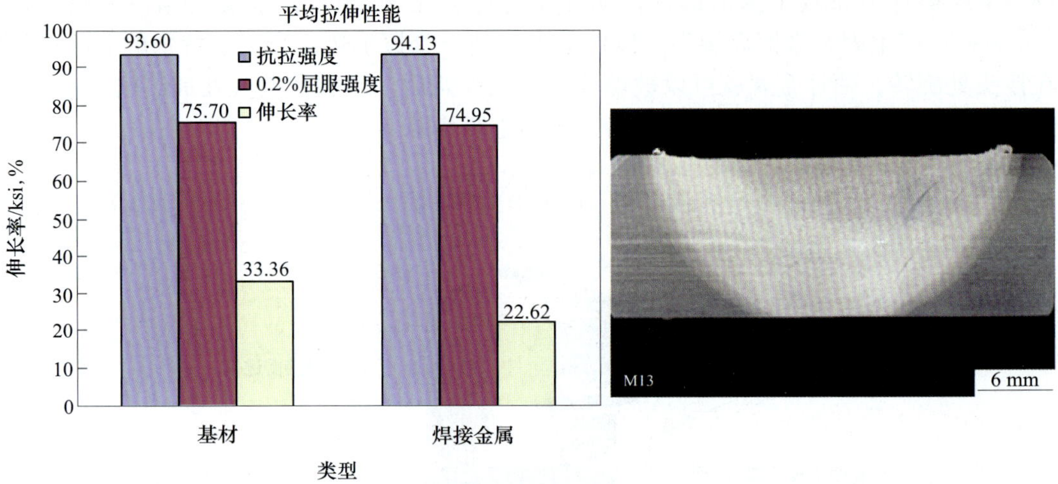

图 4-119　高强钢搅拌摩擦焊的力学性能

FSW 工艺的一种拓展工艺是搅拌摩擦点焊。这种工艺主要是为某些汽车工艺应用而开发的，包括铝合金—铝合金、铝合金—钢和先进高强度钢的连接。工艺步骤与搅拌摩擦焊类似，没有线性运动，因而会形成一个点类型，如图 4-120 所示。

总的来说，搅拌摩擦焊的优点和局限性如下。

（1）优点：

1）没有熔化意味着不可能产生凝固相关的缺陷。

①不需要填补材料。

②工艺变量少，可重复性高。

2）连续驱动摩擦焊可以应用于大生产环境。

3）摩擦焊的细化晶粒组织相比母材通常具有优异的力学性能，特别是在焊接 Al 的情况下，不需要准备特殊的接头或特别的焊接技巧。

（2）缺点：

1）设备非常昂贵。

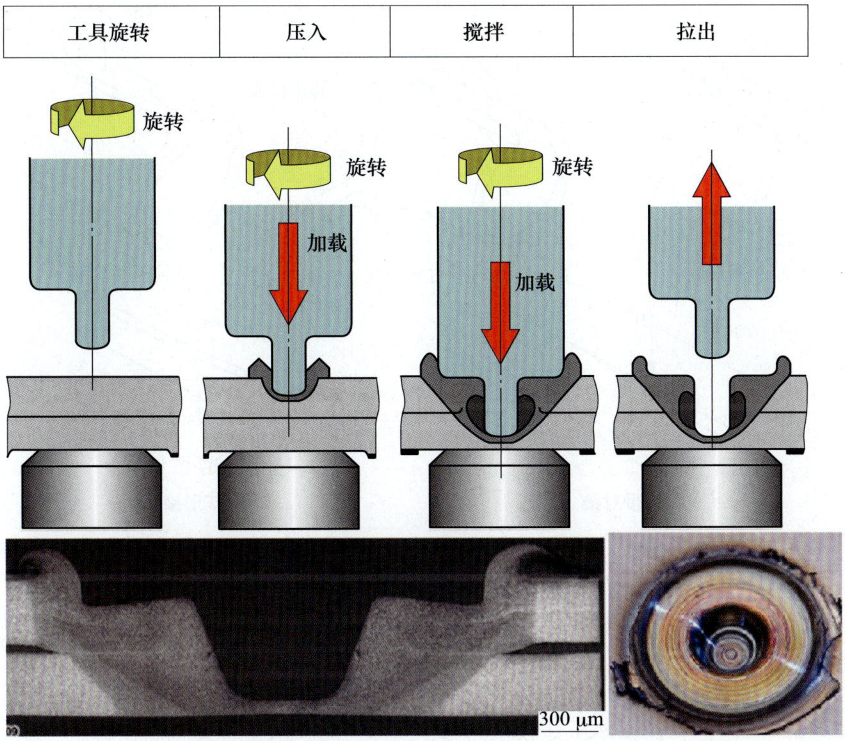

图 4-120　搅拌摩擦点焊过程（上）和焊接形貌结果（下）

资料来源：橡树岭国家实验室和福特汽车公司。

2）接头设计有限，在惯性和连续驱动焊接中，部件必须保持对称。搅拌摩擦焊很慢，不利于高速生产。

4.12.2　高频焊接

4.12.2.1　高频焊接的基础和原理

高频焊接过程依赖于高频电流和热传导的特性，这决定了热量在工件中的分布。高频接触焊接和高频感应焊接常用于焊接在全焊缝长度方向成对称的卷、板或是管。图 4-121 标注了高频焊接中的基本接头设计。图 4-121（a）和（b）属对接焊缝。图 4-121（c）是压平缝，用芯棒压平。图 4-121（d）是板带的对接接头设计，图 4-121（e）是 T 形接头。图 4-121（f）和（g）是螺线管和螺旋肋接头设计，图 4-121（h）是管的对接接头，显示了线圈的定位。图 4-121（i）是一个棒材的对接接头。

高频焊接电流倾向于在金属导体表面上相对较浅的位置流动，随着电源频率增加则变得更浅。这通常被称为趋肤效应。电流穿透导体的深度也是电阻率、磁导率的函数（这些参数都与温度有关）。因此，穿透的深度也是基于材料温度的函数。在大多数金属中，电阻率随温度上升。当焊接区域的温度上升，穿透深度也上升。例如，低碳钢的电阻率从室温到焊接温度升高 5 倍。磁性金属在达到居里点以上失去磁性。当发生这种情况时，高于居里点的金属部分，穿透深度增加显著，低于居里点的金属部分穿透深度仍较浅。在钢铁

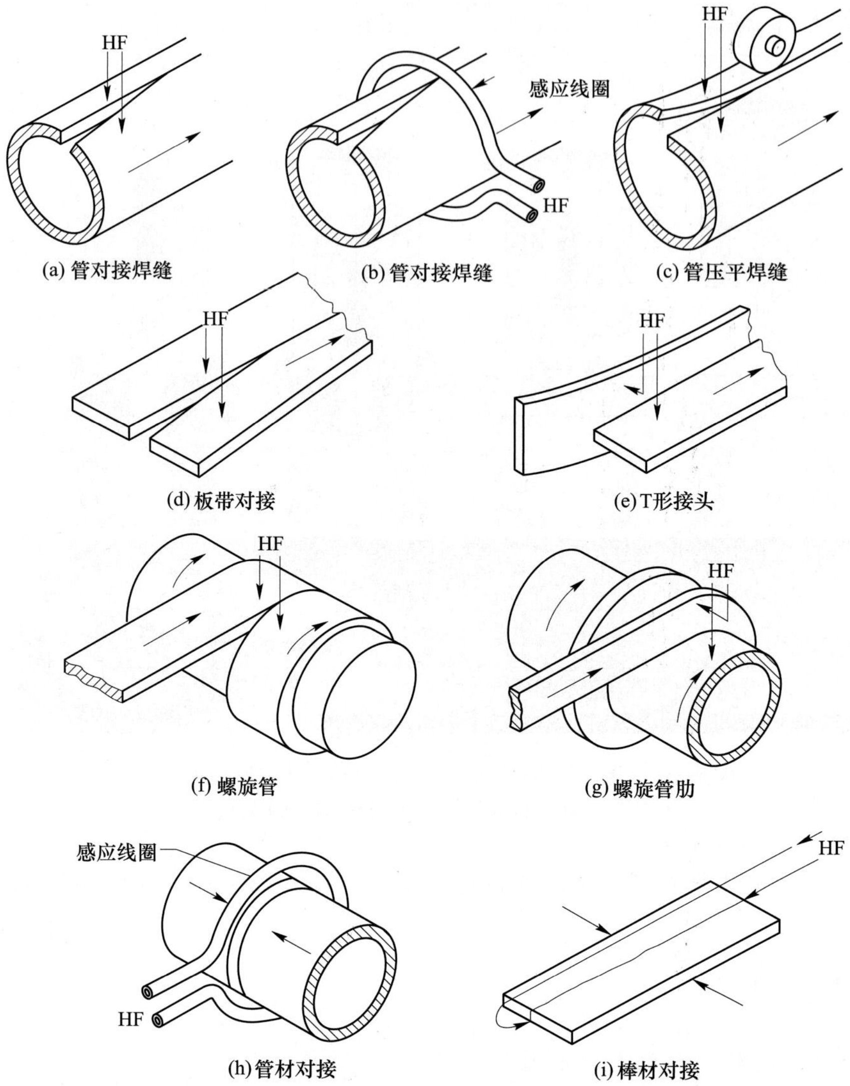

图 4-121　高频焊接在管材、板材和棒材中的接头设计

加热到 400kHz 的频率时这些效应叠加在一起，电流在室温下穿透深度为 0.05mm (0.002in)，在 800℃(1470℉) 下达到 0.8mm(0.03in)。一些金属的电流穿透深度是频率的函数，如图 4-122 所示。

影响高频焊接工艺的第二个重要的物理特征是工件表面的电流产生的热传导。通过控制热传导和穿透深度可控制金属加热深度。由于热传导是一个基于时间的过程，热量传导的深度取决于焊接速度和工件中电流通路的长度。如果电流通路缩短或焊接速度增大，电流在工件中的产热会更加集中和强烈。然而，如果电流通路延长或焊接速度减小，电流在工件中的产热会更加分散和削弱。热传导在焊接高热导率材料的时候尤其重要，例如铜和铝。如果电流通路太长或焊接速度过低，焊接这些材料是不可能实现的。改变高频焊接的电流频率可以补偿焊接速度或焊缝路径长度的变化、频率的选择、焊接速度以及路径长度

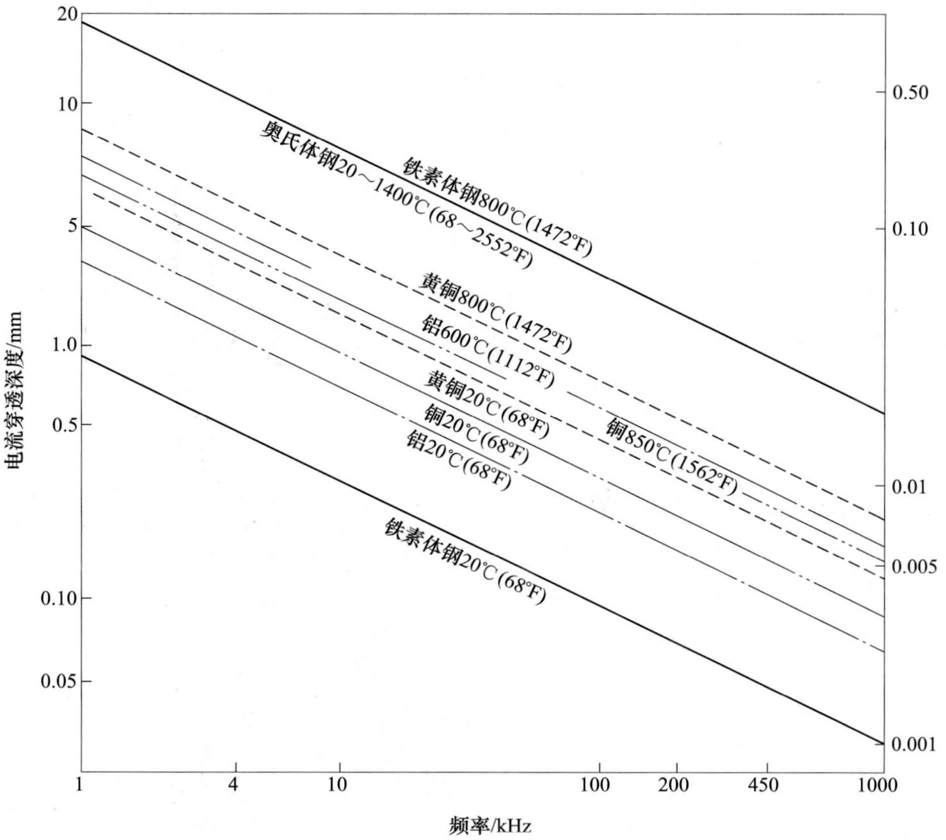

图 4-122　选定温度下各种金属在不同频率下的穿透深度

可以适应热影响区的形状，以优化特定应用下焊接金属的性能。

4.12.2.2　高频焊接的优点和缺点

很多常用金属可以实现高频焊接，包括低碳钢和合金钢、铁素体和奥氏体不锈钢，以及很多铝、铜、钛和镍合金。

因为集中的高频焊电流仅仅加热焊接表面的一小部分金属，这个工艺可以在很高的焊接速度和能量效率下完成。高频电阻焊可以采用相比低频和直流电阻焊更低的电流和功率。焊缝的热影响区很小并且可控，不会产生多余的铸态组织。这通常消除了焊后热处理（PWHT）的需求。

氧化层、金属变色以及工件表面变形可以控制到最小。通过选择合适的焊接频率可以进一步减小金属变色。最大速度通常受材料处理、成形和切割等机械特性的限制。最小速度受到材料性能以及剩余热导热的限制，即焊缝区域在达到合适温度之前消散的热量，同时还受到焊接质量要求的限制。如果焊接过程设置不当，加工速度快也可能成为缺点，废品产生率可能较高。

考虑到较高加工速度以及高频焊接所需的较高设备成本，了解产品需求量以寻求经济合理性非常重要。

要获得高质量的高频焊接，接合表面的结构和它们的接合方式十分重要。然而，高频焊接在这方面的包容度远远超过其他工艺。

高频焊接几乎不使用助焊剂，但是可以在焊缝区域引入惰性气体。焊接区域的惰性气体保护通常仅用于连接活泼金属（例如钛）或特定级别的不锈钢。

4.12.2.3　管件的感应缝焊

高频焊接最主要应用于管道和管件的连续焊缝。管道与管件是由金属板条在连续锻辊中成形，然后进入焊接区域，待焊接的边缘稍微分离。在焊接区域，通过一组锻辊将管道或管件的开口轧制成 V 形，在 V 形的顶点处焊合。焊接点在锻辊中心位置，锻辊施加焊接所需的压力。

感应线圈通常由铜管或铜片加水冷管制成，在焊接点前 1~2 个管径处环绕工件。焊接点到最近的线圈距离称为 V 形长度。感应线圈在管件中产生周向电流，其通过沿着 V 形边缘向下流动到焊合点并返回到感应线圈下方的管件部分而闭合，如图 4-123 所示。

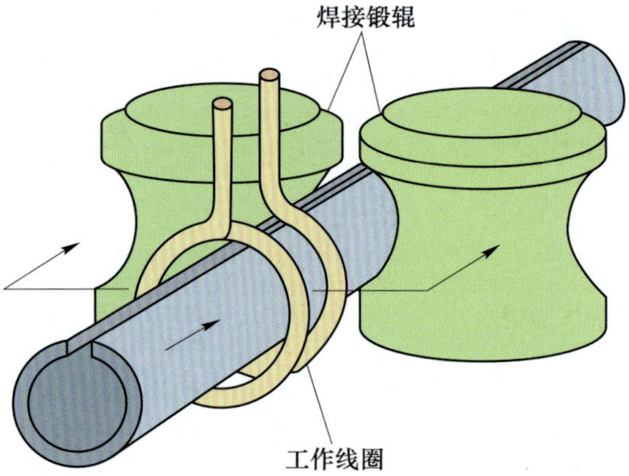

图 4-123　管件高频感应缝焊

高频电流由于邻近效应沿着 V 形焊缝的边缘流动，并由于趋肤效应，边缘被电阻加热到较浅的深度。

V 形焊缝的几何形状通常为 1.5~2 个管径长度，V 形夹角在 3°~7°之间。如果这个角度太小，边缘之间则可能出现电弧，并且难以将焊合点保持在固定位置。如果 V 形角度过大，邻近效应会被削弱，导致 V 形边缘分散加热，边缘有可能会产生屈曲。最佳的 V 形角度取决于工具设计和焊接金属特性。V 形长度和角度的变化会导致焊接质量的变化。

焊接速度和电源也会相应调节，使两个边缘在达到焊合点时处于焊接或锻造温度。锻辊将高温边缘压在一起，施加载荷完成焊接。含杂质的热金属结合表面沿内外两个方向被挤出。通常修正飞边使焊缝与管件外表面平齐，有时根据需要则从内测修整。

4.12.2.4　管件的接触电阻缝焊

高频电阻接触焊接工艺提供了管道和管件连续缝焊的一种新方法。该工艺在本质上和上述感应焊接相同，如图 4-124 所示。最大的区别是滑动触点置于 V 形焊缝上未焊接边缘处。通过接触工艺，V 形长度比感应焊接工艺的更小。这是由于焊合点通常在锻辊以内，而感应线圈必须放置在锻辊后足够远的位置，以使锻辊不被感应线圈产生的磁场加热。由于接触缝焊工艺所需的 V 形长度较短，所以通常不需要阻抗器，特别是对于大管径，其管内电流路径的阻抗具有显著的感抗。

阻抗器，由磁性材料例如铁素体钢制成，通常被要求放置在管内，阻抗器可定位在 V 形顶点延伸处 1.5~3mm（1/16~1/8in），等价于感应线圈上游 1~2 个工件直径。阻抗器的目的是增加在工件内壁电流路径上的感抗。这样减小了本可能会环流管内并导致效率损

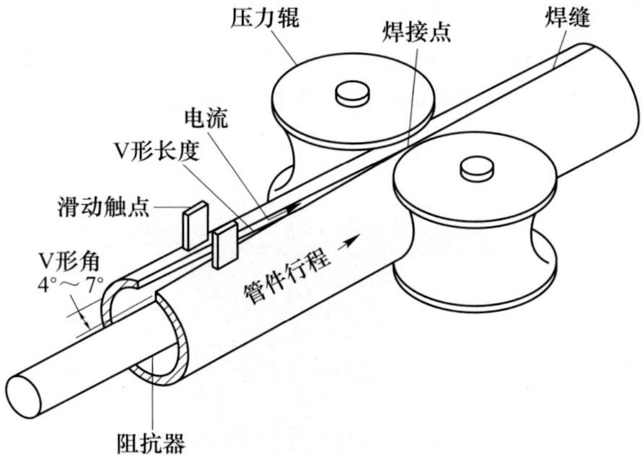

图 4-124 使用滑动接触形成高频电阻管焊缝
（V 形长度是从焊接点到滑动触点）

失的电流，同时降低了感应线圈和管件之间的磁路长度，进一步提高了电力传输到焊合点的效率。阻抗器必须加以冷却以防止其温度上升到居里温度以上，不然会导致退磁。铁素体钢的居里温度通常是 170～340℃（340～650℉）之间。

4.12.3 高频感应焊接工艺

如之前讨论过的，HFIW 是制造冷成形焊接钢管的主要焊接技术。焊管通常由平板材料的连续辊压和高频感应焊接工艺制成。焊管通常用于汽车领域，包括座椅结构、横梁、侧碰结构、保险杠、副车架、后臂和扭力梁。焊管可以视为一片具有封闭截面的钢板。

焊管和原始板材的区别主要在于：

（1）管材成形过程中发生加工硬化。

（2）焊缝的性能和组织与母材不同。

良好的焊接性是成功进行高频焊接的先决条件，很多双相钢可以通过辊压和高频感应焊接工艺来制造 AHSS 管件。焊缝质量和性能取决于实际的钢种性能（如化学成分、微观组织和强度）以及管件成形工艺。表 4-8 提供了用 DP 280/600 制造的高频焊接钢管的一些性能。

表 4-8 HFIW DP 280/600 管的横向拉伸测试结果

样品	屈服强度/MPa	抗拉强度/MPa	总伸长率/%（标距为 50mm）	总伸长率/%（标距为 80mm）	均匀伸长率/%
管材横向 1	447	697	33.3	23.6	16.1
管材横向 2	446	683	34.7	24.7	16.9
焊缝横向 1①	473	695	29.9	18.2	13.2
焊缝横向 2①	476	687	30.4	16.9	12.9

资料来源：劳塔鲁基钢铁公司。

① 断裂发生在焊缝和热影响区之外。

对于 DP 280/600 来说，焊接区域的硬度超过了母材，如图 4-125 所示。从热影响区到母材的过渡区域，软化区有限或没有软化区。避免产生软化区使得高频焊接的焊缝比母材强度更高，见表 4-8。这在成形应用中是很关键的，比如扩径和液压成形过程中管壁和焊缝主要经受横向伸长。

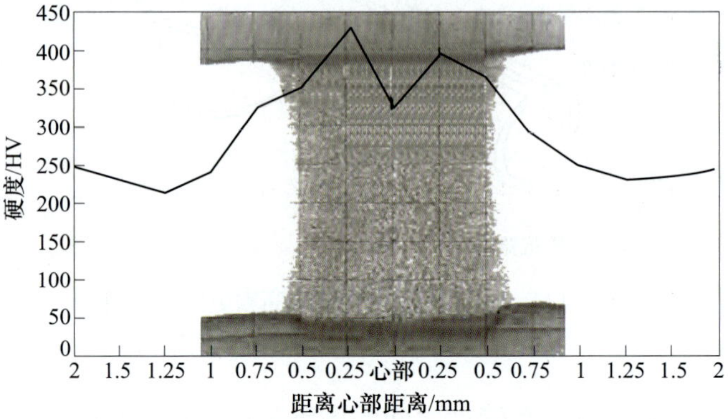

图 4-125　在 DP 280/600 管中的高频焊焊接硬度

资料来源：劳塔鲁基钢铁公司。

图 4-126 和图 4-127 包含了与软钢相比不同材料高频焊缝的硬度分布。

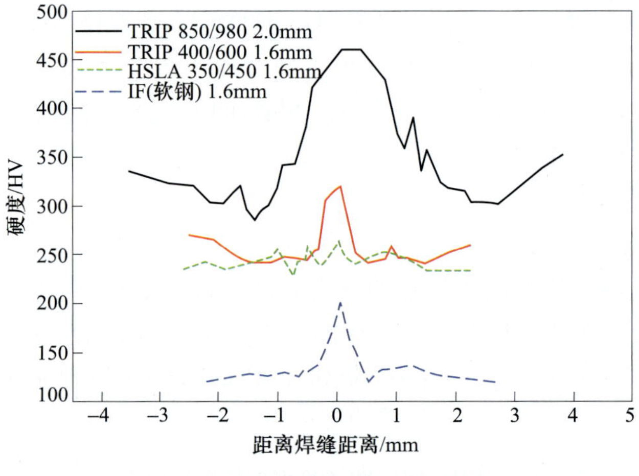

图 4-126　不同种钢感应焊接的硬度分布

资料来源：米塔尔钢铁公司。

4.12.4　安全操作

在进行操作之前，应考虑焊接操作人员、维修人员和其他相关人员的健康和安全。设备、控制系统、电源、工具的设计、制造、安装、运行和维护应当遵循美国劳工部“通用工业职业安全和健康标准”的要求［(29) CFR 1910、Q. 1.］。

高频电源必须符合美国联邦通信委员会（FCC）在第 47 章、第 15 部分规定的有关于工业、科学和医疗的无线电频率排放量要求。遵循 FCC 标准是高频电源生产商的职责，如

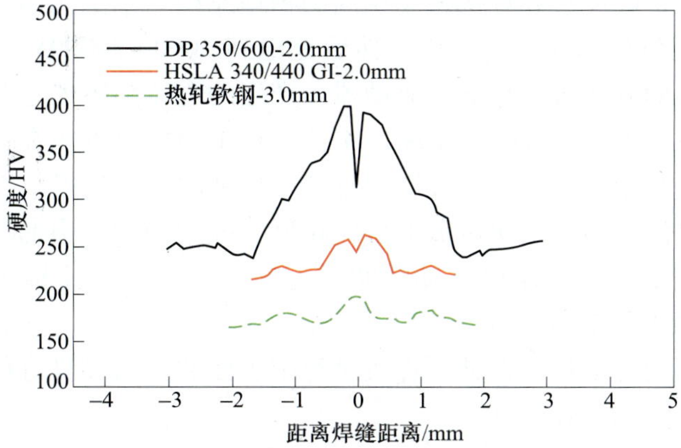

图 4-127 DP 350/600 对比于软钢的硬度分布

资料来源：Dofasco 公司。

果按照制造商的推荐提前安装电源，且不会对设备的最终用户造成问题。必须查阅设备制造商提供的信息手册，必须严格遵守有关安全措施的建议。还必须遵守国家、地区和公司的安全规定。美国焊接学会（AWS）文件《焊接、切割和相关工艺中的安全》（ANSI Z49.1—2005）包含了焊接工艺领域的安全措施。

具有固态数字化控制逆变焊接电源（高达 3000V）中高频电源产生的电压和真空管振荡器（高达 30000V）产生的电压可能是致命的。在使用高频发电机和相关控制系统时，必须注意采取预防措施以防受伤。

现代电源在通道门和自动安全接地装置上配有安全联锁装置，可在通道开启时阻止设备运行。在面板或高压盖板移除或者忽略联锁和接地装置的情况下，绝不能操作设备。

高频电流比低频电流更难接地，接地线应越短越好，以使感抗最小。电源和触点或感应线圈之间的所有引线应完全封闭在绝缘或接地结构中。且其构造方式需使电磁干扰（EMI）最小化。此外，要注意防止线圈和引线周围的高频磁场加热相邻的金属锻辊。

应保护焊接区域，以使操作人员在这些设备通电时不会接触任何暴露的触点或感应线圈。工作人员直接接触高频电压，特别是处在焊接频率的上限时，可能导致严重的局部组织损伤。

4.13 磁脉冲焊接（MPW）

磁脉冲焊接是一种固态工艺，其使用电磁压力来加速一个工件以产生对另一工件的冲击力。这种工艺产生的金属结合类似于爆炸焊接。磁脉冲焊接也称为电磁脉冲和磁冲击焊接，因其连接异种材料的能力而受高度评价。

4.13.1 工艺的物理原理

电磁金属加工研发于 19 世纪晚期，在接下来的多年中，该技术大多数应用于金属成形，并不被认为是一个可行的焊接工艺，但是随着这一焊接技术的进一步发展，近来又再次引起人们的极大关注。

从根本上来说，金属成形和焊接遵循相同的物理原理。该工艺由一次电路驱动。通常为 5~200kJ 的大量能量存储在电容器中，然后充电到 3000~30000V 的高压。电容器随后通过低电感和高导电的母线进入线圈或驱动器。产生的电流为阻尼正弦波的形式，其特征是具有环电感—电阻—电容（LRC）电路。工艺过程中的峰值电流在数万和数百万安培之间，脉冲宽度大概是几十微秒。这在线圈附近产生极强的瞬时磁场。在磁场附近的任何导电材料中引起涡流电流，与其一次电流的方向相反。线圈和工件中的反向磁场产生较高的排斥力，将驱动器或是工件（距离驱动线圈最近的工件）以高速推至目标，目标工件固定，导致两种金属之间产生高冲击力。

冲击力驱除表面的污染物，保证了焊接过程中表面的光洁和良好的接触，冲击力产生金属结合。图 4-128 是工艺示意图。

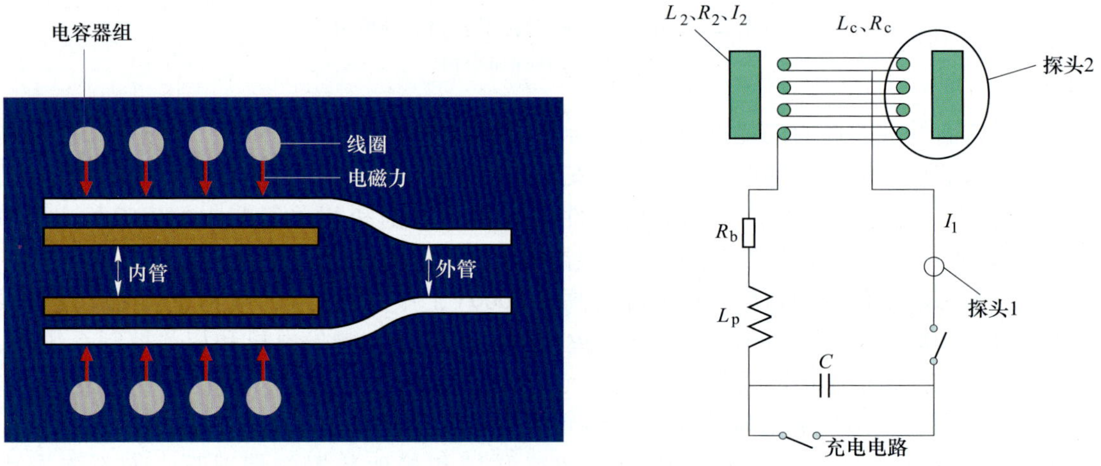

图 4-128　磁脉冲焊接的基本示意图

以下 3 个要素是实现良好的磁脉冲焊接接头的基础：

（1）正确的焊机参数。

（2）考虑金属和材料特性。

（3）移动工件和目标工件的相对定位。

焊机参数决定了电流波形的频率和幅值。高频通常对磁脉冲焊接有利。如果频率太低，则工件中产生的涡流电流将不足以实现冲击接合所需要的速度。频率和电路的电特性（LRC）密切相关，包括电容器和线圈。低电容和电感有利于高频特性。

工件金属（特别是移动工件）的特性也有助于确定特定金属的可焊性。要考虑的性质包括电导率和强度。具有高电导率和低强度的材料更易使用磁脉冲焊接方法进行焊接。高电导率容易在工件表面促生更强的感应电流，相应可获得更大的磁压力。低的屈服强度有助于移动工件在低磁压力下的位移，更容易加速到焊接需要的速度。对系统功率和频率进行调节后，也可以焊接碳钢。具有低电导率的金属，例如奥氏体不锈钢，几乎不能使用磁脉冲工艺直接焊接。然而，若采用驱动板时更容易被焊接。驱动板基本上是缠绕在低导电材料周围的导电材料（通常是铜）。在焊接过程中，驱动器和线圈发生相互作用，推动移动工件达到形成金属接合的必要速度。

4.13.2 电源

磁脉冲焊接系统的基本组成部分是电容器组。储存在系统中的电能可以通过电容器的大小（电容）和充电电压决定。

$$E=\frac{cv^2}{2}$$

式中 E——能量；

c——电容；

v——电压。

由一个专门的充电系统提供给电容器能量。充电系统的容量决定了后续焊接之间给电容器组充电所需要的时间。充电电路一般会主动冷却，允许在生产过程中重复使用。

如之前提到的，能量通过一组母线从电容器转移到线圈中。母线的设计有两个关键要素：必须有低电感（一般情况下，大部分系统电感存在线圈中），以及低接触电阻。使用过程中，电容器相对缓慢地充电到预设电压。一旦达到此电压，则使用快动开关使电流流向线圈。开关通常使用固态硅控整流器（SCRs）。

4.13.3 管状结构

磁脉冲焊接在连接汽车和航空应用的管状结构和流体输送管道方面具有巨大潜力。图4-129为磁脉冲管道焊接的示例。该工艺有几个优点，可显著降低制造成本，总结如下：

（1）可以生成比母材强度更高的接头。

（2）可以进行密封焊接。

（3）焊接速度高，在毫秒范围内，使工艺容易实现自动化生产。

（4）异种金属和难焊材料，例如303不锈钢，也能通过此法连接。

（5）冷加工过程能够立即处理。

（6）焊后无热影响区，变形最小。

（7）无需焊后清洁和焊后热处理。

（8）该工艺具有降本效益，因为不需要填充金属或保护气体，也降低了环保成本。

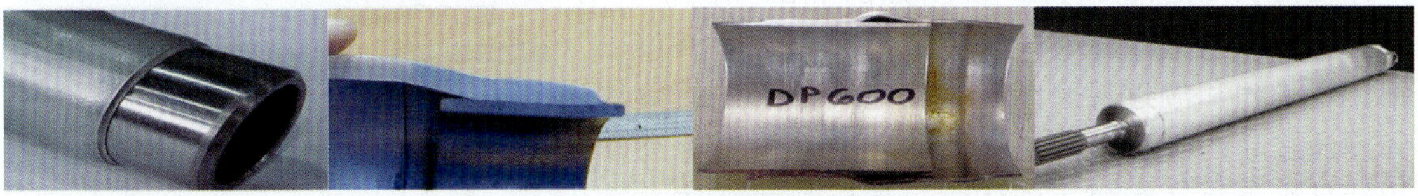

图4-129 磁脉冲焊管应用示例

4.13.4 应用

磁脉冲焊接可以成功应用到各类同种和异种材料焊接。具有高电导率的材料，如铝和铜，最易用磁脉冲过程焊接。铝和铜都已经成功实现和钢、不锈钢的焊接。

磁脉冲焊接可用于焊接燃油管、燃油过滤器、排气系统部件、电力电缆以及汽车车身零部件。磁脉冲焊接的新应用发展一直在继续，并且人们都怀有提高这些技术以实现量产的目标。该工艺在整个工业领域的应用使其获得了更多的认可。

4.13.5 安全实例

磁脉冲焊接存在机械、电气风险、噪声、火花和烟气等潜在危害。

4.13.5.1 机械危害

焊机应当配备合适的安全设备来防止对于操作者手或其他部位受伤，应安装按钮或脚踏开关，以防止意外启动。

机械防护装置、固定装置和操作控制装置必须防止操作者接触线圈和工件表面，必须在焊接过程中阻挡或偏转（相对操作人员）焊接喷射。

4.13.5.2 电气危害

所有门和机器上的接入面板和控制系统必须锁死或联锁来阻止被未授权人员访问。当面板门打开时，联锁装置应当中断电源并通过适当的电阻负载将所有电容器放电。

4.13.5.3 人员防护

应有适当的防护装置将操作人员和焊接过程进行隔离。当焊接工艺产生强噪声时，操作人员应当佩戴耳塞。

其他焊接方面的安全实践信息，请参见美国焊接协会出版的《焊接、切割和相关工艺中的安全》（ANSI-Z49.1）的最新版，文档可以在 www.aws.org 上获取。

4.14 硬钎焊与软钎焊

4.14.1 硬钎焊与软钎焊的基本原理

硬钎焊和软钎焊是采用母材熔点温度以下熔化的填充金属使得母材得以连接。因为这些工艺并不依赖于母材熔化，所以它们并不被认为是焊接工艺。按照美国焊接协会的标准，硬钎焊是指填充金属材料在450℃以上熔化，软钎焊是指填充金属材料在450℃以下熔化。

硬钎焊和软钎焊都有赖于熔融填充金属通过毛细作用浸润和流过接头的能力。毛细作用是指液体和固体之间的吸引力。一个经典方式来检验毛细作用就是将小直径管浸入液体中，然后观察液体在管中上升的高度（见图4-130），如果是浸润良好，液滴会在管中升高，似乎是在抗拒重力。同样的概念也可以应用于硬钎焊和软钎焊。如果不能取得好的毛细作用（浸润），接头就不能被充分连接。很多因素会影响毛细作用，比如接头间距、接头温度的均一性、熔融钎料的黏度、钎料的表面清洁度（影响浸润）和重力。

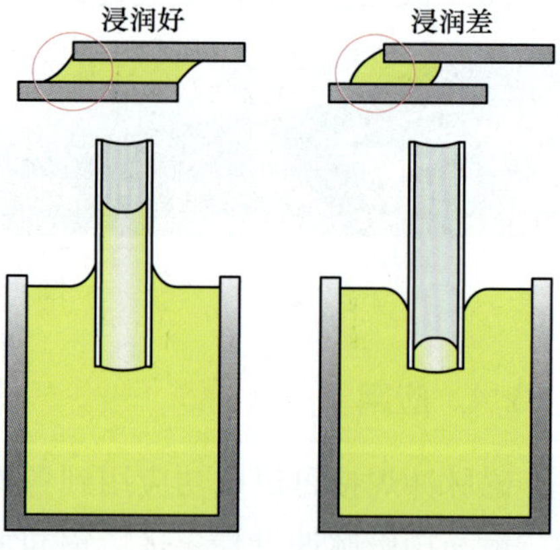

图4-130　浸润良好与不浸润
资料来源：蒂森克虏伯钢铁公司。

钎焊的巨大优势是不需要母材熔化，且金属和非金属（陶瓷和聚合物）都能被连接。

硬钎焊通常用于金属和非金属的焊接。

有许多硬钎焊和软钎焊填充金属化合物，也有各种结合形式，包括糊剂和镶嵌件。通常使用助焊剂清洗，脱氧和影响液体钎料和被钎焊材料之间的表面张力来促进毛细作用。由于接头强度直接与接头区域相关联，该工艺最有利于搭接接头，因为其可以形成较大的接缝面积。钎焊过程中所使用的间隙是一个关键的方面，过程中的间隙过大或过小都会导致问题。有多种设备和方法，包括熔炉、浸罐、感应线圈和焊枪。气保焊过程也可用于硬钎焊，主要用于汽车工业，也称为 MIG 钎焊。激光硬钎焊也被用于许多装饰应用。硬钎焊和软钎焊的应用十分广泛，并且当熔焊不可行时是很常用的备选方案。

总之，硬钎焊和软钎焊的优缺点如下。

（1）优点：

1）可连接非金属材料以及金属与非金属材料。

2）最小化母材弱化和变形。

3）在批量操作时经济性好。

（2）局限性：

1）工艺费时且劳力密集。

2）接头强度取决于接头面积，所以接头设计往往受限。

3）通常需要进行接头准备。

4）设备可能非常昂贵。

5）有些钎焊操作会导致母材易腐蚀问题。

6）接头通常表现出较差的延展性。

7）服役温度受限，特别是软钎焊时。

4.14.2 钎焊工艺

有许多钎焊过程应用在汽车制造中，通常是应用在白车身当中，包括 GMA 钎焊、等离子体钎焊和激光钎焊。设计者们需要考虑钎焊填充材料的强度因为其通常低于将要应用连接的钢结构的强度，许多钎焊过程可以消除成形、密封和黏接在汽车外观面上的痕迹，这种工艺的外观质量非常好。一个典型应用是通用汽车凯迪拉克的车身侧围和顶盖间的焊接，如图 4-131 所示。这些工艺的典型接头设计包括角焊缝和单边 V 形喇叭坡口设计，图

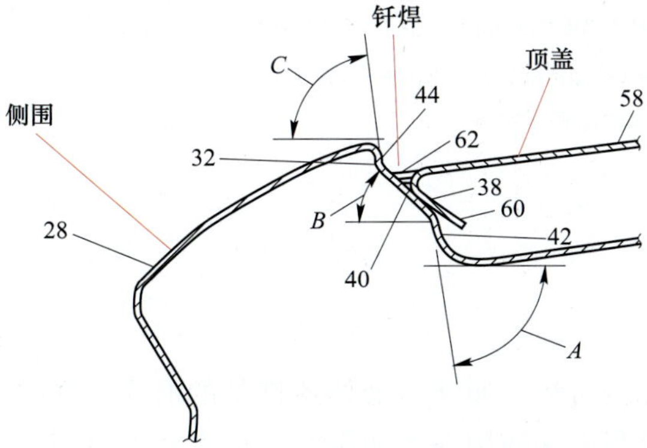

图 4-131 通用凯迪拉克轿车车身侧围的激光钎焊应用
资料来源：通用汽车公司。

4-132 所示。这些工艺可以很容易实现自动化大批量生产。

钎焊可用于焊接镀锌的先进高强度钢。如今有很多商品级的电弧钎焊材料可以用于先进高强度钢，且无任何其他的腐蚀问题。最常见的是 SG-$CuSi_3$（见表 4-9）主要是由于熔化范围较大，从而降低钎焊过程中的缺陷的风险。为提高接头强度，可以使用含合金元素较多的钎焊材料，但成本更高。

钎焊材料 SG-$CuSi_3$ 的拉剪实验和剥离实验结果表明（见图 4-133），SG-$CuSi_3$ 接头强度略低于母材，DP 340/600 的拉伸剥离实验除外。

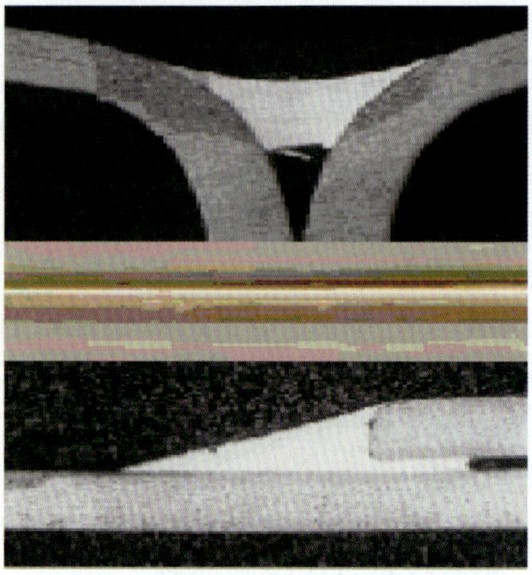

图 4-132 应用于激光钎焊的角焊缝和单边 V 形喇叭坡口设计

表 4-9 钎焊中 SG-$CuSi_3$ 材料特性

钎焊材料	屈服强度/MPa	抗拉强度/MPa	伸长率/%	熔化范围/℃
SG-$CuSi_3$	250	350	40	965~1035

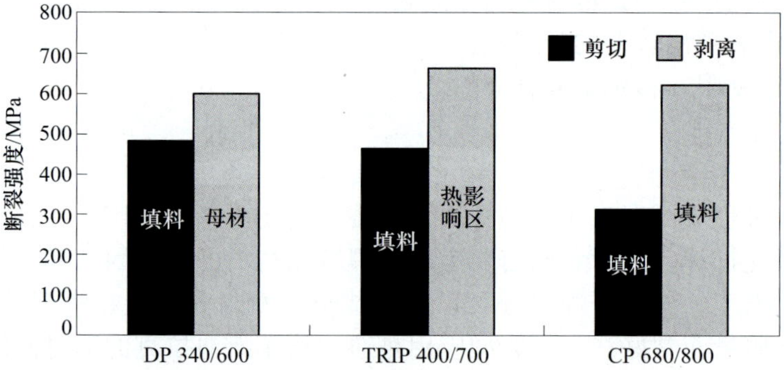

图 4-133 钎料为 SG-$CuSi_3$ 时 DP 340/600(1.0mm)、TRIP 400/700(1.0mm)、CP 680/800(1.5mm)（保护气为 Ar）的拉伸剪切（搭接焊缝）和剥离实验（法兰焊缝）结果

资料来源：蒂森克虏伯钢铁公司。

4.15 胶接

4.15.1 胶接基础原理

胶接是采用胶或胶水使金属和非金属的连接过程，通常是液体或糊状的形式。它的主要优点是可以黏接各种材料，但是受限于接头强度和使用条件的限制。很多基本原理和硬钎焊、软钎焊类似，特别是需要润湿和毛细作用，以及需要考虑接头面积影响接头强度的设计。胶分为热固性或热塑性材料。热固性材料需要化学反应来固化，并且固化后不能再

次重熔。在结构应用层面它们是最重要的胶。热塑性材料在加热时软化，冷却时硬化，这一过程可以不断重复。他们一般不用于结构应用，因为其力学性能较差（特别是蠕变性能），并且在低温下容易分解。

在施加胶之前，表面处理是十分重要和耗时的，通常包含清洁和脱氧工艺，也可采用进一步的措施，如施加涂层。可以采用多种方法施加胶，包含嵌缝和喷枪、浸渍、滚筒、涂刷等。可以通过加热或其他能量源来加速固化。除了连接本身，黏接还可用于其他用途，包括密封、电气绝缘和噪声抑制。胶接的主要应用来自汽车、家电、电子/电器等行业。

4.15.2 胶接工艺

胶的黏接强度是恒定的，在设计应用中，强度与胶覆盖范围成正比。黏接接头强度不变，需要综合分析接头。一般来说，使用高强度结构胶的先进高强度钢会比同等厚度软钢的接头强度更大，如图 4-134 所示。板材厚度的降低会降低强度，因为会出现更多的剥离载荷。必须考虑部件中真实的机械载荷。如果需要更高的接头强度，需要扩大接头重叠区域。具有更高强度的胶一直处在研发当中。

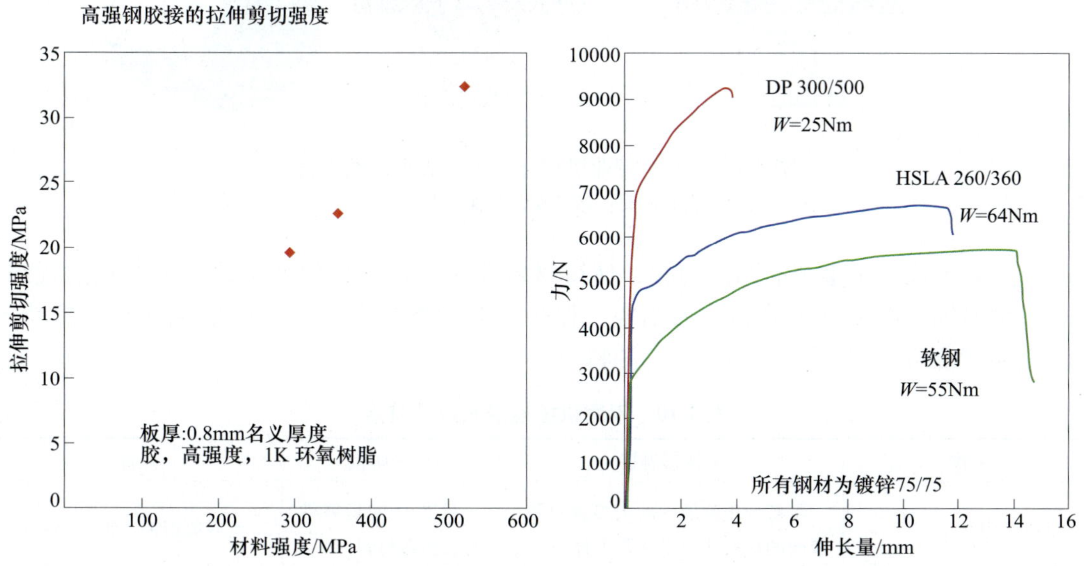

图 4-134 材料强度对接头强度的影响（W 是力和延展性的积分）

与其他连接方法（点焊、机械连接、电弧焊和激光焊）相比，先进高强度钢的胶接是提高刚度和疲劳强度的好方法。由于黏接面积较大，可以降低局部应力，提高疲劳强度。提高刚度和疲劳强度是在设计阶段需考虑的重要因素，特别是当应用先进高强度钢来给部件减重的时候。

4.16 机械连接

汽车行业典型机械连接工艺有无铆钉铆接与自冲铆连接。图 4-135 展示了两种连接工艺过程与典型的设备。由一个简单的圆形冲压机将材料压入模腔而实现材料连接。随着冲压力的增加，冲头侧部材料被迫在模具侧部材料内向外扩展。

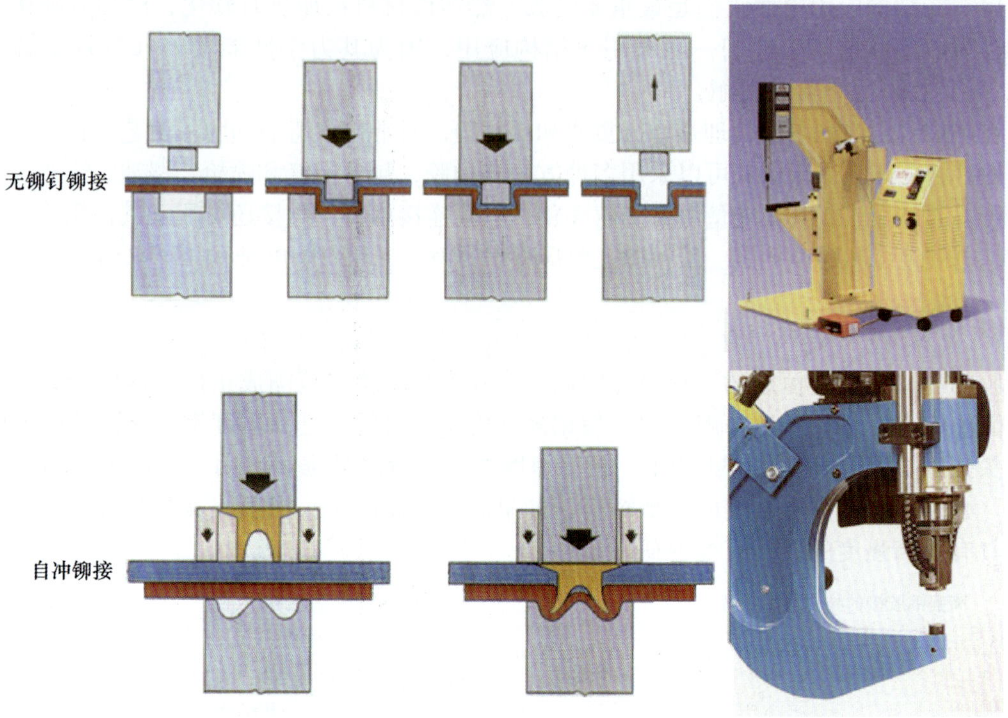

图 4-135　汽车行业机械连接工艺流程以及设备

资料来源：新日铁住金株式会社。

该工艺形成一个美观的圆形钮扣，使得材料连接处没有任何的毛边或者锐利的边缘，不会发生腐蚀。即使对于镀锌或镀铝板，保护层与材料一起流动，防腐蚀性能仍保持不变。表 4-10 展示了不同机械连接工艺的特点。

表 4-10　不同机械连接系统的特点

系数	无铆钉铆接	自冲铆接	点焊
基材适用性	具有合理延展性的大多数材料；较硬的材料使用半冲孔工具	具有合理延展性的大多数材料	大多数钢板，铝合金更难
金属涂层，例如锌涂层	可以接合	可以接合	对于厚的涂层和钝化涂层更困难
有机涂层/润滑剂	厚型涂层可影响接头性能	厚型涂层可影响接头性能	只有薄型可焊性涂层可以
异种金属	可以	可以	必须具有冶金兼容性；
接头抗剪强度	中	高	高
接头剥离强度	低	中	中
疲劳性能	中	高	低
外观	一侧穿孔，另一侧小球	一侧 Flush，另一侧通常为小球	两侧轻微凹陷；涂料损坏

续表 4-10

系数	无铆钉铆接	自冲铆接	点焊
腐蚀问题	敏感性低	敏感性低，但钢铆钉需要特殊涂层	敏感性低但对保护涂层有一定的损害
基本设备成本	低至中	中至高	中至高
耗材	没有	铆钉	焊条
每个接头成本	低	高	中
工作环境	好	好	可能产生焊接飞溅和烟气

在最近一次针对无铆钉铆接高强钢的可行性研究中，得出以下结论：抗拉强度为 780MPa 的 DP 钢和 TRIP 钢可以实现与自身的铆接或者与低碳钢的铆接，如图 4-136 所示，而抗拉强度为 980MPa 的 DP 钢放在模具端时出现撕裂，如图 4-137 所示。这些裂纹出现于铁素体与马氏体的交界区域，如图 4-138 所示。不过这些撕裂并不影响接头的强度。为了成功实现对抗拉强度为 980MPa 的 DP 钢的铆接，需要做进一步的工作以提高其局部成形性。

(a) TRIP 钢

(b) DP 钢

图 4-136 抗拉强度为 780MPa 成功实现铆接的接头横截面

(a) 平面视图

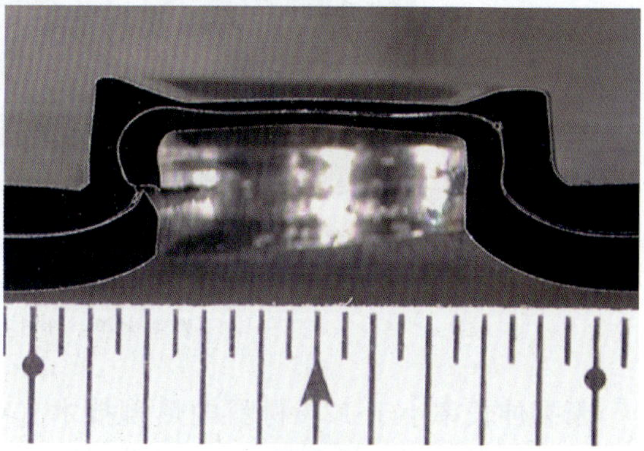

(b) 截面视图

图 4-137 抗拉强度 980MPa 的 DP 钢铆接接头铸模端撕裂

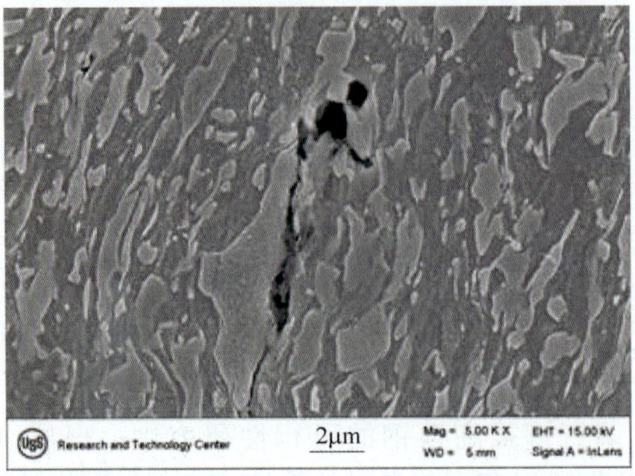

图 4-138　抗拉强度 980MPa 的 DP 钢铆接接头撕裂 SEM 照片

无切削铆接（circular clinching without cutting）和自冲连接不适合于扩孔率（λ）低于40%的材料的连接，如图 4-139 所示。可以采用部分切削铆接（clinching with partial cutting）代替。

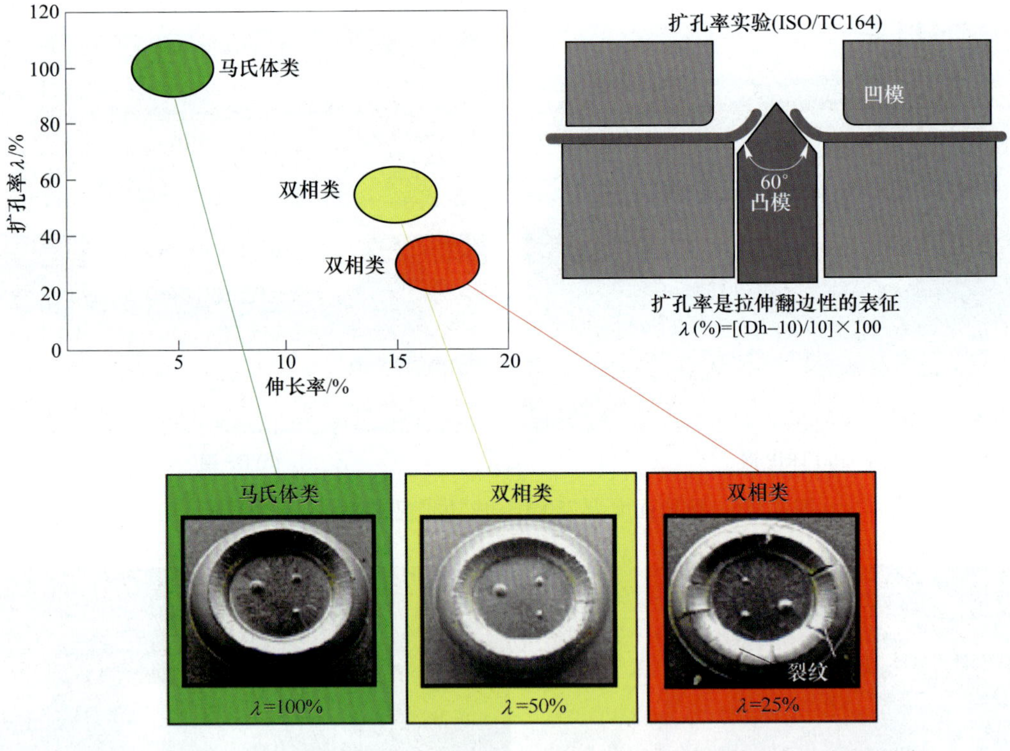

图 4-139　抗拉强度 980MPa 级先进高强度钢伸长率与延伸凸缘性能之间的平衡以及机械连接接头背面表面形貌

资料来源：新日铁住金株式会社。

断裂伸长率小于 12%材料的热铆技术（warm clinching and riveting）还在研究调查之中。对于钢材来说，设备尺寸以及铆接压力与材料强度成正比，冲压头（tool）寿命与材料强度成反比。

高强钢自冲铆接头强度高于低碳钢。图 4-140 显示了两块 1.5mm 厚 DP 300/500 钢板自冲铆连接实例。目前，抗拉强度高于 900MPa 的高强钢还无法通过传统的自冲工艺实现连接。

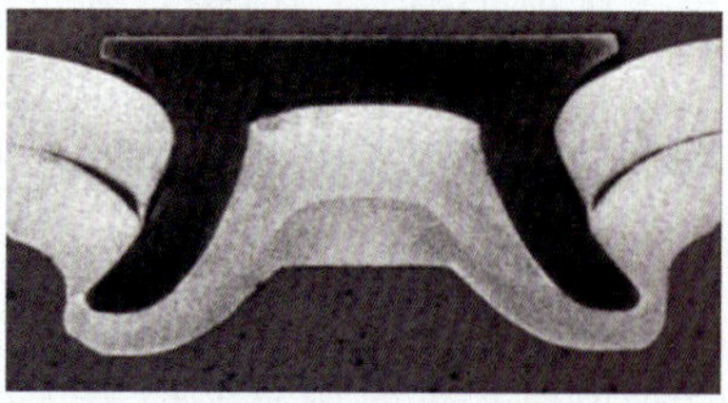

图 4-140 DP 300/500 自穿铆接实例

自冲铆连接接头强度与点焊接头相近或稍差。这很大程度上受冲模尺寸、形状设计以及铆钉尺寸的影响。然而自冲铆连接在接头疲劳强度上通常优于点焊，这是由于自冲铆连接没有点焊接头存在的冲孔效应，如图 4-141（a）所示。虽然无铆钉铆接应用在一些汽车部件中，但是他们的性能较低，如图 4-141（b）所示。因此，在汽车制造业中不推荐在一些重要接头中使用无铆钉铆接工艺。

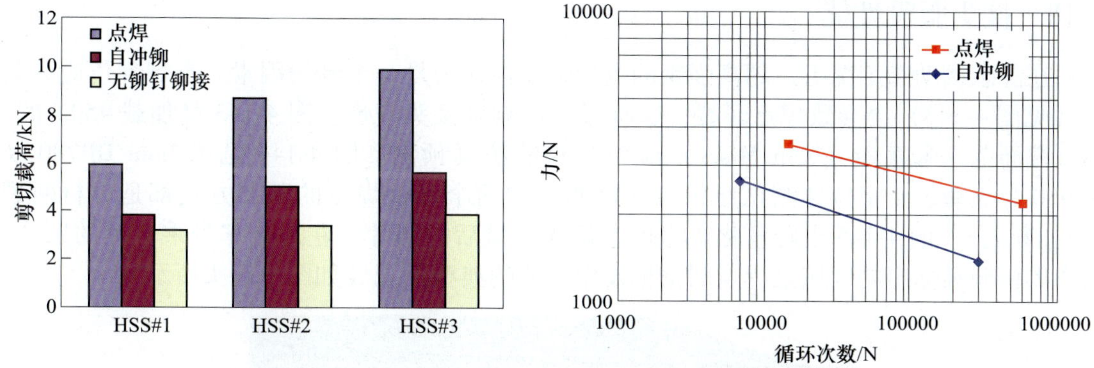

(a) 1mm镀锌高强度钢机械连接和点焊的静剪切强度

(b) 1mm镀锌高强度钢铆接和点焊的疲劳强度

图 4-141 不同连接工艺接头强度

与点焊和胶接组合工艺相比，自冲连接与胶接组合工艺可提高初始刚度、屈服强度、破坏荷载以及疲劳强度，如图 4-142 所示。

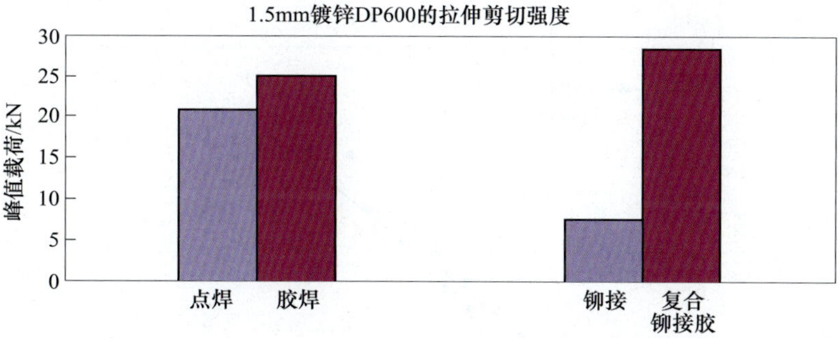

图 4-142 点焊与胶接组合工艺接头以及自冲铆连接与胶接组合工艺接头剪切强度

4.17 现场焊接修复和替换

美国钢铁协会（AISI）与北美设备制造商（OEMs）合作，承担了现场补焊措施对于一些高强钢影响的研究课题。对于 DP、MS 以及 TRIP 钢的研究已经结束。特别地，对熔化极气体保护焊（GMAW）和火焰矫形的影响也进行了研究。

结果显示 GMAW 是一种可以被接受的高强钢补焊方法，包括 DP、MS 以及 TRIP 钢。补焊区域以及邻近区域力学性能在各种材料的预期范围内，因此 GMAW 被视为可接受的补焊方法。

火焰矫形是对于在碰撞中已变形的部分或者结构框架加热至 650℃ 并保温 90s，使得已变形的结构恢复原来的位置。这种加热循环可以使用两次。试验结果表明火焰矫形不能应用在高强钢修复中，包括 DP、MS 以及 TRIP 钢。热循环会导致成形（加工硬化）后车身零部件的力学性能弱化。

因此，可采用 GMAW 对高强钢构件进行现场补焊。在任何情况下，都应该遵循 OEMs 对于材料和车辆的特别建议。

4.18　接头服役性能

在静态或动态工况下，超高强钢的点焊强度被认为是一个制约因素。点焊部位应力集中（见图 4-143）会导致焊点开裂，这将直接影响其接头表现。图 4-143 是加载 450N 时，焊点截面范—米塞斯（Von Mises）应力分布的仿真预测。图 4-144 是 1.2mm DP780 及 DP980 焊点动态十字拉伸测试结果，在该测试中两个钢种焊点的断裂方式都是母材断裂（钮扣断裂）。图 4-145 是轻量化车身前端碰撞测试后的照片，左边是车身乘客侧的照片，其中黑色椭圆标出的区域是焊点间钢板发生扭曲的典型外观（如图中箭头所示）。

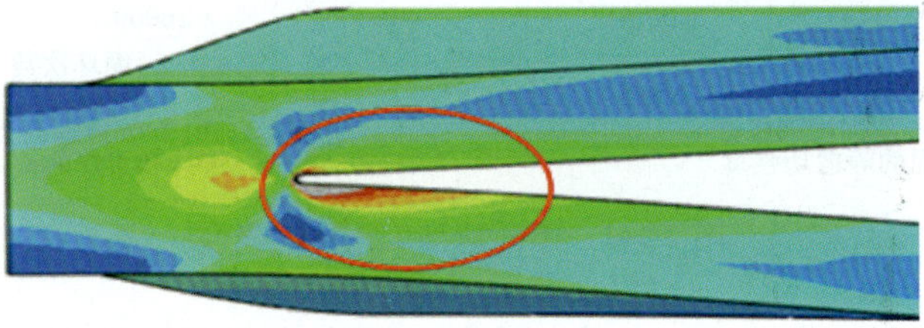

图 4-143　加载 450N 时焊点截面范—米塞斯（Von Mises）应力分布的仿真结果

资料来源：美国钢铁公司。

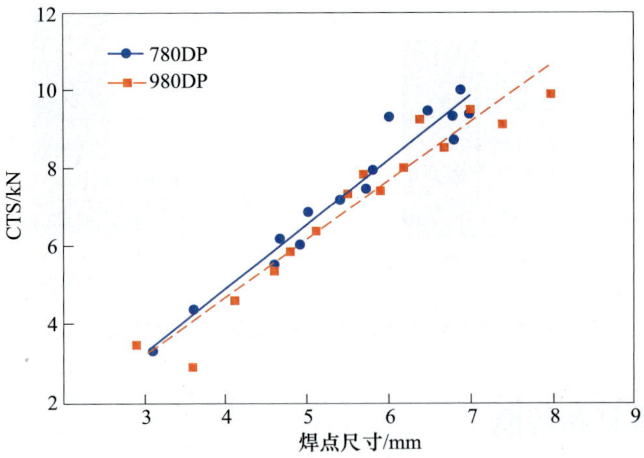

图 4-144　1.2mm DP780 及 DP980 十字拉伸测试结果

资料来源：美国钢铁公司。

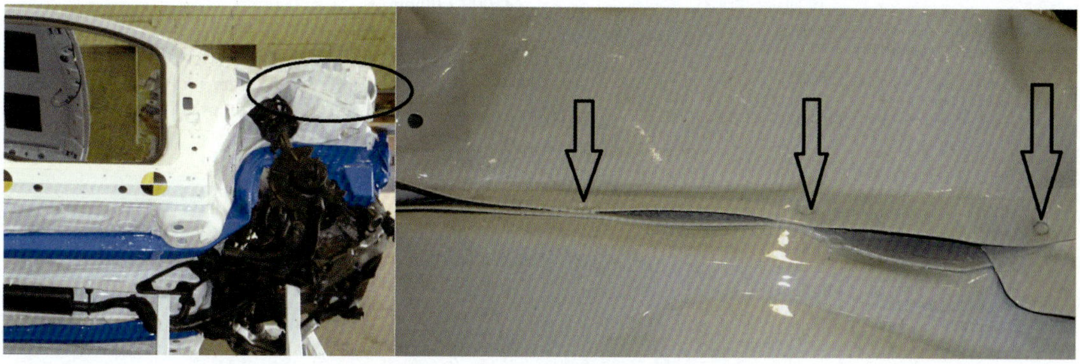

图 4-145 轻量化车身前端碰撞测试后照片
资料来源：美国钢铁公司。

在接头中添加结构胶是提高点焊接头强度的一种解决方案。图 4-146 展示了通过添加碰撞胶（陶氏化学 Betamate1496 胶）提高焊点静态强度的结果。在该试验中，涂胶的宽度为 45mm，胶层厚度 16mm。

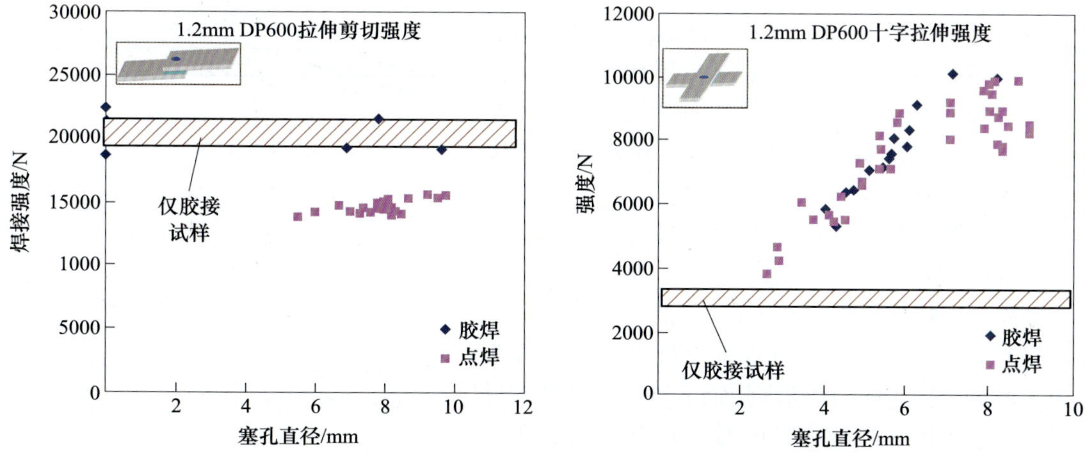

图 4-146 DP600 焊点 TSS 与 CTS 强度
资料来源：安赛乐米塔尔钢铁集团。

用激光焊代替点焊是另一种提高接头强度的途径。远程激光焊技术前面已经介绍过，采用该技术可以获得高的生产效率，而且已经实现了有效焊接时间的最大化及焊缝形状的多样化。与点焊相比，激光焊除了在接头力学性能上有优势外，还可以根据实际需要调整接头尺寸。可以设想，在拉剪条件下，接头强度与接头的长度线性相关，如图 4-147 所示。

比较点焊和激光焊接头的强度不能仅仅局限于基本的拉伸测试。针对不同超高强钢组合，根据不同的要求，测试了接头的准静态强度及动态强度。试验采用高速拉伸设备，准静态测试的拉伸速度是 5mm/min，动态测试的拉伸速度为 0.5m/s（纯剪、纯撕裂或混合

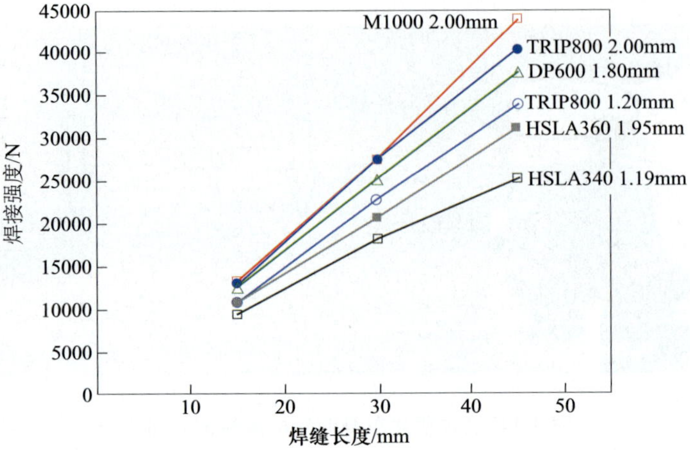

图 4-147　不同焊缝长度下激光焊接头拉伸强度
资料来源：安赛乐米塔尔钢铁集团。

情形），如图 4-148 所示。试验测量了焊点断裂强度及整个拉伸过程的能量吸收量。必须注意到，能量的吸收量也与试样的变形情况相关。然而，因为所有测试样品的几何形状都是一样的，所以横向比较结果是可行的。激光焊缝采用 C 形和 S 形两种形状，其焊缝熔化区总长度一样，均为 27mm，但是整个接头的长度和宽度则明显不同。用接头宽度除以长度表示的接头因子，见表 4-11。

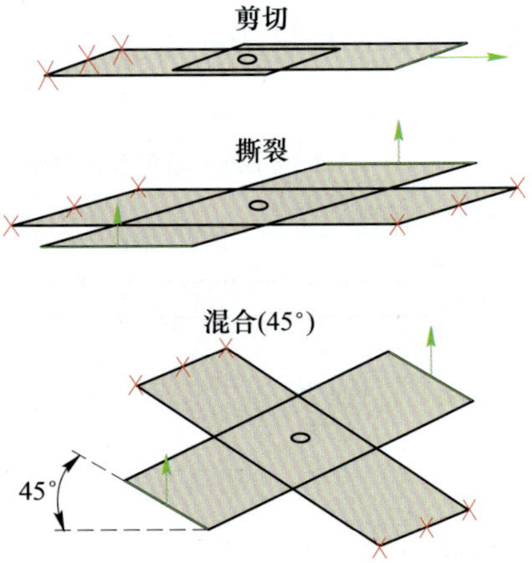

图 4-148　准静态和动态测试试样形状
资料来源：安赛乐米塔尔钢铁集团。

接头的断裂强度可以简单地用椭圆形表示，其主轴分别代表纯剪情况和通常情况，如图 4-149 所示。全局考虑接头性能，27mm 长的激光焊缝性能与在可焊电流上限处获得的点焊焊点性能相当。在板厚为 1.5mm 到 2.0mm 的超高强钢上进行的其他测试证明：与点焊接头性能相当的激光焊缝长度是 25～30mm。对于薄板，这个等价长度则会缩短（大概 15～20mm）。对于给定结构，在进行点焊向激光焊的等效转化时，必须考虑这个因素。在准静态和动态实验中，测试结果的数量级相同，应变速率对接头的强度无明显影响。

表 4-11　形状因子定义

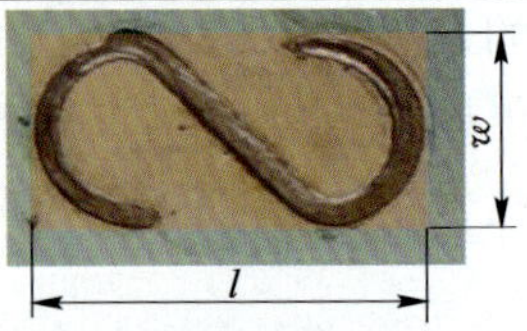	熔化区长度 /mm	形状长度 l/mm	形状宽度 W/mm	形状因子 w/l
直线焊缝	27	27	1	0.04
C 形	27	16	5	0.31
S 形	27	14.7	5	0.34

资料来源：安赛乐米塔尔钢铁集团。

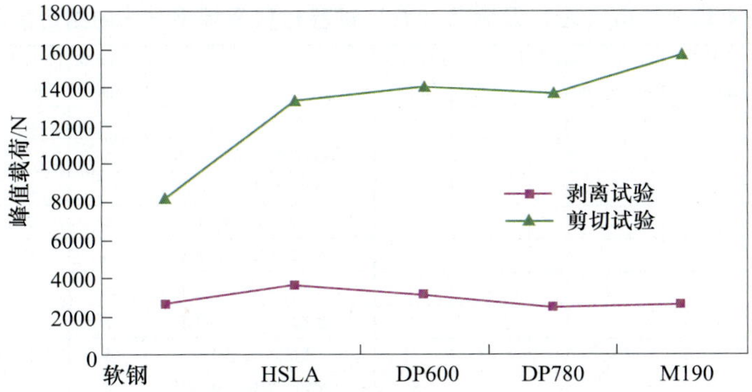

图 4-156 平均峰值载荷（所有组合）

资料来源：美国汽车钢铁联盟和 AET Integration 公司。

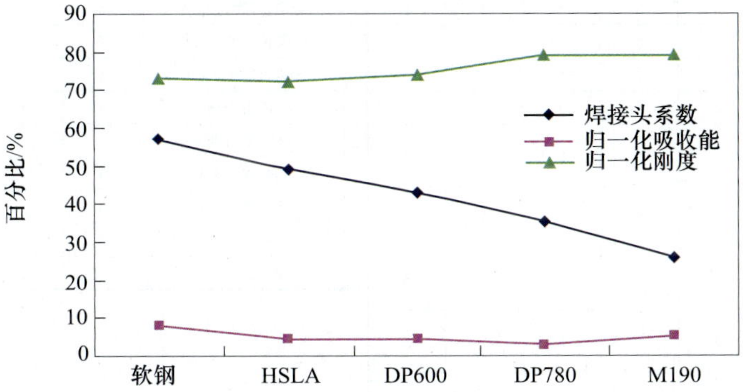

图 4-157 短搭接拉伸（lap shear）的焊接头系数、归一化吸收能与刚度（所有组合）

资料来源：美国汽车钢铁联盟和 AET Integration 公司。

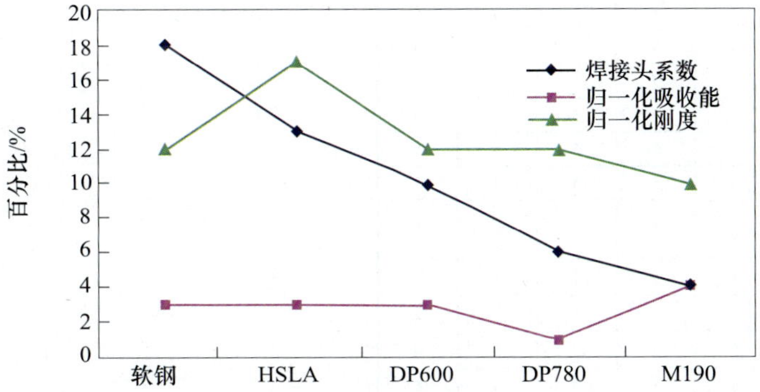

图 4-158 辅助搭接剥离（coach peel）的焊接头系数、归一化吸收能与刚度（所有组合）

资料来源：美国汽车钢铁联盟和 AET Integration 公司。

合金 DP780 和 1.0mm 电镀锌 M190。具体的试验材料及焊接方法的组合情况见表 4-12。焊缝长度公差是 ±10%。所有焊接方法的辅助剥离（coach peel）试样和短搭接拉伸（lapshear，除填丝焊和钎焊外）的接头均位于搭接区域的中心，如图 4-159 所示。

表 4-12　拉剪（左）及剥离（右）试验材料及焊接方法的组合情况

	项　目	1.2mm GI Mild	1.2mm EG HSLA	1.2mm GI DP 600	1.0mm GA DP 780	1.0mm EG M 190
	母材	2	2	2	2	2
	电阻点焊(AWS D8.1M)	5	5	5	5	5
	A/SP 电阻点焊（AC）	5	5	5	5	5
	A/SP 电阻点焊（DC）	5	5	5	5	5
·	激光焊（15mm 短搭接）	5	5	5	5	5
·	激光焊（20mm 短搭接）	5	5	5	5	5
·	激光焊（25mm 短搭接）	5	5	5	5	5
·	激光焊（15mm 搭角）	5	5	5	5	5
·	激光焊（20mm 搭角）	5	5	5	5	5
·	激光焊（25mm 搭角）	5	5	5	5	5
·	激光焊（u 形几何）	5	5	5	5	5
·	激光 MIG 焊（15mm 搭角）	5	5	5	5	5
·	激光 MIG 焊（20mm 搭角）	5	5	5	5	5
·	激光 MIG 焊（25mm 搭角）	5	5	5	5	5
·	激光钎焊（15mm 搭角）	5	5	5	5	5
·	激光钎焊（20mm 搭角）	5	5	5	5	5
·	激光钎焊（25mm 搭角）	5	5	5	5	5
·	GMAW（AWS D8.8M · 15mm 圆角）	5	5	5	5	5
·	GMAW（AWS D8.8M · 20mm 圆角）	5	5	5	5	5
·	GMAW（AWS D8.8M · 25mm 圆角）	5	5	5	5	5
·	手工 GMAW（AWS D8.8M · 15mm 圆角）	5	5	5	5	5
·	手工 GMAW（AWS D8.8M · 20mm 圆角）	5	5	5	5	5
·	手工 GMAW（AWS D8.8M · 25mm 圆角）	5	5	5	5	5
·	电弧钎焊（15mm 搭角）	5	5	5	5	5
·	电弧钎焊（20mm 搭角）	5	5	5	5	5
·	电弧钎焊（25mm 搭角）	5	5	5	5	5
·	等离子钎焊（15mm 搭角）	5	5	5	5	5
·	等离子钎焊（20mm 搭角）	5	5	5	5	5
·	等离子钎焊（25mm 搭角）	5	5	5	5	5
·	GMAW · 塞焊（10mm 孔）	5	5	5	5	5
·	电弧钎焊 · 塞焊接头（10mm 孔）	5	5	5	5	5
·	GMAW · 电弧点焊	5	5	5	5	5
	铆接	5	5	5	5	5
	自冲铆接	5	5	5	5	0
	断裂增韧黏合剂 A	5	5	5	5	5
	断裂增韧黏合剂 B	5	5	5	5	5
	断裂增韧黏合剂 C	5	5	5	5	5
	RSW/黏合剂 A	5	5	5	5	5
	RSW/黏合剂 B	5	5	5	5	5
	RSW/黏合剂 C	5	5	5	5	5
	SPR/黏合剂 A	5	5	5	5	0
	SPR/黏合剂 B	5	5	5	5	0
	SPR/黏合剂 C	5	5	5	5	0

	项　目	1.2mm GI Mild	1.2mm EG HSLA	1.2mm GI DP 600	1.0mm GA DP 780	1.0mm EG M 190
	母材	0	0	0	0	0
	电阻点焊（AWS D8.1M）	5	5	5	5	5
	A/SP 电阻点焊（AC）	5	5	5	5	5
	A/SP 电阻点焊（DC）	5	5	5	5	5
·	激光焊（15mm 短搭接）	5	5	5	5	5
·	激光焊（20mm 短搭接）	5	5	5	5	5
·	激光焊（25mm 短搭接）	5	5	5	5	5
·	激光焊（u 形几何）	5	5	5	5	5
·	GMAW · 塞焊（10mm 孔）	5	5	5	5	5
·	电弧钎焊 · 塞焊（10mm 孔）	5	5	5	5	5
·	GMAW · 电弧点焊	5	5	5	5	5
	铆接	5	5	5	5	5
	自冲铆接	5	5	5	5	0
	断裂增韧黏合剂 A	5	5	5	5	5
	断裂增韧黏合剂 B	5	5	5	5	5
	断裂增韧黏合剂 C	5	5	5	5	5
	RSW/黏合剂 A	5	5	5	5	5
	RSW/黏合剂 B	5	5	5	5	5
	RSW/黏合剂 C	5	5	5	5	5
	SPR/黏合剂 A	5	5	5	5	0
	SPR/黏合剂 B	5	5	5	5	0
	SPR/黏合剂 C	5	5	5	5	0

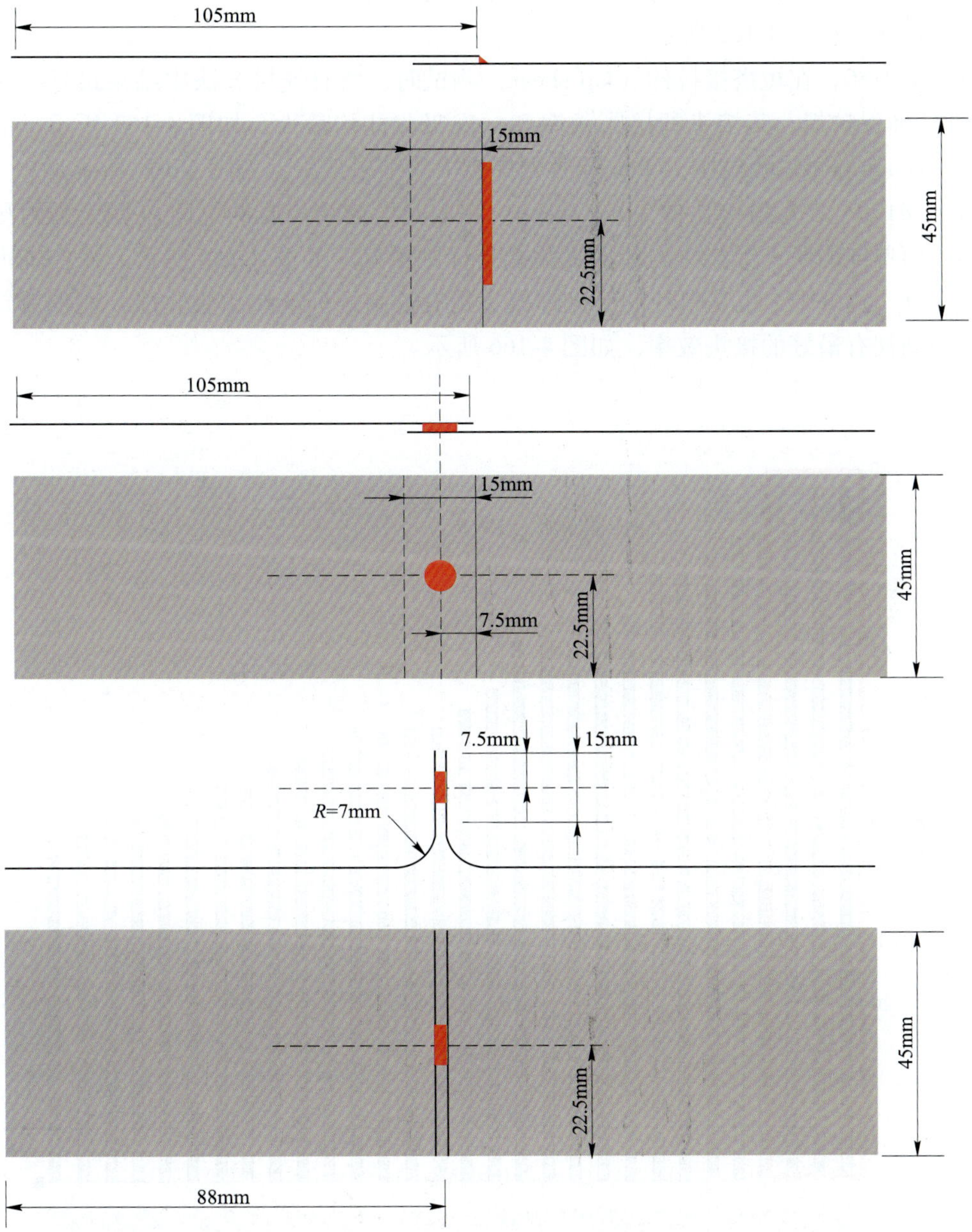

图 4-159 拉剪和剥离接头组合形式

资料来源：美国汽车钢铁联盟和 AET Integration 公司。

接头效率等于接头峰值负载除以母材峰值负载。接头吸收能则通过载荷—位移曲线在峰值载荷前的面积计算获得。

在低合金高强钢短搭接拉伸（lap shear）测试中，加结构胶的自穿铆接接头具有最大的整体接头效率，而激光焊接头的标准吸收能则最大，如图 4-160 所示。

对于 DP600，在短搭接拉剪（lap shear）测试中，加结构胶的自穿铆接接头的接头效率和标准吸收能均最大，如图 4-161 所示。而在辅助剥离（coach peel）测试中，激光焊接头的结果最好，如图 4-162 所示。

对于 DP780，在短搭接拉伸（lap shear）测试时，所有连接方法中结果最好的是激光焊/惰性气体保护焊，其接头的接头效率和标准吸收能均最大，如图 4-163 所示。而在辅助剥离（coach peel）测试中，单纯的激光焊接头的结果最好，如图 4-164 所示。

对于 M190，在短搭接拉伸（lap shear）测试时，加结构胶的电阻点焊接头的接头效率最高，而单纯的激光焊接头的标准吸收能指标则更好，如图 4-165 所示。而在辅助剥离（coach peel）测试中，也是单纯的激光焊接头拥有最高的标准接头吸收能，而加铆钉的激光焊接头则拥有最好的接头效率，如图 4-166 所示。

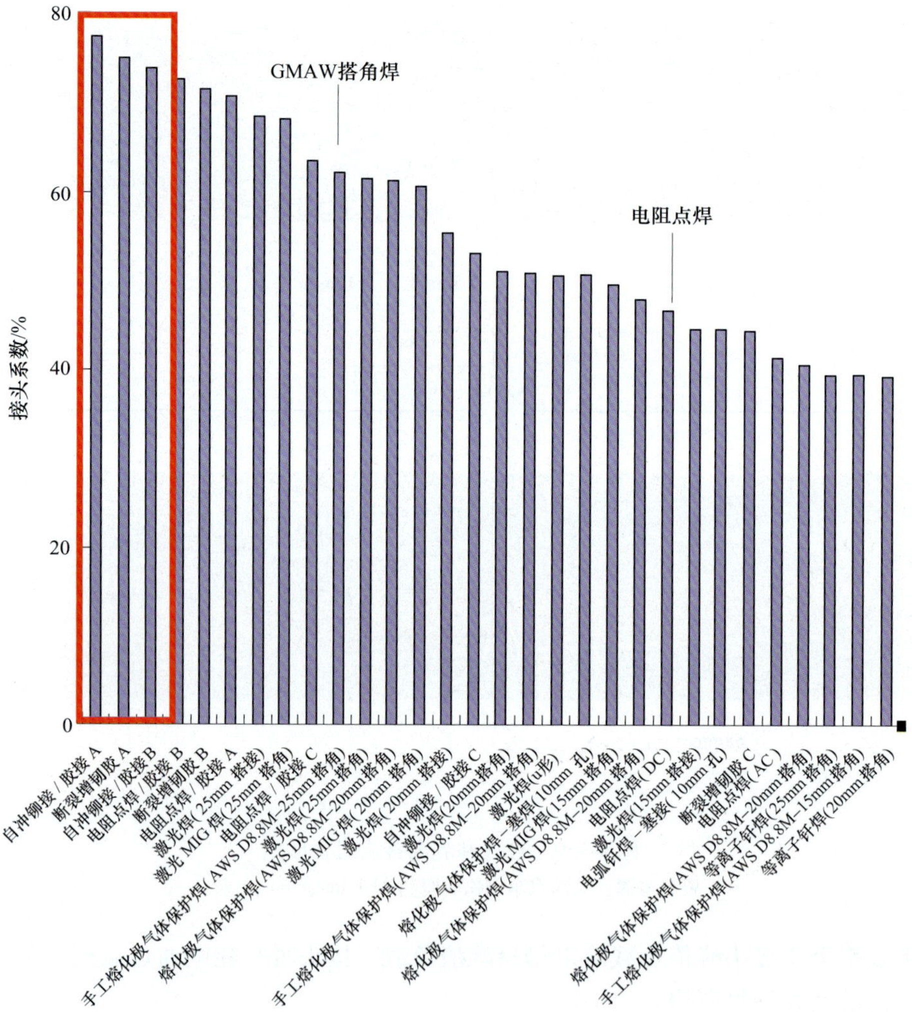

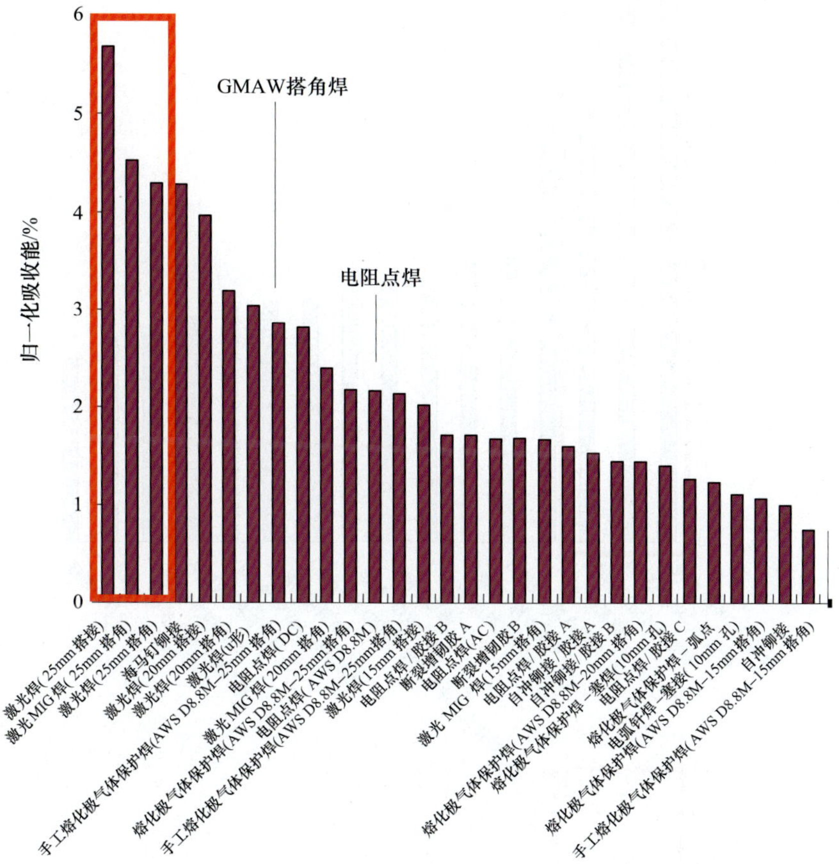

图 4-160　不同连接方法下低合金高强钢拉剪测试接头效率及标准吸收能

4.19.2　点焊与点焊/激光复合焊对比

4.19.2.1　成本效益

汽车制造商在权衡电阻点焊与点焊/激光复合焊的利弊时，成本效益是一个主要的指标。与单纯的点焊相比，点焊/激光复合焊的运营成本降低 38%，因为激光装置可以比一台焊接机器人生产更多的焊点，也可以减少机器人的维护与消耗。两者的全部成本相当，但是点焊/激光复合焊解决方案的总成本低 4%。图 4-167 是点焊与点焊/激光复合焊的成本对比。

4.19.3　熔化极气体保护焊与激光焊对比

在汽车工业中，接头效率是对比熔化极气体保护焊与激光焊优缺点的一项关键指标。在板厚为 15mm 与 25mm，强度级别不同的板材上采用两种焊接方法进行接头试验，所有的结果都表明激光焊的接头效率高于熔化极气体保护焊，如图 4-168 所示。

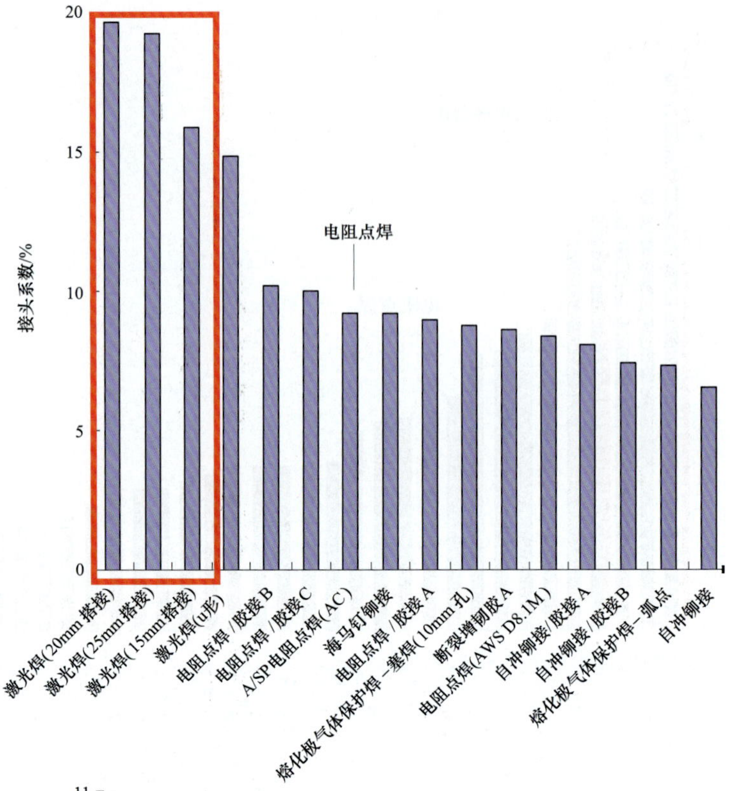

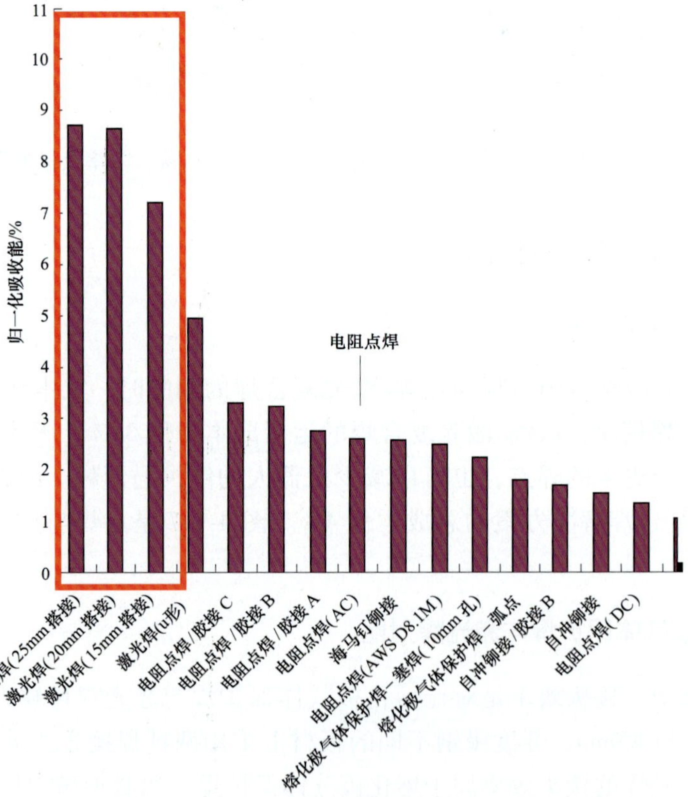

图 4-161　不同连接方法下 DP600 拉剪测试接头效率及标准吸收能

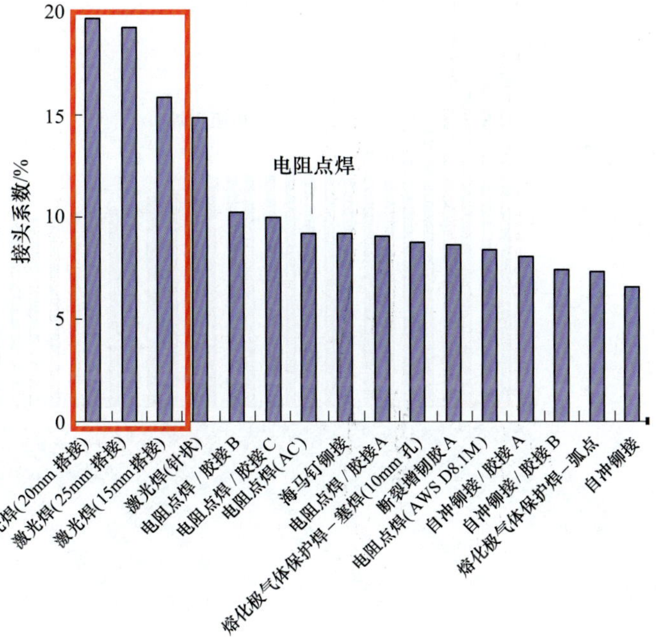

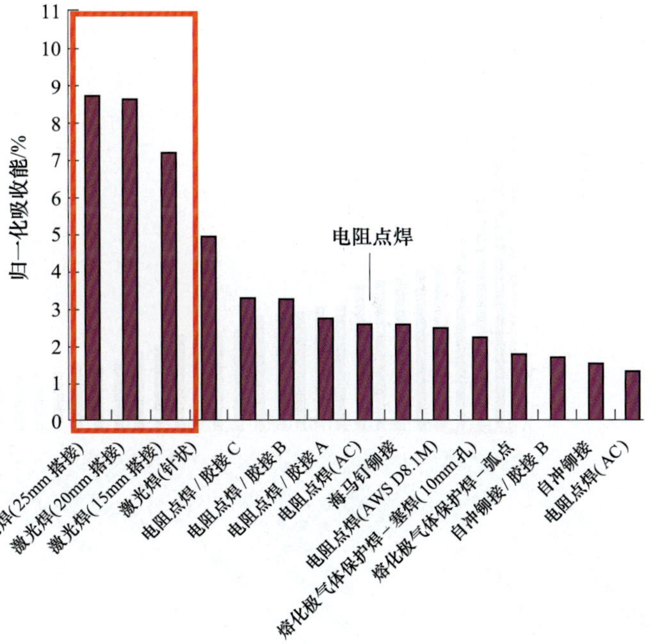

图 4-162 不同连接方法下 DP600 剥离测试接头效率及标准吸收能

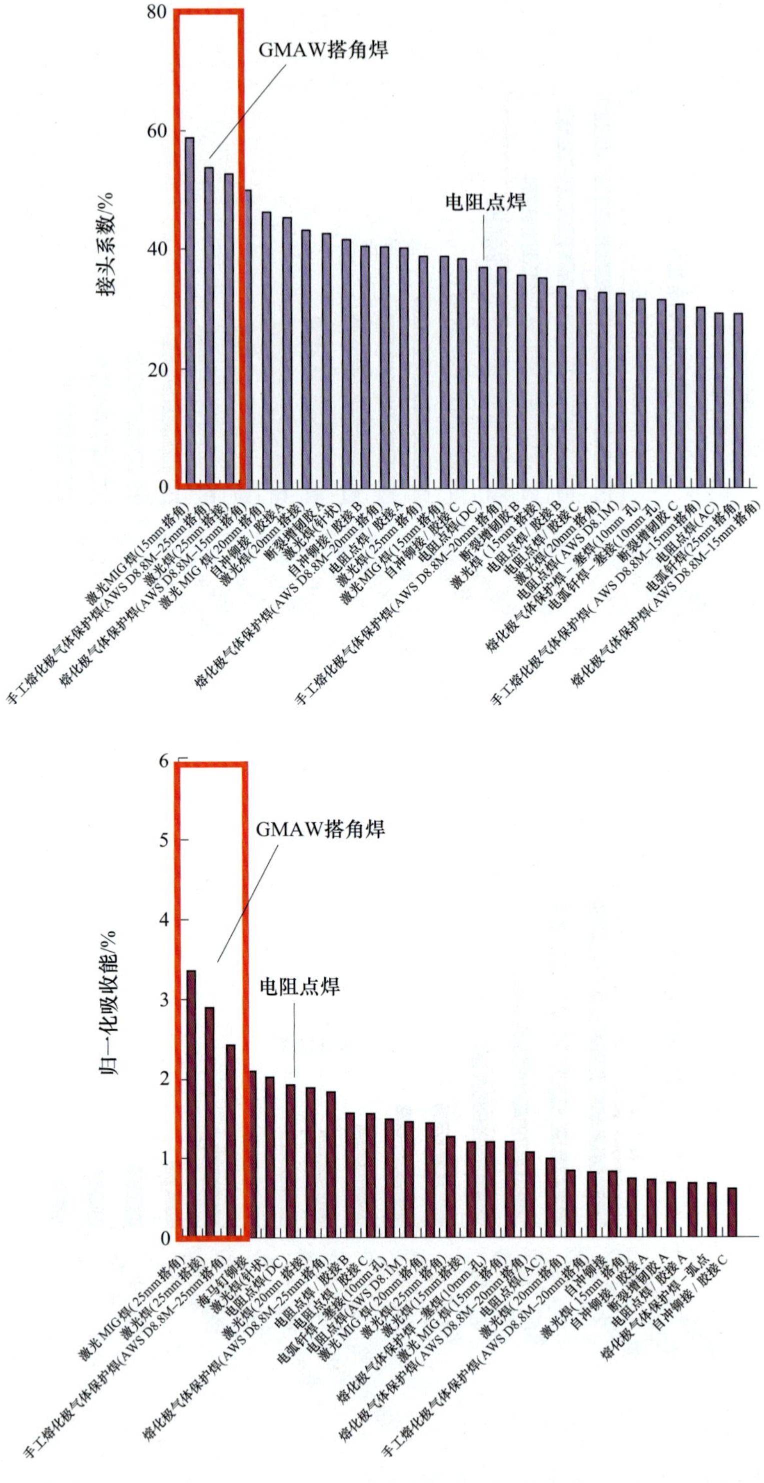

图 4-163　不同连接方法下 DP780 拉剪测试接头效率及标准吸收能

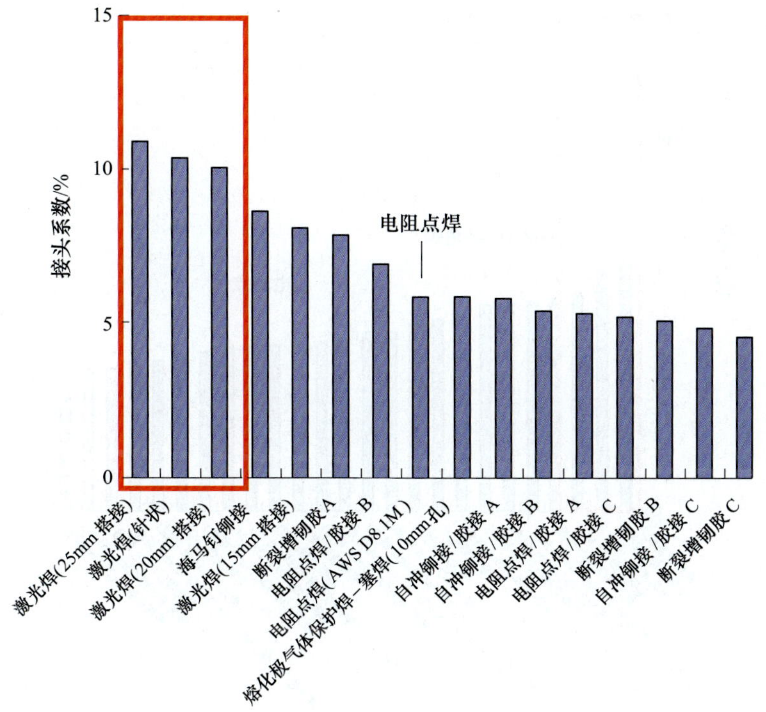

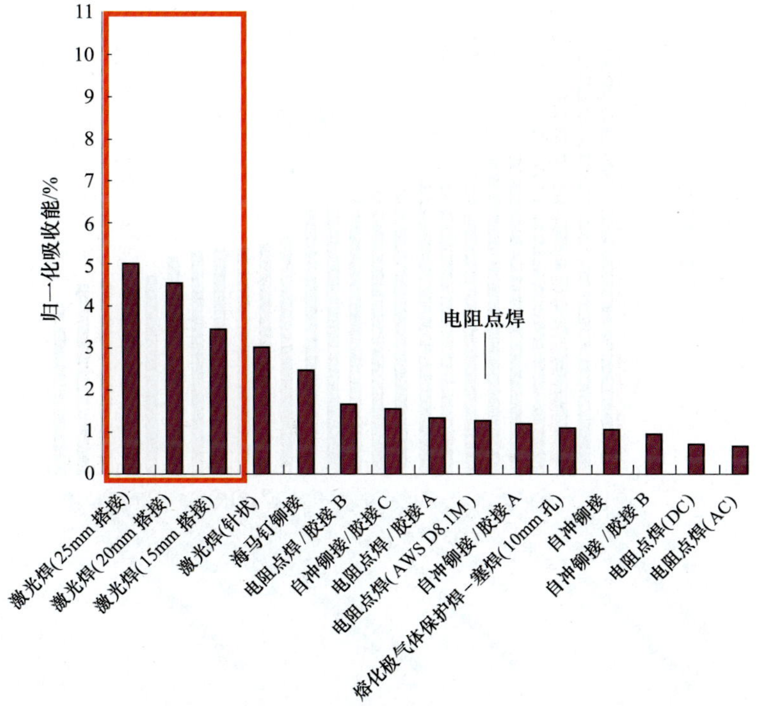

图 4-164 不同连接方法下 DP780 辅助剥离测试接头效率及标准吸收能

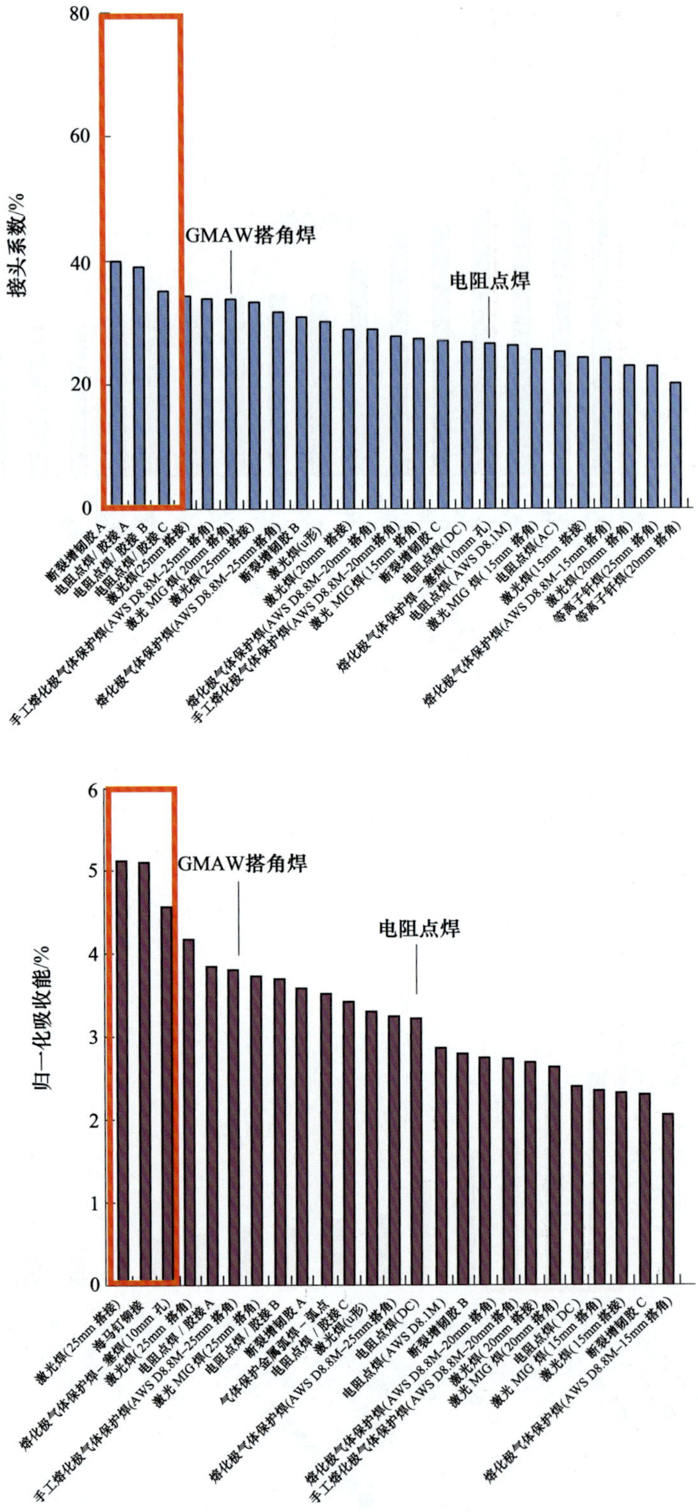

图 4-165　不同连接方法下 M190 短塔接拉剪测试接头效率及标准吸收能

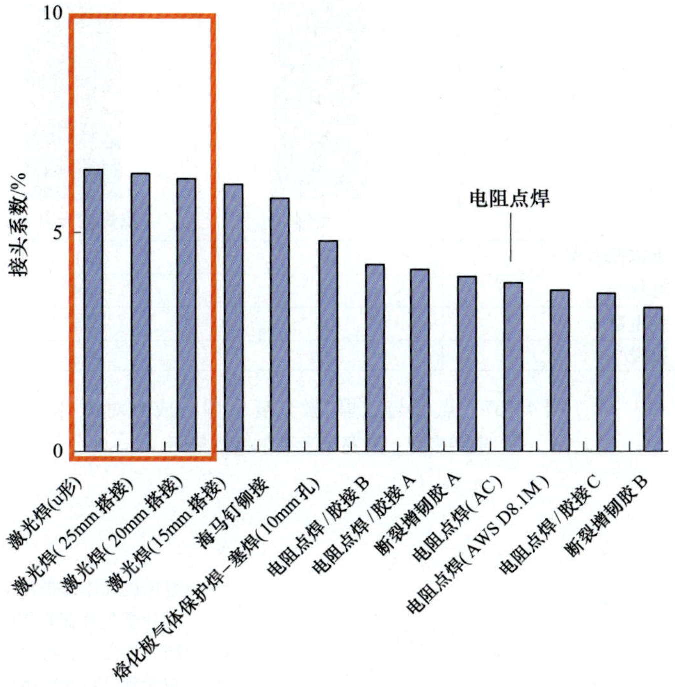

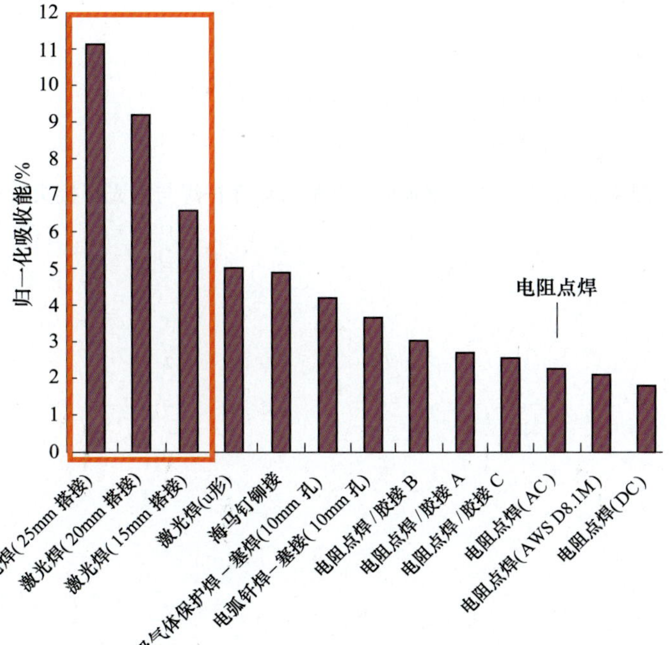

图 4-166 不同连接方法下 M190 辅助剥离测试接头效率及标准吸收能

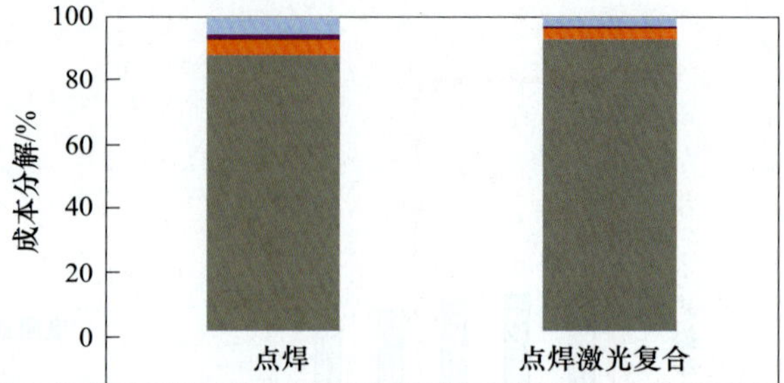

	点焊	点焊激光复合
维修保养/%	5.6	3.1
耗材/%	1.5	0.8
耗电量/%	4.5	3.5
投资/%	88.4	92.5

图 4-167　点焊与点焊/激光复合焊的成本对比

资料来源：安赛乐米塔尔钢铁集团。

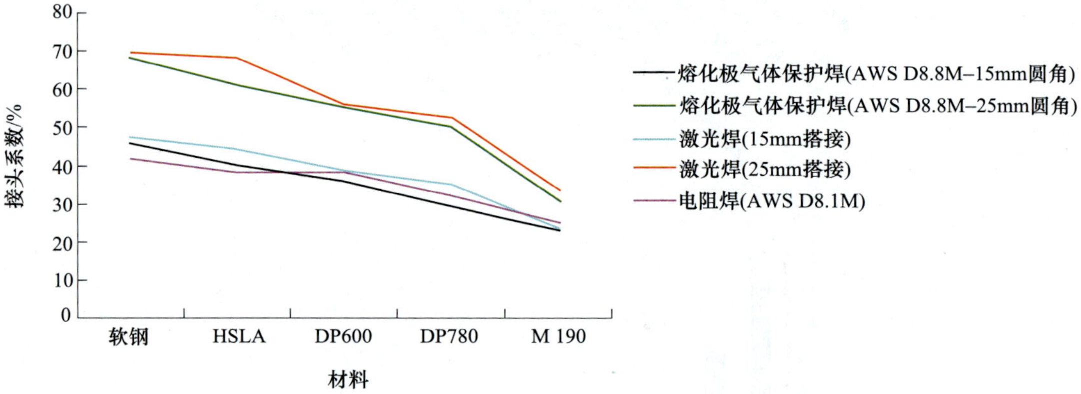

图 4-168　不同强度钢板的熔化极气体保护焊与激光焊接头效率

5 术　　语

A

AHSS（先进高强度钢）：一系列高强度钢，包含铁素体和珠光体以及其他显微组织相。这些其他相包括马氏体、贝氏体、残余奥氏体或奥氏体，大量的其他相足以产生独特的机械性能。大多数 AHSS 具有多相显微组织。

AKDQ（优质冲压性能的铝镇静钢）：一种高成形性的软钢，通常是铝脱氧，在世界各地普遍用于大量金属板材冲压件。见软钢。

埃里克森试验：一种球状凸模试验，使一片金属板材变形，除了中心处，其他位置受到限制，直到发生断裂。断裂时杯子的高度是延展性的量度。这个试验与奥尔森试验类似。

凹点：面板上的局部内侧状况，导致与应变金属相邻处出现浅部区。外部蒙皮板上不适合出现凹点。

奥氏体：一种面心立方结晶相，也称为 γ 相。在室温下，它是由含有不超过 2%的碳和大量的锰和/或镍的固溶体构成的弱磁同质相。它具有固有的高 n 值和高伸长率，因此相对于具有相当强度的其他晶体结构，其具有更高的成形性。奥氏体是钢在冷却之前固化之后高温下的初相，但在常温下不存在于传统钢中。通过适当的合金化，可以快速淬火高温奥氏体生成马氏体。

B

BH（烘烤硬化钢）：一种低碳且可冷成形的钢板，其通过应变和时效强化实现成形后强度的增加。增加温度可加速时效强化过程。

贝氏体：α-铁和非常细小的碳化物的混合物，其具有针状结构并通过奥氏体转变而生成。用贝氏体替代铁素体有助于增加钢的强度。

杯形拉深：一种冲压成形操作，其中金属板坯（通常为圆形）形成杯形部件（通常为圆柱形）。

剥落：片状金属颗粒从金属表面脱离。

C

CM（碳锰钢）：主要通过固溶体增加强度的高强度钢。

CP（复相钢）：一种具有非常细小晶粒的铁素体显微组织和较高含量硬质相的钢，并通过细小的沉淀物进一步强化。

残余奥氏体：由适当的化学和热处理产生的存在于室温下的微观组织中的奥氏体。随着后续充分的冷加工，这种残余奥氏体可以转化为马氏体。

残余应力：由于不均匀的变形或者温度梯度（来自快冷或焊接），在成形载荷去除后残留在冲压制件中的弹性应力。残余应力是受限应力，因为冲压件的最终几何形状不能完全释放所有的弹性应力。

侧壁卷曲：金属移动通过半径或拉延筋而产生的回弹。卷曲用平均曲率半径来表征。

成形：改变金属板材的形状，从而获得有用的形状，但不会刻意减小金属厚度。

成形模：能够形成零件表面形态以及外围凸缘的模具工艺。通常，使用改进型坯料，其减少或消除了后续修整模具操作的需要。

成形性：材料在无断裂的情况下拉伸或拉深的能力。

冲击线（痕）：由凸缘钢或拉延环的冲击引起的部件上的线或痕。其尺寸可以通过凸缘钢或拉延环上的半径尺寸来控制。也称为拉延线。

冲头：一个完整模具的凸起部分。冲头分为 3 类：（1）剪切冲头—切割原料，也称为穿孔器和落料冲头。（2）非切削—成形原料。（3）混合冲头—切割和非切割功能结合于同一冲头中。

次应变：片材表面给定点处的最小应变，并且总是垂直于主应变。在圆弧网格中，次应变是椭圆的最短轴。冲压车间使用的术语通常是次拉伸。

粗坯：具有矩形、梯形或 V 形轮廓的平板钢坯。通过剪切线或切割模具生产这些坯料，应用于拉延模或拉伸成形模具。

D

DP（双相钢）：这种钢是以铁素体为基体并含有第二硬质相，通常是马氏体岛。

DQSK（优质冲压性能的特殊镇静钢）：高成形性的软钢，通常是铝脱氧，也称为铝镇静（AKDQ）钢。见软钢。

单动压机：仅用一个滑块激活模具的压机。

多级成形：在多个模具或多个操作中形成冲压件。二次成形阶段可以进行重新拉深、变薄拉深、整形、翻边、修边、扩孔等许多操作。

F

FB（铁素体—贝氏体钢）：含有铁素体和贝氏体的显微组织的钢。贝氏体提供强度，并代替 DP 和 TRIP 钢中的马氏体岛以提高边缘拉伸性。

FLC（成形极限曲线）：显示双轴应变水平不同组合的经验曲线，超过此值在金属板材成形中则可能发生失效（局部颈缩）。应变包括主应变和次应变，依据在未变形的金属板材上压印为圆圈的椭圆形测量。

FRW（摩擦焊接）：在焊接部件之间使用摩擦加热的焊接工艺。

FSSW（摩擦搅拌点焊）：摩擦搅拌焊接的一种点焊。

FSW（摩擦搅拌焊接）：使用旋转工具产生摩擦加热以主要生产线性焊接的焊接工艺。

反冲：零件沿着法兰线扭曲，向上离开模具钢。这是由于压边力不足或衬垫对零件覆盖不足造成的。

方形锁定筋：防皱压板上的一个小的方形金属脊，以阻止金属流离压板进入拉伸成形模具中。

分模线：在模拉延的俯视图中，位于拉延模压边圈和拉延模冲头之间的线。

复合连接：将胶接与电阻点焊、无铆钉连接或自冲铆接相结合以增加接头强度。

G

GMAW（熔化极气体保护焊）：一种使用连续供给的熔化电焊条和保护气体的电弧焊接工艺。常用的 GMAW 工艺是 MIG（金属惰性气体保护）焊接和 MAG（活性气体保护）焊接。

GTAW（钨极氩弧焊）：一种使用钨电极的电弧焊工艺，有时称为 TIG 焊接。

改进型坯料：一种具有特定轮廓的平板钢坯，可以在进行最少修边操作的情况下生产成品部件。坯料切削模具生产这类坯料，用于成形模具。

各向异性：一个或多个物理或机械特性随着方向的改变而有所变化。

工程应变：变化长度除以原始长度得到的百分比单位伸长率。

工程应力：施加的载荷除以原始横截面积得到的单位力。

工艺变动：两个部分组成工艺变动。一个是由每一次运行的压机及模具安装的差异引起的变化。第二个是由润滑、气垫压力、模具温度、材料的不均匀性等工艺变量引起的同一运行过程中零件间的变化。

固态焊接：产生焊缝而不在焊缝界面处留下熔化迹象的焊接工艺。

过/欠凸度：影响冲压件（例如导轨和横梁）纵向翘曲的一种回弹。

过度弯曲：在成形过程中增加超过零部件要求的弯曲角度以补偿回弹。

H

HAZ（热影响区）：接近焊接熔合区的区域，其中，焊接过程中产生的热量会改变基体金属的特性和晶粒尺寸。

HET（扩孔试验）：一种成形性试验，其中锥形（通常为圆锥形）冲头受力通过穿孔或钻孔和铰孔，迫使孔的周边的金属以拉伸模式膨胀直到出现断裂。

HF（热成形钢）：一种可淬火钢，其被加热以将显微组织转变为奥氏体，然后立即热成形并在模内淬火。最终的显微组织是马氏体。热成形钢具有良好的成形性、较高的抗拉强度且无回弹问题。最常见的热成形钢是热成形硼钢。

HF 焊接（高频焊接）或 HFRW（高频电阻焊）：电阻焊接工艺使用高频电流在管件和管道焊管机中产生连续的缝焊。

HHE（高扩孔钢）：特定的客户应用要求，为扩孔和拉伸翻边操作提高局部伸长。多种特殊钢种可以满足这些具体规格。

HSLA（高强度低合金钢）：通常含有微合金元素（如钛、钒或铌）的钢，以通过晶粒尺寸控制、沉淀硬化和固溶硬化来增加强度。

HSS（高强度钢）：初始屈服强度大于 210MPa 或抗拉强度大于 270MPa 的任何钢产品。

合金：由两种或两种以上化学元素组成的材料，其中至少有一种是元素金属。所得材料结合了组成元素的物理属性。

烘烤硬化指数：拉伸试样在经受 2%拉伸和典型汽车烤漆循环的拉伸试验样品中产生

的屈服强度的变化。

后拉伸：在成形冲程将近结束时加入的拉伸工艺，以减少由冲压过程产生的侧壁卷曲和/或角度变化。主动锁筋、锁定台阶或者其他坯料锁定方法防止了金属流离压边圈，以在冲压行程结束时产生至少2%的附加侧壁拉伸。

后拉伸成形模：一种成形模，在冲压机到达下止点之前不久，将金属板材冲压件锁紧并在工位或冲头上拉伸。这种后拉伸减少了在HSS冲压件中引起回弹和其他扭曲的残余应力。

后退火：施予冲压制品或冲压制品局部的一种退火循环，以使显微组织再结晶，提高附加成形操作的成形性能或提高服役性能。

厚向各向异性：板材在厚度方向与板材平面方向上存在相同性质量级不同的情况。常见的测量是获得与钢卷轧制方向呈0°、45°、90°和135°处的塑性应变比 r_m 或 r 平均值。

滑移线：当原料在拉延冲头上滑动时，在成品上看到的线。这是由于模具未正确同步或形状成形角度偏离引起的。

缓冲拉延模：在单动压机中进行的拉深操作，由空气、氮气或液压缓冲器提供平面压边力。

回火脉冲：焊后热处理或后退火，以改善焊接断裂模式和焊接电流范围。

回弹：在经过成形操作之后，冲压制件的金属偏离设计或预期的形状的程度，也指在弯曲指定的量之后金属恢复至其之前位置的角度量。

回弹余量：模具设计的余量，用于使金属的弯曲量大于成品件规定的弯曲量，以补偿回弹。

I

IF（无间隙原子钢）：用非常少量的间隙元素（主要是碳和氮）并添加少量的钛或铌以结合剩余的间隙原子而生产的钢。没有自由的间隙元素，这些钢非常柔软且易于延展，不会老化或烘烤硬化，并且由于不存在YPE（屈服点伸长），在成形期间不会形成应变（Lüder′s）线。

IS（各向同性钢）：一种改进的铁素体型显微组织，使得 Δr 值近似为零以使任何的制耳倾向最小化。

J

计算机成形模拟：更准确地称为计算机化成形工艺开发、计算机模具试验或虚拟金属板材成形。在计算机中模拟冲压成形可在开始建造硬质模具之前验证产品、工艺和模具设计信息。应用包括确定是否可以实现初始产品设计、评估各种产品和工艺设计选项以及获取额外的生产要求，例如所需最大的压机载荷和坯料尺寸/形状。

极限拉延比（LDR）：表示压延性，在拉深的杯形件无破裂情况下的最高拉延比（坯料直径除以冲头直径）。斯威夫特杯形试验通常是用于测量LDR的所需的系列试验之一。

加工能力：与零件公差相比，从模具工艺生产的零件的关键尺寸的变化。

加工硬化指数：$\sigma = K\varepsilon^n$ 关系中的指数，其中，σ 是真实应力，K 是常数，ε 是真实应变。见 n 值。

剪切边缘拉伸性：由于剪切界面处高度集中的冷加工、加工硬化、裂纹萌生点和预裂纹，剪切完的边缘的残余拉伸性降低。

间隙：（1）冲头和模具之间每侧的间距，也称为修整和/或冲孔模破损。（2）任何两个零件之间的空间，以避免干扰。

角度变化：由于冲头半径处的金属板材曲率的变化导致的回弹。回弹角度描述了由此产生的法兰位置的变化。

金属增益区：冲压的预成形区域，临时储存多余的材料，随后材料用于给通常会高度拉伸和撕裂的区域进给金属。或者，该术语用于描述一个后成形操作，其中剩余材料永久地以冲压形状存储以防止起皱。

颈缩：在拉伸试验或冲压中一个或多个方面的局部截面急剧缩减。

局部颈缩：贯穿厚度的颈缩，定义了成形极限曲线和冲压件剩余部分中有效成形的终止。沿着颈缩不发生变形。局部颈缩的进一步变形会导致快速延性断裂。

局部伸长率：在极短计量长度内局部区域中的永久拉伸变形百分比。它在很大程度上受到材料显微组织的影响。局部伸长率通常通过锥形扩孔试验测量，并表示为孔直径的增长百分率（λ）。

卷曲（侧壁）：金属在半径和/或拉延筋上由于弯曲和变直造成的回弹。卷曲的特征在于平均的曲率半径。

均匀伸长率：抗拉试验中测量的延展性。数值是通过最大负载（UTS）下的计量长度减去原始计量长度再除以原始计量长度，然后更改为百分比。

K

ksi：一个英制度量单位，表示千磅/平方英寸。1ksi = 6.895MPa。Mpa 和 ksi 是材料中的应力和流体中的压力的度量单位。

K 值：由对数真应力与对数真应变的曲线确定，K 是真实应变为 1.0 时的真实应力值。K 值是幂律方程 $\sigma = K\varepsilon n$ 中的一个重要术语。

开放式成形模：一种类似于拉延模的模具工艺，但是由于在冲压端部没有闭合角，因此对金属板材的压缩很小或者没有。使用粗坯，并且需要随后的整修模操作，类似于拉延模工艺的要求。经常使用拉延筋。轨道和通道形状的零部件经常以这种方式冲压。

刻痕：钢材表面上来自金属板材零件的金属积聚，也可以是钢材表面磨损的凹槽。

可设计防皱压板：由压机或模具缓冲器驱动的防皱压板，用于在拉延模过程中改变压力分布。在冲压行程中，AHSS 冲压件生产通常可以受益于可变的缓冲压力分布。

扩散型颈缩：在拉伸试样中出现的局部宽度颈缩，颈缩时产生了确定为极限抗拉强度（UTS）的最大载荷。

L

LBW（激光焊）：一种通过使用激光来连接多块金属的焊接技术。激光束提供集中的热源，可以形成窄深的焊缝并达到高的焊接速率。该工艺经常用于大批量应用，例如汽车行业。

拉动成形模：一种成形模具，其中一个外部压垫（类似于压板）在变形过程中控制凸缘上的压缩和弯曲。这种类型的模具通常利用改进型坯料，这消除了对后续整修模操作的需要。不使用拉延筋。

拉伸成形模：一种类似于拉延模的模具，其通过压板表面上的锁定板条约束金属板材，使用粗坯。片材经历双轴拉伸以形成部件。需要后续的整修模操作来移除锁紧卡珠。

拉伸翻边：一种弯曲操作，位于片材边缘处的窄条沿着一条曲线向下（或向上）弯曲，沿着法兰长度方向产生拉伸（张力）。

拉深开发：研发冲压模具结构设计（包括法兰修整角度、工艺补充金属板材和压板表面）的过程，以设计拉延模和随后的整修模操作。

拉延筋：防皱压板上的一小块金属脊，以限制钢板流入模腔。

拉延模：一种模具，其中金属板材在压板上周向地压缩（短轴）并且通过冲头从压板上拉出并进入模腔而径向伸长（长轴）。大多数汽车车身拉延模冲压件都具有周向压缩，主要位于冲压件拐角处。对于诸如杯子和罐子等零件的冲压件将在整个冲压线周围进行周向压缩。汽车车身板件拉延模工艺通常需要粗坯、压板上的拉延筋和随后的整修模操作来去除压板碎屑。口语中，该术语也用于指在生产冲压零件的多级成形工艺中的第一个模具。

连退钢：这种钢开卷后过一个长的连续式炉，然后通过冷却或淬火区域使显微组织再结晶，获得所需的物理性能。替代的退火方法是分批退火，也可用于相变强化（马氏体形成）。

M

MAG（熔化极活性气体保护焊）：参见熔化极气体保护焊（GMAW）。

MFDC（中频直流）：MFDC 具有单向和连续电流的优点。

MIG（熔化极惰性气体保护焊）：参见熔化极气体保护焊（GMAW）。

MP（多相钢）：参见 AHSS（先进高强度钢）。

MPa（兆帕斯卡）：材料中的应力和流体中的压力的公制度量单位。1MPa = 0.145ksi。

MPW（磁脉冲焊接）：一种使用高电磁力产生冲击型焊接的焊接工艺。

MS（马氏体钢）：一种钢的体心四方结晶相。它是双相钢的主要强化相，马氏体钢100%为马氏体。其是在具有足够碳当量的钢的淬火过程中可以形成的硬质相。马氏体也可以通过奥氏体加工硬化形成。

毛刺：在金属冲压、穿孔或撕裂的边缘表面上的粗糙且尖锐的突出物，磨损的修整刀具或不正确的模具或刀具间隙使其更为严重。尽管除了精密冲裁之外这在金属切割中不可避免，但是，由于它造成边缘拉伸和成形、处理和接触等方面的问题，所以应尽可能减少毛刺。

模具间隙：冲压机运行期间，模具表面之间的间隙或距离。

模拟成形性试验：这些试验提供非常特别的成形性信息，这些信息极大依赖于变形模式、工具几何形状、润滑条件和材料行为。例如半球形圆顶试验、杯突试验、翻边试验以及其他成形性的聚焦区域。

N

n 值：从真实应力与真实应变之间的关系得出加工硬化指数。*n* 值是拉伸性的量度。

参见加工硬化指数。

扭转：通道的扭曲，定义为两个横截面沿其轴线不同地旋转。

P

PFHT（成形后热处理钢）：加热和淬火成形的冲压件，在设备中成形后再淬火，以获得更高的强度。具有各种化学成分的一大类的钢适用于该工艺。

坯料：准备进行冲压操作的预先切割的金属板材形状。

平面各向异性：一个性质随着板材平面方向的变化而变化的情况。塑性应变比（Δr）在平面内的变化表明拉深期间金属薄板形成制耳的倾向。

Q

起皱：由于在压应力下屈曲而导致金属部件出现的波状。

屈曲：由压应力引起的工件的凸起、弯曲、扭结或其他卷曲状况。

R

RSW（电阻点焊）：点焊是一种焊接工艺，通过从电阻获得的热量来接合接触的金属表面。工件在由电极施加的压力下贴合在一起。通常，板材的厚度范围为0.5~3mm。

r 值：见塑性应变比。

Δr：见平面各向异性。

热平衡：电阻点焊中的一种现象，根据钢的规格和等级平衡焊接过程中的热输入。

软钢：一种基本具有铁素体显微结构和一些强化技术的低强度钢。深冲钢（DQ）和铝镇静钢（AKDQ）是实例，由于其广泛应用且大量生产，常常作为参考基准。其他规格使用冲压钢（DS）、成形钢（FS）和类似术语。

S

SF（延伸凸缘钢）：特定的客户应用要求，为扩孔和拉伸翻边操作提高局部伸长。多种特殊钢种可以满足这些具体规格。

SMAW（保护金属电弧焊）：一种使用涂剂焊条的电弧焊工艺，有时指的是手工电弧焊。

伸长量：在拉伸试验或金属板材冲压件的任何部分的永久塑性变形量。

收缩翻边：一种弯曲操作，其中，位于片材边缘处的窄条沿着一条曲线向下（或向上）弯曲，沿着法兰长度方向产生收缩（压缩）。

双动拉延模：由双动压机驱动的拉延模，通过单独的滑块以驱动模具冲头和防皱压板。

双动压机：具有内部和外部滑块以激活拉延模的压机。通常，外滑块驱动防皱压板，内滑块驱动冲头。

瞬时 n 值：任何特定应变值下的 n 值。对于一些 AHSS 和其他的钢，n 值随应变的变化而变化。对于这些钢，对数真实应力与对数真实应变曲线可以测量每个应变点的曲线斜率。这些斜率测量值规定作为应变的函数的 n 值。

伺服压机：伺服压机是使用伺服电机作为驱动源的冲压机；伺服电机的优点在于它可以测量输出轴的位置和速度并能改变位置和速度，而不是只有恒定的循环速度。在传统的机械压机中，压机以恒定速度循环，压力负载增加缓慢，在下死点（180°曲柄）积聚功率达到最大力，然后改变方向。相比之下，伺服压机采用软件控制压机速度和功率，因此灵活度更高。

塑性变形：由超过材料弹性极限的应变（拉伸、拉深、弯曲、压印等）引起的材料永久变形。

塑性应变比：一个塑性各向异性（r）的量度，拉伸试验中宽度方向真实应变与厚度方向真实应变之比。

锁定板条：用于防止成形操作中金属流动的小珠或凸出物（通常用于拉伸成形模具中）。

T

TRIP（相变诱导塑性钢）：具有奥氏体嵌入铁素体基体的显微组织的钢。此外，还存在不同量的马氏体和贝氏体硬质相。残余奥氏体随着应变的增加逐渐转变为马氏体。

TS（抗拉强度）：抗拉强度也称为极限抗拉强度（UTS）。在拉伸试验中，抗拉强度是最大载荷除以原始横截面积。

TWIP（孪晶诱导塑性钢）：在所有温度下（特别是室温下）都为奥氏体的高锰钢。孪晶变形模式产生非常高的 n 值，抗拉强度超过 900MPa，总延伸率超过 40%。

碳当量：碳、锰、铬、钼、氮等元素的含量对钢的可焊性的影响通过使用各种碳当量预测公式等效为不含这些元素的钢中的碳含量。

碳化物（碳化铁）：在固化（初生碳化物）或冷却期间（渗碳体）形成的硬质铁—碳相（Fe_3C）。

弹性变形：一旦去除负载或压力便恢复到其原始形状和尺寸的变形。

弹性恢复：金属板材对弹性和残余应力释放的反应。随着钢的强度增加，反应增加。

弹性极限：材料在去除应力时仍能恢复其原始形状和尺寸所能承受的最大应力。

填充金属：在电弧焊接中添加的金属，可以是金属棒、卷绕的金属丝或者自耗嵌块的形式。

铁素体（α）：钢的一种体心立方结晶相。它是纯铁的显微组织，并且在固溶体中可以具有高达 0.022%碳的晶格结构。

U

UFG（超细晶粒钢）：一种热轧高强度钢，旨在通过用超细晶粒度代替马氏体岛来避免冲切边缘拉伸性出现低值。多种极细颗粒可以提高强度，而不会降低边缘的拉伸性。

ULSAB-AVC（超轻钢汽车车身—先进汽车概念）：有关信息，请访问 www. worldautosteel. org。

ULSAC（超轻钢覆盖件）：有关信息，请访问 www. worldautosteel. org。

UTS（极限抗拉强度）：见抗拉强度。

W

无铆钉铆接：一种机械连接操作，其中冲头使两片金属在模具中向外扩展并互锁。

X

显微组织：当平整的磨光面高度抛光，然后用热的方法或化学方法进行蚀刻时，在显微镜下观察到的对比度。对比度源于存在晶界和不同的相，所有这些都对蚀刻剂的反应不同。显微照片是所得显微组织的图片。

Y

YS（屈服强度）：钢呈现偏离（通常为0.2%偏移）应力应变的比例关系的应力，是塑性变形开始的标志。

压板：控制金属薄板流入拉延模腔并防止起皱的上下固定面。通常使用防皱压板、压边圈或夹板等术语。

压边圈：拉延模压板中调节压力的部分。其他名称是压板或夹板。

压机：具有固定床或砧座以及滑动件（活塞或锤子）的机器，其具有朝向和离开固定床表面并与其成直角的受控的往复运动。滑块在机器的框架中受到引导以给出确定的运动路径。

压机滑块：压机主要的往复运动构件，在压机框架中受到引导，冲头或上模被固定在该往复运动构件上。有时称为活塞、压机压头、滑块、柱塞或压板。

压纹：形成或替换一段金属，无需来自周围金属板材的金属流动。

压印：闭式冲模挤压操作，其限制或约束金属板材的所有表面，从而在工件上留下轮廓分明的模具压印，也称为承重印记或硬性印记。

延展性：材料的一种特性，可使材料在拉紧不发生破裂的情况下维持永久变形。

应变率：每单位时间的应变量。在本文档中用于定义拉伸试验、成形操作和碰撞中的变形速率。

应变梯度：沿着冲压件上一条线的应变变化。一些变化可能非常严重并且高度局部化，并且会伴随着厚度应变的增加。

应变硬化：低于再结晶温度下的塑性变形引起的金属强度的增加。

应力开裂：从冷成形、热处理或快速冷却中保留残余应力的零件的断裂。

应力消除（释放）：一种热处理工艺，用于减少焊接、渗碳或渗氮导致的钢中的残余应力。

预成形零件：将经受一个或多个后续操作的部分成形的零件，通常在落料模之后、进入拉延模前完成。

Z

再拉深：第二次和随后的拉延操作，其中零件深度加深，横截面尺寸减小。

罩式炉（炉子）退火钢：大量固定的冷加工钢卷，在罩式炉内加热并缓慢冷却，以使钢的显微结构恢复至更易成形的状态以及所需的未变形的晶粒尺寸。

真实应变：单位伸长，由长度变化除以瞬时标距长度。

真实应力：单位力，由施加的载荷除以瞬时横截面积。

整形模：通过锐化半径、校正回弹或并入其他工艺特征来提高零件尺寸控制的二次成形操作。

终端 n 值：均匀伸长末端的 n 值，这是影响成形极限曲线高度的一个参数。在没有瞬时 n 值曲线的情况下，来自拉伸试验的 10%伸长率和极限抗拉强度（最大载荷）之间的 n 值可以用来估计终端 n 值。

主动拉延筋：与压板分离的拉延筋。在冲压行程开始时它们通常位于压板表面下方，并且在接近压力冲程底部时机械地提升，以抑制金属板材流离压板。

珠光体：铁素体和碳化物的薄层状的混合物或组合。

主应变：通过圆弧网格测量的片材表面给定点处的最大正应变。主应变是椭圆的最长轴。冲压车间使用的术语通常是主拉伸。

准静态的：传统拉伸试验中的应变速率，与金属板材成形或碰撞中的变形速率相比，非常慢。

总伸长率：抗拉试验中测量的延展性。数值是通过最终计量长度减去原始计量长度再除以原始计量长度，然后更改为百分比。世界不同的地区使用不同的计量长度和样品宽度。

参 考 文 献

[1] L. W. Austin, J. L. Lindsay. Continuous Steel Strip Electroplating [R]. USA: American Electroplaters and Surface Finishers Society, 1989.

[2] H. Beenken. Joining of AHSS versus Mild Steel [C]. European Automotive Supplier Conference, Berlin, 2004.

[3] H. Beenken, et al. Verarbeitung Oberflächenveredelter Stahlfeinbleche mit Verschiedenen Fügetechniken. Große Schweißtechnische Tagung 2000, Nürnberg, 2000.

[4] H. Beenken. Hochfeste Stahlwerkstoffe und ihre Weiterverarbeitung im Rohbau [C]. Automobil Produktion, Stuttgart, 2002.

[5] B. Carlsson, P. Bustad, D. Eriksson. Formability of High Strength Dual Phase Steels [C]. 2004 World Automotive Congress, Borlänge, 2004: 454.

[6] B. Carlsson. Choice of Tool Materials for Punching and Forming of Extra-and Ultra High Strength Steel Sheet [C]. 3rd International Conference and Exhibition on Design and Production of Dies and Molds and 7th International Symposium on Advances in Abrasive Technology, Bursa, 2004.

[7] V. Cuddy, Merkle, et al. Manufacturing Guidelines When Using Ultra High Strength Steels in Automotive Applications [R]. EU: ECSC, 2004.

[8] D Cornette, P Cugy, A Hildenbrand, et al. Ultra High Strength FeMn TWIP Steels for automotive safety parts [J]. Revue De Métallurgie, 2005, 102 (12): 905-918.

[9] Corus Automotive. Pocket Book of Steel: Your Reference Guide to Steel in the Automotive Industry [EB/OL]. http://www.tatasteelautomotive.com/file_source/StaticFiles/Microsites/Automotive/Publications/Book%20of%20steel/Book%20of%20Steel%203rd%20Ed_lowres.pdf.

[10] T. Flehmig, W. B Klaus, G. klaus, et al, A New Method of Manufacturing Hollow Sections for Hydroformed Body Components [C]. International Body Engineering Conference, Detroit, 2000.

[11] T Flehmig, K W Blümel, M Kibben. Thin Walled Steel Tube Pre-Bending for Hydroformed Components-Bending Boundaries and Presentation of a New Mandrel Design [C]. SAE Paper 2001-01-0642.

[12] J Gerlach, K W Blümel, U Kneiphoff, et al. Material Aspects of Tube-Hydroforming [C]. International Body Engineering Conference & Exposition, Detroit, 1999.

[13] S. Göklü. Innovative Fügetechnologien beim Einsatz Neuartiger Stahlwerkstoffe für den Schienenfahrzeugbau [C]. Fügen und Konstruieren im Schienenfahrzeugbau, SLV Halle, 1997.

[14] S. Göklü, S Singh, H Sonne. The Influence of Corrosion on the Fatigue Strength of Joined Components from Coated Steel Plate [J]. Materials & Corrosion, 1999, 50: 1.

[15] Geyer R. Parametric Assessment of Climate Change Impacts of Automotive Material Substitution [J]. Environmental Science & Technology, 2008, 42 (18): 6973-6979.

[16] R. Hilsen, et al. Stamping Potential of Hot-Rolled, Columbium-Bearing High-Strength Steels [C]. Proceedings of Microalloying 75, 1977.

[17] B. Högman, et al. Blanking in Docol Ultra High Strength Steels [C]. Verschleißschutztechnik, Schopfheim, 2004.

[18] G. Hartmann. Blanking and Shearing of AHS Steels-Quality Aspects of Sheared Edges and Prediction of Cutting Forces [C]. Processing State-of-the Art Multiphase Steels, Berlin, 2004.

[19] G. Hartmann. Das Spektrum Moderner Stahlfeinbleche-Festigkeiten und Auswirkungen auf die Umformung [C]. Verschleißschutztechnik, Schopfheim, 2004.

[20] B M Hance. Practical Application of the Hole Expansion Test [J]. SAE International Journal of Engines,

2017, 10 (2): 247-257.

[21] R M Iyengar, B Fedewa, Y W Wang, et al. Implications of Hot-Stamped Boron Steel Components in Automotive Structures [C]. SAE Paper 2008-01-0857.

[22] C. Ji, M. Kimchi, Y. Kim, Y. Park. The Application of Pulsed Current in Resistance Spot Welding of Zn-coated Hot-stamped Boron Steels [C]. Advances in Resistance Welding, Miami, 2016.

[23] A. Konieczny. Advanced High Strength Steels-Formability [C]. American Iron and Steel Institute, 2003.

[24] S. Keeler. Increased Use of Higher Strength Steels [J]. PMA Metalforming Magazine, 2002.

[25] A. Konieczny. On the Formability of Automotive TRIP Steels [J]. SAE Paper, 2003-01-0521.

[26] T. Katayama, et al. Effects of Material Properties on Shape-Fixability and Shape Control Techniques in Hat-shaped Forming [C]. Proceedings of the 22nd IDDRG Congress, Waterloo, 2002: 97.

[27] Y. Kuriyama. The Latest Trends in Both Development of High Tensile Strength Steels and Press Forming Technologies for Automotive Parts [C]. ISIJ, 2001: 175-176.

[28] A Konieczny, T Henderson. On Formability Limitations in Stamping Involving Sheared Edge Stretching [J]. SAE Paper 2007-01-0340.

[29] S-D. Liu. ASP HSS Load Beam Springback Measurement Data Analysis [N]. Generalety Project Report, 2004.

[30] S. Lalam, B. Yan. Weldability of AHSS [C]. Society of Automotive Engineers International Congress. Detroit, 2004.

[31] R. Laurenz. Bauteilangepasste Fügetechnologien [C]. Fügetechnologien im Automobilbau, Ulm, 2004.

[32] R. Laurenz. Spot Weldability of Advanced High Strength Steels (AHSS) [C]. Conference on Advanced Joining, Olofstrøm, 2004.

[33] F. Lu, M. Forrester. Advanced Dual Beam Laser Welding of Zinc-Coated Steel Sheets In Lap Joint Configuration with Zero Gap At The Internterface [C]. Proceedings of the 23rd International Congress on Applications of Lasers and Electro Optics, Altanta, 2002.

[34] T. M. Link. Tensile Shear Spot Weld Fatigue of Advanced High Strength Steels [C]. The 45th MWSP Conference, 2003: 345.

[35] W. Li, E. Feng. Energy Consumption in AC and MFDC Resistance Spot Welding [C]. American Welding Society: the XI Sheet Metal Welding Conference. Detroit, 2004.

[36] M Merklein, J Lechler. Determination of Material and Process Characteristics for Hot Stamping Processes of Quenchenable Ultra High Strength Steels with Respect to a FE-based Process Design [J]. SAE International Journal of Materials & Manufacturing, 2008, 1 (1): 411-426.

[37] K Miyoshi. Current Trends in Free Motion Presses [C]. Proceedings of 3rd International Conference on Precision Forging. Nagoya, 2004: 69-74.

[38] M. McCosby. Hot Dipped Coating Technology-Galvannealing and GA Products [R]. USA: Steel Research and Technology Center, 2006.

[39] H. Mohrbacher. Advanced Metallurgical Concepts for DP Steels with Improved Formability and Damage Resistance [R]. EUR: NiobelCon bvba.

[40] P. E. International. GaBi Professional Database 2013-Aluminium ingot mix IAI [EB/OL], http: //gabi-documentation-2013. gabi-software. com/xml-data/processes/eee56f32-df9d-47ac-ad4d-4e733eb18921. xml

[41] J. Patterson, M. Alexander, A. Gurr. Preparing for a Low Carbon Vehicle Society [R]. UK: Low Carbon Vehicle Partnership Study, 2011.

[42] W. Parsons. Body Structure Light Weighting at Cadillac [C]. Great Designs in Steel conference. USA, 2012.

[43] D. Phillips. Welding Engineering: An Introduction [M]. USA: John Wiley & Sons Ltd, 2016.
[44] Andrea Peer, Ying Lu, Tim Abke, Menachem Kimchi, et al. Deformation Behaviors of Subcritical Heat-affected Zone of Ultra-high Strength Steel Resistance Spot Welds [C]. 9th International Seminar & Conference on Advances in Resistance Spot Welding. Miami, 2016: 12.
[45] D J. Radakovic, M. Tumuluru. Predicting Resistance Spot Weld Fatigue Failure Modes in Shear Tension Tests of Advanced High Strength Automotive Steels [J]. Welding Journal, 2008, 87 (4) .
[46] M. M F Shi, G H Thomas, M X Chen, et al. Formability Performance Comparison between Dual Phase and HSLA Steels [J]. Iron & Steelmaker, 2001, 29 (3): 27-32.
[47] M. Shi. Springback and Springback Variation Design Guidelines and Literature Review [R]. USA: National Steel Corporation Internal Report, 1994.
[48] S. Sadagopan, D. Urban. Formability Characterization of a New Generation of High Strength Steels [R]. USA: American Iron and Steel Institute, 2003.
[49] S Singh, O Hahn, Y M Tan, et al. Selecting the Optimum Joining Technology-Assessment and Evaluation of Relevant Criteria [J]. Materialprufung, 2003, 45 (7-8): 323-329.
[50] Singh S, Hahn O, Tan Y M, et al. Increasing the Relevance of Fatigue Test Results-A Proposal for a New Testing Procedure for Joints, Part 1 [J]. Materialprufung, 2003, 45 (7-8): 330-333.
[51] J R Shaw, B K Zuidema. New High Strength Steels Help Automakers Reach Future Goals for Safety, Affordability, Fuel Efficiency and Environmental Responsibility [J]. SAE Papers 2001-01-3041.
[52] Tom Stoughton. General Motors Research [C]. Great Designs in Steel Conference. USA, 2013.
[53] Shih H-C, Chiriac C, Shi MF. The Effects of AHSS Shear Edge Conditions on Edge Fracture [C]. ASME 2010 International Manufacturing Science and Engineering Conference. Pennsylvania, 2010.
[54] M. Shih. Laser Cutting to Improve AHSS Edge Stretchability [J]. SAE Paper 2014-01-0994.
[55] D Zeng, Z C Xia, H C Shih, et al. Development of Shear Fracture Criterion for Dual-Phase Steel Stamping [J]. SAE Paper 2009-01-1172.
[56] M. Shih, M. Shi, C. Xia, D. Zeng, et al. Experimental Study on Shear Fracture of Advanced High Strength Steels Part II [C]. Michael T. Postek, et al: ASME 2009 International Manufacturing Science and Engineering Conference, West Lafayette : ASME, 2009.
[57] M. Shih. Die Wear and Galling in Stamping DP 980 Steels [C]. Great Designs in Steel conference. USA, 2015.
[58] M Takahashi, O Kawano, T Hayashida, et al. High Strength Hot-rolled Steel Sheets for Automobiles [J]. Nippon Steel Technical Report, 2003, 88 (88): 1-12.
[59] M Takahashi. Development of High Strength Steels for Automobiles [J]. Nippon Steel Technical Report, 2003, 88 (88): 3-7.
[60] M. D. Tumuluru. Resistance Spot Welding of Coated High-strength Dual-phase Steels [J]. Welding Journal, 2006, 85 (8): 31-37.
[61] M D Tumuluru. A Comparative Examination of the Resistance Spot Welding Behavior of Two Advanced High Strength Steels [C]. SAE Paper 2006-01-1214.
[62] M. Tumuluru. The Effect of Coatings on the Resistance Spot Welding Behavior of 780 MPa Dual Phase Steel [J]. Welding Journal, 2007, 86 (6): 161-169.
[63] M. Tumuluru, S. Gnade. Clinch Joining of Advanced High Strength Steels [C]. MS&T Conference, Detroit, 2007.
[64] M. Ueda, K. Ueno. A Study of Springback in the Stretch Bending of Channels [J]. Journal of Mechanical Working Technology, 1981, 5 (3-4): 163-179.

[65] J. Wu, D. J. zhou, L. Zhang, et al. FA Failure Criterion for Stretch Bendability of Advanced High Strength Steels [J]. SAE Paper 2006-01-0349.

[66] M S Walp, S Wurm, J Siekirk, et al. Shear Fracture in Advanced High Strength Steels [J]. SAE Technical Papers, 2006, 21 (10): 3-7.

[67] G. Walters. Hot Dipped Coating Technology-Coating Bath Hardware [R]. USA: Steel Research and Technology, 2006.

[68] B. Yan, K. Xu. High Strain Rate Behavior of Advanced High-Strength Steels for Automotive Applications [J]. Iron and Steelmaker, 2003, 30 (6): 33-42.

[69] B. Yan, Y. Kuriyama, A. Uenishi, et al. Recommended Practice for Dynamic Testing for Sheet Steels-Development and Round Robin Tests [C]. SAE Paper 2006-01-0120.

[70] W. Zhang, A. Chergue and C Valentin Nielsen. Process Simulation of Resistance Weld Bonding and Automotive Light-weight Materials [C]. 7th International Seminar on Advances in Resistance Welding, Busan, 2012: 67-75.